辻中　豊責任編集
〔現代市民社会叢書　2〕

現代社会集団の政治機能
利益団体と市民社会

辻中　豊・森　裕城編著

Political Functions of Social Organizations in Contemporary Japan:
Faces of Interest Group and those of Civil Society
Eds. by Yutaka Tsujinaka and Hiroki Mori

木鐸社

まえがき

　日本の国家の形やベクトルを知るための1つの方法，それは国家と対になっている市民社会を描く（特徴づける）ことである。1人の強力な政治リーダーに注目したり，政党や政治集団間の策略や抗争を跡付けたり，また多様な政策を巡る言説に注目するのでなく，私たちは市民社会に注目する。市民社会を描くことはその形に影響を与え，市民社会と相互作用している国家自体を描くことである，と私たちは考えている。市民社会と国家の関係がいかなるものであるかは，市民社会の住人である市民にとっての最も重要な政治の実質であり，民主主義の質を示すものである。市民社会の中で，国家との関係が重要な位置を占めるのがこの本のテーマであるさまざまな社会集団（市民社会組織）に他ならない。
　市民社会という領域に存在する諸集団はいくつかの顔を持っている。その中の1つに「利益団体としての顔」がある。いわば政治過程における市民社会組織の姿である。本書の主たる課題は，日本で初めて行われた全国社会団体調査のデータを用いて，市民社会組織の「利益団体としての顔」を描くことにある。この利益団体という名前は「自称」ではない。どの団体も自ら利益団体を名乗ることはない。自らは，社団法人や財団法人といった公益団体，協同組合，労働組合，宗教法人やNPO，NGOと名乗って（性格付けて）いるのである。それゆえその実態は明確にとらえにくい難物である。しかし，利益団体は政治の背後に常に存在する。このような性質を有する利益団体の姿を，経験的なデータをもとに全体的に捉え，それを政治過程の大きなキャンバスの中に他のアクターとの関係性に留意しながら位置づけようとするのが，我々の研究プロジェクト（JIGS，第1章参照）の目的の1つである。
　本書は，15年以上にわたり日本および世界の市民社会組織，利益団体に関する実証的な調査研究を行ってきた「団体の基礎構造に関する調査」研究グループ（辻中豊代表）の研究成果の1つである。特にこの5年間は，筑波

大学を拠点とし，文部科学省科学研究費（平成 17 〜 21 年度，2005 年から 2010 年春）特別推進研究『日韓米独中における 3 レベルの市民社会構造とガバナンスに関する総合的比較実証研究』（課題番号:17002001, 辻中豊代表, 略称「市民社会構造とガバナンス総合研究（特推研究）」）を得て複数の国に跨り多くの実態調査を行ってきた。

私たちは，日本の市民社会の実態調査として平成 18 年度（2006 年）を中心に，(1) 自治会・町内会・区会などの近隣住民組織，(2) NPO 法人，(3) 社会団体（職業別電話帳に掲載されている経済団体，労働組合，公益法人，市民団体などあらゆる非営利の社会団体）に関する調査を行い，約 4 万件の団体データを収集した。また，平成 19 年度（2007 年）以降は，(4) 日本の全自治体，すなわち市区町村を対象に調査を行うとともに，(5) 韓国，(6) ドイツ，(7) アメリカ，(8) 中国の各国に対して同様に市民社会組織に関する調査を企画し，これまでにドイツ，韓国では完了し，アメリカ，中国でも実施中である。

本書は，そのうち，(3) の日本における全国社会団体調査，正式には「団体の基礎構造に関する調査（日本全国・社会団体）」（Cross-national Survey on Civil Society Organizations and Interest Groups in Japan, 2nd [Japan, Nation-wide, Social Association Study] 略称 J-JIGS2）の研究書である。ここで，日本全国・社会団体, 2nd, 略称 JJIGS2 となるのは，1997 年に最初の「団体の基礎構造に関する調査（日本）」が，Japan Interest Group Study 略称 JIGS（今後は JIGS1）という名称で東京都と茨城県を対象に行われており，それと区別するためである。また，JIGS2 という略称は，今回の調査全体を指す呼称としても使用しており，社会団体調査を除く国内での調査は，J-JGS2- ○○（例：J-JGS2-LG= 日本・市区町村調査）といった形式で略称を付与し区別をしている。

全国社会団体調査を含む特推プロジェクト全体の，研究開始当初の関心背景，研究全体の目的，研究方法に簡単に触れておきたい。まず，なぜ，私たちはこのように大規模な市民組織社会調査を行ったのだろうか。それは日本の政治と市民社会の関係はある意味でパズルに満ちており，この調査がそれらを解き明かす新しい可能性を示すと信じたからである。

パズルの例は，次のようなことである。2009 年まで日本は，先進国最小

の政府公共部門（広義の公務員数やGDP比でみた税収規模）[1]を伴いつつ世界第2の経済規模を30年以上維持してきた。他方で，20世紀末以来，大きな政府でないはずの日本の政府は先進国中最悪の累積赤字に悩んでいる。また，1995年の阪神淡路大震災におけるボランティア活動にみられるように旺盛で自発的な市民（近隣組織）活動が注目される反面，NGO・NPOの組織・財政的基盤は国際的に見て脆弱である。さらに長期的にいえば，日本はアジアで最初に近代化に成功し民主主義政治体制を定着させた国であるが，他方で極めて長期にわたり保守政権が継続し，政権交代は90年代の一時期を除いて行われてこなかった。そして，2009年になって遂にそれが大規模な権力配置の変動とともに生じた。日本の民主政治は長く「普通でない民主政治」(Uncommon Democracy, Pempel ed. 1990) とさえ呼ばれてきた。ある意味で日本の政治と市民社会は，見る方向によって極端な光と影が交互にコントラストを呈するユニークな姿をもっている。

こうしたいくつもの複合したパズルを解き明かすには，実証的に日本の市民社会構造を位置づけ，市民社会と政府，政党，官僚など政治アクターとの関係を解明し，ガバナンスという点からそれを検討する（辻中・伊藤編2010）ことが必要なのではないだろうか。

それゆえ，プロジェクト全体では，政治と社会の相互作用（ガバナンス）を解明するため，日本の市民社会の構造を包括的かつ実証的に調査し，米韓独中との5カ国（対）比較を基に日本の特徴を明らかにする。ここで構造とは市民社会組織全般を指し，本研究では3レベル（近隣組織＝自治会，社会団体，NPO）に注目し，実態的，比較的，歴史的に徹底的な実証研究を行い，現代日本市民社会の構造的パターンを発見しようとする。本研究では，国際比較によって日本の市民社会構造を包括的かつ実証的に明らかにするために，5カ国での3レベルの実態調査（サーベイ）と，ガバナンスとの連関の理論的分析が必要とされる。とくに，実態調査は，日本での全数調査（一部標本調査）をはじめ，各国では標本調査と事例調査（一部）を行うなど，調

---

(1) 内閣府経済社会総合研究所報告書21『公務員の国際比較に関する調査』(2006) は内閣府が野村総合研究所に委託した調査であるが，そこでは日本は5カ国中，広義の公務員数で最小である。またOECD等の統計において，日本の税収・GDP比（2004年）は30カ国中下から4位である。

査対象ごとに適した調査方法を開発し用いた。また事前に予備調査を行って各国の実情を反映させるとともに，日本での調査との比較が可能となるように調査を設計している。さらに，ガバナンスを詳細に検討するために，日本では特にすべての市区町村を対象とした調査（サーベイ）を実施した（詳細は第1章参照）。

　こうした壮大な，野心的に過ぎるきらいのあるプロジェクトの一部として本書は存在する。データなどについては下記を参照していただきたい。順次一層体系的な公開を図っていく予定である [http://tsujinaka.net/tokusui/publication.html]。本書とは別に，社会団体については報告書（辻中・森編 2009a），コードブック（辻中編 2009）が作成されているのでそれも併せて参照していただきたい。そうした意味で，本書と本シリーズの他の書物と併せてお読みいただけると全体像が浮かび上がるような仕組みになっている。

2009年晩秋
辻中　豊
（編者を代表して）

謝辞

　大規模な調査研究を遂行するに当たって，多くの関係者，研究者，スタッフの助力を得ている。現在のプロジェクト自体を可能とした文部科学省の関係者各位（特に審査や毎年の進捗状況評価に当たった審査部会の構成メンバー，担当学術調査官であった鈴木基史氏，増山幹高氏，研究振興局学術研究助成課）および現在の担当である日本学術振興会の関係各位（審査部会の構成メンバー，研究事業部）に感謝したい。毎年の研究実地審査，進捗状況審査，中間評価などでの厳しいコメントは学術的な面で私たちに熟考を促し，いくつかの修正や発展を導いた。

　研究スペースや関連研究への助成を惜しまなかった筑波大学にも心から感謝申し上げたい。関連研究プロジェクトとしての筑波大学「比較市民社会・国家・文化」教育研究特別プロジェクト以来，この特別推進研究に対しても，岩崎洋一（前）学長，山田信博（現）学長を始め，多くの関係者から一貫して物心両面での暖かいご支援を頂いている。

　大規模調査には，それに丁寧に応えてくれる調査対象団体の関係者なしには成り立たない。本（サーベイ）調査には，15,000以上の団体のデータが含まれ，少なくとも15,000人以上の方々に参加協力していただいたことがわかる。心から感謝申し上げたい。

　特別推進研究の正式メンバー，協力メンバー，スタッフの皆さんに感謝する。同メンバー以外にも多くの研究者や大学院生が関与し，協力を惜しまなかった。研究室スタッフとしては，舘野喜和子，安達香織（非常勤職員），東紀慧研究員，佐々木誓人，原信田清子，近藤汎之，栄門琴音（以上，元非常勤職員）の日々の努力に心から感謝する。

　最後にプロジェクトのインフォーマルな顧問である村松岐夫先生に感謝し本書を捧げたい。村松先生が代表された1980年の団体調査（村松・伊藤・辻中 1986）がこうした市民社会・利益団体調査の日本における正に先駆けであり，すべてはそこから始まったのである。

　研究組織は次の通り。研究代表者：辻中豊（筑波大学）。研究分担者：波多野澄雄（筑波大学），坪郷實（早稲田大学），崔宰栄（筑波大学），大西裕（神戸大学），森裕城（同志社大学），小嶋華津子（筑波大学），坂本治也（関西大学），Dadabaev, Timur（筑波大学），伊藤修一郎（同），竹中佳彦（同），近藤康史（同）。研究協力者（国内，主要メンバー）筑波大学：鈴木創，中村逸郎，大友貴史，三輪博樹。横山麻季子（北九州市立大学），濱本真輔（日本学術振興会研究員）。筑波大学大学院生：久保慶明，柳至，吉田秀和。東紀慧（元非常勤研究員）。研究協力者（海外）韓国：廉載鎬（高麗大学）。米国：Robert J. Pekkanen（ワシントン大学），Steven Rathgeb Smith（ワシントン大学），Joseph Galaskiewicz（University of Arizona.），Susan J. Pharr（ハーバード大学），T. J. Pempel（カリフォルニア大学），ドイツ：Gesine Foljanty-Jost（マーチン・ルター・ハレ大学），Jana Lier研究員（同），中国：李景鵬（北京大学），Yuan Ruijun（同），Chu Songyan（同）。

《目　次》

まえがき……………………………………………………辻中豊　3

第1章　本書の課題と構成……………………………辻中豊・森裕城　15
　1．市民社会を調査する　(15)
　2．利益団体の存立・行動様式を描く　(21)
　3．団体世界の記述枠組　(24)
　4．本書の構成　(29)

第2章　日本における団体の形成と存立
　　　　………………………………辻中豊・山本英弘・久保慶明　33
　1．団体・組織の多角的把握を目指して　(33)
　2．既存データにみる市民社会の現況：1990年代後半からの停滞　(35)
　3．団体の設立年：「アソシエーション革命」の不在？　(39)
　4．団体の存立様式(1)：外部からの支援　(44)
　5．団体の存立様式(2)：団体の内部過程　(54)
　6．まとめ：過渡期にある日本の市民社会　(62)

第3章　日本の団体分布とリソース
　　　－国家間比較と国内地域間比較から－……辻中豊・崔宰栄・久保慶明　65
　1．日本の市民社会を比較する　(65)
　2．団体分布の国家間比較　(67)
　3．団体リソースの国家間比較：スタッフ数が少ない日本の団体　(71)
　4．日本国内における地域間比較　(79)
　5．比較からみた日本の市民社会　(85)

第4章　団体リーダーのイデオロギーと利益の組織化……竹中佳彦　90
　1．社会の利益の組織化　(90)
　2．団体リーダーと有権者のイデオロギー分布の比較　(93)
　3．団体分類ごとの団体リーダーのイデオロギー　(98)
　4．団体リーダーと一般加入者のイデオロギーの比較　(101)
　5．団体リーダーのイデオロギーの源泉　(107)
　6．接触パターン別に見た団体リーダーのイデオロギー分布　(110)

7．保革による利益の組織化の相違　（112）

第5章　団体世界における組織間関係の構図……………平井由貴子　115
　1．社会過程におけるメゾレベルの団体分析　（115）
　2．団体の協調と対立　（116）
　3．本部・支部の系列関係と利益代表　（125）
　4．政治アクターとの関係　（130）
　5．まとめ　（133）

第6章　団体－行政関係の諸相　………………………森裕城　135
　　　　－国との関係を中心として－
　1．政治へのルート：政党か行政か　（135）
　2．団体－行政関係における時期区分：
　　　発展指向型国家の時代・多元主義の時代・改革の時代　（138）
　3．団体－行政関係の基調　（141）
　4．団体と行政の接触パターン　（147）
　5．団体－行政関係の変化を探る　（150）
　6．まとめ　（153）

第7章　行政ネットワークにおける団体　……濱本真輔・辻中豊　156
　　　　－諮問機関と天下りの分析から－
　1．行政改革下の人的ネットワーク　（156）
　2．諮問機関政治の変容　（157）
　3．持続していた公的部門への天下り　（169）
　4．まとめ　（177）

第8章　政権交代前夜における団体－政党関係の諸相　…森裕城　180
　　　　－弱体化しながらも持続していた自民党一党優位の構造－
　1．組織された有権者と組織されない有権者　（180）
　2．団体の選挙活動と政党支持行動　（181）
　3．団体の政党接触行動　（184）
　4．自民党一党優位の弱体化：過去との比較から　（188）
　5．まとめと展望　（192）

第9章　団体―政党関係における地域偏差とその意味……濱本真輔　195
　　　　－47都道府県別のデータ分析から－
　1．政党システムと団体　（195）
　2．政党接触における自民・民主型の台頭　（197）
　3．団体の政党推薦　（203）
　4．まとめ　（212）

第10章　利益団体のロビイング……………山本英弘　215
　　　　－3つのルートと政治的機会構造－
　1．団体による利益表出の手段　（215）
　2．ロビイング戦術の種類と分布　（217）
　3．団体をとりまく政治的機会構造　（227）
　4．まとめ：ロビイングの3つのルート　（235）

第11章　利益団体の影響力……………山本英弘　237
　　　　－多角的な視点からみる権力構造－
　1．影響力をどう捉えるか　（237）
　2．評判法からみた影響力　（240）
　3．個々の団体の影響力　（244）
　4．団体の影響力の源泉　（248）
　5．影響力の多面性　（252）

第12章　ローカル団体の存立・行動様式………久保慶明　253
　1．地方自治における団体　（253）
　2．ローカル団体の組織属性　（255）
　3．組織間関係：地方自治体，住民自治組織との協調　（258）
　4．団体－行政関係　（260）
　5．近年の動向：利益追求型団体の停滞とサービス提供型団体の活性化　（268）
　6．まとめ：地方自治を支えるローカル団体　（269）

第13章　グローバル化の進展と日本の世界志向団体……足立研幾　272
　1．国際社会，世界志向団体，日本　（272）
　2．日本における世界志向団体のプレゼンス　（274）
　3．世界志向団体の存立様式と組織基盤：
　　　　地方化，小規模化，補助金依存　（279）

4．対政府関係：政府依存の強まりとロビイング方法の変化　(282)
　　5．日本における世界志向団体：発展・変容・展望　(284)

第14章　市民社会組織のもう1つの顔
　　　　　　－ソーシャル・キャピタル論からの分析－ ……坂本治也　287
　　1．市民社会組織の2つの顔：利益団体と自発的結社　(287)
　　2．ソーシャル・キャピタル論の視角　(289)
　　3．社会団体調査を用いたソーシャル・キャピタル創出型団体の析出　(291)
　　4．「利益団体」とソーシャル・キャピタル創出型団体の関係　(292)
　　5．ソーシャル・キャピタル創出型団体の再生産に向けて　(299)
　　6．市民社会組織の複眼的分析の重要性　(300)

第15章　総括と展望：政権交代前夜の日本の市民社会と利益団体
　　　　………………………………………………辻中豊・森裕城　303
　　1．発見の要約　(303)
　　2．新しい政治過程への展望　(310)

引用文献………………………………………………………………………321

　　付録1　調査の設計と実施　(343)
　　付録2　社会団体調査・調査票　(354)
　　付録3　設問の活用状況　(367)
　　付録4　団体分類に含まれる市民社会組織の例示　(368)

アブストラクト………………………………………………………………369
索引……………………………………………………………………………371

現代社会集団の政治機能

利益団体と市民社会

第1章

本書の課題と構成

辻中豊・森裕城

1 市民社会を調査する

1．1．市民社会という領域

　我々が生きる現代社会には無数の組織・団体が存在する。それらは次のような4つのセクターに大別することができる。①政府，②市場（営利企業），③家族（人間の私的な親密圏），④市民社会である。そして，21世紀初頭の現在，④の市民社会が人々の注目を集めている。

　市民社会とは多義的な言葉であり，誰もが納得する定義を提示することは難しい[1]。本書の元となった研究プロジェクトは，市民社会の定義を論じることを目的としていないので，経験的分析への適用のしやすさという点で，「家族と政府の中間的な領域であり，そこでは社会的アクターが市場の中で（経済的）利益を追求するのではなく，また，政府の中で権力を追求するのでもない領域」というフランク・シュワルツ（Frank Schwartz）の定義を採用している（Schwartz 2003: 23）[2]。

（1）　辻中は日本における市民社会概念の問題性について何度か論じてきた。Tsujinaka（2009），辻中（2002a，2002b）。またより体系的な検討として山口（2004），千葉（2002）を参照。

（2）　これはシュワルツだけでなく，スーザン・ファー（Susan Pharr）を組織者として行われた「日本の市民社会の状況」国際プロジェクトで共有されたものである。ファーは少し別の言い方で「市民社会は，国家，市場，家族の外側で形成された集団による，持続的で組織された社会活動によって成り立

図1−1は，シュワルツの定義を視覚化したものである[3]。政府でもなく，市場（営利企業）でもなく，家族などの親密圏でもない領域，それが市民社会である。

市民社会と他のセクターの接触面を見てほしい。政府との接触面では，政府とは異なる組織であることを明確にするためにそう呼ばれているNGO（Non Governmental organization，非政府組織）が存在し，市場（営利企業）との接触面では，営利企業とは異なることを明確にするためにそう呼ばれているNPO（Non Profit organization，非営利組織）が存在し，家族などの親密圏との接触面ではNIO（Non Intimate organization）が位置づけられている。市民社会という領域は，非（Non）という語がつけられた組織が多数存在している点で，残余カテゴリーといえなくもない。

このような市民社会がなぜ重要になってきているのか。それは他の3大セクターの変容と「公共性の担い手」問題が深く関係している。21世紀に入り，政府は新自由主義政策などの影響や財政逼迫を理由に公共政策から退却，少なくとも財政的な役割を縮小させつつある。営利企業もグローバリズムが進展する中で，特に日本において特徴的であった企業内福祉・企業スポーツなどの多様な公共的な活動を急速に整理し始めた。これに加えて家族という私的な個人の最後の拠り所となってきた親密圏の機能も大きく変容し，家族による福祉や生活保障，教育，

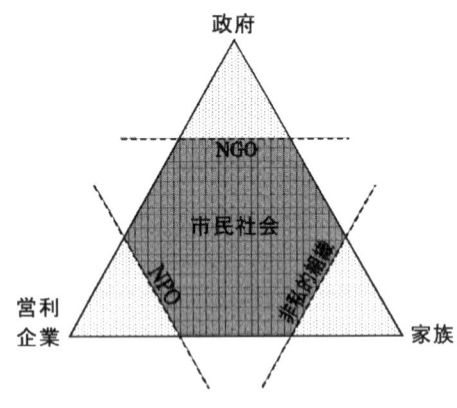

図1−1　市民社会の位置づけ

っている」(Pharr 2003: xiii) と述べている。辻中は別のところで「市民社会とは，国家，市場，共同体と相関しつつ現象する，多様な非政府の社会組織による公共的な機能，およびその機能の場（空間）と定義できる」(2002b：18) とした。しかし，経験的な調査の作業定義としては本章のようなより明快な立場を取っている。

（3）　この図は重富 (2002)，Pestoff (1998＝2000) などを参考にして作成した。

安全が十分に供給されなくなってきている。こうしたとき，新たな公共性の担い手として市民社会が注目されたのである。つまり，残余でない要素として，市民社会には，公共性の担い手としての側面があり，それを可能とする自律性，自立性，組織性など主体的要素が含まれているのである。

1.2.3 レベルにおける市民社会組織調査

　市民社会はいかなる状態にあるのか。本書では，経験的社会科学の立場から，この問題を西洋的なバイアスなく問うてみたい。そのためには，いわゆる「市民性（civic-mindedness, civility）」をもつアドボカシー型の団体やその活動に注目するだけでなく，多様な集団を包括的に把握することが重要であり，それを可能にする接近法・調査手法を開発する必要がある。市民社会という領域に存在する諸集団は世界的に注目されているものの，その実態に迫るのは容易ではなく，実証的で体系的な調査はこれまであまりなされてこなかった。このような研究上の空白を埋めようとするのが，JIGS（Japan Interest Group Study）である[4]。

　我々の研究チームは，2006年から2007年にかけて，日本で最初の全国規模の市民社会組織調査を3つのレベルで実施した。①社会団体調査，②自治会調査，③NPO調査である。本書が扱う調査データは①社会団体調査であるが，以下では，それぞれの調査の概要を簡単に記しておきたい（表1-1参照）[5]。それぞれの調査の射程を知ることによって，我々が全体として何を意

（4）　JIGS（Japan Interest Group Study）という研究プロジェクトは日米独韓における地球環境政策ネットワークの比較政治学的実証分析（Global Environmental Policy Network, 略称 GEPON, 1995-2003）プロジェクトにおいて，その団体の基礎構造を検討する部門研究として，1996年にささやかにスタートした。研究プロジェクトの名称は，当時政治学者の間で注目を集めていた三宅一郎・蒲島郁夫による投票行動研究のプロジェクト（JES）を意識しながら，辻中・森が考えたものである。JIGS の当初の関心は，政治過程における市民社会組織の姿（利益団体としての顔）を体系的に捉えることにあった。その後，辻中が世界の研究者と交流するに従って研究関心が拡大し，現在のJIGS は各国との比較の中で市民社会組織全般を描くことを課題としている。プロジェクトの名称と研究課題に語感的なズレが生じているのは，以上のような経緯による。

（5）　表1-1には，市民社会組織に対して地方政府の側がいかなる認識をも

表1−1　日本における「市民社会」関連調査（JIGS2）の概要

区　分	社会団体調査 (JIGS2)	自治会調査 (JIGS2-NHA)	NPO調査 (JIGS2-NPO)	市区町村調査 (JIGS2-LG)
調査期間	2006.12～ 2007.3	2006.8～ 2007.2	2006.12～ 2007.3	2007.8～2007.12
母集団数 (a)	91,101 [2]	296,770 [1]	23,403 [3],[4]	1,827 [5]
調査対象地域	日本全国	日本全国	日本全国	日本全国
調査方法（配布・回収）	郵便	郵便	郵便	郵便
調査票配布数 (b)	91,101	33,438	23,403	7,308 [6]
回収数 (c)	15,791	18,404	5,127	4,550 [7]
回収率 (c/b)	17.3%	55.0%	21.9%	62.2%
抽出率 (c/a)		6.2%		
調査内容	団体の概要，活動内容，行政・政党との関係，他団体との関係，組織の課題・意見，行政の政策評価，リーダーの特徴など			市区町村の概要，住民自治制度，行政サービス，各種団体との関係，政策形成過程，自治体運営への意見など

（1）総務省自治行政局行政課：地縁による団体の認可事務の状況等に関する調査結果，2003年7月
（2）NTT番号情報（株）iタウンページ，http://itp.ne.jp/servlet/jp.ne.itp.sear.SCMSVTop，2005年12月時点
（3）（4）内閣府および各都道府県のホームページからNPO法人数をカウントした（2006年1月～5月）
（5）2007年3月現在　　（6）1,827自治体の4部署に配布　　（7）4部署の総回収数

図したかがわかってくるだろう。

　まず，①社会団体調査である[6]。この調査で対象となったのは，職業別電話帳の「組合・団体」という項目に掲載されている団体である。ここでは，他の②③の調査で対象となった団体と区別するために，これらの団体を「社会団体」と呼んでいる。社会団体調査は，電話番号を公開している活動団体を母集団として調査を行った1997年の第1回調査（JIGS1）を始め，先行の諸外国の調査内容などを踏まえ，国際比較をも念頭に置きながら行われた。今回の調査においても，第1次調査と同様，電話帳（インターネット・データベース）を母集団情報とし，調査対象を確定した。

　母集団情報は，NTT番号情報株式会社のiタウンページに登録されている

　　っているか調査した市区町村調査の情報も掲載した。この調査では，市民活動，環境，福祉，産業振興の4部署への，それぞれ独立した調査を含んでいる。この調査の報告書として，辻中・伊藤編（2009）および辻中・伊藤編（2010）が刊行されている。また，コードブックとして辻中編（2009b）が刊行されている。

（6）　社会団体調査の実施プロセスについての詳細は，巻末の付録1を参照のこと。

「組合・団体」（平成17年12月現在，199,856団体）から，団体の「名称」，「住所」，「分類」の基本情報を収集した。しかし，199,856件の登録情報の中には，重複して記載された団体や，解散した団体，団体と認められない登録情報（店舗，工場，診療所などの施設類）などが存在しているため，それらの情報を除外し，最終的な母集団を91,101団体と確定した[7]。調査は，電話帳での登録団体91,101に対し，郵送法による全数調査（2006年12月〜07年3月）を行い，最終的に15,791団体から回答を得た（回収率・抽出率：17.3％）。本書『現代社会集団の政治機能　利益団体と市民社会』は，我々のプロジェクトの中で，この団体調査の報告書[8]という位置づけになっている。

　次に，②自治会調査である。自治会調査は，市町村レベルでの，電話帳や事業所では把握できない市民社会構造を明らかにするため，はじめて全国調査を実施したものである。自治会のほか，町内会，町会，部落会，区会，区など多様な名称で呼ばれる地域住民組織（以下，自治会と略称）を対象とした。母集団情報となりうる全国の自治会リストのようなものは現在に至るまで体系的に整備されていない。そこで，自治会は市区町村との関わりが強いことから，調査対象となる自治会情報の入手や調査票の配布・回収は，各市区町村の協力を得て行った。協力が得られて調査が行われた市区町村は，全国1,843市区町村（2006年3月現在）のうち890市区町村であり，全体の48.3％を占める。これらの市区町村における33,438の自治会に対して調査票を配布し，最終的に18,404団体から回答を得た（母集団抽出率6.2％）。自治会調査については，すでに辻中豊・ロバート・ペッカネン・山本英弘『現代日本の自治会・町内会　第1回全国調査にみる自治力・ネットワーク・ガバナンス』

---

(7) 辻中編（2002）においては，タウンページをもとに2000年時点の団体数を198,000団体と提示した。しかし，これは重複して記載された団体，解散された団体，団体本体と認められない登録情報（団体の店舗，工場，診療所などの施設類）などの存在を精査していない値である。そのため，JIGS2 での母集団情報がより正確である。NTT での登録情報は日々「改善」され検索項目なども修正されるため注意が必要である。なお，重複して記載された団体等を精査しないで団体数を比較すると，2000年時点と2005年時点で団体数にそれほど増加はみられない。

(8) 実際には辻中・森編（2009）という大部の報告書（508頁）と辻中編（2009a）というコードブック（129頁）も公刊済みである。参照されたい。

（木鐸社，2009年）が刊行されている。

　最後に，③NPO調査である。NPO調査は，特定非営利活動促進法（1998年施行）に基づいて認証されたNPO法人を対象に行った。母集団情報については，所轄庁である内閣府と各都道府県のホームページで公開されているNPO法人リストから，「名称」，「住所」，「主な活動分野」を収集した。2006年5月時点で26,368件であったが，調査開始時期（12月）までに解散・移動などによって調査不能となった団体が存在したため，調査対象となったNPO法人の総数は最終的に23,403団体であった。これらのNPO法人に対し，郵送法による全数調査（2006年11月～07年2月）を行い，最終的に5,127団体から回答を得た（回収率・抽出率：21.9％）。

　先行のNPOに関する調査研究は相当数に上るが，政治学の観点からすれば対象もしくは設問が限定的である。そこで我々の調査では，政治・行政とNPO法人との関係全体を包括的に押さえるとともに，多様なNPO法人を調査することによって，より実態に近い市民社会構造を把握できるように，調査内容を定めた。NPO調査については，辻中豊・坂本治也・山本英弘編『現代日本のNPO政治』（木鐸社，2010年刊行予定）が準備されているところである。

　我々は，以上の3つの調査で市民社会組織構造の全体に迫ろうとしたわけだが，いくつかの限界も存在する。例えばフォーマルさを欠く組織は含まれないことである。登記していないNPO型組織，自治会等とみなされない子供会などの機能別近隣住民組織，固定電話を持たない社会団体，一時的な組織は含まれない。政府組織，営利企業，病院，学校なども含まれない（辻中編2002）。

　とりわけ，法人格をもたないNPOや市民団体，あるいは市民運動団体や住民運動団体をどこまで社会団体として把握できているのかには疑問が残る。これらの団体は組織規模もあまり大きくなく，団体としての固定電話を所有していないことが考えられる。しかし，これらの団体は，ある意味で最も市民社会のアドボカシー（政策提言，主義主張型）組織を体現する団体だということもできる。現状ではこれらの団体についての適切な母集団情報がないため，今回の調査では断念せざるを得ないが，日本の市民社会の包括的な構図を描くためには，こうした草の根の市民団体をどのように捉えるのかが今後の重要な課題となる[9]。

2 利益団体の存立・行動様式を描く

　市民社会という領域に存在する諸集団はいくつかの顔を持っている。その中の1つに利益団体としての顔がある。政治過程における市民社会組織の姿といえば了解しやすいだろうか。本書の主たる課題は，先に紹介した①社会団体調査データを用いて，市民社会組織が有する利益団体としての顔を描くことにある。伝統的に政治学者が用いてきた分析レンズで，市民社会組織の姿を捉えたものが本書であると言うことができよう。

2.1. 利益団体とは

　それでは，政治学者がいうところの利益団体とは，一体どのような性格の組織を指すのだろうか。ここでは，一般の人にあまり馴染みのない言葉である利益団体という用語の持つ意味とその特性を解説しておきたい[10]。
　現代政治分析のテキストブックとして定評ある『政治過程論』において，著者たちは，政治過程論を次のように定義している[11]。「政治過程論とは，政治家，政党，官僚，利益団体，市民などの政治アクターの相互作用の動態を記述し，説明するアプローチのことである」(伊藤・田中・真渕 2000：2)。1980年代以降，当該分野の研究は飛躍的に進展したが，ここで列挙されている政治アクターのうち，利益団体に関連する領域の知的平野は，依然として見晴らしがよいとは言えない状況にある[12]。

---

(9) 町村編(2009)がそのヒントを与えてくれる。
(10) 利益集団，ロビー，ロビイスト，圧力団体など用語の定義や差異について辻中(2002a：18-29)参照。
(11) 国際的には，この分野は比較政治分野における現代分析というべきだろう。政治過程論という名称自体，1950年代に再出発した日本政治学の特殊性を表現している。ただしこの歴史性と構造性を有し政治体制論と連携した政治過程論の伝統自体，貴重であり，復権されるべきである。例えば，岡編(1958)，日本政治学会編(1960)などがその代表例である。
(12) 利益団体を中心とした利益集団分析は，国際的に見ても現代政治分析における1つの中心的研究テーマである。IPSAデータベース(International Political Science Abstracts on CD-ROM (1989-2006), Silver Platter Information)によれば，1989年から2006年の期間に，利益集団，圧力団体，組織利益，ロビーといった概念をアブストラクトに含む利益団体研究の論文は816を数え，

利益団体は，他の政治家，政党，官僚，市民とは異なって，政治学者にとっても論じるのが難しい政治アクターである。市民社会の領域には無数の団体が存在するが，自らを利益団体と称する団体は存在しない。我々が利益団体と呼んでいる団体はすべて，何らかの個別名称（○○組合や○○協会など）を自称している。しかもその大多数は，実は，積極的に政治に関わろうとしているわけではない団体なのである。しかしながら客観的に見て，当人たちの認識以上に，一定の政治的機能を果たしている団体が数多くある。このような自分自身を利益団体であるとは認識しておらず，必ずしも自覚的に政治に関わっているわけではない団体までを含めて，政治学の分野では，それを利益団体と呼んできたわけである。利益団体とは，政治学者側の都合で認定された当該団体の他称もしくは別称であり（森，2003），この点で，政治家，政党，官僚，市民とは異質な存在といえる[13]。

このような性質を有する利益団体の姿を全体的に捉え，それを政治過程の大きなキャンバスの中に他のアクターとの関係性に留意しながら位置づけようとするのが，我々の研究プロジェクトJIGSの目的の1つである。

2．2．JIGS1からJIGS2へ

我々の研究チームは，1997年春（橋本龍太郎内閣期）にJIGS調査と称する

政党概念（political party）を含む論文数（758）より多く，多元主義（pluralism, 1255）の3分の2である。他方で利益団体などの集団分析は，社会科学全般では，1990年代から約20年，市民社会，NGO，ソーシャル・キャピタルなどこれまでと異なる概念と視角からの分析に力点が移動していることも事実である（Tsujinaka 2009；辻中2002b）。先のデータベースでは，市民社会（2451），ソーシャル・キャピタル（366），NGO（255）を数えている。

(13) この当事者と観察者の視点の違いは制度論やゲーム論でも関心をもたれている。盛山（1995：第7章），河野（2009）参照。周知のようにInterest Groupは利益集団とも訳され，Interest（利益・関心・利害）は，政治学の鍵概念である。ただ利益集団は機能的な概念であり，実態としての組織の有無を問わずほとんどすべての集団を包摂するため，過程追跡などの事例研究以外では研究が困難である（辻中編，2002）。なお，当該集団の「他称」と「自称」のズレに着目して議論を展開する方法があることについては，直接的には，松田宏一郎の「『亜細亜』の『他称』性」という論文（松田，2008，第2部第1章）より示唆を受けた。

団体調査を行った。この調査は，東京都と茨城県の職業別電話帳（いわゆる『タウンページ』）の「組合・団体」という項目に掲載されている団体から無作為に抽出された約4,000団体に調査票を郵送し，回答を得ようとしたものである[14]。職業別電話帳の「組合・団体」という項目に載っている団体をそのまま利益団体と考えてしまってよいのかという疑問があることは当時から承知していたが，これはあくまで利益団体調査上の便宜的な作業定義であるというのが我々の立場である[15]。

1997年の調査における発見にはさまざまなものがあったが，本書の編者の1人である森は，次のようにそれをまとめている。「JIGS グループが調査をする前は，『ポスト官僚主導』『ポスト自民党一党優位』というような変動期特有の姿が明確に捉えられるのではないかと予測したが，率直に言ってその予測は外れた。いったん構築された組織間の関係性や行動パターンは，政治経済環境が変化しても，にわかには変わらないものなのである。……利益団体は利益を追求する。その行動は，基本的に利己的である。その利己的行動が，政治学の理論の中で是認されているのは，そこに『社会の中にある利害を政治過程の中に表出する』という一定の政治的機能が認められているからである。しかし，現在の日本では，歴史的に形成された制度的枠組や行動パターンが，当初の目的とは無関係に残存している部分があり，その結果，政治過程に表出される利害が社会の実態を反映していないという問題が発生している」（森 2003：103, 111）。

我々は，1997年の調査によって以上のような感触を得たものの，旧構造の残存問題については，最終的な判断を留保してきた。それは，地域的に限定された1回きりの調査から，調査に基づく記述的推論の妥当性を結論づけることはできないと認識していたからである。この点に関して，我々が選んだ

---

(14) 研究成果としては，辻中編（1999a），辻中編（2002），Tsujinaka（2003），Tsujinaka and Pekkanen（2008），Tsujinaka, Choe and Ohtomo（2007）がある。

(15) もう1つの方法としてより頂上レベルの圧力団体に注目するアプローチがある（村松・伊藤・辻中 1986；村松・久米編 2006）。ただしここでも，いかにしてその圧力団体を選定するか，という問題が重要な論点である。この問題を事情通による評判法で解決しようとしたのが政策ネットワークアプローチであり，地球環境政策や労働政策において辻中が試みている（Knoke, Pappi, Broadbent and Tsujinaka 1996；辻中 1999a）。

研究戦略は,調査を繰り返すことであった。調査は継続してこそ,多くのことを明らかにしてくれるものだからである。

我々の研究チームは,2006-07年(安倍晋三内閣期)に同様の調査をより大規模に実施した。それが先に言及した社会団体調査(以後,JIGS2調査と呼ぶ)である。本書では,1997年調査(以後,JIGS1調査と呼ぶことにする)で得られた我々の感触が,その後のJIGS2調査でも確認できたかどうかを検討する。それとともに,21世紀初頭の日本における利益団体世界の鳥瞰図を提出したい。

3　団体世界の記述枠組

現代社会の中に市民社会という領域が存在することが確かだとしても,その中で活動する諸集団の姿を正しく捉え,記述することは相当に困難な作業である。また,そうした諸集団の政治的活動の側面に光を当て,それを利益団体の世界として記述することも,同様に困難がつきまとう。

自称・利益団体が存在しない中で,我々は,何をどのように記述したらよいのだろうか。団体世界を記述するにあたっては,複数の観察者が共有できる記述枠組を事前に構築しておく必要があるだろう。東京・茨城地域に対するランダム調査のJIGS1,全国を対象とした悉皆調査のJIGS2で収集されたデータが描く像と,団体世界の現実とが乖離しないようにするためには,団体世界に実在するいくつかの局面を分析の前提として想定しておかなければならない。ただ,あまりに細かな局面を想定してしまうと,JIGS調査のような全体的調査の長所が削がれてしまう。この10年の試行錯誤の結果,最低限の局面として,次のようなものを想定するとよいと我々は考えるようになった。①団体分類,②活動空間,③ミクロ・メゾ・マクロの区別,④社会過程と政治過程の区別である。

3.1. 団体分類:生産者セクターの優位

市民社会という領域の中に無数に存在する団体には,どのような種類があるだろうか。団体の分類方法には様々なものがあるが[16],政治学の実証的な

---

(16)　利益団体の分類方法には,①設立や運営の資金源,②設立時の事情・イニシアティブ,③当該団体の基礎となる集団の性格,④団体の持つ法人格,

分野では，団体自身が関心を有する政策領域ごとに団体を分類していく方法が活用されてきた（村松・伊藤・辻中 1986）。JIGS1 調査では，調査に回答した団体の 7 割が，経済団体，労働団体，農業団体，専門家団体，教育団体，行政関係団体，福祉団体，政治団体，市民団体の 9 分類のどれかに該当すると回答している。諸外国との比較では，日本の場合，この 9 分類の中で経済団体・農業団体といった生産者セクターの団体が多いことに特徴がある[17]。このような傾向は，JIGS2 調査でも継続して確認された。JIGS2 では，先の 9 分類に 3 つの分類（学術・文化団体，趣味・スポーツ団体，宗教団体）を加えた12分類で団体のあり方を捉えようとし（設問は，「あなたの団体は次の12の分類のどれにあたりますか」である），86％がその中のどれかに該当すると回答している（なお，JIGS2 では経済団体を経済・業界団体に，農業団体を農林水産業団体に分類の名称変更をしている）。表1－2からわかるように，経済・業界団体，農林水産業団体の割合が高く，両者合わせて43％を占めて

表1－2　レベル別団体分類と活動範囲（単位：％）

団体分類	N	％	市町村	都道府県	広域圏	日本全国	世界	N
農林水産業	2,777	17.6	**61.7**	26.2	3.9	7.4	0.8	2,766
経済・業界	4,000	25.3	48.9	32.8	6.4	9.9	2.0	3,990
労働	1,184	7.5	38.0	31.9	**11.1**	17.1	1.8	1,176
教育	570	3.6	25.0	**44.5**	3.2	**21.3**	6.2	569
行政関係	845	5.4	44.7	**37.6**	5.8	10.5	1.4	842
福祉	1,175	7.4	**54.9**	28.3	2.6	9.4	4.8	1,173
専門家	857	5.4	36.1	**41.4**	6.7	12.3	3.6	856
政治	337	2.1	51.6	32.5	1.5	11.6	2.7	335
市民	704	4.5	**52.7**	24.9	5.4	9.5	7.4	702
学術・文化	592	3.8	22.6	21.9	3.9	**35.8**	**15.8**	589
趣味・スポーツ	460	2.9	25.7	**38.9**	7.4	**19.3**	8.7	460
宗教	136	0.9	27.4	17.8	**13.3**	17.0	**24.4**	135
その他	1,985	12.6	45.4	27.0	5.9	11.9	**9.9**	1,946
不明（無記入など）	169	1.0						
全体	15,791	100	46.9	31.0	5.7	12.1	4.4	15,640

太字は全体より5ポイント以上高いものを示す。

---

⑤大規模集団か小規模集団か，⑥団体内の個人と団体との交換過程に注目した交換便益による分類，⑦団体がどのような政策領域に関心を持っているか，などがある（辻中 1988：41）。

(17) 国家間比較については，JIGS1 については，辻中豊編（2002：11章～13章）を参照。JIGS2 を含めた比較としては Tsujinaka, Choe and Ohtomo（2007）を参照。

いる。ちなみに，これまでに調査した11カ国中データが利用可能で比較可能な9カ国において，首都地区（日本は東京）だけで比較しても，経済団体（27.3％）と農業団体（5.9％）の比重が群を抜いて高く，いずれも1位である。日本はその他の分類では，行政関係団体（5.5％）がロシアに次いで2位，労働団体（5.8％）がロシア，バングラデシュについで3位であるが，福祉団体などその他の分類は相対的に見て下位である。いわば生産者セクターの優位を示すものであり，チャーマーズ・ジョンソンのいう発展指向型国家における生産性の政治（Johnson 1982; Johnson and Tyson 1989）を反映したものと考えることができるだろう。

3. 2. 活動空間：ローカルレベルの団体の多さ

　先に述べたように，団体を分類する方法には様々なものがあるが，「団体が活動対象とする地理的範囲」という設問への回答（具体的には「あなたの団体が活動対象とする地理的な範囲は次のどのレベルですか。①市町村レベル，②都道府県レベル，③複数の都道府県に跨る広域圏レベル，④日本全国レベル，⑤世界レベル」）も，当初の予想以上に団体の存立・活動様式を把握するうえで重要であることが，JIGS1調査データの分析でわかった（森・辻中 2002）。団体世界は，政策領域とともに，地理的空間によっても，仕切られているのである。JIGS2調査は，東京都と茨城県を調査対象としたJIGS1調査と異なり，全国を満遍なく調査したものであるから，より一層，この点に留意しなければならない[18]。

　表1-2の右側は，JIGS2調査について，団体の活動対象地域をまとめたものである。日本に存在する団体の80％近くが，いわゆる都道府県より下位

---

(18)　ちなみに，JIGS2調査でも，東京都のみ（N=1789）でデータを見ると，市町村レベルが15.7％，都道府県レベルが13.4％，広域圏レベルが6.9％，全国レベルが52.7％，世界レベルが11.4％と，全国レベルで活動する団体が半数を超えている。このような地域は東京都のみであり，東京都の次に全国レベルの％が高い大阪府では，その数値は大幅に下がり13.4％となる。JIGS1調査は東京都を主たる調査対象としているので，日本全国を特徴づけるには，当然に多くのバイアスを抱えている。JIGS2調査データの分析によって，JIGS1調査に基づく知見は，一定程度是正されるべきであることがわかった。団体世界における東京の位置を検討したものとして，竹中（2009a）がある。

のローカルレベルを活動対象としていることは，もっと注目されてもよいかもしれない。政治学の教科書で一般的に扱われるような，日本全体に対して活動を展開するような団体は，団体世界の中でも相当に頂上に位置する団体であり，全体で見れば1割強の少数なのである。その一方で，国境を越えて世界を相手にする利益団体も確実に20団体に1つ程度存在することにも留意しなければならない[19]。利益団体政治といったときに，政治学者の多くが依然として全国レベルのそれしかイメージできないとすると，日本の利益団体研究には未踏の知的平野が依然として広がっていると言えよう。

3. 3. 団体分析のミクロ・メゾ・マクロ

団体世界は複雑な世界である。どのようなレンズを通してそれを眺めるかによって，その見え方は異なってくる。団体世界を重層的にとらえようとするならば，少なくとも，次のような3つのレベルを想定する必要がある（辻中 1981）。

第1はミクロレベルである。ここでは，団体をブラックボックスにせず，団体内部の個人，個人と個人の関係性，個人と組織の（集合行為などの）関係性に焦点が当てられる。たとえば，どのような理由によって個人は団体を形成するのか，団体に属している人々には属性・志向性という点でどのような特徴があるか，団体はどのように運営されているのかなどが分析対象となる。団体世界における社会的人間関係としてのソーシャル・キャピタル（社会関係資本）の問題もこのレベルで分析される。

第2はメゾレベルである。ここでは，1つの団体を便宜的に一枚岩の組織とみなし，団体と団体との関係性，団体と政治的アクターとの関係性を捉えようとする。おそらく，このレベルの分析こそが，JIGS調査データを用いた研究の最大の見せどころになる。

第3はマクロレベルである。ここでは，以上のような団体世界の配置や構成などそのあり方が，いかに政治体制やその変化と関連しているか，またそうしたマクロな配置がどのようなガバナンスをもたらしているかが考察の対象となる。

---

(19) 国境を越える団体については，辻中（1994），Katzenstein and Tsujinaka（1995）を参照。

JIGS調査の調査票を設計する際は，このミクロ・メゾ・マクロの区分を意識し，調査項目が全レベルを覆うように配慮したつもりである。例示すれば，ミクロに関する質問には「団体の目的」「会員の構成」「会員相互の関係」「組織運営上の特徴」などがあり，メゾに関する質問には「他組織との協調・対立」「行政との関係」「政党との関係」，マクロに関する質問には「影響力の認識」，「国レベルの代表組織の有無」など団体世界の構成，ガバナンスに関連して「国や自治体の政策への評価」などがある。

3．4．社会過程と政治過程

　政治学者は，利益団体と政治の関係性にのみ関心を持つ傾向があるが，政治に積極的に関わろうとする利益団体の数は必ずしも多くない。多くの利益団体にとって政治と関係を持つことは，当該団体の本来の活動目的からかなり逸脱した行為であると自覚されているようである。そのような利益団体の活動を全体として捉えるにあたっては，次の2つの段階を想定することが重要である。それは，社会過程と政治過程である（辻中 2002a）。

　社会過程に関する主たる論点は，組織されない個人の中から団体がいかに立ち上がってくるか，団体はどのように運営されているか，生まれた団体どうしがどのような関係にあるか，である。これらの問題は，社会学の扱う領域であろうが，現代日本の社会学は正面からこうした点を調査し，論じることが少なかったように見える。その背後には，例えば「近代産業社会において重要な機能を受け持っている組織として，企業および官庁のほかに，教育組織としての学校と，医療組織としての病院をこれに加えることが必要である」といった基本認識があるのかもしれない（富永 2001：16）。富永健一の視野においては，民間非営利組織も「組織として位置づけるより，地域社会ネットワークとして位置づけたほうがよい」（ibid：16-17）とされている。先に富永が注目した企業，官庁，学校，病院というのは，私たちが，JIGS研究を始める際に作業定義において「除外した」4つの集団組織に他ならない（辻中・森 2002）。とはいえ，より最近の社会学においては，NPOや社会運動，エスニシティなどの視角から社会団体への関心は強まっているようであり（長谷川・浜・藤村・町村 2007），今後の動向を注視したい。

　政治過程に関する論点は，団体がどのようなルートを通じて政治と関係を持つのかが，まず問題とされる。一般的にいえば，団体は「政党を通じての

ルート」と「行政を通じてのルート」の2つのルートによって，政策決定に関わろうとする。次に，団体がどのような活動（選挙活動，各種ロビイングなど）を展開しているかが検討される。さらに，そのような活動の帰結として，政治過程・政策決定過程において団体がどの程度の影響力を持っているかが議論される。

4 本書の構成

4.1. 本書の方向性

本書を構成する各章は，編者がその内容までを含めて，各執筆者に分析・執筆を依頼したものである。依頼に際しては，次の諸点に留意した。

第1に，莫大な研究資金（そのほとんどが国民の税金である）を投じて遂行した大型調査の報告書という性格上，執筆者が各々の関心で書きたいものを書くという方式は避けた。むしろ調査で把握できたことを，なるべくそのまま記述し，当該分野の公共財となるものを提供するよう求めた。報告書としてのあるべき姿を模索したつもりである。

第2に，分析・執筆に当たっては，先に提示した「団体世界の記述枠組」に沿って論を構成するよう求めた。その際，積極的に執筆者からのフィードバックを受け入れ，記述の枠組を使い勝手の良いものに改変していくことに努めた。

第3に，読者が分析過程を追跡できないような高度な統計技法の使用や，特殊な前提や仮説に立脚する分析モデルの導入を抑制するよう求めた。本書各章の大半が，クロス集計のレベルで事象を記述しているのは，編者の意向の反映である。

第4に，当該分野に一定の研究蓄積がある研究者を執筆者に登用した。そして，調査データによる発見がその他のアプローチによる既存の議論と整合的であるかどうかを確認することに力を注いでもらった。調査の妥当性については統計的に語ることもできようが，前例のない調査であるという事情もあって，統計的検定を補完するという意味での「文脈的なチェック」を施した。

第5に，大型調査でよく問題になるのは，多数の設問で調査票を構成したものの，それらの大半を分析で活用しないまま眠らせてしまう点である。そ

こで本書では，重要な設問が分析から漏れることのないよう配慮した（巻末付録3参照）。

4.2. 各章の課題と概要

本書は，大きく分けて3つのパートから構成されている。第1パートは，社会過程における団体に焦点を当てた章であり，第2章～第5章がこれにあたる。第2パートは，政治過程における団体に焦点を当てた章であり，第6章～第11章がこれにあたる。第3パートは，上記の2つのパートでは扱い切れない団体の姿（ローカルレベル・世界レベルを活動対象とする団体の姿，利益団体とは異なる市民社会組織の姿）を描いた章であり，第12章～第14章がこれにあたる。以下では，各章が何を課題としているかを簡単に記しておきたい。

第2章「日本における市民社会組織の形成と存立」（辻中豊・山本英弘・久保慶明）は，個人の中から団体がどのようなときに形成され，形成された団体がどのようにして定着していくのかという問いを扱う。この章では，社会団体調査データだけでなく，各種の統計資料をふんだんに用いて，当該の課題を追究する。団体の形成・存立に関しては，社会学の分野でさまざまに論じられてきた。そうした既存の説明図式が，日本における状況にどの程度当てはまるかを検討している。

第3章「日本の団体分布とリソース：国家間比較と国内地域間比較から」（辻中豊・崔宰栄・久保慶明）は，団体の組織リソースに着目し，日本の団体の特徴をあぶり出す。この章では，国際比較と国内地域間比較という2つの比較手法が活用されている。そして，一地点の調査結果を見るだけでは，それが何を意味するか分からない事象に対して，様々な意味を見出そうとしている。大型調査の強みを活かした分析といえよう。

第4章「団体リーダーのイデオロギーと利益の組織化」（竹中佳彦）は，社会の中にあるどのような利害が組織化されているか（どのような利害が組織化されていないか）という問題を扱う。この章の特長は，一般有権者と団体リーダーの保革自己認識を比較する中から，それを探ろうとしている点にある。有権者の保革自己認識を長年追跡してきた竹中氏が，団体リーダーの保革自己認識の分布から興味深い事実を発見している。

第5章「団体世界における組織間関係の構図」（平井由貴子）は，組織と組

織の関係に焦点を当てている。団体はどのような組織と協調的・対立的関係にあるのか。組織間でどのような系列関係を持っているのか。そして，政治アクターとの間には，どのような関係性があるのかを明らかにしている。

第6章「団体－行政関係の諸相：国との関係を中心として」（森裕城）は，政治過程における団体を本格的に扱う最初の章として，まず団体がどのようなルートを通じて政治に接近しているかを明らかにする。そして，そこで浮かび上がってきた団体世界における団体－行政関係の重要性を取り上げ，特に国の行政と団体との間にどのような関係があるかを描いている。日本の団体－行政関係は長らく協調的であると語られてきたが，それは現在でも当てはまるのだろうか。過去からの継続と変化の兆しをデータから読み取っている。

第7章「行政ネットワークにおける団体：諮問機関と天下りの分析から」（濱本真輔・辻中豊）は，団体－行政関係の中でも特に重要なトピックである審議会と天下りについて分析している。政治と社会の間にある人的交換を中心とするネットワークは，行政改革が進められる中で変容したのか。この章では，既存の活用可能な統計資料を広範囲にわたって整理した上で，社会団体調査データを分析し，行政ネットワークの現在を記述する。

第8章「政権交代前夜における団体－政党関係の諸相：弱体化しながらも持続していた自民党一党優位の構造」（森裕城）は，団体－政党関係を扱う。JIGS1で発見された団体世界における自民党一党優位の構造は変化したのだろうか。政党政治で進展する二大政党化現象は，団体の行動に何らかの変化を与えているのだろうか。政権交代前夜において，弱体化しながらも持続していた自民党一党優位の構造が析出されている。

第9章「団体－政党関係における地域偏差とその意味：47都道府県別のデータ分析から」（濱本真輔）は，団体－政党関係に関するデータを都道府県別に分析することによって，その偏差の中に意味ある発見をしている。全国集計で見た場合には明確にならなかった民主党の台頭が，一部の地域では確実に生じていたというのがこの章の一番の発見である。大規模な全国調査である社会団体調査データの強みを活かした論稿である。

第10章「利益団体のロビイング：3つのルートと政治的機会構造」（山本英弘）は，団体のロビイングを全般的に扱っている。どのような団体がどのような戦術を使っているのか。そこに意味ある差異はあるのか。変化はないの

か。こうした観点からデータを整理することによって，最終的に「ロビイングの3つのルート」を発見している。

　第11章「利益団体の影響力：多角的な視点からみる権力構造」（山本英弘）は，団体の影響力を包括的に扱う章である。団体の影響力をサーヴェイ調査で析出することは，必ずしも容易な作業ではない。この章では，複数ある影響力の析出方法を効果的に活用することによって，日本の政治社会における権力構造を多角的に検討するとともに，団体の影響力の源泉を探り当てている。

　第12章「ローカル団体の存立・行動様式」（久保慶明）は，ローカルレベルにおける団体に焦点を当てたものである。社会団体調査に回答した団体の8割近くが都道府県以下の範囲を活動対象にしているという事実がある。こうした団体には，全国レベルを活動対象としている団体とは異なる特徴があるのではないか。そうした見通しの下にデータを網羅的に検討した結果，この章では「地方自治を支えるローカル団体」の姿が描かれることになった。

　第13章「グローバル化の進展と日本の世界志向団体」（足立研幾）は，世界レベルを活動対象とする団体に焦点を当てた章である。世界志向団体は，公共性の高い活動を行う傾向が強く，利益団体とは一線を画する性格を持つものが多い。JIGS1調査の報告書で同様の分析を担当した足立氏が，国際政治学の理論動向を踏まえた上で，日本における世界志向団体の現状を検討している。

　第14章「市民社会組織のもう1つの顔：ソーシャル・キャピタル論からの分析」（坂本治也）は，市民社会組織が持つ「自発的結社」としての顔に焦点を当てている。この章を担当する坂本氏は，ソーシャル・キャピタル論の研究者である。本書が全体的に利益団体論に傾斜していることを相対化する意味で，ソーシャル・キャピタル論の視座に立つ坂本論文を最後の章に置いた。同一の事象であっても，依拠する視座が異なれば，解釈や含意が異なってくるという点が興味深い。

　第15章「総括と展望：政権交代前夜の日本の市民社会と利益団体」（辻中豊・森裕城）は，本書の総括である。各章における発見の相互連関に配慮しながら，21世紀初頭の日本における利益団体と市民社会の現状を議論する。

第2章

日本における団体の形成と存立

辻中豊・山本英弘・久保慶明

1 団体・組織の多角的把握を目指して

　今日注目される市民社会における団体（市民社会組織）は，どのように推移しているのだろうか。個々の団体は，社会における様々な利害や関心を集約してどのようにして起ち上がるのだろうか。その際，国家とはどのような関係を形成しているのだろうか。団体にはどのような会員がいて，内部の構造はどのようになっているだろか。さらには，どの程度のリソース（会員，財政，ネットワーク）をもっているのだろうか。本章と次章においては，日本社会に存在する多種多様な団体・組織の特徴を，上記の様々な角度から検討し，それをもとに市民社会の全体像を描き出すことを目指す[1]。

　日本の市民社会の実態を捉えるには，様々なデータを用いることができる。官庁統計では，NPO統計やNPOサーベイ（経済産業研究所2003－各年版），『事業所統計』（総務省統計局，悉皆調査），『民間非営利団体実態調査報告書』（内閣府経済社会研究所，標本調査）などがある。また，第1章で紹介したように，JIGSプロジェクトでは，社会団体をはじめ，自治会，NPO法人の全国調査を行った。社会団体調査は1997年にJIGS1調査を行っており，10年間における通時的比較が可能である。さらに，JIGSプロジェクトでは，他に12カ国の調査を行っており，これらの国々との国家間比較や地域間比較も可能

（1）　本章で検討対象とするのは，データの制約から第二次世界大戦後の状況である。戦前については不十分であるが辻中（1986，1988，2009）を参照されたい。

となっている[2]。本章および次章では，JIGS2調査をメインとしつつも他のデータも適宜活用して，日本の市民社会を総合的に検討していく。なお，本章では市民社会の歴史的編成と存立様式を，次章では団体の保有するリソースを取り上げる。

本章の前半部（第2，3節）では，市民社会における団体の推移を取り上げる。今日の市民社会は一朝一夕にしてなったものではなく，これまでの様々な団体・組織の活動の蓄積によって形成されたものである。したがって，市民社会の特徴を明らかにするためには，様々な団体がどのような経過を辿って現在に至っているのか，また，いつ頃の時期にどのような経緯で設立した団体が主力となっているのかを基礎的情報として確認しておく必要がある。このように団体が社会的文脈の上でどのように設立され，さらに成長していくのかは団体研究にとって古典的な視点ともいえる（Bentley 1908=1994; Truman 1951）。本章では，事業所統計や既存のサーベイ調査と，JIGS2調査における団体の設立年の分析を通して検討する。

後半部（第4，5節）では個々の団体に焦点を合わせ，その存立様式から市民社会構造を捉えていく。辻中（1988）は，団体分類の基準として，(1)資金源，(2)設立時のイニシアチブ，(3)団体の営利性[3]，(4)法人格の4点を挙げている。このうち団体の営利性については第3章で国際比較の観点から取り上げているので，本章では割愛する。本書で扱う3点は国家と団体との関係を問うものだということができる。これらに加えて団体の内部過程として，団

（2）　このほか，サラモンらの開始したJohns Hopkins Comparative Nonprofit Sector Projectはすでに日本を含む30以上の国家を対象とした優れた非営利セクターの比較を遂行している。そこでは国連統計局と共同で国際的な非営利サテライト勘定が国民経済計算（SNA）のフレームで構築され，さらにグローバル・シビル・ソサエティ・インデックスが作成されている（山内2005）。これらはいうまでもなく貴重な統計データであり，このようなデータをもとに日本の市民社会を国際比較から捉えることも可能である。しかし，あくまで非営利セクターの経済統計を基礎にした統計であり，市民社会の団体はその一部を占めるに過ぎず，またその根拠となる情報はSNAなど限定的なものである。

（3）　営利性といっても，ほとんどの団体は営利企業ではなく法的には非営利団体である。ここで営利性というのは，営利企業や職業，生産と直接関連して存立する団体，経済・業界団体，協同組合，労働組合などを指している。

体がどのような会員から構成されているかと，団体がどのような組織構造で運営されているかの2点を取り上げたい。

以上の諸点を分析することで，現代日本の市民社会の見取り図を提示することが本章の目標である。論点が極めて多岐にわたるが，日本の市民社会の形成と存立に関する全体像を把握することに努めていく。

2　既存データにみる市民社会の現況：1990年代後半からの停滞

まず，アグリゲートデータや既存のサーベイデータに基づき，市民社会の現況を捉えていこう。ここでは，団体数，団体の財政規模，個人の団体への参加率に注目する。

はじめに，組織化された事業所として把握される団体の数に注目してみよう（図2－1）。日本の団体事業所数は団体の高度成長期といっていい1960－96年の36年間で3.7倍（年平均3.7％増加，51－99年で2.7％増）に増加している。この間の平均成長率はアメリカの3倍近い（辻中・崔 2002a）。人口当たりの団体事業所数（10万人当たり。以下，団体密度）を比べると，1960年の対米比3分の1から96年にはアメリカの85％にまで達した。しかし，96年以後は停滞し，2006年現在では10万人当たりで32の団体事業所が存在する[4]。

団体種別にみると，80年代以前には経済団体の安定した優位（4割前後）が印象的である。しかし，80年代以降になると経済団体は停滞気味となる。図に含まれない農協や宗教の事業所も，経済団体と同様に，長期的には減少傾向にある。これらに代わって急速に増大したのが，「その他」の団体である。「その他」には，市民系の様々な団体や国際NGOなども含まれるが，相当程度，外郭団体だけでなく多様な形での政府の公的関与のある団体が含まれることも否定できない[5]。この半世紀で5倍以上の団体密度の伸びを示し，現

（4）　ちなみに同時点でのアメリカの団体密度は37，韓国は30である。また図表は割愛したが，団体従業者数も1960－96年の36年間で大きく増大しており，1996年時点での従業者数は，1960年の4.9倍（年平均4.5％増）である（辻中 2009）。しかし，96年以後は停滞傾向を示す。2006年において10万人当たり230名余りが団体で働いており，米国の約7割の，韓国の2倍の水準となっている。

（5）　事業所統計での分類「その他」と本書で用いる調査での「その他」とは無論同じでない。事業所統計ではここで触れた経済，労働，学術文化，政治

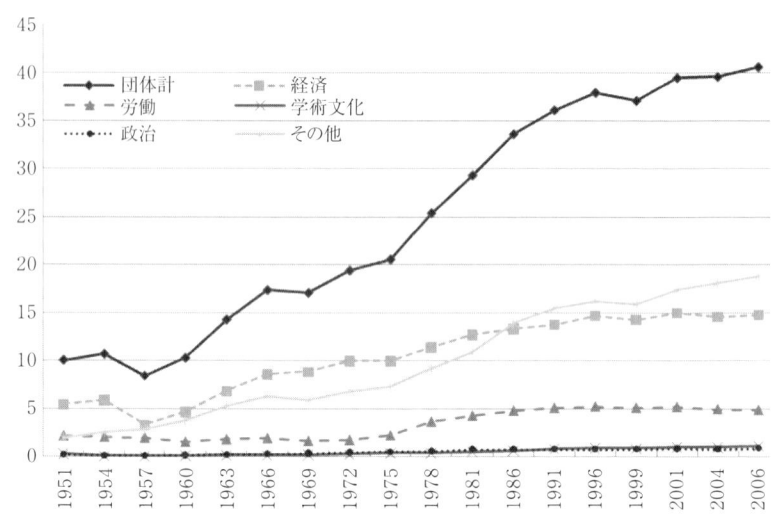

図2－1　団体数の推移（単位：1,000団体）

凡例：団体計、経済、労働、学術文化、政治、その他

出所）総務省統計局『事業所統計』各年版。

在では最大の分類になっている。政治団体も3倍増，学術や労働団体の密度は2倍弱である。しかし，長期的にみて経済団体，その他が多い構図はほぼ変わりなく安定している。これはアメリカの市民団体優位での安定，韓国のこの20年の激変と対照的である（辻中・崔 2002a，2004）。

次に，団体財政に目を移そう。統計データは1981年以降しか利用できないが，その変動は極めて衝撃的である（図2－2）。全体としてみると，90年代に入るまで増加を続けてきた財政規模は，90年代後半に入ると急に縮小に転じ一挙に4割ほど減少する。21世紀に入り少しずつ持ち直しているものの，2007年において80年代中期の水準に止まっている。費目の中では団体の活動費の減退は極めて著しいと推定される（辻中 2009）[6]。なお，団体数以上に，

とその他という5分類しかなく，ここでの「その他」は多様広範な団体が含まれる。
（6）『民間非営利団体実態調査報告書』は，全数でなく標本調査であるが，経済，労働，その他の団体の，90年代以降の財政的な激しい増減を記録している。他方，アメリカの統計ではこうした激動は記録されていない。そうしたなか，日米を比較すると，経済団体と労働団体の給与総額合計は（人口が3

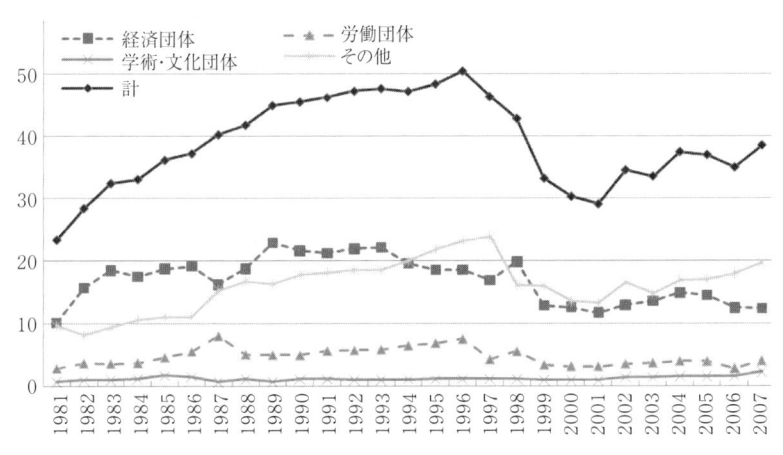

図2−2　団体財政の推移（単位：1,000億円）

収入ベース。1994及び1997年は，データ入手のため前後年の平均で代用。
出所）　内閣府経済社会研究所『民間非営利団体実態調査報告書』各年版。

1990年代において「その他」の団体の優位が，ここでは観察される。

上記のような傾向は，それぞれの団体への有権者の参加率に関する調査データからも観察できる。明るい選挙推進協会が総選挙ごとに行う世論調査では，有権者が各団体に加入しているかどうかに関する質問を設けている[7]。そのデータ（1972年から2005年）によって有権者の団体加入率を概観したのが図2−3である（詳しい数値は章末の表2−9を参照）。

図をみると，団体への有権者の参加自体が90年代中葉以降低下している。婦人会・青年団は10〜15％程度であったのが近年減少し8％，PTAも16〜

倍近い差があるにもかかわらず）ほぼ同じ規模であること，特に日本の経済団体の給与総額が大きいこと，さらに経済団体，労働団体ともに財政規模が縮小しているのに，給与総額はあまり変動がないこと，などが観察できる。
（7）「あなたは，このような団体に加入していますか。あればいくつでも結構ですからあげてください。」という質問文である。この質問は有権者が実際に団体に加入しているかどうかというより，団体に加入しているという認識をもっているかを尋ねていると考えられる。例えば，形式上は加入していても本人にその自覚がない場合もあるだろう。その意味で，団体加入意識と解釈したほうがよいかもしれない。

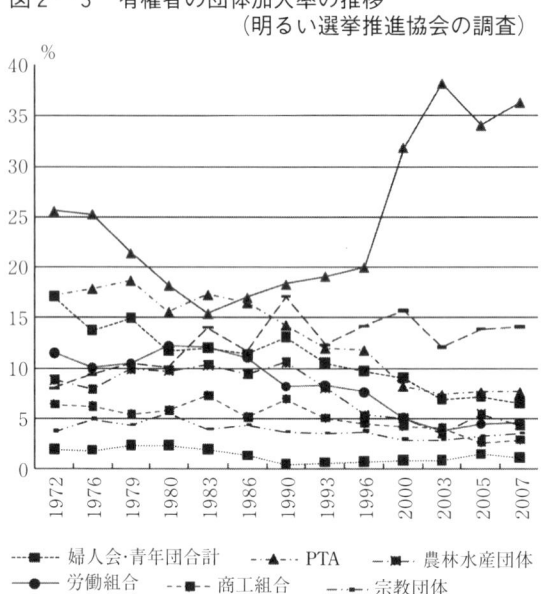

図 2 - 3　有権者の団体加入率の推移
　　　　　（明るい選挙推進協会の調査）

18％が半減以下となり 8％である。経済や生産に関連する団体も軒並み減少気味である。農林水産団体，労働組合，商工組合のいずれも10％程度から 5％程度に半減している。わずかながらに増加の傾向を示しているのは同好会・趣味のグループだけであり10％程度から15％程度となっている。図には示していないが（章末表 2 - 9 参照），自治会・町内会等も80年代中葉まで上昇し70％に迫っていたのが近年では50％を割り，2007年時点では40.4％となっている。これらの団体はいずれも調査を開始した70年代以前にピークがあったものもあるかもしれないが，ほとんどの団体は1980年代にピークを記録していると推定される。これらの結果として，どの団体にも加入していないという人々が，15％を記録した1983年から，21世紀には30％を超えるようになっている。

　このように，1960年頃を境として一貫して緩やかに多元化し拡大を続けてきた日本の市民社会は，90年代後半以降には停滞を余儀なくされている。1998年のNPO法制定や，国や地方自治体での情報公開条例，自治基本条例，パブリックコメント，民間事業委託の普及などに代表されるように，21世紀に入って市民社会組織を活性化させる制度環境の整備が少しずつ進み，NPOなど市民活動団体の増加と，その活発化が生じていると報道されている[8]。

（8）　辻中（2009：19）に『朝日新聞』での市民社会・利益団体・政治関連用語の使用頻度をまとめておいたが，NPO，NGO，市民団体の報道量はいわゆ

しかし，データに即せば，1990年代以降2007年に至る市民社会[9]は，全体としてみれば「期待と現実のギャップの時代」とでも呼べるような状況にあったと考えられるのである。

3 団体の設立年：「アソシエーション革命」の不在？

3.1. 戦後－高度成長期優位型の日本の団体

それでは，JIGS調査データをもとに市民社会の現況をみていこう。まず，現存する団体を対象とすると，いつ頃設立された団体が多いのだろうか[10]。設立年の分析は，「人間に寿命があるのと同じように，団体にも寿命があるのだろうか」という素朴な疑問を出発点としている[11]。つまり，人間の年齢分布を捉える方法として人口ピラミッドがあるように，団体についても同様の作図ができるのではないかと考え，JIGS1調査において初めて試みたのである。その結果は日本の団体の特色を明確に表すものであった（辻中・崔 2002a）。ここではJIGS1とJIGS2および各国の市民社会組織調査をもとに，あらためて検討していこう[12]。

図2－4には，日本における2時点および9カ国の首都圏地域における団体の設立年を示している。日本以外の国をみると，アメリカやドイツ，韓国では設立が分散しているものの，多くの国では，1980年代後半から2000年に

　　る利益団体（営利系）のそれをはるかに凌駕し，中小政党並みの報道がなされている。
(9) 私たちが用いることができるデータは，事業所，電話帳，統計調査，選挙時調査などいずれも，公式的な組織，つまり日本では多数を占める営利系団体や非営利系社会サービス団体を中心としている。そのことがこうした評価につながっている可能性はある。非公式でボランタリーな市民社会の側面はこうした調査では十分に把握されない。
(10) 団体の歴史的形成過程については，辻中（1986），辻中（1988），辻中・李・廉（1998），辻中・崔（2002a），辻中・廉編（2004），辻中ほか（2007）などにおいて繰り返し取り組んできたテーマである。
(11) このような疑問に対して，組織生態学的な分析により団体の消長を捉える方法もある（Gray and Lowery 2000; Nownes and Lipinski 2005 など）。
(12) すでに辻中ほか（2007）や辻中・森（2009）で分析を行っているが，改めて，結果を提示する。

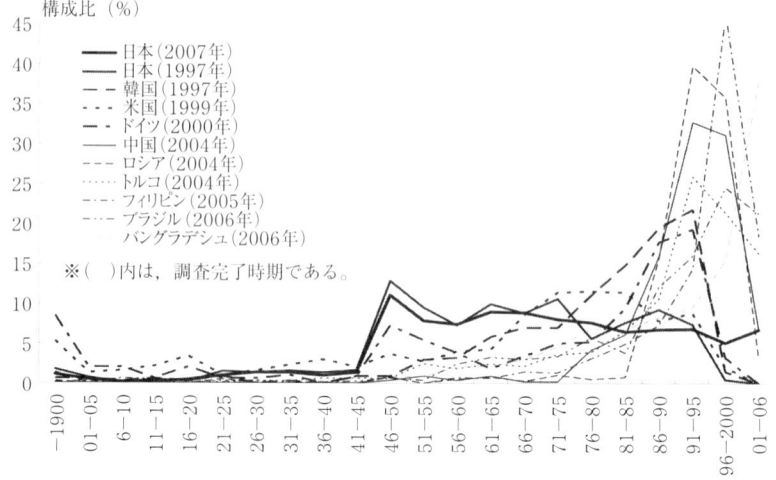

図2−4　現存する団体の設立年分布（調査対象：各国の首都圏地域）

凡例：
- 日本（2007年）
- 日本（1997年）
- 韓国（1997年）
- 米国（1999年）
- ドイツ（2000年）
- 中国（2004年）
- ロシア（2004年）
- トルコ（2004年）
- フィリピン（2005年）
- ブラジル（2006年）
- バングラデシュ（2006年）

※（　）内は，調査完了時期である。

かけて団体設立が増大している。厳密に言えば日本とアメリカを除くすべての調査国で，設立数のピーク（5年毎計）が1990年代にある。

それに対して日本では，JIGS1調査同様，終戦直後の1946−50年に設立した団体が最も多く，そこから高度成長期あたりまでに設立した団体が多く残存している。他国と比べると団体設立時期は全般に偏りが少ないこともみてとれるが，「戦後−高度成長期優位型」が日本の団体形成パターンということができる。戦後，新憲法の下で団体・結社の自由が認められて団体が噴出したというのは，団体の形成時期としても理解が容易であろう[13]。

他方で，辻中ほか（2007）で検討したように，NPOに関しては，NPO法施行直後である1999年以降に設立された団体が7割以上にのぼる。自治会については，社会団体同様に，戦後−高度成長期優位型のパターンをとっている[14]。NPOの噴出は，団体事業所の数や電話帳に記載された団体数，あるい

---

(13) もっとも，戦争によって市民社会が完全に断絶したとはいえない面もある。鹿毛（2007）は戦争のプロセスが戦後の市民社会に及ぼす影響について検討している。

(14) 自治会の設立年についての詳細な分析は，辻中・ペッカネン・山本（2009）を参照されたい。

は自治会数に大きな影響を与えるには至っていない。レスター・サラモン (Lester Salamon) らは，各国の市民社会組織が1980年代後半から噴出することを発見し，「アソシエーション革命[15]」と呼んだが (Salamon 1994; Salamon and Anheir 1997)，少なくとも日本の首都圏地域では，そのような現象は確認できないのである。

では，これらの団体は実質的にも市民社会の主力といえるのだろうか。ここでは政策に及ぼすことのできる自己の影響力評価という点から考察しよう。表2－1は，JIGS1とJIGS2の2時点のデータを用いて，団体の設立時期ごとに主観的影響力認知（ある程度以上の割合）を示したものである[16]。なお，JIGS1は東京都と茨城県のみで行った調査であるため，ここでは東京都のデータのみを用いて分析している。

2時点のどちらにおいても，戦前も含めて設立年の古い団体のほうが影響力を保持している。終戦直後に設立した団体が多いからといって，その時期の団体だけが大きな影響力をもっているということはないようである。JIGS1では1946－55年まで，JIGS2では1956－65年までに設立した団体の影響力が大きいことから，

表2－1　設立時期と主観的影響力認知

	割合（%）		N	
	JIGS1	JIGS2	JIGS1	JIGS2
1945年－	52.1	52.0	192	143
1946－55年	54.3	54.7	278	327
1956－65年	44.3	56.1	219	285
1966－75年	47.1	45.9	242	289
1976－85年	42.7	42.9	164	238
1986－95年	50.5	45.9	208	239
1996年－	50.0	48.8	6	200
全体	48.9	49.9	1,309	1,721

---

(15) アソシエーション革命は単に団体の噴出現象がみられるというだけではない。サラモンは，そのインパクトを以下のように述べている。「我々はグローバルな『アソシエーション革命』のまっただ中にある。これは19世紀後半における国民国家の台頭と同じく，20世紀後半にとって重要なものだと明らかになるかもしれない。その最終的な目標は，グローバルな第3セクターである。すなわち，株主や取締役に利益配分するのではなく，国家の外部において公共的目的を追求する自己統治的な民間組織の大きな列である。これらの組織が増加することは，組織が提供する物的サービスよりもはるかに大きなインパクトをもって，国家と市民の関係を変容させるかもしれない」(Salamon 1994: 109)。

(16) 主観的影響力認知については，非常に強い，かなり強い，ある程度，あまりない，まったくないという5段階で質問している。影響力についての詳細な分析は第11章で行っている。

設立して40年以上を経過している団体が影響力を高く認知していることがわかる。これは長期に存続するうちに種々のリソースも蓄え，影響力を高めていったからだと考えられる[17]。一方で，JIGS2データから1996年以降に設立した新しい団体をみても大きな影響力を持っている様子はうかがえない。サラモンのいうアソシエーション革命，ないし近年の市民社会の注目の中で誕生した団体に特別に影響力があるわけではないようである。

3．2．都道府県別，団体分類別にみたアソシエーション革命の兆し

さて，首都圏地域における設立年を対象として，戦後－高度成長期に設立された団体が多いことを確認したが，都道府県別，団体分類別に設立年を詳しくみていくと，近年，団体の設立が多くみられる場合がある。

都道府県については，兵庫県と新潟県が特徴的である（図2－5）。どちらの県もやはり1946－55年に設立数のピークがあり，そこから減少傾向を示しているものの，96年以降の10年で反転して増加している[18]。ちなみに，詳細は割愛するが，両県とも最近10年で設立した団体には，今日の市民社会の担い手と期待される市民団体と福祉団体が多い。このように一部の地域ではアソシエーション革命に類似した団体の噴出現象をみてとることができる。

図2－5　兵庫県と新潟県における団体の設立年の推移

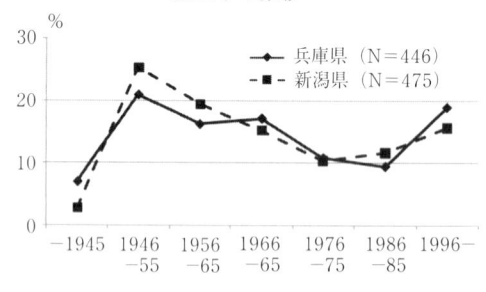

同様のことは，団体分類別にみても確認できる。表2－2には，団体の設立年を10年単位で示した。太字は，各団体分類について最も多い部分である。表から，農林水産業，労働，教育，行政関係，専門

---

(17) その逆に，リソースが豊富で強い影響力を保持していたからこそ長期にわたり存続しているとも考えられる。

(18) これらの県のほか，秋田県，奈良県，長崎県でも最近10年に設立した団体が多くみられる。なお，なぜこれらの県で最近になって団体が多く設立しているのかについては，それぞれの県の事例研究などを交えながら今後詳細に検討する必要がある。

表2-2 団体分類別にみる設立年分布（10年単位で集計）（単位：%）

団体分類	-1945	1946-1955	1956-1965	1966-1975	1976-1985	1986-1995	1996-2007	N
農林水産業	6.4	31.3	13.6	15.0	8.5	9.8	15.3	2,695
経済・業界	3.6	19.8	29.0	19.9	13.0	8.2	6.5	3,948
労働	3.5	27.0	19.1	16.3	8.3	17.0	8.7	1,150
教育	8.4	27.4	14.8	16.5	10.5	10.7	11.7	562
行政関係	2.9	21.2	15.0	17.4	17.2	17.7	8.7	832
福祉	3.9	12.9	14.1	15.9	13.5	15.3	25.3	1,152
専門家	6.6	29.0	11.6	15.3	13.1	10.8	13.5	830
政治	4.2	8.5	8.8	7.3	12.7	24.5	33.9	330
市民	3.2	9.8	12.7	11.8	9.9	15.0	37.6	694
学術・文化	12.2	14.7	13.5	12.3	13.9	19.9	13.5	584
趣味・スポーツ	9.1	21.5	13.3	14.6	12.6	14.2	14.6	451
宗教	33.8	20.3	12.0	9.0	14.3	6.8	3.8	133
その他	4.7	14.8	16.4	21.1	15.0	14.7	13.2	1,941

太字は各団体分類で最も多い時期。

家，趣味・スポーツ団体など多くの団体が1946-55年に設立されていることがわかる。経済・業界団体はやや遅く1956-65年である。生産セクターや政策受益団体を中心として，戦後の体制転換期に設立した団体が今に至るまで日本の市民社会の主要な担い手となっているといえる。

その一方，いくつかの団体分類では異なる特徴がみられる。学術・文化団体では1986-95年に設立した団体が最も多く（19.9%），福祉，政治，市民の各団体は1996年以降の設立団体が多い（25〜35%程度）[19]。福祉領域は市民活動やNPOが最も盛んな領域であるし，市民団体や政治団体は新たな価値を体現するものが多い。また，詳細は割愛するが，1996年以降に設立された団体では，一般向けのサービス活動や会員以外への情報提供を目的とする団体が多い。ここからも公共サービスの担い手の台頭とアドボカシー活動の旺盛化という新しい市民社会の動きをみてとることができる。

このように，特定の地域や分野においては，日本においてもアソシエーシ

---

(19) NPO法の影響も考えられるが，NPO法人自体はそれほどデータに含まれていない。しかし，NPO法が市民団体や福祉団体全般を活性化させる契機となった可能性はある。もっとも，これらの団体は活動基盤が脆弱であるため，他団体よりも組織が存続しないという可能性は考えられる。すなわち，終戦直後にも大量に設立したものの，今日に至るまでに消滅したものが多いのかもしれない。

ョン革命の兆しをみてとることができるのである。

4 団体の存立様式(1)：外部からの支援

続いて，現存する個々の団体の存立様式に焦点を合わせ，市民社会の特徴をみていこう。ここでは，設立支援，資金源，法人格，会員構成，組織構造という5つの側面から検討していく。このうち，前3者は国家（行政）と市民社会との関係を捉える上で重要である。ロバート・パットナム（Robert Putnam）のソーシャル・キャピタルの議論にみられるように市民社会を個々の市民の関係の蓄積からなるものと捉える立場（Putnam 1993=2001）に対して，国家や制度こそが市民社会を規定するという立場がある（Hall 1999; Levy 1999）。これは市民社会論の1つの重要な論点とされてきた。日本の市民社会については，ロバート・ペッカネン（Robert Pekkanen）が民法における法人格の規定により，アドボカシー団体の成長が阻害されたことを指摘している（Pekkanen 2006=2008）。本節では法人格だけでなく，資金や設立支援における関係もみることで，日本の市民社会に対する上（国家）からの規定性を検討する。

これに対して，市民社会組織は個々の市民によって構成されるものであり，どのような人々が集まり，どのように運営されているのかは，やはり市民社会を特徴づける重要な側面だと考えられる。これについては，第5節において各団体の会員構成と組織の内部構造という点から検討する。

4.1. 設立支援：フリーライダー問題を超えて

団体の設立にとって最も重要なものとして，リソース（資源）の蓄積が考えられる[20]。その際，団体が自前でリソースを集めたのか，それとも行政や他の主体の支援を受けたのかがポイントとなる。外部の支援を受けた団体ほど，活動がその意向に左右され，自律性の程度が低い可能性がある。

設立時のリソース調達については，フリーライダー問題という別な視点からも研究が蓄積されてきた（Olson 1965=1996）[21]。団体が排除性のない集合

---

(20) 団体を設立しようという契機になる事件や出来事も重要だと考えられる。町村（2009）はこの点から草の根の市民団体の形成基盤を考察している。

(21) 山本（2009a）では，団体の目的をもとに，どのような団体でフリーライ

的利益を供給するならば，団体の会員ではない潜在的な受益者も利益を享受することができる。したがって，個々の潜在的な受益者は，他者の団体への参加により集合的な利益が供給されるのならば，自らはコストをかけてまで団体に参加して活動しない。また，他者がそのように考えて団体活動に参加しないならば，仮に自分だけが参加したとしても集合的利益は供給されない。このようなロジックに基づけば，誰も参加者はおらず，結局，団体は形成されないのである。しかしながら，現実の社会では団体が数多く存在する。そこで，フリーライダー問題を克服して団体が形成される要因が探究されてきた。マンサー・オルソン（Mancur Olson）は，会員に対する選択的誘因，強制的な参加，集団規模の小ささという3点を挙げている（Olson 1965＝1996）[22]。

　このようなミクロな視点からの考察に対して，ジャック・ウォーカー（Jack Walker）は団体に対する外部からの支援によりリソースが調達できれば，フリーライダー問題は生じないと主張する（Walker 1983; King and Walker 1991）。このことは団体に対する質問紙調査データによって支持されており，会員の参加に関しても選択的誘因の提供よりも団体本来の目的のほうが重要であることを示している。フリーライダー問題が不適当かどうかはさておき，外部から支援を得ることは少なくとも個々の会員に依拠する程度を減らすものだと考えられる。

　そこで表2－3に，団体分類別に設立時に支援を受けたかどうか，また，受けた場合，その際の支援元はどこかを示した。支援元については自由回答で尋ねたものを5つのカテゴリにアフター・コードしている[23]。回答欄には複数の支援元が記載されている場合もあるので，それぞれのカテゴリに重複

　　　ダー問題が生じうるのかを分析している。
(22)　この他に，政治的起業家（political entrepreneur）という団体の集合的利益から特に大きな利益を得る人々の存在（Salisbury 1969, 1975）や，団体活動に参加することで得られる連帯感や共通感情（Fireman and Gamson 1979＝1989），価値や大義のある活動へ参加することで得られる満足感（Wilson 1995），参加することに対する規範（Knoke 1988）などによる参加が論じられている。
(23)　コーディングは山本が行った。同一のコードを第7章と第12章でも用いている。

表2−3 外部からの設立支援（支援元は複数回答）（単位：%）

団体分類	支援あり	支援元（複数回答）					支援なし	N
		行政	団体	企業	個人	その他		
農林水産業	31.4	23.4	10.0	0.6	0.2	0.3	68.6	2,495
経済・業界	27.0	14.3	12.8	0.7	0.0	0.2	73.0	3,687
労働	20.5	2.7	17.3	0.3	0.1	0.1	79.5	1,061
教育	30.3	18.5	9.6	2.1	0.4	0.8	69.7	531
行政関係	43.6	33.0	10.9	3.0	0.3	0.3	56.4	737
福祉	42.3	28.5	13.3	1.7	0.3	0.4	57.7	1,090
専門家	14.8	3.9	10.4	0.6	0.0	0.0	85.2	805
政治	12.1	0.6	11.1	0.0	0.0	0.3	87.9	323
市民	26.0	10.2	15.7	1.2	0.8	0.5	74.0	650
学術・文化	23.6	11.9	8.0	4.0	0.5	0.7	76.4	547
趣味・スポーツ	20.3	11.8	8.3	1.4	0.0	0.2	79.7	434
宗教	8.4	0.8	6.9	0.0	0.8	0.0	91.6	131
その他	28.1	12.5	14.7	1.5	0.4	0.3	71.9	1,818
全体	28.0	15.6	12.3	1.2	0.2	0.3	72.0	14,309

して該当する団体もみられる。なお，それぞれの割合は支援なしも含めた全体を基数としている。

設立支援を受けている団体は全体の28.0％である。7割の団体は支援を受けず自前で団体を起ちあげているものの，約3割と一定程度の団体は外部からの支援を受けている。外部支援はフリーライダー問題を回避する1つの方策だということができるだろう。分類ごとにみると，行政関係団体と福祉団体では40％以上と支援を受けている団体が特に多くなっている。

さらに，どこから支援を受けているのかをみると，主な支援元は行政と団体の2つであり，どちらも15％前後と同程度である。団体分類別にみると，行政からの支援が多いのは，行政関係団体と福祉団体である。行政関係団体は団体の目的からみて自明ともいえる。福祉団体については社会福祉法人など公共サービスの供給において行政を補完する役割を果たす団体も多い。

行政の側からみれば，団体の設立を支援することは両義的な意味を持つ。一方では，新たに設立された団体の資源を活用することで，行政資源を補うという肯定的な評価がありうる（cf. 村松 1994）。他方では，行政が直接統制することのできる団体を，民間団体として設立しているとも考えることができる。

一方，労働団体，専門家団体，政治団体では，行政から支援を受けている団体はほとんどない。団体からの支援については，どの団体分類でも10％前後であまり差はみられないが，労働団体や市民団体でやや多い。自由回答を詳しく分析すると，労働団体は系列にある上位団体からの支援が多いのに対して，市民団体は他の団体からの支援が多い。この他，企業や個人からの支

援というのはどの団体分類でもごくわずかである。企業のフィランソロピー活動は，団体の設立にそれほどインパクトをもっていないようである。

4.2. 資金源：市民社会の自律性

次に，団体の資金源である。これは言うまでもなく団体の存立にとって最も重要なリソースである。したがって，団体がどこから活動資金を得ているのかは，依って立つ基盤を明らかにすることにつながる。とりわけ，行政からの支援をどの程度受けているのかは市民社会の自律性を明らかにする上で重要である。

表2－4は，団体分類別に団体の収入の内訳（％）の平均値を示したものである[24]。費目ごとに平均値を算出しているため，足し合わせても100％にならないことに注意されたい。全体に会費・入会費が最も多く，次いで事業収入が続く。このように団体は基本的に自前で資金をまかなっていることがわかる。

委託手数料と行政からの補助金は，行政との関係に基づくものである。委託手数料は全体で平均値が4.5％と占める割合が小さいが，行政関係団体と福祉団体では10％を超えている。これらの団体は設立時においても行政からの支援を受けていることから，行政に依拠して団体が存立していることがわかる。補助金については，これらの団体に加えて農林水産業，経済・業界，教育団体でも10％を超えている。生産セクターや政策受益団体は一定程度，行政からの支援を受けて活動していることがわかる。これらの団体が行政の外延として公共サービスに関する諸活動を支えていることとも関連するだろう。市民団体についても，手数料8.5％，補助金9.6％であり，両者を合わせると18.1％と少なくない割合で行政の支援を受けている。NPO法の制定や地方における市民参加の促進など，近年，市民社会と行政との相互連携が求めら

---

(24) 団体の収入についての質問は，該当する費目の収入がない場合，0万円と記入すべきところを空欄にしてある回答が目立った。そのため，空欄の回答が回答拒否などの理由で無回答なのか，該当する費目の収入がないのかわからないというものが多くみられた。これは調査票作成上のミスであり，今後調査を行う際には質問を工夫する必要がある。ここでは空欄であったとしても，内訳と総額を照らして10％以上の差がない場合は，空欄は0万円であることを意味するものと解釈して集計した。

表2-4　団体分類別にみる収入の内訳（平均値）（単位：％）

団体分類	会費・入会費	事業収入	委託手数料	行政補助金	募金・補助金	その他	N
農林水産業	23.5	46.6	3.3	11.0	1.2	11.3	1,438
経済・業界	38.6	30.6	2.5	18.9	1.1	6.8	2,611
労働	72.8	8.7	0.8	2.6	2.6	9.9	550
教育	46.8	22.9	2.8	11.4	4.5	9.5	341
行政関係	34.5	28.4	10.0	12.0	2.2	11.0	482
福祉	27.2	28.7	10.7	16.8	6.8	11.8	732
専門家	49.5	27.9	6.1	3.8	1.0	9.0	498
政治	40.5	12.2	0.3	1.9	12.5	29.3	174
市民	41.8	21.8	8.5	9.6	9.1	9.3	480
学術・文化	40.9	26.7	5.4	6.6	5.3	13.2	391
趣味・スポーツ	39.3	27.4	7.9	9.0	4.4	10.6	310
宗教	25.4	26.2	0.0	0.0	7.2	33.8	69
その他	47.2	25.9	4.3	6.4	3.9	10.2	1,106
合計	39.3	29.3	4.5	11.7	3.1	10.1	9,182

れていることを反映しての結果だと考えられる。

最後に，民間からの募金や補助金は全体の平均値で3.1％であり，多くの団体分類でわずかな割合しか占めていない。日本では非営利団体に対する寄付や募金が少ないことがつとに指摘されるが（山内編 1999），ここでもそうした傾向を示している。もっとも，政治団体と市民団体では10％前後と一定程度の民間支援をみてとれる。これらの団体の設立が比較的新しいこともふまえると，日本においても民間支援に基盤をおく活動が現れつつあるのかもしれない。

4.3. 法人格：国家による制度化とその変化

法人格の取得状況を概観していこう。法人格の有無は，国家を媒介とした制度化の表現である（辻中 2002c）。市民社会のそれぞれの集団に対する政府の態度，政府による承認，許容，促進の程度を示すものであり，団体にとっては正統性を示すリソースともなる。また，前述のように，市民社会組織が国家によってどの程度規定されているのかを捉える上で重要な側面である。

日本の法人制度は非常に複雑である。公益法人としては，民法典における社団法人，財団法人のほか，特別法による社会福祉法人，学校法人，宗教法人などおよそ110種類が存在し，税制上の優遇措置など一定の便益を受けている。公益法人以外では，より政府に近い特殊法人，認可法人などの公共法人が22種類，農業や漁業，林業などの協同組合，中小企業の協同組合が30種類を超す。このほか，医療関連の社団，財団，認可地縁団体，管理組合法人などの住民組織，そして政治活動と関連する政党・政治団体などが存在する。

民法34条に定められた公益法人制度は，政府による市民社会の規制，制限であると指摘されてきた（Yamamoto 1998; 初谷 2001; Pekkanen 2006＝2008）[25]。公益法人の認証には非常に厳しい制限があり，さらにその許認可は主務官庁の裁量に委ねられている。官僚の意向にそぐわない団体は法人格を取得することができず，大規模化したり専門化したりすることができない。日本においてアドボカシー団体が少ないのは，このような制度的規定の影響を受けてのものである（Pekkanen 2006＝2008）。

　しかし近年，法人制度をめぐる様々な改革がなされ，これまで法人格が得られなかった団体が認証される余地が生じた。まず，1998年には特定非営利活動法人（NPO法人），2001年には中間法人という法人格が新たに導入された（中間法人は2008年に一般社団に移行）。NPO法人格は所轄庁（内閣府，都道府県）による認証によって取得が可能であり，非営利の公益団体の法人格取得を容易にした。これにより2009年9月末で39,000団体がNPO法人格を取得している。ただ，税制など優遇措置は依然として整備されていない。このほか，2000年には社会福祉法の制定によって社会福祉法人格の取得が容易になり，2001年には独立行政法人が導入された[26]。

　このような制度変革の過渡期にあって，どの程度の団体が法人格を取得しているのだろうか。また，団体の設立年に応じて，法人格の取得状況は異なっているだろうか。これら2点を検討していこう。

　本章の共著者の1人である辻中豊は，これまでも日本の市民社会の団体地図を作成してきた（辻中・森 1998, 辻中 2002d；Tsujinaka 2003）。図2－6は，2004－8年の期間における状況である。図中の斜体は，JIGS2調査にお

---

(25)　財団法人，社団法人といった公益法人の実態は，林・入山（1997）の調査などで捉えられている。

(26)　加えて，JIGS2調査時点（2006年）より後ではあるが，行政改革，不祥事撲滅，民間公益活動の進展などを背景に，2008年には公益法人制度が改革され，財団法人や社団法人の在り方が大きく変更された。改革により，一般社団・財団は準則主義になり，登記によって自由に非営利法人になることができるようになった。つまり，主務官庁制度が廃止され，官僚の裁量による許認可制ではなくなったのである。また，公益社団・財団については中立的で独立的な第三者機関により，公益性の基準のもとに認定されることになった。

図2-6 制度からみた日本の市民社会の団体地図（2004～08）でのJIGS2の団体分布

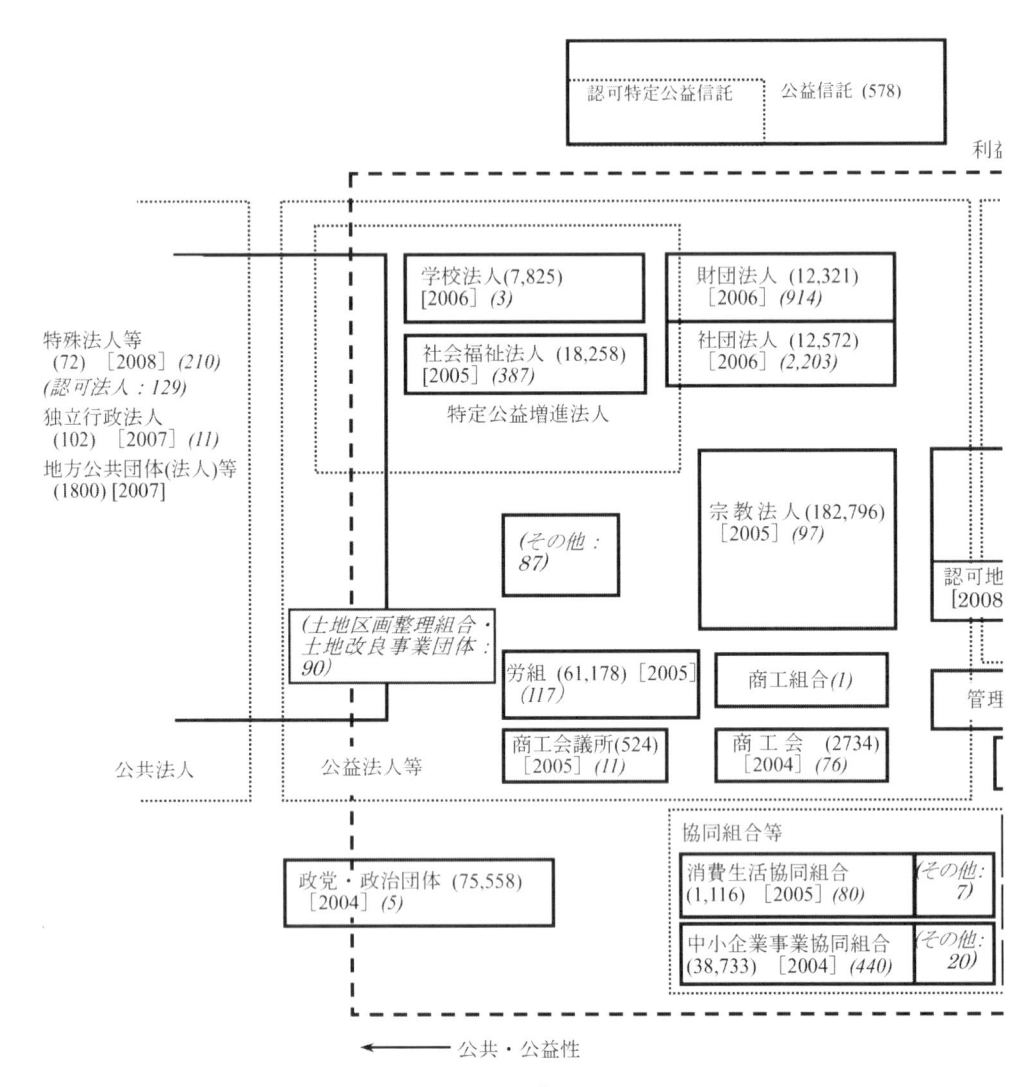

```
                    ┌─────────────────────────────┐
                    │認可特定公益信託│公益信託 (578)│
                    └─────────────────────────────┘
                                                            利名

                    ┌──────────────┐  ┌──────────────────┐
                    │学校法人(7,825)│  │財団法人 (12,321)│
                    │[2006] (3)    │  │[2006] (914)     │
特殊法人等          ├──────────────┤  ├──────────────────┤
(72) [2008] (210)   │社会福祉法人   │  │社団法人 (12,572)│
(認可法人：129)     │(18,258)       │  │[2006] (2,203)   │
独立行政法人        │[2005] (387)   │  └──────────────────┘
(102) [2007] (11)   └──────────────┘
地方公共団体(法人)等   特定公益増進法人
(1800) [2007]
                                      ┌──────────────────┐
                    ┌──────────┐      │宗教法人 (182,796)│
                    │(その他：  │      │[2005] (97)      │
                    │ 87)      │      │                 │      認可地
                    └──────────┘      └──────────────────┘      [2008

                    (土地区画整理組合・
                    土地改良事業団体：
                    90)
                          ┌────────────────┐  ┌──────────┐
                          │労組(61,178)[2005]│  │商工組合(1)│    管理
                          │(117)            │  └──────────┘
                          └────────────────┘
                          ┌────────────────┐  ┌──────────────┐
                          │商工会議所(524) │  │商工会 (2734) │
                          │[2005] (11)     │  │[2004] (76)  │
                          └────────────────┘  └──────────────┘
                                              ┌──────────────────────────────┐
                                              │協同組合等                    │
                                              │┌────────────────┐┌────────┐│
                    ┌──────────────────┐      ││消費生活協同組合││(その他：││
                    │政党・政治団体    │      ││(1,116)[2005]   ││  7)    ││
                    │(75,558)          │      ││(80)            │└────────┘│
                    │[2004] (5)        │      │├────────────────┤┌────────┐│
                    └──────────────────┘      ││中小企業事業協同││(その他：││
                                              ││組合(38,733)    ││  20)   ││
                                              ││[2004] (440)    │└────────┘│
                                              │└────────────────┘          │
                                              └──────────────────────────────┘

公共法人     公益法人等

              ←――― 公共・公益性
```

・団体・法人の位置：「総合研究開発機構研究報告書No.930034『市民公益活動基盤整備に関する調査研究』1994年，27頁」の図をもとに加筆。
・団体数：筆者が政府統計により追加補充（'07または最近年の数値）。
・（　）斜体字：JIGS2の集計結果。

第 2 章　日本における団体の形成と存立　51

□ は法人の概念　　　┌┄┄┄┐ は税制上の概念

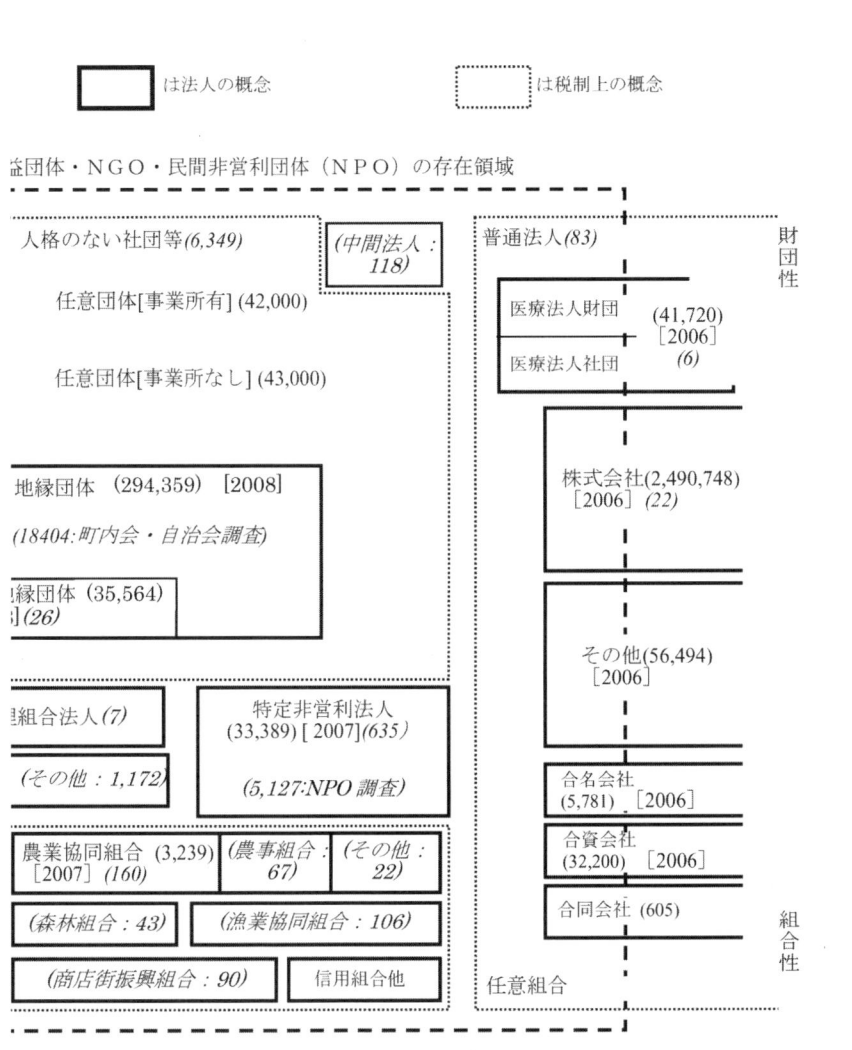

益団体・ＮＧＯ・民間非営利団体（ＮＰＯ）の存在領域

人格のない社団等*(6,349)*　　*(中間法人：118)*　　普通法人*(83)*　　財団性

任意団体[事業所有] *(42,000)*

任意団体[事業所なし] *(43,000)*

　　　　　　　　　　　　　医療法人財団　*(41,720) [2006] (6)*
　　　　　　　　　　　　　医療法人社団

地縁団体　*(294,359) [2008]*
(18404:町内会・自治会調査)

　　　　　　　　　　　　　株式会社*(2,490,748) [2006] (22)*

縁団体 *(35,564)*
(26)

　　　　　　　　　　　　　その他*(56,494) [2006]*

組合法人*(7)*　　特定非営利法人 *(33,389) [2007](635)*

(その他：1,172)　　*(5,127:NPO 調査)*

　　　　　　　　　　　　　合名会社 *(5,781) [2006]*

農業協同組合 *(3,239) [2007] (160)*　*(農事組合：67)*　*(その他：22)*

　　　　　　　　　　　　　合資会社 *(32,200) [2006]*

(森林組合：43)　*(漁業協同組合：106)*

　　　　　　　　　　　　　合同会社 *(605)*　　組合性

(商店街振興組合：90)　信用組合他　　任意組合

　　　　　　営利性 →

ける対象団体数を示している。図では，公共・公益性－営利性を横軸に，財団性－組合性を縦軸にとって，各団体を配置している。また，太枠は法人の概念，細い点枠は税制上の概念を表し，太い点枠は市民社会組織の存在しうる領域である。このうち，学校法人，医療法人，一部の社会福祉事業体を除くものが，本書で市民社会組織と考えているものである[27]。

　図をみると，量的に最も多いのは宗教法人183,000，政党・政治団体76,000，労働組合61,000，中小企業事業協同組合39,000，特定非営利法人33,000，認可地縁団体36,000，社会福祉法人18,000，社団法人13,000，財団法人12,000などであり，全体でおよそ440,000の団体が法人格などのなんらかの公的認証を得ている。ただし，労働組合と認定されることは法人格取得の基礎ではあるが自動的に法人格の取得を意味するものではない。政治団体についても政党は要件を満たせば法人格を得ることが可能であるが，一般の政治団体はそうではない。

　法人格など公的認証を得ていない団体を正確に把握するのは困難であるが，自治会は約30万団体存在している。そのうち認可地縁団体が36,000であるから，12％だけが法人格を得ていることになる。それ以外に自治会の周囲には老人クラブ，婦人会，子ども会などの関連する団体が多くあるが，同様に法人格を有していない。市民個人が参加する住民組織や政治的なアドボカシー関連の団体は，NPO法ができる近年まで法人格を得ることが困難であり，結果として組織の公式化，事業所，スタッフ，電話などを持つことが困難であったと推測される。

　視点を変えて，JIGS2調査の対象となった電話帳記載団体のうち，法人格

---

(27)　市民社会組織の境界という問題は相当複雑である。国家・政府との境界，企業との境界，家族との境界，それぞれ単純ではない。Pekkanen（2006=2008）では，労働団体や経済団体，協同組合など市場関連組織は市民社会組織の対象から外していた。市民社会にはいうまでもなく「公式組織」としては把握しにくいが活発に活動する市民運動やボランティアなどの柔らかな集団が相当数存在する（町村編 2009）。また自治会関連でも，子ども会，老人クラブ，婦人会，消防団などその他に60万団体が存在する。このように，どこに組織の基準を置くかで量的には相当の違いがある。ここでの議論の定義も一種の操作的な作業上の定義であり，数値もあくまで主要なものの数である。

を取得している団体の割合をみよう。表2－5に，全国における団体の法人格取得割合を団体分類別に示した。全体でみると，62.2％が法人格を持っている。このうち，自由回答で法人格を記した団体に限定すると，約半数（50％）が社団・財団などの公益法人，協同組合が20％程度である。分類別にみると，農林水産業，経済，福祉，宗教団体が70％以上と法人格を持っている。それぞれ，農業協同組合，商工組合や中小企業事業協同組合，社会福祉法人，宗教法人などの法人格を取得しているものと考えられる。一方で，政治，労働，市民，趣味・スポーツ団体は取得率が半数未満である[28]。全国的にみれば営利系の生産セクターや非営利系の政策受益団体ほど政府から認証された存在だということができる。こうした政府との関係が，次章でみるような営利系と非営利系が優位の発展志向型の市民社会組織の分布に繋がったことは容易に想像できる。

では，団体の設立年別にみた法人格の取得状況は，どのようになっているのだろうか。ここでは，近年における団体世界の転機である1997年前後において（辻中 2009），法人格の取得状況を比べてみたい。JIGS2調査データをもとに，97年以降の最近10年間に設立した団体（全国）の法人格取得率をみると，教育団体が60.9％（それ以前の団体は49.6％），福祉団体が80.7％（同69.4％），市民団体が65.4％（同33.9％）である。これらの団体分類では近年の制度改

表2－5　団体分類ごとにみた法人格の有無

団体分類	%　全体	～1996年	1997年～	N　全体	～1996年	1997年～
農林水産業	72.8	72.8	75.1	2,657	2,230	358
経済・業界	74.3	74.6	72.9	3,930	3,647	236
労働	35.9	36.5	34.8	1,139	1,020	92
教育	50.5	49.6	**60.9**	560	490	64
行政関係	65.8	66.6	53.7	833	767	54
福祉	72.1	69.4	**80.7**	1,170	872	275
専門家	65.7	67.6	58.6	840	716	99
政治	6.8	8.6	2.0	325	220	99
市民	44.5	33.9	**65.3**	695	446	239
学術・文化	65.1	64.7	70.0	591	513	70
趣味・スポーツ	41.7	38.5	**62.9**	458	387	62
宗教	81.2	80.8	80.0	133	125	5
その他	51.1	49.7	**63.5**	1,941	1,677	222
全体	62.2	62.1	64.6	15,272	13,110	1,875

太字は，97年以降に10ポイント以上増加していることを示している。

(28)　ただし，東京都で活動する団体では，これらの団体分類も法人格取得率が低いわけではない。

革を受けて設立したものが多い。一方で，行政関係団体は最近設立した団体で53.7%（それ以前の団体は66.6%），専門家団体は58.6%（同67.6%）と減少している。これらの団体分類では，特殊法人改革や国の外郭団体の整理縮小に伴い，法人格をもつ団体の設立が抑えられていると考えられる。

5 団体の存立様式(2)：団体の内部過程

これまで行政に代表される外部との関係で市民社会組織をみてきたが，これと同じく下からの市民社会の形成という側面も重要である。本章では会員の構成と，個々の会員がどのように組織を運営しているかに注目する[29]。

団体は会員である個人あるいは団体の利益や価値を集約し，それに基づいて活動している。したがって，どのような人々から構成されるのかは団体の性格を規定する最も基礎的な要因である。

また，様々な団体の活動により民主的で多元的な市民社会が構成されるとするならば，個々の団体の内部も民主的な原理で運営されていなければならないだろう。多くの場合，個々の市民が関与するのは団体における活動である。その基盤となる組織運営がどのような特徴をもつのかを明らかにすることは，市民の活動による下からの市民社会形成にとって重要な課題である。本節では，これら2点についてJIGS2調査データをもとに考察していく。

5．1．団体の会員構成：団体分類の基礎

団体の会員になるために何らかの資格要件があるのだろうか。特定の産業分野および職業や属性（年代，性別，宗教，民族など）を代表するなど，団体の目的や活動内容からいって，会員になるための資格要件が必要となる場合が考えられる。例えば，医師会や弁護士会といった団体であれば，その会員になるためには特定の職業や免許・資格を持っていなければならないだろう。一方で，市民のボランティア団体などのように，団体の理念や活動に共鳴できれば誰でも入会できるものもある。

ジャック・ウォーカーは様々な団体を分類する基準として，このような資

---

(29) このほかに，団体の内的過程としてイデオロギーやソーシャル・キャピタルという論点も考えられる。イデオロギーについては第4章，ソーシャル・キャピタルについては第14章を参照されたい。

格要件の有無を取り上げている (Walker 1983; Gais and Walker 1991)。すなわち，産業分野，職業，免許・資格などが会員の要件である団体とそうでない団体に分け，後者を「市民セクター」とする。そして，資格要件がある団体のうち，さらに産業や職業に基づいて経済的利益にかかわる「営利セクター」と，公共サービスに関わる「非営利セクター」に分類している。さらに，以上の3つのセクターが混合している「混合セクター」を合わせて，団体は4つに分類されるのである。

JIGS 調査の団体分類も基本的にこれを踏襲し，さらに職業・産業や団体の取り組む政策領域によって細分化している。農林水産業団体，経済・業界団体，労働団体は営利系セクター，専門家団体，教育団体，行政関係団体，福祉団体は非営利セクター，市民団体，政治団体，学術・文化団体，趣味・スポーツ団体は市民セクターに対応している[30]。

それでは，日本の団体のどれくらいが会員になるための資格要件を必要としているのだろうか。また，上記の団体分類の基準は，実際の団体の資格要件という点からみて妥当なものなのだろうか。団体分類別に資格要件の有無をみていくことで検討しよう。

JIGS2 調査では，7項目について団体に資格要件を課しているかを尋ねている（複数回答）。表2-6は団体分類別にそれをまとめたものである。まず，特定の産業分野の仕事についていることは全体の32.4％と資格要件がある中では最も多い。経済・業界団体（61.6％），農林水産業団体（48.0％）で非常に高い割合を示している。このほか，専門家団体や労働団体でも比較的多くみられる。

続いて，特定の職業についていることは全体の12.4％である。労働団体は31.1％，専門家団体は29.5％で多くみられる。免許や資格についても全体の12.2％で同程度であるが，専門家団体が64.1％と突出して高い割合を示している。専門家団体は，まず免許や資格を必要とする専門職についていなければならず，さらにその職業や業界の利益を代表したり，情報交換のために設立されているため，会員となるための要件が多いと考えられる。

このほか，特定の地位や役職についていることは教育団体のみで多いが，

---

(30) 第3章では国際比較分析を行っているが，その際にはJIGS調査の団体分類をウォーカーの4分類に再コードして分析している。

表2－6　団体分類別にみる団体の成員資格（単位：%）

団体分類	産業分野	職業	地位や役職	免許や資格	民族	宗教	その他	特にない	N
農林水産業	48.0	11.8	1.3	6.0	0.3	0.0	26.8	16.9	2,777
経済・業界	61.6	12.7	3.1	14.2	0.1	0.0	15.7	13.6	4,000
労働	27.3	31.1	3.0	4.3	0.0	0.0	21.5	24.7	1,184
教育	10.0	19.6	10.5	9.3	0.0	0.2	20.7	42.5	570
行政関係	19.9	7.7	4.3	11.1	0.2	0.0	24.6	33.4	845
福祉	6.5	4.0	3.6	5.9	0.2	0.2	27.9	52.9	1,175
専門家	26.4	29.5	2.9	64.1	0.6	0.0	5.0	11.0	857
政治	2.1	3.0	2.1	3.9	2.7	0.3	19.0	73.6	337
市民	1.6	0.4	1.1	1.6	1.7	0.1	18.2	79.3	704
学術・文化	9.1	7.8	1.9	12.2	0.0	0.0	17.4	52.9	592
趣味・スポーツ	3.9	1.7	1.5	12.4	0.0	0.0	20.4	64.6	460
宗教	2.9	3.7	0.7	5.9	0.0	51.5	5.1	47.1	136
その他	16.0	9.0	4.1	10.1	0.9	0.0	32.3	35.9	1,985
全体	32.4	12.4	3.0	12.2	0.4	0.5	21.5	30.3	15,622

その他ではほとんどみられない。特定の宗教を信仰していることは宗教団体のみで多い。特定の民族であることについてはほとんどみられない。その他の資格要件を課している団体は全体の21.5%と一定程度みられる。

　以上のように，特定の業界や職業を代表する団体には，その産業分野に属していたり，職業に従事していることを資格とするものが多い。これに対して，特に資格を課していないという団体についてみると，政治団体と市民団体は70%を超えて非常に高い割合である。また，趣味・スポーツ団体，学術・文化団体，福祉団体でも多くみられる。これらの団体は様々な市民に開かれた団体だといえる。以上の結果は，先に述べたウォーカーの団体分類基準としての会員資格要件が妥当であることを示している。

　それでは，実際の団体はどのような会員の構成になっているのだろうか。JIGS2調査では，団体の会員の職業についておおよその割合を数値で回答するように求めている。学歴についても同様の形式で質問している。表2－7は団体分類別に職業および学歴（大卒以上）の割合の平均値を示したものである[31]。それぞれの団体分類ごとに平均値を求めているので，職業の割合を

---

(31)　職業についての質問も，ある職業に該当する会員がいない場合，0と記入すべきところを空欄にしてある回答が目立った。ここでは空欄であるものも該当する職業の会員がいない（0%）とみなして分析している。ただし，

表2－7　団体分類別にみる職業・学歴構成（割合の平均値）（単位：％）

団体分類	農業	経営者	常勤	専門	退職	主婦	学生	その他	N	学歴	N
農林水産	64.9	15.3	6.7	1.5	5.7	1.0	0.1	4.5	2,355	20.0	1,859
経済・業界	0.8	87.9	3.9	3.5	0.4	0.3	0.1	2.9	3,635	40.6	2,827
労働	0.8	11.0	61.5	14.6	3.6	0.9	0.0	7.3	1,034	33.9	979
教育	1.9	14.6	11.4	39.6	8.6	9.0	8.0	6.5	421	67.7	404
行政関係	5.7	50.9	14.6	7.8	7.1	3.0	0.6	10.1	569	42.4	379
福祉	5.9	17.1	18.4	12.5	21.9	14.3	1.0	8.4	734	34.9	658
専門家	0.4	27.6	6.5	60.7	1.9	0.5	0.1	2.2	744	65.0	726
政治	10.9	16.9	23.4	7.7	18.3	16.1	0.8	5.7	267	33.3	250
市民	4.4	23.3	18.4	6.9	19.4	19.5	2.8	5.1	551	40.6	517
学術・文化	1.0	11.6	14.5	38.8	10.4	10.9	6.0	6.4	402	70.8	414
趣味・スポーツ	4.0	12.4	26.1	7.4	15.5	11.0	15.7	7.6	327	39.9	315
宗教	7.4	11.3	19.0	6.3	21.0	26.7	4.2	3.4	89	30.4	99
その他	3.6	50.9	12.6	8.5	10.4	5.7	1.0	7.0	1,513	42.0	1,282
全体	14.1	42.6	14.0	11.4	6.8	4.3	1.3	5.2	12,641	39.9	10,709

合計しても100％にはならない。

　表から，農林漁業従事者は農林水産業団体で64.9％と突出して多い。会社経営者・自営業者は経済・業界団体で87.9％，および，行政関係団体で50.9％と多くみられる。被雇用者については労働団体で61.5％，専門職については専門家団体で60.7％，教育団体で39.6％，学術・文化団体で38.8％と多くみられる。これらの職業従事者が多くを占める団体は，先にみたように会員資格を課しているものが多い。

　この他の退職者，主婦，学生といった非職業従事者は，どの団体分類でもそれほど多くみられない。特に，農林水産，経済・業界，労働，行政関係，専門家団体という職業と関連する団体ではほとんどみられない。福祉，政治，市民，学術・文化，趣味・スポーツ，宗教の各団体では10～20％と一定程度みることができる。これらの団体は特定の職業が特に多いということはなく，満遍なく様々な職業の人々が参加している。また，先にみたように，これらの団体は会員資格を課しているものが少ない。

　職業構成をみてもやはり，団体分類が妥当性を有している。JIGS2の団体分類はウォーカーの分類よりもさらに職業・産業や団体の取り組む政策領域

　　　各団体についてそれぞれの職業項目の割合を合計すると100％から大きくかけ離れた値になるものがみられる。ここでは誤差を±20％とし，合計が80～120％の範囲内になるものを分析に用いている。

によって細分化しているが，それぞれの分類に応じた職業従事者が多い。団体分類は調査において団体が回答した自己認知に基づく分類であるが，ここでの分析から会員構成との整合性が明らかになった。これにより，本書全体を通して最も重要な記述枠組である団体分類が所属会員の性格という点で妥当性を有することが裏付けられたのである。

続いて，学歴（大卒以上の割合）についてみていこう。学術・文化団体が70.8％と最も多く，教育団体，専門家団体が60％以上で続く。これに対して，農林水産業団体は20.0％と割合が低い。その他の団体は30～40％台となっている。ちなみに，団体のリーダー（調査の回答者）の学歴についても尋ねているが大卒以上の割合は50.3％であり，団体分類ごとの基本的な傾向は変わらない。上位を占める団体は教育や高度な専門性にかかわる団体なので学歴が高いことは自明であろう。それ以外に職業やイッシューに基づいて学歴の高い会員が多い団体分類はみられない。

なお，詳細は割愛するが，団体の活動目的ごとに学歴をみると，専門知識の提供，啓蒙活動，会員以外への情報提供，他の個人や団体への資金助成を目的とする団体のほうがそうではない団体よりも高学歴者が多い傾向にある[32]。団体の活動目的という点では，他団体に対して情報やリソースを提供する団体ほど高学歴者が多いことがわかる。

5．2．団体の内部構造：民主的な組織運営

続いて，団体の内部構造について検討しよう[33]。前述のように，市民社会の基盤となる個々の団体がどのように運営されているのかは，市民社会の特徴を捉える上で重要な課題である。

それに加えて，市民社会における団体については参加する人々に対する教育機能が指摘されている（トクヴィル 1972［1835，1840］）。「アソシエーションは民主主義の学校」と言われるように（小山 2006），人々は組織での活

---

(32) 団体分類を統制した上での結果である。なお，経済的利益の追求，生活・権利の防衛，補助金の斡旋，許認可・契約の便宜を目的とする団体の方がそうではない団体よりも高学歴者が少ない。

(33) 組織の内部構造については組織論において膨大な研究蓄積がある。山本（2009b）ではコンティンジェンシー理論などを援用しつつ，団体の内部構造に影響を及ぼす諸要因を探究している。

動を通して政治意識を高め，民主主義の理念を学習する。また，信頼，互酬性といったソーシャル・キャピタルの要素の形成にとっても団体の機能は重要である（Putnam 1993＝2001）。団体にこれらの機能があるとすれば，その内部においても民主的な運営が行われていることが望ましいだろう。この点については14章で，団体のソーシャル・キャピタルという観点から詳細に取り上げられている。

　もっとも，団体の内部構造については，古くから「寡頭制の鉄則」として知られる命題が提示されている（ミヘルス 1973-74［1910］；居安 1969, 1986）。すなわち，組織の規模が大きくなるほど意思決定が一部に集権化し，一般会員の監視も行き届かなくなってしまうのである。規模が大きくなると組織の果たすべき役割が量的に増大し，質的に複雑になるため，組織運営の分業化と専門化が進む。さらに，多数の成員が常に直接に意思決定に参加することは不可能であるため，少数の指導者が生じることとなる。そして，組織の規模が拡大するほど指導者と一般成員との分離が進み，一部に権力が集中してしまう。今日の団体においてもこのような命題が当てはまる可能性が考えられる。

　では，現代日本の市民社会組織はどのような内部構造となっているだろうか。JIGS2調査では8つの質問項目を設けている。まず，団体が規定に基づいて運営されているか（規定）と，活動が専門分化しているか（専門化）という点から団体のフォーマルさを捉えた。また，団体の運営方針が創設者の理念と不可分か（創設者）とリーダーが率先して問題解決法を提示するか（率先垂範）によってリーダーシップを捉えた。さらに，団体の方針を全員で決めているか（全員参加），意見対立がある場合に話し合いで解決するか（話し合い）によって運営への会員参加の程度を捉えた[34]。最後に，団体の運営方針が会員に浸透しているか（会員浸透），団体についての情報が共有されているか（情報共有）によって透明性を捉えた。これらの項目について5段階で質問したうち，「非常によくあてはまる」と「あてはまる」という回答の割合の和を団体分類ごとに示したのが表2-8である。

---

(34) 会員の参加については，リーダーの選出方法などメンバーの意見を間接的に反映させる方法を調べることも考えられるが，JIGS調査では質問されていない。

表2－8　団体分類・個人会員数別にみる団体の内部構造　(単位：%)

		フォーマル性		リーダーシップ		運営への参加		透明性		N
		規定	専門化	創設者	率先垂範	全員	話し合い	会員浸透	情報共有	
団体分類	農林水産業	91.1	53.5	28.6	59.1	64.4	46.8	54.7	46.4	2,558
	経済・業界	90.6	45.8	25.3	56.2	62.2	44.7	49.8	48.8	3,844
	労働	94.3	39.7	24.7	64.3	76.6	67.1	51.3	53.1	1,140
	教育	91.2	46.9	52.7	68.0	53.4	51.3	58.4	58.6	524
	行政関係	92.5	50.5	29.5	55.5	51.2	33.9	51.1	47.5	771
	福祉	91.2	46.3	39.8	59.1	49.7	45.3	48.9	47.1	1,094
	専門家	90.6	73.0	29.7	64.8	66.4	53.2	60.9	64.8	820
	政治	71.3	23.3	47.4	60.2	49.0	53.1	55.9	43.0	314
	市民	84.1	33.7	44.6	68.0	59.8	60.2	53.7	53.4	666
	学術・文化	92.2	63.4	47.0	68.9	60.3	53.3	58.7	61.3	549
	趣味・スポーツ	90.9	56.0	32.8	67.8	55.2	51.5	56.2	58.6	427
	宗教	81.3	39.5	75.0	70.5	44.7	51.6	62.9	55.2	123
	その他	90.1	38.1	35.3	60.2	62.6	47.4	55.9	54.3	1,827
	全体	90.4	47.4	32.5	60.5	61.4	48.9	53.4	51.3	14,657
個人会員数	0人	92.2	63.1	55.4	37.3	62.1	48.6	56.2	51.6	472
	100人未満	84.9	65.1	42.6	35.6	62.0	53.2	59.0	56.9	3,592
	100－499人	90.6	62.6	46.8	30.5	61.7	51.1	51.7	51.9	3,055
	500－999人	93.4	59.8	48.9	28.1	62.9	49.2	48.2	47.2	1,119
	1,000－4,999人	94.1	55.3	50.7	31.5	60.6	44.8	47.0	43.5	1,576
	5,000－9,999人	94.1	56.2	50.6	32.7	58.4	39.9	50.1	49.0	353
	1万人以上	94.6	47.9	44.0	37.8	60.5	41.3	48.7	43.7	613
	全体	89.9	61.0	46.5	32.9	61.6	49.7	53.1	51.3	10,780

　表をみると，規定による運営は全体の90.4％とほとんどの団体に当てはまる。政治団体が71.3％とやや低い。専門化については全体で47.4％であるが，専門家団体と学術・文化団体で多くみられる。これは団体活動の専門化というより，専門職により構成されているという意味合いのほうが強いだろう。一方で政治団体と市民団体では低い割合を示している。先の分析でみたようにこれらの団体は最近できたものが多く，組織が未成熟なのかもしれない。

　創設者の理念については全体で32.5％とあまり多くはない。もっとも，団体ごとで割合が異なり，教育団体，政治団体，市民団体，学術・文化団体で4～5割，宗教団体にいたっては75.0％と高い割合である。これらの団体が何らかの価値や理念とかかわりの深い団体であるからだと考えられる。教育団体は政策受益団体としての側面もあるが，教育問題は価値とのかかわりの強いテーマである。問題解決策の率先垂範については全体で60.5％である。一定以上の団体においてリーダーシップが発揮されている。団体分類間の差はあまりみられない。

運営への会員参加についてみよう。全員での方針決定は全体の61.4％とこれも一定以上の団体で行われている。労働団体で76.6％と特に高い。一方で，行政関係団体，福祉団体，政治団体，宗教団体で低い傾向にある。話し合いによる問題解決は全体の48.9％と半数程度である。労働団体で67.1％，市民団体で60.2％と高い割合であるのに対して，行政関係団体では33.9％と低い。この結果は，ある程度多くの団体において会員が団体運営に関与しており，水平的で民主的な運営がなされていることを示している。特に，労働団体と市民団体ではその傾向が強い。これに対して，行政関係団体や福祉団体では，あまりそうした傾向がみられない。先にみたように行政からの支援などを受けている団体が多く，行政サービスの補完としてのルーチン・ワークが多いのかもしれない。

最後に運営の透明性についてみてみよう。方針の会員への浸透については全体の53.4％，情報共有については51.3％とほぼ半数である。団体内部における情報の流通が良い団体が多くみられる。団体分類間の差はあまりみられないが，情報共有について専門家団体と学術・文化団体で高い割合を示している。専門分化している団体が多いことも勘案すると，分業化が進んだ専門家の集団としてのイメージがうかがえる。

以上の結果から，全体的に団体は規定に基づいて運営されており，専門分化も一定程度進んでいるという点からフォーマルな構造をもっている。しかし，団体の情報は会員に共有され，組織運営にも参加がみられるという点で民主的に運営されている。また，リーダーシップが発揮される団体も多い。

続いて，組織規模と組織構造との関連をみることで，寡頭制の鉄則の妥当性を確認していく。表2－8の下段は，団体の個人会員数ごとに組織運営に関する諸項目の割合（「非常によくあてはまる」＋「あてはまる」）を示したものである[35]。

規定に基づいての運営と専門化については，会員数との関係を明確にみてとることができない。専門化についてはむしろ規模が大きくなることで割合

---

(35) 団体会員についても分析したが，結果はほぼ変わらなかったので割愛する。なお，会員0人というのは，個人会員数の場合は団体単位で加入することになっている団体，団体会員数の場合は個人単位で加入することになっている団体，あるいはスタッフのみで運営されている団体である。

が低下している。リーダーシップに関する2項目についても明確な傾向を見出すことはできない。話し合いによる問題解決については，会員数が多くなると比率が低下する傾向をみてとることができるが，それほど明確なものではない。そもそも全員による話し合いは規模が大きいと困難であることを考えると，むしろ大規模組織でも一定程度民主的に運営されているといえるだろう。運営の透明性に関する項目については100人未満の小規模団体で高い比率を示している。以上の結果から，規模が大きくなるほど話し合いによる問題解決を行う団体が少なくなり，運営の透明性が高い団体が低いといえるが，得られた結果は明確なものではない。ここでの分析結果は，寡頭制の鉄則を支持するものだとはいえない。

6　まとめ：過渡期にある日本の市民社会

　本章では市民社会の歴史的編成と，団体の存立状況を検討してきた。主な知見をまとめると，以下の通りとなる。
(1)　団体数，団体財政，団体への参加率からみると，1960年以降，一貫して拡大を続けてきた日本の市民社会は，一定の制度化の進展にも拘わらず90年代後半以降は停滞を余儀なくされている。
(2)　JIGS2調査における団体設立年の分析からは，JIGS1調査同様，第二次大戦後の10年間やその後の高度成長期に設立した団体が数多く残存している。世界的に1990年前後に見られるいわゆるアソシエーション革命といった団体の増大の波は東京では見いだせない。
(3)　ただ，兵庫県や新潟県など，一部の地域では1990年代後半以降の設立団体が多い。また，福祉，政治，市民の各団体は1996年以降の設立した団体が多く，公共サービスの担い手の台頭とアドボカシー活動の旺盛化が生じている。NPO法の制定によるNPO法人の急増とあわせて，日本においても部分的にはアソシエーション革命が生じたとみることができる。
(4)　設立支援を受けている団体は全体の28.0%である。分類ごとにみると，行政関係団体と福祉団体では40%以上と支援を受けている団体が特に多くなっている。
(5)　資金源は，全体に会費・入会費が最も多く，次いで事業収入が続く。団体は基本的に自前で資金をまかなっている。その一方で，行政からの委託手数料・補助金や，企業からの募金も一定割合を占めている。

(6) 団体法人格の取得状況を概観すると，日本で法人格を有する団体は，約44万存在する。JIGS2調査団体に限定すると，約6割が法人格を持っている。特に，農林水産業，経済，福祉，宗教団体が70％以上と高い割合になっている。法人格を得やすい分類とそうでない分類では大きな開きがある。

(7) 団体の会員資格については，特定の業界や職業を代表する団体（農林水産業，経済・業界，労働団体など）では，その産業分野に属していたり，職業に従事していることを要件とするものが多い。実際にも当該の産業や職業に従事する人々が会員として多くみられる。これに対して，市民，政治，学術・文化団体などでは会員資格要件を課しているものが少ない。また実際にも，満遍なく様々な職業の人々が参加している。

(8) 組織の内部構造については，全体的に団体は規定に基づいて運営されており，専門分化も一定程度進んでいるという点からフォーマルな構造をもっている。しかし，団体の情報は会員に共有され，組織運営にも参加がみられるという点で民主的に運営されている。また，リーダーシップが発揮される団体も多い。さらに，団体規模と組織構造との間には，明確な関連はみられず，寡頭制の鉄則を支持する結果は得られなかった。

このようにみると，現在の日本の市民社会では，戦後－高度成長期に設立された団体が残存しつつ，NPO法人の登場などによって，新たな団体が登場しつつある。2000年を跨いで行われた法人制度や地方自治などをめぐる一連の改革も，一定の効果を発揮しつつある。個々の団体の内部構成をみても，民主的な運営がなされている団体が多くみられる。このように日本にも市民社会への胎動をみてとることができる。

しかし，団体の趨勢をみれば，その数や財政，加入率において減少傾向にある。また，日本全体としてみれば「アソシエーション革命」と呼べるような爆発的な団体の噴出はみられない。その意味で，現代日本の市民社会は，期待と現実のギャップが大きく，矛盾した過渡期にあるといえる。

表2－9　団体分類別にみる有権者の団体参加率の推移（明るい選挙推進協会の調査）

（単位：％）

	72年	76年	79年	80年	83年	86年	90年	93年	96年	00年	03年	05年	07年
自治会・町内会	52.0	57.1	60.5	64.9	67.5	69.7	67.6	67.3	66.5	47.8	58.8	46.1	40.4
	(0.77)	(0.84)	(0.89)	(0.96)	(1.00)	(1.03)	(1.00)	(1.00)	(0.98)	(0.71)	(0.87)	(0.68)	(0.60)
婦人会・青年団	17.1	13.8	14.9	11.7	12	11.4	13.1	10.6	9.8	9.2	6.9	7.2	6.6
	(1.31)	(1.05)	(1.14)	(0.89)	(0.92)	(0.87)	(1.00)	(0.81)	(0.75)	(0.70)	(0.53)	(0.55)	(0.50)
PTA	17.2	17.9	18.7	15.6	17.3	16.5	14.3	12.0	11.8	8.2	7.3	7.6	7.6
	(1.20)	(1.25)	(1.31)	(1.09)	(1.21)	(1.15)	(1.00)	(0.84)	(0.83)	(0.57)	(0.51)	(0.53)	(0.53)
老人クラブ								7.1	8.8	8.4	9.6	8.7	8.7
								(1.00)	(1.24)	(1.18)	(1.35)	(1.23)	(1.23)
農林水産団体	8.8	7.9	9.9	9.7	10.3	9.4	10.6	8.0	5.3	5.0	3.5	5.4	4.3
	(0.83)	(0.75)	(0.93)	(0.92)	(0.97)	(0.89)	(1.00)	(0.75)	(0.50)	(0.47)	(0.33)	(0.51)	(0.41)
労働組合	11.5	10.0	10.4	12.2	12.1	11.0	8.2	8.3	7.6	5.0	3.7	4.4	4.5
	(1.40)	(1.22)	(1.27)	(1.49)	(1.48)	(1.34)	(1.00)	(1.01)	(0.93)	(0.61)	(0.45)	(0.54)	(0.55)
商工組合	6.4	6.2	5.4	5.8	7.3	5.1	6.9	5.0	4.5	4.2	4.1	2.6	2.8
	(0.93)	(0.90)	(0.78)	(0.84)	(1.06)	(0.74)	(1.00)	(0.72)	(0.65)	(0.61)	(0.59)	(0.38)	(0.41)
宗教団体	3.7	4.9	4.4	5.5	3.9	4.3	3.6	3.5	3.7	2.9	2.9	3.3	3.5
	(1.03)	(1.36)	(1.22)	(1.53)	(1.08)	(1.19)	(1.00)	(0.97)	(1.03)	(0.81)	(0.81)	(0.92)	(0.97)
同好会・趣味のサークル	8	9.3	10.4	10.1	14	11.7	17.1	12.3	14.2	15.7	12.1	13.9	14.1
	(0.47)	(0.54)	(0.61)	(0.59)	(0.82)	(0.68)	(1.00)	(0.72)	(0.83)	(0.92)	(0.71)	(0.81)	(0.82)
市民団体・NPO								1.5	1.0	1.6	1.2	1.1	2.2
								(1.00)	(0.67)	(1.07)	(0.80)	(0.73)	(1.47)
その他の団体	1.9	1.8	2.3	2.3	1.9	1.3	0.4	0.6	0.7	0.8	0.8	1.4	1.1
	(4.75)	(4.50)	(5.75)	(5.75)	(4.75)	(3.25)	(1.00)	(1.50)	(1.75)	(2.00)	(2.00)	(3.50)	(2.75)
未加入	25.6	25.3	21.4	18.2	15.4	17	18.3	19.1	20	31.9	38.3	34.1	36.4
	(1.40)	(1.38)	(1.17)	(0.99)	(0.84)	(0.93)	(1.00)	(1.04)	(1.09)	(1.74)	(2.09)	(1.86)	(1.99)
不明・わからない	1.2	0.9	0.3	0.8	1.0	0.6	0.5	0.1	0.3	0.7	1.2	0.4	0.9
	(2.40)	(1.80)	(0.60)	(1.60)	(2.00)	(1.20)	(1.00)	(0.20)	(0.60)	(1.40)	(2.40)	(0.80)	(1.80)

カッコ内は1990年を1としたときの値。
老人クラブと市民団体・NPOは93年から調査項目に加わった。

第3章

日本の団体分布とリソース

－国家間比較と国内地域間比較から－

辻中豊・崔宰栄・久保慶明

1 日本の市民社会を比較する

　ある事象が持つ特徴を探る上で，比較という手法は極めて有用である。たとえば前章では，団体設立年の国家間比較を通して，戦後－高度成長期優位型という日本の特徴を示した。このことからもわかるように，国家間比較という手法は，日本の市民社会の相対的な特徴を明らかにしてくれる。ただし日本国内においては，東京のような巨大都市から人口数百人の村に至るまで，大小様々な都市・農村が存在している。地域ごとに市民社会の様相が異なっていることは十分に考えられる。前章における設立年の分析でも，兵庫県や新潟県で近年，設立団体数が増加していることが明らかとなった。国内における地域間比較もまた，日本の市民社会の特徴を捉える上では重要なポイントである。

　本章のテーマは，国家間比較と国内地域間比較という2つの観点から，日本の市民社会の姿をあぶり出すことである。

　1つ目の観点は，国家間比較である。近年ではロバート・ペッカネン（Robert Pekkanen）が日韓米の比較を行い，日本の市民社会の特徴を「少ない会員数，少ない専門職員数，少ない予算額，狭い地域における活動」（4つのSmall）にまとめた（Pekkanen 2006＝2008：第2章）[1]。ただし，彼の市民社

（1）「狭い地域における活動」とは，市町村・都道府県レベルを地理的な活動範囲として活動する団体が多いことを指す（Pekkanen 2006＝2008: 66-68; 森・辻中 2002）。地理的な活動範囲については，第12章および第13章で詳し

会の定義には農林水産業団体や経済・業界団体，労働団体などのいわゆる「営利セクター」（定義は第2節で詳論）が含まれていない。これらの団体が日本に数多く存在することは，第1章，第2章で既に明らかにした通りである。この点，営利セクターを含め，さらに我々の作業定義では除かれている医療法人や学校法人を含めて調査を行ったレスター・サラモン（Lester Salamon）らは，日本における非営利組織の雇用者数が，アメリカに次ぐ規模であることを発見した（Salamon and Anheir 1994=1996）[2]。また，日韓米独4カ国のJIGS1調査データを分析した辻中・崔（2002b）では，日本の市民団体のリソースが少ない可能性を指摘しつつ，基本的には各国間での差異はそれほど大きくないことを明らかにしている。また事業所統計の非営利団体に関する日米韓の比較（辻中 2009）によれば，団体従業者数では日本は10万人当たり181名であり，アメリカの331名と韓国の117名の中間程度である。

　このように営利セクターを含めた分析からは，Pekkanen（2006=2008）のいう日本における団体リソースの少なさという指摘は，必ずしも確認されていない。そこで本章では，2006年時点において日本（特に東京）で活動する団体が持つ特徴を，JIGS調査を実施した各国首都との比較に基づいて明らかにしていく。第2節において団体類型からみた分布状況を確認した後，第3節ではリソースの現況を比較する。分析結果を先取りすると，国際的にみた日本の最大の特徴は，スタッフ数が営利セクターも含めて少ないことにある。

　もう1つの観点は，日本国内における地域間比較である。日本の首都・東京は，「世界都市」（町村 1994；2006）とも呼ばれる巨大都市であり，東京以外の地域には大小様々な規模の都市や農村が存在する。一方では政令指定都市や各県庁所在地など，政治・経済機能が集積した規模の大きな都市が全国各地にある。他方，全市町村数の半数以上を占める町村の多くは，人口規模の小さな農村部に位置する[3]。このような地域間の相違を踏まえれば，首都・東京を対象とした分析は日本の市民社会の部分的な姿であるといわざるを

　　く検討する。
（2）　調査国は，アメリカ，イギリス，フランス，ドイツ，イタリア，ハンガリー，日本，ブラジル，ガーナ，エジプト，タイ，インドの12カ国である。
（3）　2010年3月31日時点では，市町村数が1,742，そのうち市が785，町が770，村が187となる見込みである。総務省「合併相談コーナー」http://www.soumu.go.jp/gapei/（最終閲覧2009.12.1）。

得ない。日本の市民社会の全貌を捉えるためには，東京以外における団体の姿も捉える必要があるのである[4]。

そこで本章では，第4節において，団体が所在する自治体の人口規模に応じてサンプルを5つに分け，各カテゴリ間での比較を行う。団体分布とリソースの状況を捉えた後，他の団体や機関との関係性を「ネットワーク・リソース」と捉えて，その多寡を検討する。分析からは，営利セクターや福祉団体が多数を占める農村部では行政を資金源とする団体が多いこと，また都市部に比べて農村部の団体はネットワーク・リソースが豊富であることが明らかとなる。

2 団体分布の国家間比較

本章で国家間比較の対象となる国は，日本のほか，韓国，アメリカ，ドイツ，中国，ロシア，フィリピン，トルコ，ブラジル，バングラデシュの計10カ国である。どの国でも首都と他の地域を調査対象としたが（日本第2次は全国），本章では首都における調査データを用いた比較を行う。ただし，13カ国に発展したJIGS調査のうち，一定の研究がまとめられたのはまだ一部である[5]。そのため本章での比較は体系的なものではなく，あくまで国際比較を

---

(4) 竹中（2009）では，衆議院選挙における比例代表11ブロックごとにJIGS2調査データを分析し，首都・東京の位置を探っている。

(5) 1997年以来，私たちの一貫した比較研究戦略は，以下の3段階にまとめられる。第1に，基本的に同一の枠組み，同一の母集団条件，同一の方法で各国調査を行う。そのエッセンスは，営利企業（及び病院，学校），家族および親密圏の非公式な集団，政府（及びその付属組織）を除くすべての社会集団を市民社会領域にあるものと捉え，なるべく包括的にすべてを対象として調査し把握するという点である（辻中・ペッカネン・山本 2009：24-25，辻中編 2002，辻中・伊藤編 2010）。第2に，JIGS調査をもとに，他の集計・文献資料を加えて各国別研究のモノグラフをまとめる。その過程で各国の文脈を踏まえ市民社会・利益団体の実像に接近する。第3に，最終的な比較分析を体系的に行う。

現段階において，コードブックの作成は本章で日本と比較する9カ国すべてで完了している（辻中編 1999a，1999b，2001a，2001b，2007a，2007b，2008a，2008b，2009b；コンドウ・辻中編 2007）。日本以外のモノグラフとしては，韓国：辻中・廉編（2004），フィリピン：Shuto, Ballescas, San Jose（2008），

通して日本の特徴を浮き彫りにすることを目的とした,限定的なものであることをお断りしておく。

また,第2次調査を実施した日本,韓国,アメリカ,ドイツ,中国においては,2つの調査時点間でいかなる変化が生じたのか（あるいは生じなかったのか）も重要な論点である。しかし,用語法など調査の細目が異なっていることから,2時点間での比較を行う際には細心の注意が必要である。以下の分析では,2009年12月時点で利用可能な日本,韓国,ドイツについて第1次,第2次双方の調査結果を示すが,本文では原則として第2次調査の結果を論じる。顕著な変化がある場合に限って,第1次調査の結果にも言及する。

まず,団体分布からみていこう。すでに第2章でみたように,JIGS調査では団体を分類する際の基準の1つとして,①営利セクター,②非営利セクター,③市民セクター,④混合セクター（およびその他）という4つの大類型を想定している。これはWalker（1983）が提唱した,会員の資格要件と団体の営利性という2つの観点からみた分類である。日本の第2次調査を例にとりながら説明すると,①営利セクターとは農林水産業,経済・業界,労働など職業・生産関連団体,②非営利セクターとは教育,行政関係,福祉,専門家など非営利社会サービス団体,③市民セクターとは政治,市民,学術・文化,趣味・スポーツなど個人加入を原則とする団体,④混合セクター・その他は宗教団体,2つ以上の混合セクター・その他である[6]。

各国調査における詳しい分類は章末の表3－5に示している。調査では,回答者自身の手によって,どの分類に該当するかを選択してもらった。ただ,各国における分類は少なからず異なっている。ロシアの31分類のように,多くの国では日本よりも分類数が多くなった。これは,各国協力研究者との議

バングラデシュ：Tasnim（2008）が公刊済みである。
（6） 必ずしもこうした団体の分類が各大類型の条件と完全に合致するわけではなく,一応の傾向を示すにとどまる。東京都に所在する団体に占める比率をみると,最多は経済・業界団体の27.5%である（N=1,792）。①営利セクター…農林水産業団体6.0%,経済・業界団体27.5%,労働団体5.8%。②非営利セクター…教育団体5.8%,行政関係団体5.5%,福祉団体5.6%,専門家団体6.8%。③市民セクター…政治団体1.4%,市民団体4.4%,学術・文化団体13.6%,趣味・スポーツ団体4.5%。④混合セクター・その他…宗教団体0.5%,その他12.6%。

論の結果，どの分類にも該当しない団体を減らすべく分類を追加していったためである。他方，中国調査では既存の類型をもとにした4分類を採用したものの，市民セクターは含まれていない。これらの相違を踏まえれば，各国間での比較は慎重に行う必要がある。その一方で，日本の市民社会の姿を国際的な観点から相対化して捉えるためには，何らかの基準に基づく比較分析が不可欠である。4つの大類型による比較は，そうした試みの1つといえる[7]。

　図3－1に示したのが，各国調査における類型ごとの分布である。国名に付したⅠやⅡは，それぞれ第1次調査，第2次調査の結果であることを示している。サンプル数は日本Ⅱ1,792から韓国Ⅱ259まで幅があるが，これは母集団のサイズや回収率が各国様々であることが影響している（章末表3－4参照）。ここでは，それぞれの国における各類型の割合を比べていこう。

　まず，①営利セクター（農林水産業団体など職業・生産関連団体）をみると，日本Ⅱの39.3％が最多となっている。これに続くのが，中国38.2％，バングラデシュ28.6％，アメリカ22.9％である。それに対して韓国Ⅱでは11.6％，ドイツⅡなどでは10％以下となっている。次に，②非営利セクター（教育団体，福祉団体など非営利社会サービス団体）では，日本Ⅱの23.7％は各国の中で中間の位置にある。最も多い分布を示すのが中国45.7％であり，これにドイツⅡ37.4％，バングラデシュ34.3％，アメリカ32.2％，トルコ23.1％が続く。③市民セクター（政治団体，市民団体など個人加入を原則とする団体）でも，日本Ⅱの23.8％は中位にある。上位からみると，韓国Ⅱの43.2％が最も多く，ドイツⅡ41.1％，ロシア35.5％，フィリピン32.7％，ブラジル26.0％が続く[8]。アメリカでは19.6％となっている。最後に，④混合セクター・その他（宗教団体，2つ以上の混合セクター，その他団体）は，トルコが75.4％

（7）　また，母集団情報源も各国ごとに異なっており，日本のように電話帳に依拠した国もあれば，ドイツや中国のように，政府などが管理するリストに依拠した国もある（章末表3－4参照）。この点でも，厳密な比較分析には限界がある。しかし，各国の調査協力研究者と議論した結果，このような調査設計上の相違は信頼性の高い調査を実施する上で必要であると判断した。
（8）　もっとも，日本Ⅱより市民セクターの比率が高いロシア，フィリピン，ブラジルでは，他国にはない「NGO」が選択肢に含まれている。その結果，市民セクターの占める比率が高くなった可能性がある。

図3-1　国別団体分布

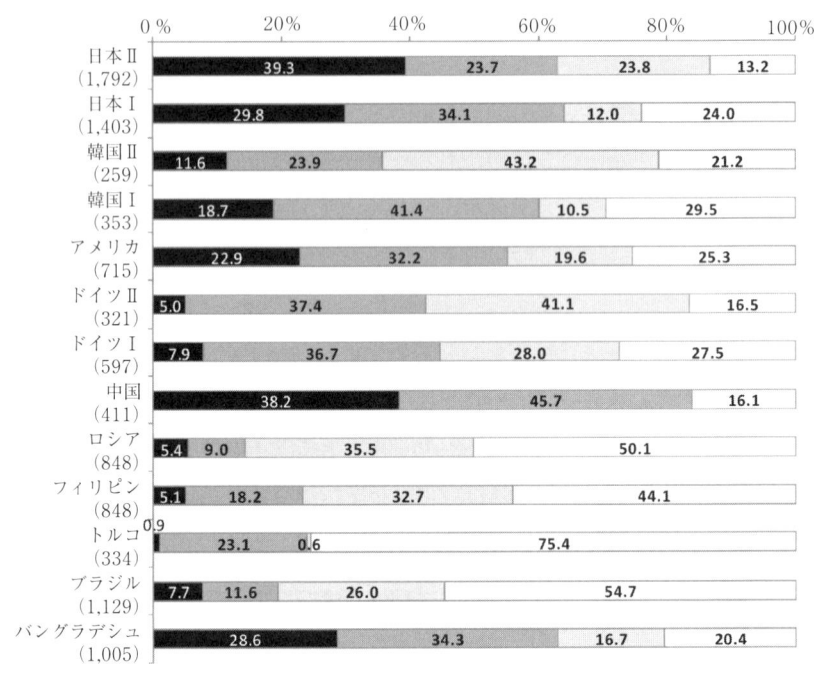

国（N）	I 営利系団体	II 非営利系団体	III 市民系団体	IV 混合・その他
日本II (1,792)	39.3	23.7	23.8	13.2
日本I (1,403)	29.8	34.1	12.0	24.0
韓国II (259)	11.6	23.9	43.2	21.2
韓国I (353)	18.7	41.4	10.5	29.5
アメリカ (715)	22.9	32.2	19.6	25.3
ドイツII (321)	5.0	37.4	41.1	16.5
ドイツI (597)	7.9	36.7	28.0	27.5
中国 (411)	38.2	—	45.7	16.1
ロシア (848)	5.4	9.0	35.5	50.1
フィリピン (848)	5.1	18.2	32.7	44.1
トルコ (334)	0.9	23.1	0.6	75.4
ブラジル (1,129)	7.7	11.6	26.0	54.7
バングラデシュ (1,005)	28.6	34.3	16.7	20.4

で最多となっている。表には示さないが，内訳をみると77.3%はその他団体である（宗教団体は3.2%，混合セクターは19.4%）。トルコに続くのが，ブラジル54.7%，ロシア50.1%，フィリピン44.1%である。これらに対して日本IIの混合・その他は13.2%と各国の中で最も少ない[9]。

全体としてみると，日本の特徴は営利セクターの多さと混合セクター・その他の少なさにある。特に営利セクターの比率が最多である点は，他国では非営利，市民，混合・その他が最多となっている中，日本だけが持つ特徴で

---

(9) 日本調査の対象に宗教組織があまり含まれていないことが影響している可能性もある。日本調査の母集団情報源である電話帳の「組合・団体」には，宗教団体は含まれているものの，社寺教会など宗教組織そのものはそれほど含まれていない。

ある。サラモンらの調査においても，アメリカやドイツより「業界・職業団体」の比率が高いという結果が出ている(Salamon and Anheir 1994=1996)。彼らの調査が1990年代までのものであることを踏まえれば，長期的にみても，営利セクターの多さを日本の特徴として指摘できよう。この点は，第4節において地域間比較という観点からも検討する。

なお，日本Ⅰと日本Ⅱを比べると，営利セクターおよび市民セクターの比率が上昇する一方，非営利セクターの比率が低下している。このような変化が生じた理由の1つは，調査票におけるワーディングの変更と推測される。第2次調査における第1次調査からの変更点は，①「農業団体」を「農林水産業団体」としたこと，②「経済団体」を「経済・業界団体」としたこと，③市民セクターとして新たに「学術・文化団体」と「趣味・スポーツ団体」を追加したことの3点である。その結果，第1次調査で「その他」に分類された団体が，第2次調査では営利セクターや市民セクターに分類されるようになったと考えられる。さらに，第1次調査で専門家団体や行政関係団体などの非営利セクターに分類されたような団体でも，新たに追加された上記の各分類を選択した可能性がある。このような調査票上の変化は，韓国やドイツにおける分布の変化にも同様の影響を与えたと推察される[10]。

3　団体リソースの国家間比較：スタッフ数が少ない日本の団体

続いて，団体の保有するリソースをみていこう。本章の冒頭でも指摘したように，営利セクターを除いた日本の市民社会の特徴は，会員数，専門職員数，予算額の少なさにある（Pekkanen 2006=2008）。その一方，営利セクターを含めたJIGS1調査の分析では，日韓米独において各団体が保有するリソースの大きさに，顕著な差はみられなかった（辻中・崔 2002b）。JIGS2では，どのような傾向がみられるだろうか。ここでは，個人会員数，団体会員数，常勤スタッフ（職員）数，財政規模の4点をとりあげて検討する。分析では，10カ国を対象とした比較によって全体の傾向を確認した後，日韓米独の4カ国を対象として団体大類型別の比較を行う。これは，貨幣価値や物価水準の

---

(10)　もちろん，各分類の団体数が増加している可能性もあるが，データの制約上検証することはできない。なお，団体分類ごとの団体設立数に関しては第2章の分析を参照されたい。

相違を考慮すると，日韓米独が特に比較可能性が高いと考えられるためである。

3.1. 10カ国比較

まず，10カ国を対象として全体の傾向を確認していこう。表3－1に，各国の団体が保有するリソースの分布を示した。各カテゴリの幅は，JIGS1調査と比較するため辻中編（2002）と揃えている。表では，％の高い上位3カテゴリを太字で示している。

なお，ここでは無回答を含んだサンプル数を母数としている。原則として，各項目は調査票に該当値を直接記入するようになっているが，「無回答」の比率が高い項目が多数あった。無回答の理由としては回答拒否・回答忘れのほか，「0」（たとえば個人会員数0人）であるという可能性も考えられ，無回答の中に「0」が含まれている可能性も小さくない。そこで，両者を足し合わせた割合を把握しておく必要があると判断した。以下，順にみていこう。

個人会員数 一部の例外を除いて，各国とも無回答ないし0人という回答が4～5割あり，個人会員数が不明・なしという団体が約半数を占めていることがわかる。規模の小さい団体をみると，100人未満（「1～49人」＋「50～99人」）の割合は，日本Ⅱでは18.2％となっており，韓国Ⅱの20.6％と同水準である。他国では，ドイツⅡで52.8％と多くなっているものの，概ね20～30％である。その中で，アメリカでは会員100人未満が9.6％と，極めて少なくなっている。他方，会員2万人以上（「20,000～99,999人」＋「10万人～」）の団体をみてみると，日本Ⅱ3.1％，韓国Ⅱ3.8％，ドイツⅡ1.7％などに対して，アメリカの11.2％が群を抜いて高い。日本では韓国などと並んで，個人会員の少ない小規模の団体が多いといえる。

団体会員数 日本Ⅱでの無回答ないし0団体の比率は，アメリカ47.7％や中国44.0％と並んで，48.1％である。これ以外の国（韓国やドイツなど）では無回答率が概して高く，8～9割となっている。これを踏まえたうえで各国での団体会員数を比べると，団体会員数の多い比率で各国間に差が生じている。250団体以上の比率をみると，日本Ⅱの9.2％は，アメリカの19.9％に次いで2番目である。これに中国の7.3％が続く。100～249団体も含めると，アメリカ29.0％，日本17.8％，中国15.1％となる。日本では，団体会員を抱える団体が多いということができよう[11]。

第3章 日本の団体分布とリソース 73

表3-1 団体リソースの10カ国比較（単位：％）

	国	日本Ⅱ	(Ⅰ)	韓国Ⅱ	(Ⅰ)	アメリカ	ドイツⅡ	(Ⅰ)	中国	ロシア	フィリピン	トルコ	ブラジル	バングラデシュ
	N	1,803	(1,438)	262	(371)	748	354	(643)	627	411	855	334	1,132	1,005
	無回答	34.8	(38.8)		(38.3)	36.0	8.5	—	13.2	29.2	23.7	2.7	56.0	4.3
	0人	7.0	(4.3)	32.1		8.8	0.3	(37.9)	29.0	15.3	0.2	0.6		
個人会員数	1～49人	11.4	(7.6)	16.8	(8.4)	6.4	40.1	(18.2)	6.9	18.0	23.0	8.4	9.6	22.0
	50～99人	6.8	(5.1)	3.8	(4.6)	3.2	12.7	(6.2)	12.4	4.9	14.4	26.6	9.5	12.8
	100～499人	14.7	(14.5)	20.6	(15.9)	11.5	21.2	(16.8)	19.8	10.5	26.3	37.1	15.4	38.5
	500～999人	5.3	(6.6)	6.5	(8.1)	5.2	5.9	(4.5)	6.1	4.1	4.6	8.4	3.4	6.8
	1,000～4,999人	11.6	(12.9)	9.9	(11.1)	11.1	6.5	(8.2)	9.1	8.3	5.3	11.4	4.0	11.1
	5,000～19,999人	5.4	(6.1)	6.5	(5.7)	6.6	3.1	(3.9)	2.4	4.6	1.4	3.9	1.1	2.2
	20,000～99,999人	2.3	(2.6)	1.5	(5.9)	4.4	1.4	(1.9)	1.0	2.9	0.4	0.6	0.5	1.4
	10万人～	0.8	(1.5)	2.3	(2.2)	6.8	0.3	(1.7)	0.2	2.2	0.7	0.3	0.6	0.9
	無回答	43.9	(52.6)		(72.2)	39.0	78.0	—	13.1	—	95.3	93.1	82.6	89.7
	0団体	4.2	(4.9)	80.2	(0.0)	8.7	6.8	(78.4)	30.9			4.5		
団体会員数	1～9団体	7.3	(5.4)	5.3	(7.5)	3.5	8.2	(6.7)	10.2	—	1.3		15.2	4.0
	10～19団体	6.4	(4.0)	3.4	(3.5)	4.0	1.1	(3.9)	5.6		0.6		0.6	1.4
	20～29団体	4.7	(2.8)	1.5	(1.9)	2.9	0.6	(2.0)	5.4		0.8	0.6	0.1	1.5
	30～49団体	7.8	(6.3)	1.1	(3.0)	5.6	0.6	(0.9)	8.9		0.2		0.4	0.7
	50～99団体	8.0	(6.7)	3.8	(2.4)	7.2	2.3	(1.7)	10.7		0.9	0.9	0.5	0.7
	100～249団体	8.6	(8.5)	1.5	(3.2)	9.1	1.7	(2.5)	7.8		0.5		0.4	0.7
	250団体～	9.2	(8.8)	3.1	(6.2)	19.9	0.8	(3.9)	7.3		0.4	0.9	0.2	1.1
	無回答	7.0	(13.1)		(17.0)	12.2	5.4	(0.2)	24.4	10.9	11.3	41.3	43.3	33.6
	0人	4.4	(6.5)	16.0		3.6	47.5	(43.5)	6.5	21.9	61.4	10.5		
常勤スタッフ数	1人	15.8	(11.5)	11.8	(9.4)	7.1	14.7	(9.6)	8.0	2.4	3.0	20.1	9.8	5.0
	2人	17.4	(13.1)	9.9	(14.0)	8.3	11.9	(7.5)	11.3	5.8	3.0	9.0	9.9	8.8
	3、4人	19.9	(17.6)	15.3	(15.9)	12.4	9.3	(8.1)	19.1	10.9	3.0	5.7	12.6	15.8
	5～9人	16.9	(18.0)	14.1	(13.5)	15.4	5.4	(7.5)	19.8	17.0	6.8	8.1	9.5	17.5
	10～29人	13.0	(12.9)	17.9	(14.8)	18.4	4.0	(8.4)	9.1	17.0	6.1	4.2	8.7	11.8
	30～49人	2.8	(2.6)	5.3	(3.2)	6.0	1.1	(4.7)	1.3	4.9	1.2	0.6	2.5	2.1
	50～99人	1.4	(2.1)	3.4	(4.3)	5.9	0.8	(3.4)	0.5	2.9	1.6	0.9	1.6	1.3
	100人～	1.3	(2.6)	6.1	(7.8)	10.7		(7.2)		6.1	2.5	0.3	2.2	4.1
	無回答	39.0	(8.3)	1.5	(9.2)	24.3	41.8	(10.6)	44.2	48.7	70.8	23.1	95.1	33.5
	100万円未満	1.9	(1.6)	34.4	(7.0)	2.0	33.9	(11.8)	27.3	45.7	23.6	36.5	1.4	46.6
予算合計	100～300万円	2.8	(3.0)	9.5	(7.8)	2.5	6.2	(11.5)	16.1	3.2	2.5	12.0	0.7	9.1
	300～500万円	2.6	(4.0)	3.1	(8.1)	1.2	3.7	(5.6)	3.5	0.5	0.8	3.6	0.4	2.6
	500～1,000万円	5.0	(5.0)	5.7	(15.9)	2.4	4.8	(12.4)	5.3	1.0	0.6	0.7	0.4	1.9
	1,000～3,000万円	11.8	(18.6)	14.5	(21.0)	10.2	3.1	(14.8)	2.6	0.2	1.4	9.9	0.4	3.1
	3,000万～1億円	17.3	(22.1)	13.0	(15.9)	16.2	3.4	(14.3)	0.7	0.2	0.9	8.1	0.5	2.2
	1～2億円	7.3	(12.7)	6.5	(5.1)	10.2	1.4	(4.7)	0.3			0.6	0.3	0.6
	2～10億円	9.2	(16.0)	6.3	(5.9)	18.2	1.4	(9.8)			0.1	0.6	0.6	0.3
	10億円以上	3.2	(8.7)	3.8	(4.0)	12.8	0.3	(4.5)	0.5		0.1		0.4	0.1

・合計は、四捨五入により100％にならない。太字は％の高い上位3位までを示す。
・各国の「無回答」には「0」が含まれている可能性がある。他方、ドイツⅠの個人会員数・団体会員数では、データ処理上「0人」に「無回答」を含んでいる。
・ロシア調査では、団体会員数を質問していない。
・為替は、韓国Ⅱ0.112円／ウォン（2007年と2008年の平均）、韓国Ⅰ0.1296円／ウォン（1997年）、アメリカ113.6967円／ドル（1999年）、ドイツⅡ161.0404円／ユーロ（2007年）、ドイツⅠ50.8874円／マルク（2000年）、中国13.0259円／元（2000年）、ロシア3.7770円／ルーブル（2003年）、フィリピン2.0343円／ペソ（2003年〜2004年）、トルコ0.0000775円／トルコリラ（2003年）、ブラジル37.8758円／レアル（2003年）、バングラデシュ1.7032円／タカ（2006年）で、年平均値。韓国以外の為替情報は、British Columbia大学のデータベース（http://fx.sauder.ubc.ca/data.html, Access Date 2009年8月）を、韓国の為替情報については、Macquarie銀行のデータベース（http://www.chartflow.com/fx/historybasic.asp, Access Date 2009年8月）を用いた。トルコについては、新トルコリラでの情報しかないため、旧トルコリラを新トルコリラに置き換えた後、換算した。

常勤スタッフ数 　個人会員数や団体会員数に比べると，常勤スタッフ数への回答では無回答ないし0人の比率が全般に低い。日本Ⅱでも11.4％となっている。ただ，常勤スタッフが1人以上の団体をみると，日本Ⅱでは1～4人（「1人」＋「2人」＋「3，4人」）が53.1％を占め，常勤スタッフの少ない団体が多いことがわかる。100人以上の比率をみても，アメリカ10.7％，韓国Ⅱ6.1％，ロシア6.1％などに対して，日本Ⅱでは1.3％に過ぎない。総じて日本では，他国と比べて常勤スタッフ数の少ない団体が多いといえる。ただしこれは必ずしも日本全体で従業者全体が少ないことを意味するのではない[12]。規模が小さい団体が多いということである。

予算規模 　団体予算を比べる際には，当然のことながら通貨単位を揃える必要がある。本章では，該当調査年における為替の年平均で円換算して分析する。また，調査票での回答形式は，予算合計を直接回答する方式（日本Ⅱなど）と，カテゴリ化した選択肢を選ぶ方式（日本Ⅰなど）があるが，すでにカテゴリ化された予算合計額を用いることとする[13]。

　表をみると，韓国，フィリピン，ブラジルを除いて，各国とも3～4割の団体が無回答である。それを前提として日本Ⅱの分布をみると，中規模の団体が多く，1,000万円以上1億円未満（「1,000万～3,000万円」＋「3,000万～1億円」）の比率が29.1％を占める。韓国Ⅱ27.5％も同程度となっている。こ

---

(11) 仮に，アメリカ，日本，中国以外の国において無回答が多いことが，実際に団体会員がいないことを反映しているのであれば，日本を含めた3カ国の特徴として，団体会員数の多さが指摘できる可能性がある。

(12) 前章でみた事業所統計による比較では，2006年において，10万人あたり，日本では181人が団体で働いている。アメリカは331名，韓国は117名であり，日本はちょうど中間あたりである。

(13) なお，選択方式では「0」を含む「100万円未満」というカテゴリを設けているのに対して，記入方式では，財政規模が「0」と「無回答」の区別が容易でない。そのため，「100万円未満」の財政規模において，記述方式では「0」が含まれないのに対して，選択方式では「0」が含まれている場合がある。また，回答は各国の通貨単位によるものであるため，円に換算した後の選択肢の境界値が，日本の財政規模の区切り100万円と必ずしも一致しない（韓国130万円，ドイツ102万円，ロシア94万円）。また，ここで示す値は各国における貨幣価値や物価水準を考慮していない点にも留意する必要がある。

れに対して，アメリカでは巨大な予算を有する団体が非常に多く，10億円以上の比率が各国で最多の12.8%を占める。総じて，日本の団体の予算規模は，アメリカに比べれば小さいものの，韓国と比べれば必ずしも小さくないといえる。

3．2．日韓米独における団体大類型別比較

前項での10カ国比較の結果をまとめておくと，日本の団体の特徴は，①会員数や予算規模はアメリカよりも小さいものの韓国やドイツに比べると必ずしも少ないわけではない，しかし，②スタッフ数はアメリカのみならず韓国やドイツと比べても少ない，という2点となる。特に②は，Pekkanen (2006＝2008) が指摘する「少ない専門職員数」と共通した傾向であるが，前項での分析は団体大類型を考慮していない。そこで次に，団体大類型別にみた特徴を探っていく。特に，日本に多数存在するにもかかわらずPekkanen (2006＝2008) では分析対象とならなかった，営利セクターの保有するリソースの状況に注目していきたい。

表3－2に，日韓米独の団体を対象として，①営利，②非営利，③市民という類型別の集計結果を示している。日韓米独の4カ国を対象としたのは，物価水準等を考慮して比較可能性が高いと考えたためである。また，④混合セクター・その他は各国で含まれる分類が異なるため，本章では分析を行わないこととした。なお，表に示したように，韓国Ⅱやドイツでは営利セクターの数（いずれも30以下），韓国Ⅱでは非営利セクターの数（62団体）が少ない。これらの点に留意しつつ類型別にみていこう。

営利セクター　まず，日本Ⅱの分布で最多の39.3%を占める，①営利セクターである。個人会員数をみると，日本では1～499人（「1～49人」＋「50～99人」＋「100～499人」）が多く，合計で34.5%を占めるのに対して，アメリカでは10万人以上が多い（11.0%）。団体会員数でもアメリカの大きさが際立っているが（250団体以上が35.4%），その反面，日本では分布が分散している。無回答が4割あることに留意する必要はあるものの，250団体以上が8.2%，1～9団体も8.1%となっている。会員数という観点からまとめると，日本の営利セクターの会員は，小規模の個人会員と一定規模の団体会員が中心であるといえよう。

常勤スタッフ数の点では，韓国とアメリカに比べて日本での少なさがみて

表3－2　団体大類型別にみたリソース（日本Ⅱ，韓国Ⅱ，アメリカ，ドイツⅡ）

(単位：％)

	国	①営利セクター				②非営利セクター				③市民セクター			
		日本Ⅱ	韓国Ⅱ	アメリカ	ドイツⅡ	日本Ⅱ	韓国Ⅱ	アメリカ	ドイツⅡ	日本Ⅱ	韓国Ⅱ	アメリカ	ドイツⅡ
	N	704	30	164	16	425	62	230	120	427	112	140	132
個人会員数	無回答	43.2		46.3	25.0	32.9		35.2	6.7	21.1		26.4	6.1
	0人	8.8	36.7	7.3		4.9	32.3	9.1		6.8	26.8	10.7	0.8
	1～49人	12.6	13.3	5.5	31.3	11.8	16.1	7.0	65.8	8.7	13.4	4.3	15.9
	50～99人	8.8	10.0	3.0		6.6		3.0	8.3	4.7	2.7	4.3	19.7
	100～499人	13.1	16.7	9.8	6.3	16.9	14.5	12.2	13.3	15.5	28.6	8.6	32.6
	500～999人	3.6	16.7	4.3		5.4	3.2	3.5	0.8	7.7	7.1	6.4	10.6
	1,000～4,999人	6.7		9.1	25.0	11.8	11.3	10.0	2.5	21.8	12.5	13.6	7.6
	5,000～19,999人	2.0	3.3	1.8	12.5	5.9	16.1	10.0	0.8	9.1	4.5	9.3	4.5
	20,000～99,999人	1.0		1.8		2.8	3.2	5.7	1.7	3.7	1.8	8.6	1.5
	10万人～	0.3	3.3	11.0		2.8		4.3		0.9	2.7	7.9	0.8
団体会員数	無回答	41.1		21.3	81.3	48.5		39.6	77.5	40.5		47.9	78.8
	0団体	1.6	70.0	3.7		3.5	80.6	8.7	7.5	7.0	81.3	10.0	6.1
	1～9団体	8.1		3.7		7.8	4.8	5.2	9.2	6.3	5.4	1.4	8.3
	10～19団体	8.0		4.9	6.3	4.2	4.8	4.8		6.6	3.6	2.9	0.8
	20～29団体	5.1		3.7		3.3	4.8	3.5		5.9	0.9	2.1	0.8
	30～49団体	9.2	3.3	7.9		6.6	1.6	5.7	1.7	8.9	0.9	5.0	0.0
	50～99団体	9.5	13.3	5.5		7.5		9.6	2.5	6.6	3.6	9.3	1.5
	100～249団体	9.2		14.0	6.3	9.2	1.6	7.0	0.8	7.5	2.7	5.7	3.0
	250団体～	8.2	13.3	35.4	6.3	9.4	1.6	16.1	0.8	10.8	1.8	15.7	0.8
常勤スタッフ数	無回答	4.3	0.0	14.0	6.3	7.3		9.1	3.3	10.8		6.4	7.6
	0人	3.1	23.3	1.2	12.5	5.6	9.7	3.5	38.3	6.1	14.3	5.7	62.9
	1人	15.9	10.0	3.0	12.5	9.6	14.5	7.4	25.0	19.9	10.7	7.9	6.8
	2人	19.0	10.0	9.8	12.5	14.8	8.1	8.3	10.0	16.9	11.6	7.9	9.8
	3，4人	21.4	10.0	12.8	12.5	21.2	8.1	13.5	12.5	17.1	16.1	10.0	8.3
	5～9人	18.8	23.3	20.1	18.8	16.7	9.7	13.0	5.8	15.0	14.3	19.3	3.0
	10～29人	11.9	10.0	18.3	18.8	17.6	27.4	19.6	4.2	10.5	17.9	20.7	1.5
	30～49人	3.0	3.3	4.3	6.3	3.5	12.9	7.8	0.8	1.9	3.6	5.7	
	50～99人	1.0	6.7	6.1		1.9	4.7	7.4		1.4	2.7	5.4	
	100人～	1.6	3.3	10.4		1.6	4.8	10.4		0.5	8.9	11.4	
予算合計	無回答	38.2		19.5	31.3	39.5		20.0	47.5	36.5	1.8	28.6	36.4
	100万円未満	1.6	30.0	3.0	25.0	2.6	27.4	2.2	44.2	2.1	33.0	0.7	22.7
	100～300万円	1.8	6.7	2.4		1.6	12.9	1.3	1.7	4.7	8.9	2.9	12.1
	300～500万円	2.1	3.3	0.6		2.6	1.6	0.9	0.8	3.0	2.7	1.4	8.3
	500～1000万円	3.8	3.3	1.2		4.0	4.8	2.6	1.7	7.0	8.9	2.1	8.3
	1000～3000万円	14.1	16.7	6.7	12.5	9.6	14.5	11.3	3.3	10.5	11.6	11.4	3.8
	3000万～1億円	17.9	23.3	16.5	18.8	18.6	6.5	14.3	0.8	17.3	17.0	17.1	4.5
	1～2億円	9.2	6.7	14.6		6.4	9.7	11.7		7.0	6.3	7.1	1.5
	2～10億円	8.5		21.3	12.5	10.8	17.7	22.6		8.7	6.3	13.6	1.5
	10億円以上	2.7	10.0	14.0		4.2	4.8	13.0		3.0	3.6	15.0	0.8

・合計は，四捨五入により100％にならない。太字は％の高い上位3位（同率も含む）までを示す。
・各国の「無回答」には「0」が含まれている可能性がある。他方，ドイツⅠの個人会員数・団体会員数では，データ処理上「0人」に「無回答」を含んでいる。

とれる。日本では1〜29人に該当する5カテゴリの合計が87.1％を占め，50人以上の2カテゴリは2.6％に過ぎない。それに対して，韓国・アメリカでは日本よりも常勤スタッフの多い団体が多く，特にアメリカでは50人以上の2カテゴリの合計は16.5％となっている。ただ，予算の合計額をアメリカ以外の2カ国と比べると，日本の団体も極端に小さいわけではない。2億円以上（「2〜10億円」＋「10億円以上」）の比率は，日本11.2％に対して，韓国10.0％，アメリカ35.4％，ドイツ12.5％である。総じて日本の営利セクターは，一定の予算規模を持つにもかかわらず常勤スタッフが少ないという特徴を持つといえる。

非営利セクター　次に，日本Ⅱ（東京）の分布で23.7％を占める②非営利セクターをみていこう。個人会員数では，韓国，アメリカに比べると，日本，ドイツの少なさがみてとれる。特に5,000人以上の個人会員がいる団体の割合を合計すると，韓国22.6％，アメリカ20.0％に対して，日本11.5％，ドイツ2.5％となる。団体会員数をみると，250団体以上の比率はアメリカの16.1％が最多であるが，日本でも9.4％を占める。その一方で1〜9団体の比率も7.8％あり，全般に分布が散らばっている。会員数という点からみた日本の非営利セクターの特徴は，個人会員数の少なさと団体会員の多さにまとめることができよう。これは営利セクターと共通した傾向である。

常勤スタッフ数をみると，日本では1〜29人の5カテゴリが計80.0％を占めている。それに対して，韓国・アメリカでは，30人以上の常勤スタッフを雇用する団体が，それぞれ22.5％・25.6％ある。国際的に見て，日本の非営利セクターが抱える常勤スタッフの少なさがうかがえる。また，予算合計額をみると，2億円以上の2カテゴリの合計は日本では15.0％となっている。アメリカ35.6％には及ばないものの，韓国22.5％に次ぐ水準である。総じて，非営利セクターにおいても，常勤スタッフの少なさが国際的にみた特徴である。

市民セクター　最後に，日本Ⅱ（東京）の分布で23.8％を占める③市民セクターである。個人会員数をみると，100人未満（「1〜49人」＋「50〜99人」）は13.4％，20,000人以上（「20,000〜99,999人」＋「10万人〜」）は4.6％となっている。20,000人以上が16.5％を占めるアメリカよりは小さいが，韓国やドイツに比べると同程度かやや大きいといえる。他方，団体会員数をみると，日本では250団体以上が10.8％を占め，アメリカに次いで2

番目に多い。

　常勤スタッフ数をみると，日本では1～29人の5カテゴリが合計で79.4％を占めており，30人以上の常勤スタッフを雇用している団体は3.8％に過ぎない。しかし，韓国・アメリカでは，30人以上の常勤スタッフを雇用する団体が，それぞれ15.2％・22.1％存在している。日本の市民セクターの常勤スタッフ数は，国際的にみて少ないといえる。

　予算合計額では，1億円以上の3カテゴリを合計すると，日本でも18.7％の市民セクターが該当する。10億円以上という巨大予算を持つ団体は，営利，非営利と同様，アメリカが最多となっているが（15.0％），韓国は日本と同程度の分布を示している。なお，ドイツはどの項目をとっても規模が小さい。

　以上の分析をまとめると，営利セクター，非営利セクター，市民セクターのいずれにおいても，日本の団体が保有するリソースの状況は類似した傾向にある。すなわち，①アメリカと同程度（あるいはやや少）の団体会員数を抱える一方で個人会員数は多くない，②常勤スタッフが少ないという2つの特徴を持つ。Pekkanen（2006＝2008）が営利セクターを除いた分析から指摘した特徴は，概ね，営利セクターにも該当するといえる[14]。また，①団体会員数の多さは本章の分析から新たに明らかとなった知見である。

　もっとも，ここでの分析は各団体を単位としたものであるため，アグリゲート・データに基づけば異なった傾向が観察できる可能性が残る。第2章で観察した非営利団体の財政規模のうち団体合計（日本：経済，労働，学術，その他の団体。米国：経済，労働，市民，専門，政治，その他の団体）の給与総額は，10万人あたりアメリカが998万ドル，日本が678万ドルと，総額はアメリカの三分の二である[15]。

　アグリゲート・データでの情報を含め今後詳細な分析を行う必要があるが，基本的には各団体における常勤スタッフ数の少なさは確実であり，日本の市民社会の特徴は小中規模の団体が多数存在することであるといえよう。

---

(14)　ただし，各類型内部における比較，たとえば市民セクターであれば，政治，市民，学術・文化，趣味・スポーツの各団体がどの程度のリソースを持っているのかは本章では検討しておらず，更なる検討を要する。

(15)　内閣府経済社会総合研究所『民間非営利団体実態調査報告書』，County Business Patterns, U.S. Census Bureau.

4　日本国内における地域間比較

　前節まで，国家間比較の観点から日本の団体分布とリソースを検討してきた。対象としたのは首都である東京に所在する団体であったが，日本の各都市の中で東京は，政治・経済機能が集積した巨大都市である。世界的にみても，ニューヨークやロンドンに比肩する都市の1つである。他方，日本国内には，東京以外にも，横浜，大阪，京都，札幌などの政令指定都市，あるいは各県の県庁所在地など，政治・経済機能が集積した都市が各地にある。その一方で，人口規模が1万人に満たないような町村も多数存在している。このような地域間の相違を前提とすれば，そこに所在する団体の分布やリソースが異なる可能性は十分に考えられるであろう。予測としては，人口規模が大きな自治体には政治・経済機能が集積しており，そこに所在する団体も豊かなリソースを持っていると考えられる[16]。

　そこで以下では，団体が所在する市区町村の人口規模に応じて5つのカテゴリを設け，各カテゴリ間での比較を行ってみたい。5カテゴリとは，①3万人未満，②3万人以上20万人未満，③20万人以上70万人未満，④70万人以上，⑤東京23区（約849万人）である[17]。各区分点は，3万人は町村と一般市，20万人は一般市と特例市，70万人は中核市と政令指定都市を分ける目安である。各カテゴリのイメージとしては，①は町村，②は一般市，③は特例市や中核市などの地方中枢都市（県庁所在地も含む），④は政令指定都市（横浜市

---

(16)　あるいは，一般に人口規模が大きな自治体では都市化が進展していることから，それに応じて団体の数やリソースが増大するとも考えられる（Truman 1951; Key 1964; 辻中 1988）。しかし，国際的にみれば日本は全国的に都市化が進展している国と考えられ，このような議論には慎重になる必要がある。また，平成の大合併によって自治体が大規模化し，単一の自治体内部においても都市化の程度が異なる地域があることにも留意しなければならない。なお，各団体の有するリソースは同一の地域に所在する団体の数とも関連すると考えられるが，本章では紙幅の都合上，議論することができない。

(17)　サンプル数の合計は15,600，各カテゴリの占める比率（実数）を小規模自治体から順に示すと，①11.0%（1,715），②32.8%（5,119），③26.7%（4,166），④19.1%（2,976），⑤10.4%（1,624）である。各自治体の人口データは，調査実施時点にあわせて『統計でみる市区町村のすがた2007』に依拠している。市町村合併などの影響でデータのない一部自治体は適宜補充した。

表3－3　団体が所在する市区町村の人口規模別にみた団体分布（単位：％）

	①営利セクター			②非営利セクター				③市民系セクター			
	農林水産業	経済・業界	労働	教育	行政関係	福祉	専門家	政治	市民	学術・文化	趣味・スポーツ
3万未満	**37.7**	25.7	5.9	0.8	3.3	**8.8**	1.1	1.2	2.2	1.4	0.9
3万以上20万未満	23.7	24.5	8.4	2.3	4.8	7.4	4.2	**2.8**	4.7	2.0	1.7
20万以上70万未満	13.7	25.0	7.5	5.0	**6.4**	8.0	7.1	2.2	5.0	2.6	4.0
70万以上	8.3	26.7	**8.6**	4.6	6.3	7.8	7.0	2.2	**5.0**	4.0	4.0
東京23区	5.9	**28.7**	4.9	**5.8**	5.5	4.9	7.0	1.3	4.0	**14.6**	**4.6**
全体	17.8	25.6	7.6	3.7	5.4	7.5	5.5	2.2	4.5	3.8	3.0

・太字は最多のカテゴリを示す。

など大規模の県庁所在地を含む），⑤は東京都心部である。

4.1. 団体分布：農村部に多い農林水産業団体

　まず，団体の分布状況を確認しておこう。表3－3をみると，小規模な自治体では農林水産業団体が多く，特に人口3万人未満の町村部では35％を超えている。一方，経済・業界団体はどのカテゴリでも約25％程度を占めており，あらゆる地域に遍在していることがうかがえる。規模の大きな自治体には，教育，専門家，学術・文化の各団体が集まっている。特に学術・文化団体は，東京23区に所在する団体の15％近くを占める。また，政治団体は中規模自治体でやや多く，市民団体は町村部で特に少ない傾向にある。

　総じて，第2節で指摘した営利セクターが多いという日本の特徴は，農林水産業団体の割合が比例的に増加するという点で，中小規模の自治体（小都市・農村部）ほど顕著にみられる。特に人口3万人未満の自治体では，経済・業界，労働を加えた営利3団体の比率が69.3％にのぼる。さらに，これら3団体に福祉団体（8.8％）を加えると全体の78.1％となる。これら4つの団体が，日本の農村部に所在する団体の大多数を占めているのである。

4.2. リソース：都市部優位の会員数，農村部でも豊富な資金

　次に，団体が保有するリソースをみていこう。自治体規模が大きくなるほど団体の抱えるリソースも豊富になると考えられるが，そのような傾向が確認できるだろうか。5カテゴリごとに個人会員数など6項目の分布を示した，図3－2をみながら検討していこう。各線が示すカテゴリは図の凡例の通り

④混合セクター その他		N
宗教	その他	
1.1	10.0	1,698
1.1	12.5	5,056
0.6	13.1	4,131
1.0	**14.5**	2,949
0.4	12.4	1,614
0.9	12.7	15,448

である。実線が東京23区を示している。

会員数をみると，個人会員数，団体会員数とも，大規模自治体ほど多くなっている。個人会員数では1,000人以上，団体会員数では30団体以上において東京23区が最多である。しかしながら，常勤スタッフ数では自治体規模に応じた変化はそれほどみられない。最頻値を比較すると，東京23区の「3～4人」よりも，むしろ3万人未満の「5～9人」の方が多くなっている。第3節では日本（東京）に所在する団体のスタッフが少ないことを明らかにしたが，地域レベルの団体では東京と同程度か，あるいはやや多いスタッフを雇用している。収入合計でも，東京23区に所在する団体の金額が大きく，1億円以上のカテゴリで最多となっている。ただ，人口3万人未満の自治体においても一定の財政規模を持つ団体が存在しており，図をみると3,000～9,999万円の比率は5カテゴリの中で最多である。

ここまでの分析をまとめると，会員数の面では大規模自治体（都市部）が優位である一方，スタッフ数や収入では小規模自治体（農村部）の団体も一定規模を有している。社会経済的なリソースに乏しいと考えられる農村部に所在する団体も，資金面では一定のリソースを保有しているのである。JIGS1調査の分析を行った際にも，筆者らは，地方に所在する団体の国際比較から日本の地方レベルでの団体が発達している可能性を指摘した（辻中・崔 2002b）。同様の傾向がJIGS2調査でも確認されたといえる。

では，このような傾向を持つのはなぜだろうか。考える手掛かりとなるのが，収入の内訳である。大規模自治体と小規模自治体ではっきりとした違いを観察できる。図をみると，会費・入会金による収入が大規模自治体ほど多く，特に2,000万円以上の各カテゴリでは東京23区が最多となっている。それに対して小規模自治体では，行政からの補助金や委託業務手数料を収入源とする団体が多い。たとえば図に示した補助金の受給額をみると，人口3万人未満・3～20万人の自治体で2,000～4,999万円の補助金を受給する団体は，それぞれ23.0%・11.1%となっている。

団体分類別に詳しくみておこう。紙幅の関係で図表には示さないが，人口3万人未満の自治体を例にとると，78.1%を占める営利3団体と福祉団体

図3－2　所在する自治体の規模別にみた団体のリソース

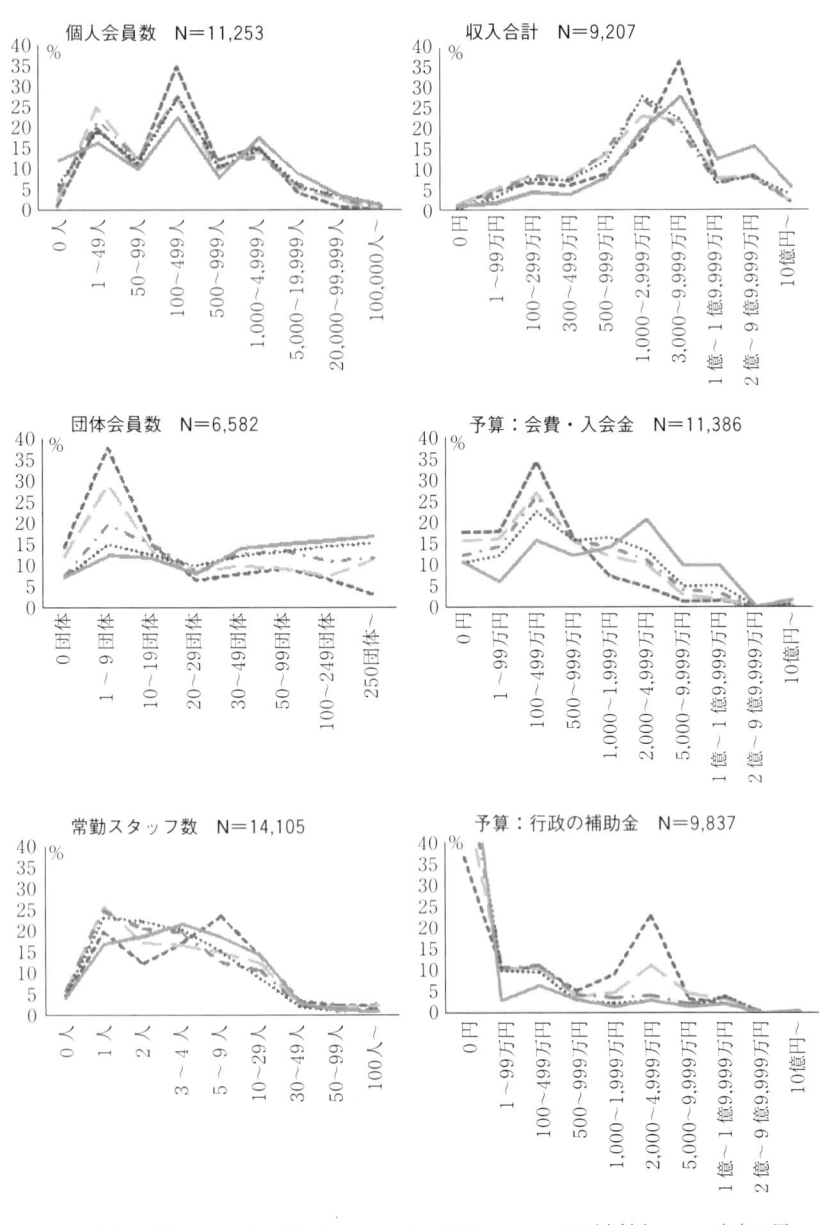

（個人会員数　N=11,253）
（収入合計　N=9,207）
（団体会員数　N=6,582）
（予算：会費・入会金　N=11,386）
（常勤スタッフ数　N=14,105）
（予算：行政の補助金　N=9,837）

---- 3万人未満　－－ 3～20万人　－・－ 20～70万人　……… 70万人以上　── 東京23区

（表３－３参照）での補助金受給率は，農林水産業58.7％，経済・業界81.2％，労働20.1％，福祉83.9％である。経済・業界団体と福祉団体での補助金受給率の高さが印象的である。また，人口３～20万人の自治体では，農林水産業，経済・業界，福祉の各団体において，補助金受給率が約６割となる。これらの団体分類を中心に，社会経済的なリソースが乏しい農村部では，行政を資金源とすることによってリソースを調達しているといえる。

4．3．ネットワーク・リソース：農村部ほど活発な他団体・機関との協調関係

ところで，団体が活動する際のリソースは，会員，職員，資金ばかりではない。他の団体や機関との関係性もまた重要なリソースとなる。第３節の分析からは，農村部に所在する団体のリソースを行政が提供していることが示された。ここでは，行政も含めた他の団体や機関との関係性を「ネットワーク・リソース」と捉え，その多寡を検討していこう。

まず，一般的な団体間の関係として，日常的に協調関係にある団体や機関（以下，グループ）がどの程度あるかをみていく。JIGS2調査では，様々な団体や機関との協調－対立関係を，７件尺度で質問した。４点が中間で，値が小さくなるほど対立的，値が大きくなるほど協調的である。ここでは，５点以上（中間よりも協調的）を「協調的である」として分析する。

図３－３には，全26の政治アクター（本書116頁）のうち，協調関係にある数をカテゴリ別に示している。これをみると，規模が小さな自治体ほど協調するグループが多くなっている。東京23区では１－２が最頻値であるのに対して，人口３万人未満の自治体では５－６が最頻値となっている。この点は，パーソナルネットワークの分析からも確認できる。図表には示さないが，協同組合の理事や自

図３－３　団体が協調するグループの数

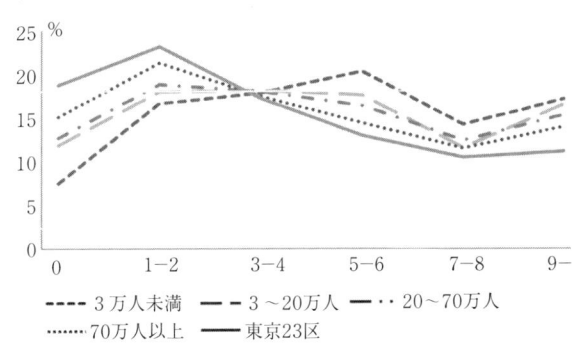

----- ３万人未満　――　３～20万人　―・・―　20～70万人
……… 70万人以上　――　東京23区

全26グループのうち，７件尺度で５点以上（協調的）とされた団体の数。
N=12,961。

治体職員（課長以上）と個人的な付き合いのある団体リーダーは，小規模自治体ほど増加する。以上から，小規模自治体（農村部）の団体が，行政のみならず多様な団体・機関と協調関係を築きながら活動していることがわかる。

もっとも，このような相違は，各団体がどの政府レベルを対象としているかによるものであるかもしれない。たとえば，市町村レベルで活動する団体であれば，地域の様々なグループと協調関係を築きやすいと考えられる。この点を検討するため，市町村レベルで活動する団体にサンプルを限定して，どの主体と協調的であるかを分析した。紙幅の関係で図表には示さないが，小規模自治体に所在する団体は，農林水産業団体，都道府県，市町村と協調関係を築いている。それに対して，大規模自治体では全般に協調する団体が少なく，ある程度自律的な活動を展開しているものと推測される。やはり，小規模自治体で活動する団体ほど他のグループと協調関係を築く傾向が強いのである[18]。

このように，各団体のネットワーク・リソース（他の団体や行政との協調関係）は，都市部に所在する団体よりも，農村部に所在する団体の方が豊富である。これは，農村部ほどアクター間のネットワークが発達している可能性を示唆する。また，図3－2で明らかにした個人・団体会員数が農村部ほど少なくなることをも踏まえると，ネットワーク・リソースの豊富さが会員数の少なさを補っているとも推論できる[19]。

---

(18) JIGSプロジェクトの一環である自治会調査では，自治会が「連携して活動」しているグループに関する分析を行っている（辻中・ペッカネン・山本 2009：第5章）。本章の議論と関連する知見を紹介すると，①「都市型既存団体」（社会福祉協議会や体育協会など），および「行政機関」との連携が都市部ほど進んでいるのに対して，②「旧来型既存団体」（消防団・自警団，農漁協など）との連携は農村部ほど進んでいる。②については，農村部ほどネットワーク・リソースが多いという本章の知見と整合的であるが，①については必ずしも整合的でない。このような違いが生じた理由として，質問において連携関係や協調関係を尋ねている団体が異なることが考えられる。自治会調査では自治会の周辺に存在する団体について質問しているが，社会団体調査では様々な種類の団体や政治・社会的アクターについて質問している。

(19) 農村部ほどネットワーク・リソースが豊富な背景には，いくつかの要因が考えられる。ここでは2点ほど指摘しておきたい。紙幅の都合上詳しい数値は示さないが，まず，設立時に外部（特に行政）から支援を受けた団体は

5　比較からみた日本の市民社会

　本章では，日本における団体の分布とリソースの現況を，10カ国のJIGS調査に基づく国家間比較と，日本国内における地域間比較によって明らかにしてきた。特に国家間比較では，先進国に注目して日本の特徴を把握した。得られた主な知見をまとめておこう。
(1)　国際的にみて，日本では営利の団体類型に属する団体が多い。
(2)　リソース面では，営利セクター，非営利セクター，市民セクターのいずれにおいても，アメリカに次ぐ団体会員数を抱えているが，個人会員数は多くない。常勤スタッフ数も少ない。
(3)　日本国内における地域間比較からみると，経済・業界団体や労働団体があらゆる地域に遍在しているのに対して，農林水産業団体は小規模自治体（概ね農村部）に多く存在している。
(4)　リソース面では，個人会員数や団体会員数が大規模自治体（都市部）ほど多い一方で，常勤スタッフ数や団体収入の合計額では全体として地域間の差異は小さい。
(5)　収入源の内訳をみると，都市部に所在する団体では入会金や会費などの金額が多い。他方，農村部に所在する団体では，行政からの補助金や委託業務手数料の金額が多い。
(6)　また，団体が協調的な関係にあると認識するグループの数は，東京23区など都市部よりも農村部の方が多い。

　これらの知見をもとに，比較の観点から捉えた日本の市民社会の姿は，概ね以下の通りである。国際的にみると，①個人会員数はそれほど多くないものの団体会員数が多い，②常勤スタッフ（職員）数が少ないという2つの特徴を持つ。特に②については，営利セクター，非営利セクター，市民セクターを問わずに確認できる。日本の市民社会においては，非営利あるいは市民

農村部ほど多く，設立支援を受けた団体ほど協調関係にあるグループ数が増加する。また，全国規模で利益を代表する団体を持つ団体は，東京23区の27.8％に対して他の地域では5割を超え，そうした団体では協調関係にあるグループ数も多い。設立支援や上位団体との関係など，他のグループとの関係性を持って設立され，活動している団体ほど，ネットワーク・リソースが豊富であると推論できよう。

セクターだからといってリソースが極端に少ないわけではなく，逆に，営利セクターであるからといって極端に多くのリソースを持つわけではないのである。この点，Pekkanen（2006=2008）が営利セクターを除いた分析から指摘した「少ない職員数」という特徴は，営利セクターにも当てはまることが明らかとなった。他方で会員数や予算規模といった項目では，アメリカよりは小さいものの，韓国やドイツと比べると必ずしも小さいとはいえない。

また日本国内の地域間比較に基づくと，2つの特徴を指摘できる。第1に，農村部に所在する団体であっても，東京などの都市部と比べて決して小さくないリソース（特に常勤スタッフ数と予算）を持つ。このような傾向が生じている理由の1つとして，本章では農村部に所在する団体の資金リソースを行政が提供していることを示した。第2に，会員数の面では農村部よりも都市部の方が多いという状況にある。その中で農村部の団体は，少ない会員数を補うかのように，豊富なネットワーク・リソースを持っている。以上2点は，日本国内における団体リソースの地域間格差が，行政による資金提供や団体間のネットワーク・リソースによって是正されている可能性を示唆しているように思われる。

ただ，農村部に所在する団体の多くは，農林水産業，経済・業界，労働という営利セクターか，福祉団体である。他の非営利セクターや市民セクターは依然として少ない。これはSalamon and Anheir（1994=1996: 122-5）や山口（2004: 194-6）が指摘するような，市民セクターの脆弱性を示しているのかもしれない。しかし見方を変えれば，農村部に多い営利セクターや福祉団体は様々な団体や機関と協調的な関係を築きながら活動している。日本の農村部における市民社会は，こうした団体によって担われているという側面を持つのである。

表3－4　各国JIGS調査の概要

	国	調査年度	母集団情報源	調査方法	母集団数	サンプル数 (a)	有効回収数 (b)	回収率 (%) (b/a)	調査地域
JIGS2	日本	2006	電話帳	郵送	91,101	91,101	15,898	17.5	日本全国 (47都道府県)
	韓国	2007	精査中						
	ドイツ	2007	団体リスト	郵送	4,657	2,660	512	19.2	ベルリン, ハレ, ハイデルベルク
	アメリカ	2008	精査中	混合					
	中国	2009	登記「社団」						北京市, 浙江省, 黒龍江省
JIGS1	日本	1997	電話帳	郵送	23,128	4,247	1,635	38.5	東京, 茨城
	韓国	1997	電話帳	郵送	11,521	3,890	493	12.7	ソウル, 京畿道
	アメリカ	1999	電話帳	郵送	6,477	4,338	1,492	34.4	ワシントンDC, ノースカロライナ
	ドイツ	2000	電話帳 団体リスト	郵送	4,806	3,074	885	28.8	ベルリン, ハレ
	中国	2001, 2004	登記「社団」	郵送	9,536	8,897	2,858	32.1	北京市, 浙江省, 黒龍江省
	ロシア	2003	登録団体 (NGO)	郵送	2,974	1,500	711	47.4	モスクワ, St. ペテルスブルク
	トルコ	2004	電話帳	インタビュー	15,730	3,146	841	—	アンカラ, イスタンブール
	フィリピン	2004	SEC, PFC	インタビュー	44,051	5,472	1,014	18.5	マニラ, セブ
	ブラジル	2005	IBGE 団体リスト	インタビュー	275,895	2,595	2,014	76.7	ベレム, ベロ・ホリゾンテ, ブラジリア, ゴイアニア, レシフェ
	バングラデシュ	2006	団体リスト	インタビュー	29,528	5,915	1,509	25.5	ダッカ, ラジシャヤ
	ウズベキスタン	2007, 2008	精査中						全国
	エストニア	2009	電話帳						全国
	ポーランド	2009	REGON: 団体リスト	郵送					全国 ワルシャワ県

SEC：証券取引委員会，PFC：フィリピン財団センター，IBGE：ブラジル地理統計機関，REGON：ポーランド統計局。

表3-5 各国調査における団体分類と団体大類型の対応

国		①営利セクター	②非営利セクター	③市民セクター	④混合セクター・その他
日本	I	1.農業団体／2.経済団体／3.労働団体	4.教育団体／5.行政関係団体／6.福祉団体／7.専門家団体	8.政治団体／9.市民団体／10.その他（スポーツ関連，学術・研究・文化）	10.その他
	II	1.農林水産業団体／2.経済・業界団体／3.労働団体	4.教育団体／5.行政関係団体／6.福祉団体／7.専門家団体	8.政治団体／9.市民団体／10.学術・文化団体／11.趣味・スポーツ団体	12.宗教団体／13.その他
韓国	I	1.農業団体／2.経済団体／3.労働団体	4.教育団体／5.行政関係団体／6.福祉団体／7.専門家団体	8.政治団体／9.市民団体	10.宗教関連団体／11.その他
	II	1.農林水産団体／2.経済・産業団体／3.労働団体	4.教育団体／5.行政関係団体／6.福祉団体／7.専門家団体	8.政治団体／9.市民団体／10.学術・文化団体／11.趣味・スポーツ団体	12.宗教関連団体／13.マスコミ団体／14.退職者団体／15.同窓会など／16.その他
アメリカ		2.農業団体／9.労働団体／14.経済・業界団体	4.教育団体／7.行政関係団体／8.保健・医療団体	1.学術団体／3.文化団体／5.環境団体／10.政治団体／11.趣味・スポーツ団体	6.外国利益・エスニシティ団体／12.宗教団体／15.その他
ドイツ	I	1.農業団体／2.経済団体／3.労働団体	4.教育団体／5.福祉団体／6.専門家団体	7.政治団体／8.趣味・スポーツ団体	9.その他
	II	4.経済発展・住宅問題団体／12.労働団体	6.社会サービス・サポート団体／8.教育団体／10.保健団体	1.スポーツ団体／2.文化団体／3.レジャー・レクリエーション団体／5.助成団体・基金／7.環境・自然保護団体／11.消費者団体／13.宗教団体	9.国際活動団体／14.その他
中国		2.業界性社団	1.学術性社団／3.専門性社団	―	4.聯合性社団
ロシア		1.農業団体／2.経済団体／3.労働団体／13.労働組合	4.教育団体／5.行政関係団体／6.福祉団体／7.専門家団体	8.政治団体／9.市民団体／10.環境団体／11.女性団体／12.少数集団の権利擁護のためのNGO／14.地方自治団体／15.趣味団体／16.寄付・助成団体／17.保健団体／18.消費者団体／19.価値擁護団体／20.出版活動団体／21.子供の権利に関する団体／22.法律教育団体／23.科学振興団体／24.平和団体／28.スポーツ・文化団体／29.人権擁護団体	25.エスニシティ団体／26.移民団体／27.国際協力団体／30.神秘主義組織／31.宗教団体

表3-5 つづき

国	①営利セクター	②非営利セクター	③市民セクター	④混合セクター・その他
フィリピン	1.農業団体／2.農業労働者組合／3.経済・商業団体／4.労働団体	5.教育団体／8.行政関係団体／9.福祉団体／11.専門家団体（保健，医療，法律等）	6.学術団体／7.文化団体／10.フィランソロピー団体／12.政治・公共問題団体／13.市民団体・NGO／16.趣味・スポーツ団体	14.国際団体／15.宗教団体／17.その他
トルコ	1.農業団体／2.経済団体／3.労働団体	4.教育団体／5.行政関係団体／6.福祉団体／7.職業団体	8.政治団体／9.市民団体	10.宗教団体／11.その他
ブラジル	1.農業団体／2.地方生産者団体／3.経済・商業団体／4.労働団体	5.教育団体／8.行政関係団体／9.福祉団体／11.専門家団体（保健，医療，法律等）	6.学術団体／7.文化団体／10.フィランソロピー団体／12.政治・公共問題団体／13.市民団体・NGO／16.趣味・スポーツ団体	14.国際団体／15.宗教団体／17.その他
バングラデシュ	1.農業団体／2.経済団体／3.労働団体	4.教育・研究団体／6.行政関係団体／7.福祉団体／8.専門家団体（医療，法律，教育，エンジニア等）	5.文化団体／9.市民団体／10.NGO（国際団体を含む）	11.イスラム教団体／12.イスラム教以外の宗教団体／13.その他

第 4 章

団体リーダーのイデオロギーと利益の組織化

竹中佳彦

1　社会の利益の組織化

　有権者，政治家，政党，官僚，圧力団体，市民運動，マスメディアなどのアクターが作用する政治過程には，利益表出（interest articulation），利益集約（interest aggregation），政策形成・政策決定，政策執行，政策評価といった段階がある。このうち利益表出とは，意見・態度・信念・選好などが一貫した要求に変換され，政治システムに投入される過程であり，利益集約とは，諸要求を1つの政策案に変換する過程である。利益表出や利益集約が十分になされないと，政治システムが機能不全に陥る。

　米国の経済学者アンソニー・ダウンズ（Anthony Downs）によれば，政党も有権者も自己の利益を最大化すべく合理的に行動する。政党の目的は政権担当であり，そのために公約（政策）を通じて支持票を極大化しようとする（Downs 1957＝1980）。こうして政党は，社会における多様な有権者の利益を統合するプログラムを政策や綱領として提示し，国家の政策決定の選択肢の1つとして提示する。他方，有権者の目的は，政策が実施されることによって得られる満足（効用）を極大化することである。そのため選挙における有権者のもっとも合理的な行動は，自己の効用を極大化する政策を掲げる政党を政府に選出するように投票することである（Downs 1957＝1980）。このようにして有権者の利益は，選挙で特定の政党を選択することによって政治システムに入力される。選挙で多数を得た政党は，政権を構成して政策を実現しようとし，選挙で少数にとどまった政党も，自らを支持してくれた有権者の利益を反映すべく，政策の修正や阻止を目指して活動することになる。こ

のように政党は，社会における個々の有権者から表出された利益を集約している。政党が利益集約機能を有するとされるゆえんである。

しかし現実の世界では，有権者が，政党間の政策の違いを明確に認識しているとは限らない。有権者が，それを知るには莫大な時間・お金・エネルギーといったコストをかけなければならない。また各政党の政策の違いを理解できたとしても，それを自己の立場に結びつけて考えることも難しい。一方，政党の側も，属性や利害の異なる有権者の多様な選好を正確に把握することは困難である（Downs 1957＝1980）。

そこでダウンズによれば，有権者は，政党間の政策の違いという情報を得るコストを節約するために，政党のイデオロギーで各党の相違を判断し，自己のイデオロギーに近い政党を支持するとされる。政党も，政権獲得のための武器として，大多数の有権者を引きつけることのできるイデオロギーを展開するという。ダウンズは，政治の問題は自由経済か統制経済かという問題に還元できるとし，「保守」と「リベラル」を両端とする一次元の軸——すなわちイデオロギー——の上に政党を順序づけることができ，またイデオロギー軸に沿って有権者も分布していると述べている。そして彼は，有権者の分布の形状によって，安定した二党制，不安定な二党制，多党制といった政党の分類や新党の登場を説明できると論じている（Downs 1957＝1980）。

ダウンズの理論に対して，ミシガン大学の政治学者グループは，米国の有権者には政策や政党をイデオロギーによって判断している者がほとんどいないと疑問を呈した（Campbell et al. 1960；Stokes 1963；Converse 1964）。以後，米国では，70年代の終わりまで，有権者に，①イデオロギーという抽象的な認識が存在するのかどうか，②イデオロギーに沿って政策争点に対する態度の一貫性が存在するのかどうか，に焦点を当ててイデオロギー研究が積み重ねられていった（蒲島・竹中 1996：第4章）。その結果，米国では有権者がイデオロギーによって政治を理解していないと考えられるようになった。

日本でも，保守－革新のイデオロギーについて実証研究が積み重ねられてきた（三宅 1985：第6章；蒲島 1986, 1988, 1998；前田 1988；蒲島・竹中 1996）。いわゆる「55年体制」が崩壊した後，イデオロギーの影響力は低下しているものの，有権者は，イデオロギーに基づいて，政党の立場や政策争点を理解し，投票選択を行う度合いがなお高い。また政治家やその集合である政党は，有権者以上にイデオロギーによって規定されている（竹中 2008；蒲

島・竹中 2010；竹中 2009b)。

　個人の利益は，選挙における政党の選択によってのみ政治システムに媒介されるわけではない。今日のように有権者の数が大規模化した社会では，個人で国家に働きかけるよりも，団体を通じて国家に働きかけるほうが，大きな政治力を発揮する有効な手段となっている。個人が団体を組織したり，すでに組織されている団体に所属したりして，要求や政策案を政党や官僚に働きかけることも利益表出である。また団体は，独自に政策案をまとめていくこともあるから，利益集約の機能も担っている。

　個々の市民は，イデオロギーに基づいて，社会のさまざまな団体を評価している（蒲島・竹中 1996：252-4）。一方，団体は，共通利益によって形成されるが，所属する個々人の思想・信条が一致するとは限らない。したがって団体にはイデオロギーは存在しないという考えもあるだろう。もちろんそのような団体も多数あるに違いない。

　しかし団体にも，個人以上にイデオロギー的一貫性があるという研究もある（Feld and Grofman 1988）。団体も，イデオロギー的に近い政党と日常的に接触を持つことによって，情報獲得のコストや交渉のコストを低減させることができる。したがって団体の中にも，イデオロギーに基づいて，政治や社会を認知・評価したり，行動したりするものがあるだろう。

　実際，「55年体制」下の団体政治には，①体制関連政策をめぐる保守連合と革新連合，②保護的規制政策をめぐる大企業団体と消費者・反公害団体，③分配・再分配を求める政策受益団体連合と民間大企業労使連合（社会民主主義と新自由主義）の３つの対立があったとされている。そして保守的な団体は，戦術としてインサイド・ロビイングを用い，政策受益団体（農業団体，教育団体，行政関係団体，福祉団体）が行政に，セクター団体（経済団体・専門家団体）が与党に接触する一方，革新的な価値推進団体（労働団体，市民団体，政治団体）は野党に接触し，アウトサイド・ロビイングを戦術として用いるなど，保革対立に即した団体活動パターンが存在したことが明らかにされている（村松・伊藤・辻中 1986）。

　もっとも，「55年体制」崩壊後，団体のイデオロギー対立は弱まっていることが指摘されている（伊藤 1995, 1996, 1998；丹羽 2006；辻中・崔 2002c；辻中 2002c）。したがってイデオロギーの重要性は，有権者に対するものと同様，かつてほどではなくなっているかもしれないが，それでも団体の政治的

働きかけや政党との関係にはイデオロギーの影響があるという分析もあり（森 2002；石生 2002），まったく無意味になったわけではないのではないか。だが有権者や政治家，政党のイデオロギーに関する研究は多くの蓄積がある一方，団体のイデオロギーに関する研究はほとんどなされてきていない。

　団体がなぜ形成されるのかについてはさまざまな議論がある（辻中 1988）。社会の変化が，ある特定の人々に不利な状況をもたらすと，それらの人々が地位の改善を図ろうとして組織化を行うというのがもっともオーソドックスな考え方である（Truman 1951）。一方，合理的な人間は，法などによる強制などがなければ，他人の行為に「ただ乗り」して恩恵だけを享受しようとして団体に加入しないので，多様な団体が組織されるわけではないという見解もある（Olson 1965=1996）。さらに団体の形成には，経済市場における企業家のように，組織者＝リーダーが重要だという見方もある（Salisbury 1975）。いずれにしても，団体の圧力活動は，政治システムのフィードバックを可能にする有効なチャネルの1つであり，社会のどのような利益を組織化し，どのような利益を組織化していないのかを明らかにすることは，政治過程分析のきわめて重要な課題であろう。しかし個別の団体がどのようにして利益を集約し，政治に働きかけているのかというケース・スタディはありえても，団体が，総体として，社会のどのような利益を組織化しているのかという分析は，データの制約もあり，これまでほとんどなされてこなかった。

　そこで，本章では，団体リーダーのイデオロギーに着目し，それを有権者レベルのイデオロギーと比較しながら，団体が社会に存在する多様な利益をどの程度，組織化しているのかという問題を考えていくことにしよう。もちろん本章の目的に対して，利益をイデオロギーによって測ることができるのかという批判もあるだろう。しかしイデオロギーで示されるものも利益だと考えることができる（辻中 1988：15）。本章では，具体的には，①団体リーダーと有権者のイデオロギーの分布の比較，②団体分類ごとの団体リーダーのイデオロギー，③団体リーダーと一般加入者のイデオロギーの比較，④団体リーダーのイデオロギーの源泉，⑤中央省庁・与党・野党への接触パターン別に見た団体リーダーのイデオロギー分布について分析する。

2　団体リーダーと有権者のイデオロギー分布の比較

　まず団体リーダーのイデオロギーがどのように計測されたかという問題か

ら始めよう。

有権者のイデオロギーについては，米国では，選挙のたびに，リベラル—保守の7段階尺度に自己を位置づけさせるという方法で調査されてきた。またロナルド・イングルハート（Ronald Inglehart）らは，ヨーロッパ共同体（EC）加盟9カ国の調査（1973年）から，左—右の10段階尺度の自己位置づけを利用して分析を行った(Inglehart and Klingemann 1976)。日本でも，明るい選挙推進協会（明推協）の調査[1]やJES調査[2]，JESⅡ調査[3]などで，保守—革新の5段階尺度や10段階尺度を用いた調査が行われ，それに基づく分析がなされてきた（蒲島 1986；1988；1998；蒲島・竹中 1996）。これらの尺度で計測する方法は，単純すぎるかもしれないが，研究者の主観的評価や測定法によって，イデオロギー認識の程度が異なるという問題を避けることができるため，有権者や政治家のイデオロギーを計測する際によく用いられる。

残念ながら団体のイデオロギーの研究は少なく，イデオロギーの測定法も確立していない。議員や政党から最高裁判事に至るまで，イデオロギー的立場が推計されてきた米国でさえ，利益団体のイデオロギーを推計する試みはほとんどない。またADA（民主的行動のための米国人）はリベラルで，ACU（米国保守同盟）は保守的だといわれているだけで，それらがどれぐらいリベラル／保守的なのかわからない。エイミー・マッケイ（Amy McKay）は，点呼投票に基づく議員イデオロギーの推計と団体の議員評価を組み合わせる方法を提案し，72の団体のイデオロギー・スコアを算出している（McKay 2008）。だが日本では，党議拘束が強いため，記名投票による議員のイデオロギー推

（1） 明推協は，国政選挙および統一地方選挙の直後に，有権者3,000人を対象に，その選挙に関する実態調査を実施している。本章では，2005年9月の衆院選後の意識調査のみを利用した。以下，明推協調査と略す。

（2） JES（日本人の選挙行動研究会）調査は，綿貫譲治上智大学教授・三宅一郎同志社大学教授・猪口孝東京大学教授・蒲島郁夫筑波大学助教授（いずれも当時）によって，1983年6月の参院選後，同年12月の衆院選前・後に実施された3波のパネル調査である。

（3） JESⅡ調査は，蒲島郁夫筑波大学教授・綿貫譲治上智大学教授・三宅一郎神戸大学教授・小林良彰慶應義塾大学教授・池田謙一東京大学教授（いずれも調査開始時）によって実施された，1993年7月の衆院選前から96年10月の衆院選後までの7波のパネル調査である。

計が難しい上に，団体による議員評価も行われておらず，同様の方法は使えない。

JIGS2調査も，団体のイデオロギーを計測しているわけではない。JIGS2調査は，「回答者ご自身は，保守的―革新的と問われれば，どのあたりに位置づけられますか。次の尺度のあてはまる番号をお答(ママ)ください」として，回答者自身を，下の図のような保守－革新の7段階尺度に位置づけてもらっている。調査票の冒頭では，「団体の事務局長もしくは日常の業務に責任のある方」（辻中編 2009a：488）に回答してもらうように依頼している。したがって団体の規模の大小はあるが，団体のリーダーのイデオロギーを計測していることになる[4]。

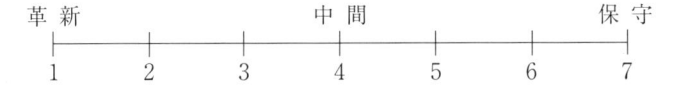

```
   革新              中間              保守
   |-----|-----|-----|-----|-----|-----|
   1     2     3     4     5     6     7
```

JIGS2調査によって計測された団体リーダーのイデオロギーは，やはり7段階尺度で計測されている「エリートの平等観」調査（三宅他 1986；Verba et al. 1987）やJIGS1調査[5]などと比較可能である。もっとも，逆に7段階尺度ではない他の有権者レベルの調査と比較することには問題も孕む。しかしこの種の調査自体がほとんどない現状に鑑みれば，きわめて貴重なデータである。

図4－1は，団体リーダーによる保革自己位置づけについて，サンプル全体から「わからない」「答えない」などの回答を除いたものを，革新から保守まで7段階に分けて，その分布度数を百分率で表したものである。総サンプルの93.7％に当たる14,790サンプルが，何らかの形でこの問いに回答している。このうち小数で回答した26サンプルは再コードし，複数の選択肢を回答した3サンプルは欠損値とした[6]。

（4） 団体のリーダーが多くの会員に支持される存在だと考えれば，団体リーダーのイデオロギーを団体のイデオロギーとみなして分析することも可能だろう。竹中（2009c）は，この設問で得られたものを団体のイデオロギーとみなし，団体の認知・評価・行動との関係などを詳細に分析している。
（5） JIGS1調査では，回答者に対して，「あなたの団体に属する人は保守的な人と革新的な人のどちらが多いですか」と質問し，「執行部」と「一般会員」の各々について，イデオロギーの7段階尺度上に位置づけてもらっている。

図4－1　団体リーダーのイデオロギー分布

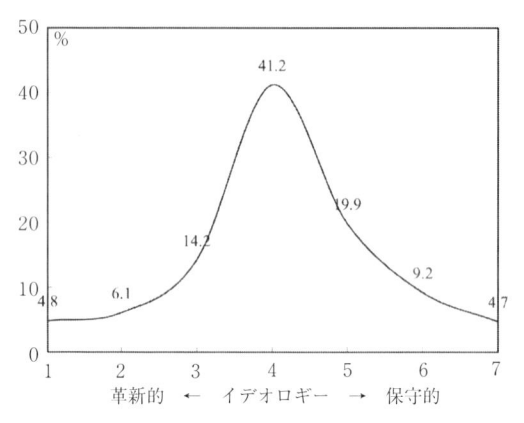

```
50 %
          41.2
40
30
                 19.9
20    14.2
   4.8  6.1          9.2
10                       4.7
 0
  1   2   3   4   5   6   7
      革新的 ← イデオロギー → 保守的
```

出所）JIGS2調査。

イデオロギーは7段階尺度なので，中間は4である。ほとんどの回答者が自己を位置づけられたのは中間があるためだろう。中間は41.2％ときわめて多い。イデオロギー尺度の5～7を合わせると33.7％，1～3を合わせると25.0％で，保守が革新よりもやや多い。

団体リーダーのイデオロギー分布は，有権者のイデオロギー分布と乖離しているだろうか。①2005年衆院選後に行われた明推協調査，②05年衆院選前に行われたJES Ⅲ調査[7]という，2つの有権者に対する意識調査を使って比較してみよう。

2つの調査を用いた理由は，サンプリング等の違いもさることながら，イデオロギーを計測する尺度が異なり，尺度の違いの影響を見ておく必要があるからである。明推協調査は，有権者に，保守的・やや保守的・中間・やや革新的・革新的の5段階尺度上に自己を位置づけてもらっている。それに対してJES Ⅲ調査は，有権者に，0が革新的，10が保守的，1～9は，5を中間に，数字が小さくなるほど革新的，大きくなるほど保守的となる11段階尺度を示し，自己を位置づけてもらっている。

（6）　小数は単純な四捨五入とはせず，イデオロギー尺度上の2.5と回答した者（5人）は2，3.5と回答した者（8人）は3，4.5と回答した者（5人）は5，5.5と回答した者（3人）は6に再コードした。

（7）　JES Ⅲ調査は，池田謙一東京大学教授・小林良彰慶應義塾大学教授・平野浩学習院大学教授によって実施された，2001年参院選前から05年衆院選後までの9波のパネル調査である。同調査の二次分析に当たり，東京大学社会科学研究所附属日本社会研究情報センターSSJデータアーカイブから「21世紀初頭の投票行動の全国的・時系列的調査研究（JES Ⅲ　SSJDA版），2001－2005」（JES Ⅲ研究会）の個票データの提供を受けた。

当然のことながら、これらは、7段階尺度で計測されているJIGS2調査の団体リーダーのイデオロギーと直接、比較することができない。そこで、図4－2では、有権者と団体リーダーの分布を、保守と革新の両極と中間が一致するように重ねて描いた。また7段階尺度で測られている団体リーダーのイデオロギーと、11段階尺度で測られているJES Ⅲ調査の有権者のイデオロギーを、もっとも革新的な回答が1、もっとも保守的な回答が5、中間が3となるようにして平均値を計算した[8]。

明推協調査の有権者（N=1,419）のイデオロギー分布は、革新的3.5％、やや革新的14.6％、中間41.9％、やや保守的24.9％、保守的15.1％である。団体リーダーは、明推協調査の有権者の分布と比べると、もっとも革新的な層では、有権者と同程度の割合で存在しているが、もっとも保守的な層では、有権者の3分の1程度しか存在しない。また団体リーダーの分布は、明推協調査の有権者の分布よりも、革新と中間、および中間と保守の間が少なく、中間に凝集している。平均値は、団体リーダーが3.08、有権者が3.33だった。標準偏差[9]は、団体リーダーが0.89、有権者が1.01となったので、団体リーダーと有権者のイデオロギーの平均値は5％水準で差がある。

これに対してJES Ⅲ調査（N=1,432）の有権者分布と比べると、団体リーダーの分布は、革新と中間、および中間と保守の間が多い。

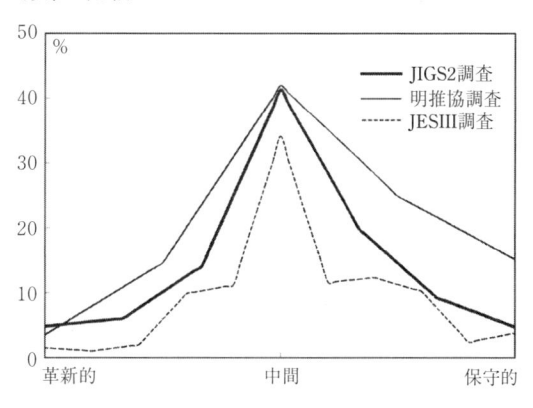

図4－2 団体リーダーと有権者のイデオロギー分布の比較

出所）JIGS2調査、明推協調査、JESⅢ調査。

---

(8) 具体的には、JIGS2調査は、7段階尺度の回答から1を引いたものを6分の4倍し、1を加えた。JES Ⅲ調査は、11段階尺度の回答を10分の4倍し、1を加えた。
(9) 標準偏差は、データのちらばりを示す数値である。もし分布が正規分布であるとすれば、平均値±標準偏差の範囲に68.26％が入る。つまり標準偏差が小さければちらばりは小さく、標準偏差が大きければちらばりは大きい。

JES Ⅲ 調査のイデオロギーを5段階になるようにして求めた平均値は3.19,標準偏差は0.79であった。JES Ⅲ 調査の有権者のイデオロギー平均値とJIGS2 調査の団体リーダーのイデオロギーの平均値も5％水準で差がある。

しかし明推協調査とJES Ⅲ 調査は，ほぼ同じ時期——05年衆院選の前と後という違いはあるにせよ——の有権者を対象にしているにもかかわらず，両者のイデオロギーの平均値は5％水準で差がある。おそらくJES Ⅲ 調査では，標準偏差は小さいが，イデオロギー尺度の選択肢が多いために回答が分かれ，分布の形状が明推協調査の分布と異なるものになったと考えられる。

したがって団体リーダーと有権者のイデオロギー分布の外形上の違いは，分布自体の違いよりも，イデオロギー尺度の違いの影響を受けている面が大きいと考えるのが妥当ではなかろうか。保守全体および革新全体の割合を見ていくと，明推協調査は，やや保守と保守の合計が40.0％，やや革新と革新の合計が18.1％であり，JES Ⅲ 調査は，イデオロギー尺度の6～10が39.9％，0～4が25.5％である。前述のように団体リーダーは，保守全体が33.7％，革新全体が25.0％なので，団体リーダーと有権者との間に差はあるが，それは大きな差だと過大評価するべきではなかろう。

3　団体分類ごとの団体リーダーのイデオロギー

団体の種類によってイデオロギーは異なると考えられてきた。「エリートの平等観」調査によれば，1980年代に力を持っていた体制側グループ（財界リーダー，農業団体リーダーなど）は保守的，既存の分配システムに挑戦していた反体制グループ（労働組合リーダー，市民運動リーダーなど）は革新的であった（蒲島・竹中 1996）。森裕城は，JIGS1 調査により，農業団体，政治団体，経済団体，行政関係団体が保守的であり，市民団体，労働団体が革新的であると指摘している（森 2002：148-9）。

JIGS2 調査では，「あなたの団体は次の分類のどれにあたりますか。1つだけお答えください」（下線原文）として，農林水産業団体，経済・業界団体，労働団体，教育団体，行政関係団体，福祉団体，専門家団体，政治団体，市民団体，学術・文化団体，趣味・スポーツ団体，宗教団体，その他の13の選択肢を与えている。またJIGS2 調査では，NPO調査も実施されており，「回答者ご自身は，保守的－革新的と問われれば，どのあたりに位置づけられますか。次の尺度のあてはまる番号をお答えください」として7段階尺度を提示して

いる10。

　本章では，農林水産業団体，経済・業界団体，労働団体，市民団体，NPO，福祉団体，行政関係団体に限って06年の団体リーダーの平均値を取り上げ，80年の「エリートの平等観」調査のエリートのイデオロギー平均値，97年のJIGS1調査の団体執行部のイデオロギー平均値と比較してみよう。その結果を示したのが，図4－3である。

　図を見る際には，80年の「エリートの平等観」調査や97年のJIGS1調査と06年のJIGS2調査との違いに注意が必要である。「エリートの平等観」調査は，そもそも政党や官僚なども含むエリートの意識を調査するために設計されたため，「団体」の分類は限られ，団体数もJIGS2調査より少ない。JIGS1調査は，東京都と茨城県を対象にしたものであり，全国を対象とするJIGS2調査と異なる11。その上JIGS1調査では，NPO調査は実施されていないし，NPOという選択肢も存在しない。回答する側は，「市民団体」（N=61）か「非営利関連団体」（N=114），あるいは「NGO関連団体」（N=21）を選んでいると思われる。他方，JIGS2調査では，「市民団体」という選択肢がある上，NPOは別に調査されている。そこで，JIGS1調査については，JIGS2調査と同じ選択肢として存在する「市民団体」はそのまま，「非営利関連団体」と「NGO関連団体」とは統合して，平均値を算出した。厳密には「非営利関連団体・NGO関連団体」は，JIGS2調査のNPOと同一のカテゴリとはいえないかもしれない12。

　06年の団体リーダーのイデオロギーの平均値は，全体が4.12とほぼ中間に位置する。農林水産業団体（4.44），経済団体（4.34），行政関係団体（4.20）の順に保守的であるが，これらの値は，極端に保守的とはいえない。80年のエリートや97年の執行部の平均値に比べれば，はるかに中間寄りになっている。これに対して，NPOは3.62，市民団体は3.47，労働団体は2.98であった。

---

(10)　総サンプル5,125の95.7％に当たる4,906の回答がある。
(11)　JIGS2調査について東京と茨城に限った場合の平均値は，農林水産業団体4.28，経済・業界団体4.20，労働団体3.10，市民団体3.32，NPO3.64，福祉団体4.04，行政関係団体4.09であり，市民団体と福祉団体を除くと，全国平均より中間に寄る。
(12)　1997年の「農林水産業団体」は，「農業団体」（N=82）と「農・水・林関連団体」（N=19）とを合算した。

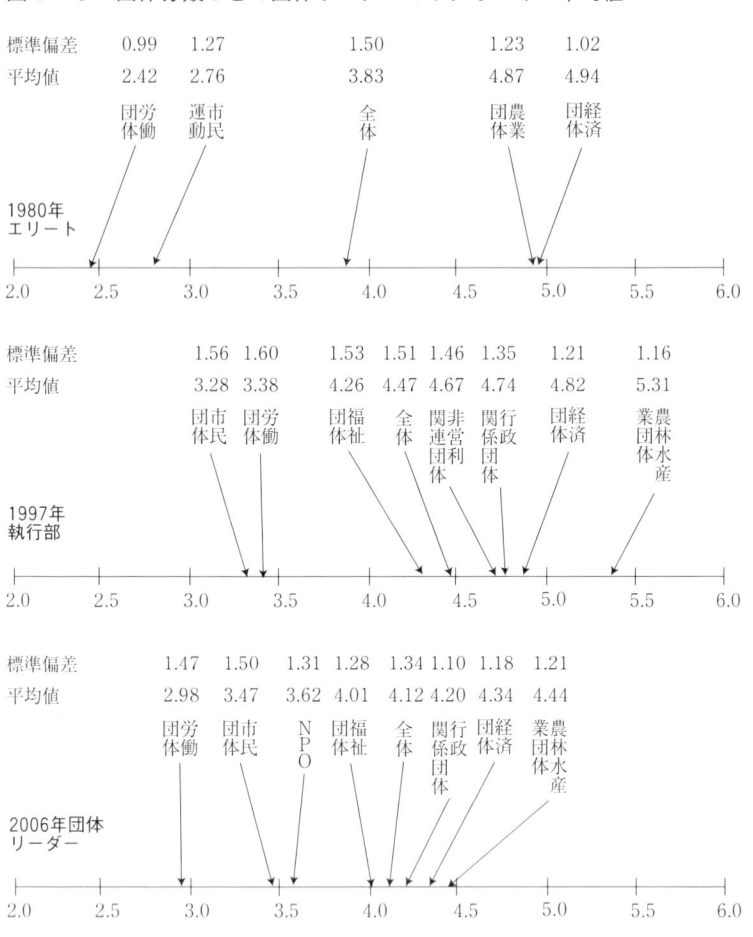

図4－3　団体分類ごとの団体リーダーのイデオロギー平均値

1980年エリート

標準偏差	0.99	1.27	1.50	1.23	1.02
平均値	2.42	2.76	3.83	4.87	4.94
	労働団体	市民運動	全体	農業団体	経済団体

1997年執行部

標準偏差	1.56	1.60	1.53	1.51	1.46	1.35	1.21	1.16
平均値	3.28	3.38	4.26	4.47	4.67	4.74	4.82	5.31
	市民団体	労働団体	福祉団体	全体	非営利関連団体	行政関係団体	経済団体	農林水産業団体

2006年団体リーダー

標準偏差	1.47	1.50	1.31	1.28	1.34	1.10	1.18	1.21
平均値	2.98	3.47	3.62	4.01	4.12	4.20	4.34	4.44
	労働団体	市民団体	NPO	福祉団体	全体	行政関係団体	経済団体	農林水産業団体

出所）「エリートの平等観」調査，JIGS1調査，JIGS2調査。

労働団体リーダーは，80年ほど革新的ではないが，97年よりはやや革新的になっている。市民団体リーダーは，80年の市民運動リーダーほど革新的ではない。

「エリートの平等観」調査やJIGS1調査が，全国的な団体リーダーのイデオロギー上の布置状況を捉えているとすれば，保守的な団体のリーダーを中心

に，80年代から2000年代にかけて，団体リーダーは全体的に中道化している。これに対して革新的な団体のリーダーも，80年代から90年代にかけて中道化したが，労働団体リーダーは，2000年代になって，80年代ほどではないが，やや革新色を強めている。

4 団体リーダーと一般加入者のイデオロギーの比較

はたして団体は，有権者の利益をどのぐらい組織化しているのだろうか。かつて蒲島郁夫・竹中佳彦は，エリートと一般の組織加入者，および組織非加入者を含む職種全体のイデオロギーの平均値を比較し，労働組合を除き，組織加入者が，組織のエリートとあまり変わらないイデオロギーを持つ傾向があることを指摘した（蒲島・竹中 1996：204-6）。本章でも，団体リーダーのイデオロギーの平均値と組織加入者などのイデオロギーの平均値が一致するのかどうかを見ることにしよう。

具体的には，以下の2点を検討する。第1に，各団体のリーダーと一般の組織加入者（フォロワー），さらに組織非加入者を含む職種全体のイデオロギーの平均値を比較する[13]。算出された平均値について，統計的な検定を行い，差がなければ，団体リーダーと一般加入者や職種全体のイデオロギーは一致するので，団体が社会の同種の利益を組織化していると考えられよう。逆に差があれば，両者のイデオロギーにはギャップがあるので，団体が社会の同種の利益の一部しか組織化していないと考えられる。

第2に，特定の政策に対して関心を持つ団体のイデオロギー平均値と，同様の政策に関心を持つ有権者のイデオロギー平均値とを比較する。むろん特定の政策に関心を持つ有権者は，必ずしも，特定の政策に関心を持つ団体の構成員ではない。しかし特定の政策に関心を持つ有権者は，同様の関心を持つ人たちの潜在集団である。それら潜在集団のイデオロギー平均値と団体リーダーのそれとを比較することで，団体リーダーが，社会で同じような関心を持つ人たち全体の利益を組織化しているのか，それとも一部しか組織化し

---

(13) 一般の組織加入者のイデオロギー平均値，組織非加入者を含む職種全体のイデオロギー平均値，さらに後出の政策関心を持つ有権者のイデオロギー平均値は，いずれも明推協調査によって算出した。比較する団体リーダーのイデオロギーは，前述したのと同じように，7段階尺度の1～7が，5段階尺度の1～5になるように計算した。

ていないのかが判断できるだろう[14]。

　まず各団体のリーダーと一般の組織加入者，さらに組織非加入者を含む職種全体のイデオロギーの平均値を比較しよう。図4－4は，農林水産業団体，経済・業界団体，労働団体の結果を示したものである。前節で見たように，農林水産業団体と経済・業界団体のリーダーは保守的，労働団体のリーダーは革新的である。革新は1，保守は5，中間は3である。

　農林水産業団体リーダーのイデオロギー平均値は3.3でやや保守的である。しかし農林水産業団体加入者のイデオロギーの平均値は3.7で，農林水業団体リーダーよりも保守的である。農林水産業団体に加入していない人を含む農林水産業者全体も，イデオロギーの平均値は3.7で，農林水産業団体加入者と同じであった。また経済団体リーダーのイデオロギー平均値は3.2でやや保守的だが，商工関係の経済団体加入者のイデオロギー平均値は3.5で，より保守的であった。一方，労働団体リーダーの平均値は2.3で革新的だが，労働組合加入者のイデオロギー平均値，労働組合非加入者を含む一般の被傭者のイデオロギー平均値はともに3.2で，団体リーダーとは異なり，やや保守的であった。

　それぞれの職業のイデオロギー平均値と組織加入者のイデオロギー平均値は，いずれも5％水準で差がない。つまり組織に加入していようがいまいが，ある職種に就いている人々のイデオロギーは同じである。ところがそれぞれの団体リーダーの平均値は，その団体と関係する職業や組織加入者の平均値と，5％水準で差があった[15]。保守的な団体のリーダーのイデオロギーは，団体加入者や職業のイデオロギーと比較的近い立場にはあるが，しかしより保守色が強いというわけではなく，むしろマイルドである。他方，労働団体リーダーのイデオロギーは，労組加入者や一般の被傭者のイデオロギーと乖離しているといえよう。

　図4－4には，自民党，民主党，共産党に限って，各党を支持する団体の

---

(14)　JIGS2調査と，JESⅢ調査のような有権者意識調査との間に，政策争点に対する態度に関する共通の設問があれば，特定の政策への関心の設問を用いなくても，有権者の争点態度と団体リーダーの争点態度とを比較しえた。だがそのような設問のある調査が存在しなかった。

(15)　ただし経済団体リーダーと商工関係の経済団体加入者のイデオロギー平均値だけは，5％水準で差がなかった。

図4-4 団体リーダーと団体加入者のイデオロギー平均値

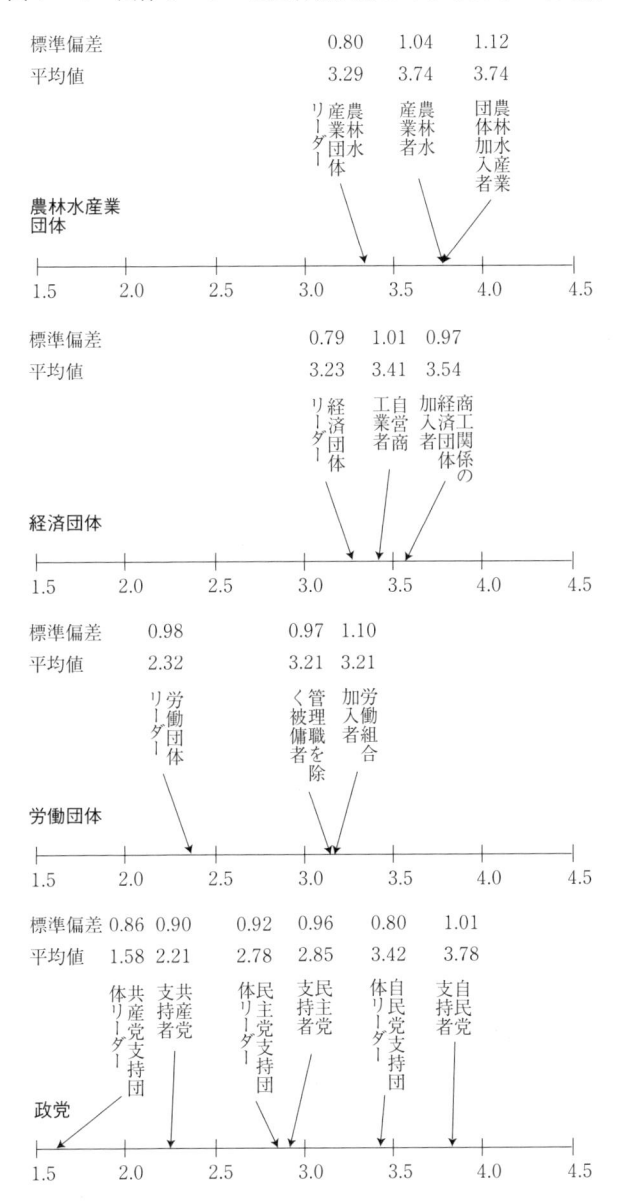

農林水産業団体

標準偏差	0.80	1.04	1.12
平均値	3.29	3.74	3.74

矢印: 農林水産団体リーダー (3.29) / 農林水産業者 (3.74) / 農林水産団体加入者 (3.74)

スケール: 1.5 — 2.0 — 2.5 — 3.0 — 3.5 — 4.0 — 4.5

経済団体

標準偏差	0.79	1.01	0.97
平均値	3.23	3.41	3.54

矢印: 経済団体リーダー (3.23) / 自営商工業者 (3.41) / 経済関係団体の加入者 (3.54)

スケール: 1.5 — 2.0 — 2.5 — 3.0 — 3.5 — 4.0 — 4.5

労働団体

標準偏差	0.98	0.97	1.10
平均値	2.32	3.21	3.21

矢印: 労働団体リーダー (2.32) / 被傭者（管理職を除く）(3.21) / 労働組合加入者 (3.21)

スケール: 1.5 — 2.0 — 2.5 — 3.0 — 3.5 — 4.0 — 4.5

政党

標準偏差	0.86	0.90	0.92	0.96	0.80	1.01
平均値	1.58	2.21	2.78	2.85	3.42	3.78

矢印: 共産党支持団体リーダー (1.58) / 共産党支持者 (2.21) / 民主党支持団体リーダー (2.78) / 民主党支持者 (2.85) / 自民党支持団体リーダー (3.42) / 自民党支持者 (3.78)

スケール: 1.5 — 2.0 — 2.5 — 3.0 — 3.5 — 4.0 — 4.5

出所) JIGS2調査，明推協調査。

リーダーのイデオロギー平均値と各党支持者のイデオロギー平均値とを比較した結果も併載している[16]。各党支持団体のリーダーのデータはJIGS2調査[17]，各党支持者のデータは明推協調査による。

　自民党を支持する団体のリーダーと自民党支持者との関係は，農林水産業団体や経済団体とそれぞれの加入者やその職に就いている者との関係に擬せられる。自民党支持団体のリーダーは，自民党支持者ほど，突出したイデオロギーを有しているわけではない。つまり保守的な団体のリーダーは，その加入者の強い利益をマイルドにしか代表していない。逆に共産党を支持する団体のリーダーは，共産党支持者よりも，かなり革新的である。労働団体とその加入者の逆志向の関係ほどではないにしても，革新的な団体のリーダーのほうが，加入者よりも先鋭なイデオロギーを持っている。民主党を支持する団体のリーダーと民主党支持者との間には，自民党や共産党ほどの差は見られない。各党の支持団体のリーダーと支持者の平均値は，自民党と共産党が5％水準で差があるが，民主党は5％水準で差がない[18]。

　前述したように80年代には，団体リーダーと組織加入者は，労働組合を除き，同じようなイデオロギーを持つ傾向があった。すなわち団体は，社会の同種の利益全体を組織化していたと考えられる。しかし2000年代になって，団体リーダーと組織加入者のイデオロギーにはギャップが見られる。保守的な団体は，保守的な利益をあまり組織化しなくなり，革新的な団体は，革新的な利益だけを組織化するようになっている。

　次に特定の政策に対して関心を持つ団体のイデオロギー平均値と，同様の

---

(16)　各党所属の政治家と支持者のイデオロギー平均値の比較は，竹中（2008；2009b），蒲島・竹中（2010）を参照。

(17)　各党支持団体のリーダーのイデオロギー平均値は，2005年衆院選で各党の「候補者を支持もしくは推薦」（辻中編2009a：497）した団体のリーダーのイデオロギーを5段階尺度に合うように求めた。団体が支持・推薦する候補者の政党は一つだけとは限らないが，ここではそれを問わずに算出した。

(18)　ちなみにJES Ⅲ調査の自民・民主・公明・社民・共産各党支持者のイデオロギー平均値を5段階になるようにして平均値を求め，明推協調査の平均値と比較すると，自民党を除き，5％水準で差がない。そこで，JES Ⅲ調査とJIGS2調査によって，自民・民主・共産各党支持者と各党支持団体のリーダーの平均値の差を見た。その結果，民主党を含め，いずれの政党でも5％水準で差があった。

政策に関心を持つ有権者のイデオロギー平均値とを比較してみよう。

JIGS2 調査には，「国や自治体の政策のうち，あなたの団体が関心のある政策や活動分野はどれにあたりますか。あてはまるものすべての番号に○をつけてください。また，最も重要なものの番号を１つだけお答えください」（下線原文）という設問がある。もっとも重要な関心政策分野に限ると，革新的な団体のリーダーは，保守的な団体のリーダーに比べ，イデオロギーと関係が深いと考えられてきた労働，福祉・医療，教育，外交・平和といった政策分野を重視し，農林水産，産業振興，公共事業といった政策分野をあまり重視していない（竹中 2009c）。他方，明推協調査には，「今回の選挙で，どのような問題を考慮しましたか。この中にあればいくつでもあげてください」という設問がある。

JIGS2 調査からは，「財政政策」「業界の産業振興政策」「外交政策」「平和・安全保障政策」「教育政策」「労働政策」「農業・林業・水産政策」「環境政策」「厚生・福祉・医療政策」を「最も重要」と回答した団体のリーダーのイデオロギー平均値を求め，明推協調査からは，それらと対応するか，類似すると考えられる「財政再建」「中小企業対策」「国際・外交問題」「防衛問題」「教育問題」「景気・雇用」「農林漁業対策」「環境・公害問題」「福祉・医療」を考慮したという有権者のイデオロギー平均値を求めた。明推協調査は複数回答を認めているにもかかわらず，JIGS2 調査は「最も重要」なものを１つだけ回答したものを利用している。個人は，複数の団体に重複して加入することがあるし，団体は，通常，主要な目的に沿って設立されていると考えられるので，このように扱った。また両者の項目は，完全には一致していないものも含まれているが，項目の分類がそもそも異なるのでやむをえない。

表４－１は，その結果を示した。革新は１，保守は５，中間は３である。たとえば外交政策をもっとも重視する団体のリーダーのイデオロギー平均値は3.1，国際・外交問題を選挙で考慮した有権者のイデオロギー平均値は3.2で，両者の平均値には５％水準で差がなかった。しかし団体リーダーと潜在集団の平均値に差がなかったのは，ほかに，産業振興政策／中小企業対策，農林水産政策／農林漁業対策だけで，それ以外の６つの政策については団体リーダーと潜在集団の平均値に差があった。多くの団体リーダーのイデオロギーの平均値は，潜在集団のそれよりも中間寄りである。これは，団体リーダーが多様なイデオロギーを包摂しようとした結果というよりも，団体リーダー

表4-1 政策関心ごとに見る団体のリーダーと有権者のイデオロギー平均値

JIGS2／明推協	団体リーダー			有権者			平均値の差
	平均値	標準偏差	度数	平均値	標準偏差	度数	t値
財政政策／財政再建	3.05	1.01	389	3.28	1.02	152	2.40
業界の産業振興政策／中小企業対策	3.24	0.77	1,909	3.20	0.99	70	0.33*
外交政策／国際・外交問題	3.13	1.17	30	3.23	1.05	106	0.41*
平和・安全保障政策／防衛問題	2.31	1.21	172	3.15	1.10	103	5.89
教育政策／教育問題	3.00	0.90	729	3.29	1.01	213	3.78
労働政策／景気・雇用	2.57	0.97	940	3.34	0.98	412	13.32
農業・林業・水産政策／農林漁業対策	3.28	0.81	2,334	3.37	1.10	51	0.56*
環境政策／環境・公害問題	3.02	0.90	452	3.24	0.99	109	2.13
厚生・福祉・医療政策／福祉・医療	2.94	0.90	2,049	3.31	0.96	560	8.23

* は，t値が$p<.05$。
出所）JIGS2調査，明推協調査。

の中道化＝脱イデオロギー化を反映した面が大きいと思われる。

一方，平和・安全保障政策／防衛問題，労働政策／景気・雇用は，他の政策と異なり，団体リーダーのイデオロギー平均値が潜在集団のそれよりも中間（3.0）から遠く，かつ団体リーダーの志向と潜在集団の志向が逆であった。たとえば防衛問題を考慮する有権者は保守的だが，実際に設立されている平和・安全保障政策を重視する団体のリーダーは革新的である。つまり平和・安全保障政策を重視する団体のリーダーは，防衛問題全般を重視する人々の利益を包摂しているのではなく，反戦・平和を志向する人々の利益のみを組織化しているわけである。

前述したように農林水産業団体や経済団体のリーダーのイデオロギー平均値は，組織加入者のイデオロギー平均値，組織非加入者を含む職業全体のイデオロギー平均値と違いがあった。それにもかかわらず，農林水産政策や中小企業政策に関心を有する潜在集団と，同様の関心を持つ団体のリーダーのイデオロギーは合致している。職業や組織加入が直接，イデオロギーを規定しているのではなく，政策への関心がイデオロギーを規定していると考えられるかもしれない。しかしそれ以外の政策については，潜在集団のイデオロギーと団体リーダーのイデオロギーが合致しているとはいえない。したがって団体は，必ずしも同じ関心を持つ人々の利益全般を組織化しているとはいえない。

このように職業，組織加入，政策関心から，団体リーダーが，社会における利益を組織化しているかどうかをイデオロギーによって検討した。その結

果,農林水産業団体,経済・業界団体といった保守的な団体のリーダーは,組織加入者や,非加入者を含む職業全体の強い利益をマイルドにしか代表していない。自民党支持団体のリーダーも,自民党支持者より,イデオロギー的に中間寄りである。労働団体リーダーは,組織加入者や一般の被傭者と利益の志向が異なる。共産党支持団体のリーダーは,共産党支持者よりも革新的である。革新的な団体のリーダーは,組織加入者よりも強いイデオロギーを有している。また農林水産政策や中小企業政策に関心を有する潜在集団を除けば,団体リーダーの利益と潜在集団の利益は必ずしも合致していない。したがって団体は,農林水産政策や中小企業政策を除き,同じ政策関心を有する潜在集団の利益全般を組織化しているわけではないと考えられる。

5 団体リーダーのイデオロギーの源泉

　団体リーダーのイデオロギーの方向性は,法人格の有無,設立年,地域,団体分類,個人会員数,団体会員数,常勤スタッフ数,収入合計,活動範囲[19]によって異なるであろうか。たとえば古い団体や規模の大きい団体,財政的に豊かな団体のリーダーは保守的であり,その逆は革新的であるといえるだろうか。

　本章では,これらを個別に見る余裕がないので,数量化理論Ⅰ類による分析を行った。数量化理論Ⅰ類は,外的基準を,質的な変数によって説明する手法であり,重回帰分析に相当する。外的基準は,団体リーダーのイデオロギーをそのまま用い,変数は,上述の法人格から活動範囲までの9個である。各変数のカテゴリは表4－2のように分けた。

　表中のカテゴリ数量は,値が大きくなればなるほど団体リーダーが保守的,マイナスの場合には革新的であることを示す。団体分類を例にとると,労働団体のリーダーは−0.92で,どのカテゴリよりも革新的である。ほかに市民団体,福祉団体,学術・文化団体のリーダーが革新的な傾向がある。他方,もっとも保守的なのは政治団体のリーダー (0.31) で,宗教団体,農林水産業団体,経済・業界団体などのリーダーも保守的である。

---

(19) 「あなたの団体が活動対象とする地理的な範囲は,次のどのレベルですか」として,回答は一つのみを選ぶことを求めているが,複数回答している場合がある。その場合,活動範囲の小さいほうを採用した。

表4－2　団体リーダーのイデオロギーの源泉（数量化理論 I 類）

変数	カテゴリ	N	カテゴリ数量	レンジ	偏相関係数
法人格	なし	683	−0.18	0.26	0.09
	あり	1,552	0.08		
設立年	1945年以前	143	0.26	0.52	0.11
	1946−1955年	432	0.12		
	1956−1965年	434	−0.01		
	1966−1975年	345	0.01		
	1976−1985年	248	0.08		
	1986−1995年	240	−0.03		
	1996−2007年	393	−0.26		
地域	北海道	130	−0.28	0.45	0.10
	東北	230	−0.10		
	北関東	150	−0.20		
	東京	346	−0.05		
	南関東	122	0.12		
	北陸信越	236	0.10		
	東海	214	0.05		
	近畿	257	−0.01		
	中国	138	0.17		
	四国	116	0.08		
	九州	296	0.09		
団体分類	農林水産業団体	285	0.17	1.23	0.19
	経済・業界団体	579	0.13		
	労働団体	83	−0.92		
	教育団体	94	0.04		
	行政関係団体	126	−0.03		
	福祉団体	216	−0.20		
	専門家団体	113	−0.03		
	政治団体	36	0.31		
	市民団体	167	−0.24		
	学術・文化団体	173	−0.18		
	趣味・スポーツ団体	102	0.11		
	宗教団体	9	0.30		
	その他	252	0.19		
個人会員数	0〜49人	673	0.00	0.27	0.04
	50〜99人	233	−0.03		
	100〜499人	574	−0.04		
	500〜999人	204	0.03		
	1,000〜4,999人	329	0.00		
	5,000〜19,999人	126	0.06		
	20,000〜99,999人	85	0.23		
	100,000人以上	11	0.06		
団体会員数	0〜9団体	885	−0.12	0.39	0.10
	10〜19団体	251	0.01		
	20〜29団体	166	−0.04		
	30〜49団体	211	0.00		

表4－2のつづき

変数	カテゴリ	N	カテゴリ数量	レンジ	偏相関係数
	50～99団体	244	0.14		
	100～249団体	236	0.26		
	250団体以上	242	0.07		
常勤スタッフ数	0人	182	−0.26	0.64	0.08
	1人	466	−0.06		
	2人	402	−0.04		
	3～4人	408	0.01		
	5～9人	385	0.08		
	10～29人	273	0.16		
	30～49人	55	0.02		
	50～99人	33	0.38		
	100人以上	31	−0.06		
収入合計	0～999円	629	0.11	0.71	0.05
	1,000～9,999円	1,092	−0.01		
	10,000～99,999円	441	−0.09		
	100,000～999,999円	70	−0.17		
	1,000,000円以上	3	−0.61		
活動範囲（小）	市町村レベル	1,035	0.13	0.32	0.10
	都道府県レベル	649	−0.15		
	広域圏レベル	131	−0.08		
	全国レベル	304	−0.02		
	世界レベル	116	−0.19		

重相関係数0.33. 出所）JIGS2調査.

　レンジは，カテゴリ数量の最大値と最小値の差で，その値が大きいほど，団体リーダーのイデオロギーの方向性に対してより大きな影響を与えている。団体分類は1.23で，値がもっとも大きい。

　偏相関係数は，他の変数の影響を排除したときの変数の影響の大きさを示し，値の大きいものほど，団体リーダーのイデオロギーの方向性に対する相対的影響度が大きいことを示している。やはり団体分類が0.19でもっとも大きい。設立年，地域，団体会員数，活動範囲などがそれに次ぐが，大きな影響力があるとはいえない。

　重相関係数は，外的基準の値がどれぐらいよく予測されているかを評価する値で，値が1に近いほど表中の変数全体で説明できる度合いが高いことを示している。この分析では0.33で，表中の変数で説明できる度合いはあまり高くない。したがって団体の古さや規模，財政などは，団体リーダーのイデオロギーを規定しているとはいえない。言い換えれば保守的なリーダーを有する団体にはリソースが多く，革新的なリーダーを有する団体にはリソース

が少ないというような関係はないと思われる。

6　接触パターン別に見た団体リーダーのイデオロギー分布

　団体の他組織への信頼，影響力評価，協調－対立認識など，団体の認知や評価は団体リーダーのイデオロギーと関係がある。また情報源，接触できる対象，行政へ間接的に働きかけを行うときのルート，利益を実現するために行使する手段などは，団体リーダーのイデオロギーの方向性や強度と関係がある。さらに政党との接触や政党候補者に対する支持・推薦，政党からの働きかけも，団体リーダーのイデオロギーと相関関係がある[20]。

　本章では，団体が，自己の利益を主張する際に与党，野党，中央省庁のいずれに接触するのかというパターンごとに団体リーダーのイデオロギーを見ておこう。団体の要求手段から，与党との接触，野党との接触，中央省庁との接触の3つを取り上げ，次の8つの接触パターンに分類した[21]。JIGS2調査の実施時点の「与党」は自民党・公明党，「野党」は民主党・共産党・社民党・国民新党などである。

---

(20)　以上は，団体リーダーのイデオロギーを団体のイデオロギーとみなした分析の結果である（竹中2009c）。

(21)　JIGS2調査には，「あなたの団体は，政治や行政に要求や主張する際に，次にあげる手段や行動をどのくらい行いますか。Q11でお答えになった団体の活動範囲を念頭において，お答えください」という設問がある。これに対して，「与党との接触（電話，会見など）」，「野党との接触（電話，会見など）」，「中央省庁との接触（電話，会見など）」，「政党や行政に発言力をもつ人との接触」，「政党や行政の法案作成の支援」，「請願のための署名」，「集会への参加」，「直接的行動（デモ，ストライキなど）」などの16項目が示され，それぞれについて，「非常に頻繁」「かなり頻繁」「ある程度」「あまりない」「まったくない」の5段階での回答を求めている。ここでは，与党，野党，中央省庁への接触について，「非常に頻繁」「かなり頻繁」「ある程度」を1，「あまりない」「まったくない」を0として，接触パターンを分類した。この設問は，団体に，中央省庁や政党への接触を，さまざまな政治への要求手段とともに列挙しているので，団体は，手段としての省庁や政党への接触を相対化して回答していると考えられる。そこで本章はこの設問を用いた。自治体への接触を除外していることもあり，非接触の団体の割合が，別の設問を用いて分析した辻中・森（2009）の報告よりも大きい。

1. 中央省庁・与党・野党のいずれにも接触せず
2. 中央省庁のみに接触
3. 与党のみに接触
4. 野党のみに接触
5. 中央省庁・与党に接触
6. 中央省庁・野党に接触
7. 与党・野党に接触
8. 中央省庁・与党・野党のいずれにも接触

　接触パターンごとの団体リーダーのイデオロギー分布を示したのが，表4－3である。中央省庁・与党・野党のいずれにも接触しない団体は，9,173とかなり多いが，それらの団体のリーダーのイデオロギーは，中間がもっとも多く，明確な保守性や革新性を持たない。中央省庁のみに接触する団体のリーダーもほぼ同じ傾向を示している。

　しかし与党のみに接触する団体のリーダーは，イデオロギー尺度の1が1％，2が2％，3が10％，4が29％，5が29％，6が18％，7が12％であり，革新的なリーダーはほとんどおらず，中間的または保守的なイデオロギーを有するリーダーが多い。中央省庁・与党に接触する団体のリーダーも同様の傾向を示している。

　他方，野党のみに接触する団体のリーダーは，イデオロギー尺度の1～3が8割以上で，革新的なリーダーにほぼ限られ，保守的なリーダーはほとんど存在しない。中央省庁・野党に接触する団体のリーダーも，イデオロギー尺度の1～3までが4分の3を占める。

　与党・野党に接触する団体のリーダーや，中央省庁・与党・野党のすべてに接触する団体のリーダーは，革新的なリーダーがやや多いが，野党のみに接触する団体のリーダーほど，分布が革新側に偏っているわけではない。

表4－3　団体リーダーのイデオロギーと当該団体の中央省庁・与党・野党への接触

接触パターン	革新的 1	2	3	イデオロギー 4	5	6	保守的 7	N
接触せず	2.7	5.3	14.5	44.6	20.3	8.7	3.9	9,173
省庁のみ	3.8	4.5	18.0	41.1	22.1	6.6	3.9	693
与党のみ	0.6	2.1	9.7	28.8	28.8	18.1	11.9	825
野党のみ	38.5	24.1	19.3	12.8	2.7	1.9	0.6	514
省庁と与党	0.8	3.4	10.3	32.5	26.6	17.8	8.7	507
省庁と野党	33.1	23.6	19.7	15.0	6.3	0.8	1.6	127
与党と野党	13.5	13.1	19.5	30.6	14.8	4.0	4.4	297
すべて	15.1	11.0	15.3	30.9	15.3	8.9	3.4	417

出所）JIGS2調査。

以上のように与党のみ，中央省庁・与党への接触は，中間から保守のイデオロギーを持つリーダーを擁する団体がほとんどである。一方，野党のみ，中央省庁・野党への接触は，革新的なイデオロギーを持つリーダーを擁する団体に限られる。

7　保革による利益の組織化の相違

本章で明らかになったのは以下の通りである。

(1) 団体リーダーのイデオロギー分布は，中間がもっとも多く，保守や革新は少ない。保守と革新では，前者のほうがやや多い。団体リーダーの分布は，明推協調査やJES Ⅲ調査による有権者のイデオロギー分布とは異なるが，イデオロギー尺度の違いによる面もある。団体リーダーと有権者との間に差はあるが，大きな違いがあると見るべきではないのではないか。

(2) 団体分類ごとに2006年の各団体リーダーのイデオロギー平均値を，1980年の「エリートの平等観」調査の団体リーダーの平均値や97年のJIGS1調査の執行部の平均値と比較してみると，保守的な団体のリーダーを中心に，80年代から2000年代にかけて，団体リーダーは全体的に中道化している。これに対して革新的な団体のリーダーも，80年代から90年代にかけて中道化したが，2000年代になって，80年代ほどではないが，やや革新色を強めているのが労働団体リーダーである。

(3) 農林水産業団体，経済・業界団体といった保守的な団体のリーダーは，その職業に就いている者や組織加入者の強い利益をマイルドにしか代表していない。自民党支持団体のリーダーも，自民党支持者よりも，イデオロギー的に中間寄りである。労働団体リーダーは，一般の被傭者や組織加入者と利益の志向が異なる。共産党支持団体のリーダーは，共産党支持者よりも革新的である。革新的な団体のリーダーは，組織加入者より強いイデオロギーを有している。

(4) 農林水産業団体や経済団体のリーダーのイデオロギー平均値は，組織加入者や，非加入者を含む職業全体のイデオロギー平均値と違いがあるにもかかわらず，農林水産政策や中小企業政策に関心を有する潜在集団とその団体リーダーのイデオロギーは合致している。職業や組織加入が直接，イデオロギーを規定しているのではなく，政策への関心がイデオロギーを規定していると考えられるかもしれない。しかしそれ以外の政策については，

個人のイデオロギーと団体リーダーのイデオロギーが合致しておらず，団体は，必ずしも同じ関心を持つ潜在集団の利益全般を組織化しているとはいえない。
(5) 団体リーダーのイデオロギーの源泉となっているのは団体分類であり，団体の古さや規模，財政などはリーダーのイデオロギーとあまり関係がない。
(6) 中央省庁，与党，野党への接触パターンごとに団体リーダーのイデオロギーを見ると，与党のみ，中央省庁・与党への接触は，中間から保守のイデオロギーを持つリーダーを擁する団体がほとんどであり，野党のみ，中央省庁・野党への接触は，革新的なイデオロギーを持つリーダーを擁する団体に限られる。

以上の結論から得られる含意はどのようなものであろうか。団体リーダーのイデオロギーは，保守または革新の両極よりも中間がかなり多く，全体の分布は，有権者のイデオロギー分布とあまり大きな違いはない。

にもかかわらず，団体リーダーのイデオロギーと一般の組織加入者のイデオロギーには乖離がある。1980年代には，団体リーダーと一般の組織加入者は，労働組合を除き，同じようなイデオロギーを持つ傾向があった。したがって団体は，社会の同種の利益全体を組織化していたと考えられる。ところが2000年代になって，団体リーダーと一般の組織加入者のイデオロギーは一致しなくなった。保守的な団体は，保守的な組織加入者の利益をあまり組織化しておらず，革新的な団体は，革新的な組織加入者の利益のみを先鋭に組織化しているのである。これは，保守的な団体を中心としてリーダーの中道化が進んでいることと無関係ではなかろう。

また団体リーダーのイデオロギーと潜在集団のイデオロギーとの間にも，農林水産政策や中小企業政策を除いて，乖離が存在する。平和・安全保障政策や労働政策に関心を有する団体に至っては，同じ問題関心を有する潜在集団の志向とは反対の利益のみを組織化している。このように団体は，潜在集団の利益全般を組織化しているわけではない。

団体リーダーと一般組織加入者等あるいは潜在集団との利益の不一致は，「ただ乗り」の問題が発生しているかもしれないことを示唆している。もっとも，同一の団体に所属している人々を観察しているわけではないので速断には慎重でなければならないが，団体の形成は，2000年代の日本に限っていえ

ば，マンサー・オルソン（Mancur Olson）の理解が妥当性を持っているように思われる。

団体の古さや規模，財政などは，団体リーダーのイデオロギーを規定していない。だが革新的なイデオロギーを持つリーダーを擁する団体は，野党に接触することはあっても，与党に接触することはほとんどない。おそらく保守的な人々の利益は，これまで，自民党を通じて代表されていたが，革新的な人々の利益は，政党を通じて実現されることがあまりなかったのではないだろうか。そのため革新的な人々にとっては，保守的な人々よりも，利益を自ら組織化し，団体を通じて働きかけることが有効だと捉えられてきたのではなかろうか。

そうだとすれば，自民党中心の政権から民主党中心の政権への交代により，今後，団体による社会の利益の組織化の構図は変わっていくことになるのかもしれない。

第5章

団体世界における組織間関係の構図

平井由貴子

1 社会過程におけるメゾレベルの団体分析

　団体世界は複雑な世界である。第1章でも論じているように，どのようなレンズを通してそれを眺めるかによって，その見え方は異なってくる。団体世界を重層的に捉えようとするならば，少なくとも，次の3つのレベルを想定する必要がある[1]。

　第1はミクロレベルである。ここでは，団体をブラックボックスにせず，団体内部の個人，個人と個人の関係性，個人と組織の関係に焦点が当てられる。たとえば，どのような理由によって個人は団体を形成するのか，団体に属している人々には属性・志向性という点でどのような特徴があるか，団体はどのように運営されているのかなどが分析対象となる。第2はメゾレベルである。ここでは，1つの団体を便宜的に一枚岩の組織とみなし，団体と団体との関係性，団体と政治的アクターとの関係性を捉えようとする。第3はマクロレベルである。ここでは，以上の団体世界のあり方がどのようなガバナンスをもたらしているかが考察の対象となる。

　本章が焦点を当てるのは，メゾレベルである。1つの団体が他の団体・組織とどのような関係を持ち，そこにはどのようなパターンが見られるかを検討する。具体的には，①団体はどのような団体・組織と協調的であり，どのような団体・組織と対立的か，②団体の系列化の実態（当該の団体は独立した存在なのか，団体間の系列に組み込まれた存在なのか），③団体の利益代表

（1）　団体世界の重層的な把握方法については，辻中（1981）を参照。

構造はどの程度一元化されているのか（自らの団体の利害を代表する頂上団体を持っているかどうか），④政治アクター（政党，行政，裁判所）との関係はどのようなものか，といった点に焦点を当てる。

2 団体の協調と対立

2.1. 全体的な傾向

JIGS2調査では，組織間の関係が協調的であるか，対立的であるかを把握するために，次のような設問を用意した[2]。

あなたの団体は，次にあげるグループとどのような関係にありますか。「非常に対立的」を1とし「非常に協調的」を7とする尺度にあてはめて，点数をご記入ください。
A．農林水産業団体　B．経済・業界団体　C．労働団体
D．教育団体　E．行政関係団体　F．福祉団体　G．専門家団体
H．政治団体　I．市民団体　J．学術・文化団体
K．趣味・スポーツ団体　L．宗教団体　M．町内会・自治会
N．首相官邸　O．与党　P．野党　Q．都道府県　R．市町村
S．裁判所　T．警察　U．大企業　V．マスメディア　W．暴力団
X．外国政府　Y．国際機関　Z．外国の団体

表5－1は，この設問に対する回答を整理したものである[3]。数値は各組

---

(2) 選択肢の中には通常政治学的な調査においてはあまり扱われない「暴力団」も含まれている。しかし社会学や人類学の研究分野では「ヤクザ」といった表現で組織論的な研究や社会的ネットワークに関する調査が行われている。団体社会の中でも暴力団が何らかの影響力を持って存在していると推測し，1つの試みとして選択肢の中に含めた。

(3) 表にある「中央省庁の官僚」という箇所の数値は補完調査による結果であり，参考値であることを示すために括弧書きにしている。付録1に詳しく記されているように，調査票作成時における手違いによって，提示するリストから「中央省庁の官僚」が抜け落ちた状態で調査を遂行してしまったため，「中央省庁の官僚」に関するデータを収集することができなかった。この情報の欠落を補うために，急遽，補完調査を設計して実施した結果が表中の数値である。JIGS2調査では，調査票を返送してきた団体のうち，調査結果を希望する団体には調査報告書を送付することにしていた。希望団体はID番号

織に対する協調・対立度の回答を平均したものである。

　まず結果から注目すべき点は，どの団体も自らが所属する団体分類を最も協調的であると回答していることである。たとえば，農林水産業団体は農林水産業団体を選択肢の中で最も協調的な団体だと回答し，労働団体は労働団体を最も協調的な団体だと回答している。この傾向は経済・業界団体から宗教団体まで例外なくすべての分類においてみられるが，特にそのポイントが高いのが農林水産業団体（6.2）と労働団体（6.2），福祉団体（5.8）であり，これらの団体は同じ分類の団体間で協調関係を密にしているといえる[4]。

　同じ分野の団体の次に協調関係があると回答されているものが市町村，都道府県といった地方自治体である。全体の結果をみると協調的な相手とされている上位2位が地方自治体（第1位：市町村，第2位：都道府県）となっている。この結果は，調査対象団体の多くが地方に設立され，地方レベルを活動の範囲としていることに起因していると考えられる（全体の8割の団体の活動範囲が市町村レベルと都道府県レベル）。分析対象を，全国レベルを活動範囲としている団体に限定してみると，農林水産業団体や労働団体，市民団体，趣味・スポーツ団体，宗教団体以外において，中央省庁の官僚が都道府県，市町村より協調的であることが確認された。

　次に団体分類別に協調・対立関係を詳細に見ていきたい。まず農林水産業団体では，行政関連団体（5.0），与党（4.7），中央省庁の官僚（4.5），経済・業界団体（4.4）との関係において協調的となっている。他方，労働団体（3.9），野党（3.9），国際機関（3.6）や外国の団体（3.6）とはどちらかといえば対立関係にある。経済・業界団体は，傾向が農林水産業団体と似ており，行政関

　　を自ら記載するよう求めていたため，団体の中にはID番号がわかるものがあった。このデータを手がかりに補完調査が実施された。具体的には，JIGS2調査に回答した団体のうちIDがわかるものに対して質問票が再度送付され，ファックスにて回答を得るという形式で補完調査を実施した。回答団体は3,604団体。所在地及び団体分類の分布はJIGS2調査とほぼ同じになっている。

（4）　日本の団体が他団体と高い割合で協力関係にあり，更に協力相手は同じ領域の団体が多いということは，村松らが実施した1980年の圧力団体調査で指摘されており（村松・伊藤・辻中 1986：107），JIGS1調査でもその傾向が確認されている。

表5－1　協調・対立関係

農林水産業団体		経済・業界団体		労働団体	
6.3	農林水産業団体	5.4	経済・業界団体	6.2	労働団体
5.5	市町村	5.1	市町村	5.3	野党
5.3	都道府県	4.9	都道府県	4.6	福祉団体
5.0	行政関係団体	4.8	行政関係団体	4.6	教育団体
4.7	与党	4.6	与党	4.5	市民団体
4.6	町内会・自治会	4.5	（中央省庁の官僚）	4.4	政治団体
4.5	（中央省庁の官僚）	4.3	専門家団体	4.3	行政関係団体
4.4	経済・業界団体	4.3	農林水産業団体	4.3	専門家団体
4.2	政治団体	4.3	町内会・自治会	4.2	市町村
4.1	専門家団体	4.3	警察	4.1	町内会・自治会
4.0	市民団体	4.2	マスメディア	4.1	国際機関
4.0	教育団体	4.2	政治団体	4.1	学術・文化団体
4.0	警察	4.2	大企業	4.1	都道府県
4.0	福祉団体	4.1	労働団体	4.0	農林水産業団体
4.0	マスメディア	4.1	福祉団体	4.0	マスメディア
3.9	首相官邸	4.1	市民団体	4.0	外国の団体
3.9	労働団体	4.1	教育団体	4.0	趣味・スポーツ団体
3.9	野党	4.0	学術・文化団体	3.9	裁判所
3.9	学術・文化団体	4.0	首相官邸	3.8	外国政府
3.9	裁判所	4.0	趣味・スポーツ団体	3.6	警察
3.8	趣味・スポーツ団体	4.0	野党	3.5	宗教団体
3.8	大企業	3.9	裁判所	3.3	（中央省庁の官僚）
3.6	国際機関	3.9	国際機関	3.2	経済・業界団体
3.6	外国の団体	3.9	外国の団体	3.0	大企業
3.5	宗教団体	3.8	外国政府	2.6	首相官邸
3.5	外国政府	3.7	宗教団体	2.3	与党
2.5	暴力団	2.6	暴力団	2.1	暴力団

福祉団体		専門家団体		政治団体	
5.8	福祉団体	5.0	専門家団体	4.9	政治団体
5.2	市町村	4.7	都道府県	4.7	福祉団体
4.9	行政関係団体	4.6	市町村	4.6	市民団体
4.9	町内会・自治会	4.6	行政関係団体	4.6	町内会・自治会
4.9	都道府県	4.5	福祉団体	4.6	農林水産業団体
4.6	市民団体	4.5	与党	4.6	労働団体
4.5	専門家団体	4.3	経済・業界団体	4.4	教育団体
4.5	教育団体	4.3	政治団体	4.4	都道府県
4.4	労働団体	4.3	（中央省庁の官僚）	4.3	行政関係団体
4.4	マスメディア	4.2	警察	4.3	経済・業界団体
4.3	学術・文化団体	4.2	学術・文化団体	4.3	野党
4.2	趣味・スポーツ団体	4.2	教育団体	4.2	学術・文化団体
4.2	（中央省庁の官僚）	4.2	市民団体	4.2	専門家団体
4.1	警察	4.1	町内会・自治会	4.2	趣味・スポーツ団体
4.1	経済・業界団体	4.1	マスメディア	4.0	マスメディア
4.1	農林水産業団体	4.0	労働団体	4.0	（中央省庁の官僚）
4.1	政治団体	4.0	農林水産業団体		

教育団体		行政関係団体	
5.6	教育団体	5.3	行政関係団体
4.9	行政関係団体	5.2	市町村
4.8	都道府県	5.1	都道府県
4.7	市町村	4.7	(中央省庁の官僚)
4.6	福祉団体	4.5	経済・業界団体
4.5	専門家団体	4.3	町内会・自治会
4.5	学術・文化団体	4.3	福祉団体
4.5	(中央省庁の官僚)	4.2	警察
4.4	町内会・自治会	4.2	労働団体
4.3	趣味・スポーツ団体	4.1	農林水産業団体
4.3	市民団体	4.1	教育団体
4.3	警察	4.1	専門家団体
4.3	労働団体	4.1	与党
4.1	マスメディア	4.0	市民団体
4.1	国際機関	4.0	大企業
4.1	農林水産業団体	4.0	政治団体
4.1	与党	4.0	マスメディア
4.0	大企業	4.0	野党
4.0	経済・業界団体	3.9	首相官邸
4.0	政治団体	3.9	趣味・スポーツ団体
4.0	裁判所	3.9	学術・文化団体
4.0	野党	3.8	裁判所
3.9	外国の団体	3.7	宗教団体
3.9	外国政府	3.7	国際機関
3.8	首相官邸	3.6	外国の団体
3.8	宗教団体	3.6	外国政府
2.5	暴力団	2.9	暴力団
市民団体		学術・文化団体	
5.2	市民団体	5.5	学術・文化団体
4.9	市町村	4.9	教育団体
4.8	町内会・自治会	4.8	専門家団体
4.8	福祉団体	4.7	行政関係団体
4.6	教育団体	4.7	市町村
4.5	都道府県	4.6	都道府県
4.5	行政関係団体	4.5	マスメディア
4.4	労働団体	4.4	福祉団体
4.4	マスメディア	4.4	市民団体
4.4	専門家団体	4.4	趣味・スポーツ団体
4.3	学術・文化団体	4.4	国際機関
4.2	野党	4.3	労働団体
4.1	農林水産業団体	4.3	経済・業界団体
4.1	政治団体	4.3	外国の団体
4.1	趣味・スポーツ団体	4.3	(中央省庁の官僚)
4.0	国際機関	4.2	町内会・自治会
4.0	経済・業界団体	4.2	大企業

連団体（4.8），与党（4.6），中央省庁の官僚（4.5）との関係が良好である。国際機関（3.9）や外国の団体（3.9）等と対立傾向にあるのも共通である。教育団体は協調関係において同じ分類の団体に行政関係団体（4.9）が高いポイントとなっている。学術・文化団体（4.5），中央省庁の官僚（4.5），専門家団体（4.5）とも関係が良好である。また，対立関係を持つ他組織が少ないのも特徴的である。行政関係団体は市町村（5.2）・都道府県（5.1）・中央省庁の官僚（4.7）といった行政関係の組織と高い協調関係にある。その他では経済・業界団体（4.5）との協調関係が高くなっている。福祉団体は町内会・自治会との協調関係の高さが注目される（4.9）。

労働団体は非常に特徴的な傾向を示している。労働団体は同じ団体分類との協調関係の次に野党（5.3）との関係が良好となっている。他の種類の団体との協調関係では福祉団体（4.6），教育団体（4.6），市民団体（4.5），政治団体（4.4）に対するポイントが高くなっている。また，他の分類では高い協調関係が示された市町村（4.2）や都道府県

表5−1のつづき

福祉団体		専門家団体		政治団体	
4.1	裁判所	4.0	裁判所	3.8	警察
4.0	野党	4.0	大企業	3.7	国際機関
4.0	与党	4.0	趣味・スポーツ団体	3.6	裁判所
4.0	大企業	4.0	野党	3.6	外国の団体
3.9	宗教団体	3.9	首相官邸	3.5	外国政府
3.9	首相官邸	3.9	国際機関	3.4	宗教団体
3.8	国際機関	3.8	外国の団体	3.3	与党
3.8	外国政府	3.8	外国政府	3.2	大企業
3.8	外国の団体	3.8	宗教団体	2.9	首相官邸
2.7	暴力団	2.7	暴力団	1.9	暴力団
趣味・スポーツ団体		宗教団体		その他	
5.6	趣味・スポーツ団体	5.6	宗教団体	4.8	市町村
5.1	市町村	5.0	町内会・自治会	4.6	都道府県
4.9	教育団体	4.7	学術・文化団体	4.6	行政関係団体
4.8	行政関係団体	4.6	福祉団体	4.5	町内会・自治会
4.8	都道府県	4.5	教育団体	4.4	福祉団体
4.7	マスメディア	4.5	市町村	4.3	経済・業界団体
4.5	学術・文化団体	4.4	趣味・スポーツ団体	4.2	警察
4.3	町内会・自治会	4.3	都道府県	4.2	(中央省庁の官僚)
4.3	福祉団体	4.3	農林水産業団体	4.2	市民団体
4.3	専門家団体	4.3	外国の団体	4.2	教育団体
4.3	市民団体	4.2	国際機関	4.2	農林水産業団体
4.2	(中央省庁の官僚)	4.1	経済・業界団体	4.2	マスメディア
4.2	大企業	4.1	行政関係団体	4.1	専門家団体
4.2	警察	4.1	市民団体	4.1	労働団体
4.1	与党	4.1	外国政府	4.1	学術・文化団体
4.1	経済・業界団体	4.1	野党	4.0	与党
4.1	農林水産業団体	4.1	マスメディア	4.0	趣味・スポーツ団体
4.0	政治団体	4.0	専門家団体	4.0	政治団体
3.9	労働団体	4.0	政治団体	3.9	野党
3.9	裁判所	4.0	(中央省庁の官僚)	3.8	国際機関
3.9	外国の団体	4.0	労働団体	3.8	大企業
3.9	国際機関	4.0	裁判所	3.8	外国の団体
3.9	首相官邸	4.0	警察	3.8	裁判所
3.8	野党	3.9	与党	3.7	首相官邸
3.8	宗教団体	3.9	大企業	3.7	外国政府
3.8	外国政府	3.9	首相官邸	3.7	宗教団体
3.1	暴力団	2.5	暴力団	2.7	暴力団
3.1	暴力団	2.5	暴力団	2.7	暴力団

値は7件尺度(値が大きいほど協調的)における平均値。
「中央省庁の官僚」は補完調査による平均値であるため,括弧書きとしている。表5−2も同様。

(4.1) は労働団体ではそれほど協調的とはされていない。対立的な関係でも特異な傾向を示しており,経済・業界団体 (3.2),中央省庁の官僚 (3.3),

市民団体		学術・文化団体	
3.9	警察	4.1	外国政府
3.9	外国の団体	4.1	与党
3.8	（中央省庁の官僚）	4.1	農林水産業団体
3.8	外国政府	4.0	政治団体
3.8	裁判所	4.0	野党
3.7	宗教団体	4.0	警察
3.5	大企業	3.9	首相官邸
3.5	与党	3.9	裁判所
3.4	首相官邸	3.8	宗教団体
2.3	暴力団	2.6	暴力団

全体		東京	
5.0	市町村	4.7	（中央省庁の官僚）
4.8	都道府県	4.6	経済・業界団体
4.7	行政関係団体	4.5	行政関係団体
4.6	農林水産業団体	4.5	専門家団体
4.5	経済・業界団体	4.4	都道府県
4.4	町内会・自治会	4.4	学術・文化団体
4.4	福祉団体	4.3	市町村
4.4	労働団体	4.3	福祉団体
4.3	教育団体	4.3	教育団体
4.3	専門家団体	4.2	マスメディア
4.3	（中央省庁の官僚）	4.2	労働団体
4.3	市民団体	4.2	与党
4.2	マスメディア	4.2	大企業
4.2	学術・文化団体	4.1	市民団体
4.2	政治団体	4.1	農林水産業団体
4.1	警察	4.1	趣味・スポーツ団体
4.1	与党	4.1	国際機関
4.1	野党	4.1	町内会・自治会
4.1	趣味・スポーツ団体	4.1	警察
3.9	裁判所	4.1	野党
3.9	国際機関	4.0	外国の団体
3.8	大企業	4.0	政治団体
3.8	外国の団体	3.9	裁判所
3.8	外国政府	3.9	外国政府
3.7	首相官邸	3.9	首相官邸
3.7	宗教団体	3.7	宗教団体
2.5	暴力団	2.6	暴力団
2.5	暴力団	2.6	暴力団

大企業（3.0），与党（2.3）と非常に対立的である。官僚・与党といった政策形成に直接関与するアクターと対立関係がある一方で，野党との関係が協調的であるという結果は，村松岐夫が指摘した「政治過程の二環構造」を思い起こさせる（村松 1981：290）。伊藤は労働組合を総評系と連合系に分け，「大企業労使連合」を提唱したが（伊藤 1998），本データでは労働団体の内訳を把握することはできないため，その存在を確認することはできない。しかし全労働団体の5.9％しか大企業と協調的であると回答していないことや，7割が与党と対立しているということを含めて考慮すると（平井2009参照），2007年時点の労働団体は政治過程から排除されている印象を受ける。

2.2. 他団体との協調・対立関係と政策領域

団体の協調・対立関係は，それぞれの団体が関心を持つ政策領域ごとに違いがあるかもしれない。表5－2は，それぞれの政策分野ごとの団体の協調・対立関係を表したもので，各政策分野に最も関心を持っていると回答した団体が，どの組織と良好な関係を持っているかがわかる。数値は，それぞれの組

表 5 − 2　政策分野別団体の協調・対立関係

	財政	金融	通商	産業振興	土木・建設・公共事業	運輸・交通	通信・情報	科学技術	地域開発	外交	平和・安全保障	治安
農林水産業団体	24.5	24.4	27.6	30.8	20.5	11.7	17.0	7.4	28.5	18.5	18.3	2.0
経済・業界団体	55.3	49.6	78.3	71.4	50.7	43.6	32.2	42.1	54.2	22.2	9.9	21.1
労働団体	22.4	18.7	19.3	16.7	12.7	27.4	29.6	7.8	13.4	25.9	57.6	3.8
教育団体	18.2	13.0	11.4	14.1	9.4	14.5	16.7	30.9	22.6	18.5	47.4	36.8
行政関連団体	48.5	38.6	59.4	56.6	46.9	47.5	30.4	34.5	53.8	22.2	21.2	58.3
福祉団体	25.2	15.3	18.8	18.8	12.3	19.4	26.4	10.0	31.5	11.1	46.3	35.7
専門家団体	27.9	15.5	29.8	28.2	24.8	14.3	34.5	43.6	23.9	18.5	20.8	17.0
政治団体	17.9	13.0	14.4	16.5	21.0	19.8	20.8	7.0	11.2	22.2	38.9	3.8
市民団体	19.1	11.1	19.6	14.3	11.3	12.8	20.8	10.0	32.1	14.8	40.9	23.7
学術・文化団体	12.7	6.3	10.5	11.8	10.6	4.6	25.9	60.0	23.6	22.2	20.3	3.3
趣味・スポーツ団体	11.6	6.8	8.0	8.1	5.5	5.0	15.1	3.9	21.6	11.1	14.5	11.3
宗教団体	3.4	2.9	0.0	1.6	1.4	1.7	2.0	2.0	2.6	11.1	16.0	3.9
都道府県	46.5	46.2	63.7	60.5	55.7	42.4	29.8	25.5	57.1	25.9	25.6	55.7
市町村	53.0	47.3	68.1	64.8	59.7	45.2	32.8	27.8	71.8	37.0	31.9	68.1
町内会・自治会	24.3	23.3	31.5	28.7	21.9	20.8	14.8	6.0	50.2	15.4	24.4	63.6
首相官邸	9.9	11.4	14.0	12.6	10.6	7.6	6.0	10.0	9.0	23.1	4.6	3.9
(中央省庁の官僚)	32.4	27.9	55.8	42.3	35.4	34.8	23.5	31.8	32.3	33.3	8.6	31.6
与党	32.7	28.0	40.8	40.8	41.2	29.3	18.5	15.7	27.2	40.7	11.8	18.5
警察	13.9	26.1	27.0	23.1	16.1	48.6	16.7	8.0	27.0	25.9	7.5	74.3
裁判所	4.7	10.3	6.6	5.5	5.3	5.3	3.8	4.0	4.4	4.0	4.7	27.5
野党	18.2	9.5	11.5	9.6	8.6	19.1	26.9	3.9	7.4	29.6	47.4	3.7
大企業	16.5	18.6	28.6	22.9	13.1	19.4	20.8	38.2	19.7	14.8	5.4	15.4
マスメディア	17.8	17.1	30.3	28.1	13.0	20.6	25.0	25.9	36.6	25.0	20.7	16.4
暴力団	0.4	2.0	0.0	0.5	0.5	0.4	0.0	0.0	0.5	8.0	0.0	1.8
外国政府	2.2	2.1	4.7	2.7	1.1	2.3	4.3	9.8	5.1	33.3	6.5	0.0
国際機関	4.3	3.0	6.3	5.0	1.9	5.7	8.2	26.4	7.0	35.7	15.2	2.1
外国の団体	2.9	1.5	5.8	4.6	1.1	4.2	10.2	15.1	6.0	28.6	12.2	2.1

値は 7 件尺度で 5 点以上とした割合。

織と協調的な関係を持っていると回答した団体の合計（すなわち 7 段階尺度の 5，6，7 を選択した団体の合計）の，当該団体全体に対する割合である。協調・対立関係に関する質問では，団体だけでなく政治的アクターやマスメディアや大企業といった一般的な社会的アリーナ，アクターを含めているため，ここでは便宜上大きく以下の 5 つのグループに分けて結果を見ていきたい。すなわち，①各団体分類，②地方自治体と町内会・自治会，③中央政治アクター，④団体以外の社会過程アクター，⑤国外アクターである。

　①のグループである各団体分類に対する協調関係を政策分野で見ていくと，

第5章　団体世界における組織間関係の構図　123

司法・人権	教育	女性	地方行政	労働	農林水産業	消費者	環境	厚生・福祉・医療	国際交流・協力・援助	文教・学術・スポーツ	団体支援	その他	平均
12.8	12.5	13.0	27.4	10.4	90.0	33.5	29.4	8.7	11.9	5.9	21.5	15.8	32.7
15.7	18.6	8.7	30.2	22.2	33.6	38.6	29.2	17.8	27.9	16.5	46.0	37.6	38.3
36.2	23.2	43.5	36.1	74.7	9.0	22.9	9.4	23.7	11.0	8.9	14.0	14.8	22.4
39.6	68.7	56.0	36.7	27.9	12.2	19.4	22.2	28.6	29.2	54.5	20.5	24.5	24.6
40.2	42.2	44.0	54.5	37.8	57.5	40.8	38.0	47.2	30.2	44.2	55.7	41.4	48.5
45.7	42.0	54.2	47.5	39.9	11.4	30.1	20.4	70.8	30.4	28.3	30.7	27.2	31.8
40.9	29.8	17.4	23.7	20.6	17.0	21.6	28.6	37.6	21.0	28.1	27.1	23.2	25.8
30.7	12.6	13.0	25.8	27.8	19.8	11.6	13.0	17.1	6.1	4.4	13.4	11.0	17.5
44.1	30.8	62.5	39.5	26.1	14.0	39.6	39.3	32.6	32.9	25.8	25.7	23.4	23.2
16.1	39.8	20.0	22.6	9.7	7.3	14.5	23.7	21.5	38.6	53.9	21.7	23.5	17.9
6.9	29.9	17.4	20.7	6.8	6.3	8.2	18.4	15.5	22.1	64.4	18.0	17.1	14.3
10.1	6.5	4.2	5.0	1.1	1.3	2.9	2.8	3.7	4.5	4.1	3.9	4.3	2.9
41.8	44.2	39.1	47.3	28.0	68.9	41.5	48.7	46.2	29.9	45.0	61.0	41.0	51.2
47.3	49.7	45.8	60.8	30.8	75.5	44.6	55.9	57.5	38.8	55.2	71.0	51.6	58.2
23.1	29.6	19.2	50.7	11.8	40.8	33.5	33.7	37.3	19.1	25.8	39.6	34.4	31.4
7.3	7.8	4.5	8.3	3.6	11.2	5.5	6.5	5.3	7.1	4.5	12.3	8.4	8.7
19.4	28.6	10.0	18.7	23.6	42.0	24.2	34.2	23.9	26.1	24.2	37.0	30.8	32.0
19.5	19.8	9.1	22.7	6.5	43.9	22.2	19.7	22.9	13.0	10.7	36.6	19.6	29.0
20.7	17.6	4.5	22.7	6.1	14.6	22.9	16.0	16.2	15.6	15.2	23.0	22.7	19.2
30.7	6.2	4.5	4.4	5.5	4.3	7.1	3.6	5.9	3.6	2.1	4.7	4.0	5.5
34.9	15.4	27.3	26.5	53.1	10.0	11.2	7.9	15.4	7.6	7.0	7.1	11.3	15.8
7.1	14.0	4.5	12.9	11.7	6.4	7.6	14.9	8.9	17.5	15.0	17.7	18.2	14.0
32.6	22.8	26.1	18.1	14.1	12.5	28.6	29.4	21.7	34.8	44.0	26.9	21.5	22.1
1.2	0.2	0.0	1.0	0.3	0.6	0.0	0.4	0.0	0.0	0.0	0.0	0.5	0.5
4.8	4.2	0.0	2.3	2.2	1.6	3.7	5.4	2.0	27.6	5.0	3.0	5.5	3.4
14.6	13.6	19.0	4.3	8.8	2.9	6.1	11.5	5.4	39.8	10.7	5.6	10.5	7.1
12.2	9.0	17.4	3.7	4.8	2.6	4.9	10.9	4.8	36.1	12.2	6.7	9.1	5.9

政策分野によってどの団体との協調関係を持つかがはっきりと分かれることがわかる。例えば農林水産業政策に関心を持っている団体では，90.0％が農林水産業団体と協調関係があると回答しており，また，労働政策に関心を持っている団体では，74.7％が労働団体との協調関係があると回答している。同様に通商や産業振興政策に関心を持っている団体は経済・業界団体との協調関係がある。つまり，ある政策分野に関心を持つ団体は，その分野に最も関係する団体と協調的な関係があるといえる。

②のグループである地方自治体及び町内会・自治会に対する政策分野ごと

の協調関係では，全体的にどの政策分野に関心を持つ団体も協調的であると回答する傾向にあるが，その中でも産業振興や土木・建築・公共事業，地域開発，治安，農林水産業，団体支援政策に関心を持つ団体が地方自治体や町内会・自治会と協調的であるとしている。特に農林水産業政策においては68.9%の団体が都道府県と，75.5%の団体が市町村と協調的であると回答している。

③のグループである中央政治アクターとの関係でまず指摘できることは，首相官邸と協調関係があるとする団体はどの政策分野においても少ないということである。ほとんどの政策分野において高くても10%前後となっている。例外として，外交政策に関心を持つ団体の23.1%が協調的としていることが指摘できるが，その外交政策においても中央省庁の官僚（33.3%）や与党（40.7%）の方が高い割合で協調的とされている。団体にとって首相官邸は協力して活動を行うほど身近な存在ではないということかもしれない。官僚や与党との協調は，地方自治体ほどではないにしても，どの政策分野においても行われている。ここでの例外は女性政策と労働政策の分野であり，それぞれ与党との協調関係があるとした団体は9.1%，6.5%と低くなっている。

④のグループである団体以外の社会過程アクターとの関係で興味深い点は，裁判所との関係である。裁判所との協調関係を示したのは治安政策（27.5%）と司法・人権政策（30.7%）に関心を持つ団体であった。ただし治安政策に関心を持つ団体は同時に警察（74.3%）との協調関係が強く，司法・人権政策に関心を持つ団体は野党（34.9%）との協調関係があるとした。裁判所は，治安政策と司法・人権政策という，利害が対立する可能性を含む政策に関心を持つ団体双方との協調的な関係があり，興味深い。団体にとっての裁判所の存在については次節において詳しく述べる。野党については，労働政策（53.1%）と平和・安全保障政策（47.4%）に関心を持つ団体が協調関係を示している。本章第2節2．1項の分析から労働団体と野党の関係は確認されていたため，驚く結果ではないものの，労働政策に加え平和・安全保障政策と野党の親和性が確認されたことにより，ここでも政治過程の二環構造におけるイデオロギー過程の現存が印象付けられる。

最後に⑤のグループである外国アクターとの関係を見ておきたい。外国政府，国際機関，外国の団体とも全体として協調的な政策分野は存在しないが，比較的に外交政策（外国政府：33.3%，国際機関：35.7%，外国の団体：28.6%）

及び国際交流・協力・援助政策（外国政府：27.6％，国際機関：39.8％，外国の団体：36.1％）に関心を持つ団体が協調関係にあると回答している。

3 本部・支部の系列関係と利益代表

　前節では，団体が他の団体や一部の政治アクターや社会アクターとどのような関係を持っているのかを確認した。それは言い換えれば団体の「横の関係」と表現できる。次に団体の他組織との関係でも，「縦の関係」を見ていきたい。具体的には，団体の本部・支部といった系列関係と当該団体の利益を代表する全国団体の有無から，団体世界の利益表出構造の現状を把握する。

　団体世界における利益表出のパターンについては，多元主義やコーポラティズムといった文脈において従来議論が行われてきた。大雑把に言えば，個々の団体がそれぞれのやり方でそれぞれの利害を政治過程に表出するのが多元主義のイメージであり，個々の団体の利害が頂上団体に集約され，頂上団体によって当該団体分類の利害が政治過程に表出されるのがコーポラティズムのイメージである。コーポラティズムでは，団体側の利害を受け止める側である政府や政権党との協調関係も重要になる。本節ではこうした議論を念頭に置いて論を進めていくことにする。

3.1. 本部・支部・単一団体

　まずは，団体の本部・支部・単一団体の関係を見ていこう。表5－3は，団体に対して本部・支部関係を質問したものの回答である。具体的な質問文は次の通りである。

　　　　あなたの団体は，次にあげるうち，どれにあてはまりますか。
　　　1．他所に支部・支所がある団体の本部
　　　2．他所に上位団体（本部）と支部・支所がある中間の団体
　　　3．他所に上位団体（本部）がある支部・支所
　　　4．他所に上位団体（本部）がある支部・支所がない単一の団体
　　　5．団体内務の部署・施設
　　　6．その他（　　　　）

他の団体が所属している団体であれば「本部」，他の団体に所属している支部であれば「支部」，他の団体に所属しながら所属する団体も持つものであれば「中間の団体」，他の団体との所属関係を持たない団体であれば「単一の団

表5－3　本部・支部・単一団体（単位：%）

	全国（東京を除く）	東京
本部	11.5	33.0
中間の団体	11.1	3.7
支部・支所	27.1	10.6
単一の団体	40.6	43.5
部署・施設	2.6	2.2
その他	7.2	6.8
N	13,644	1,789

体」となっている。回答結果を見ると，全国的には単一の団体が圧倒的に多く，40.6％となっている。次に多いものが27.1％の支部であり，本部は11.5％となっている。ただし，他の団体と何らかの関係を持つ団体として本部・中間の団体・支部を合計すると49.7％となり，単一の団体より若干多くなる。日本の団体は全体として，単一の団体が約半数，他の団体と本部・支部関係を持つ団体が約半数となっていることがわかる。

　これを東京だけに限ってみると状況が変化する。東京の団体では33.0％が本部であると回答している。首都であり政治・経済の中心である東京に本部を置く団体が多いということは，ある意味で当り前の結果ともいえる。また，単一の団体も若干であるが多くなっている（43.5％）。反対に全国と比較して少なくなっているのは支部となっている（10.6％）。

　支部・本部・単一団体で設立年における違いは存在するだろうか。支部・本部・単一団体ごとの設立年分布を見ると，団体の噴出が見られる1945～1949年にはすべての種類の団体が集中的に分布しており，支部と単一団体の数に大きな差はない。しかし1950年代以降，特に1960年からの支部と単一団体の設立年分布を見ると，支部と単一団体の間に大きな差が生じており，支部が大幅に団体数を減少させているという結果になった。2000年以降の年で単一団体の分布が増加したことにより，両者の間に大きな差が生まれたことがわかる。現在活動している団体の多くは単一団体であり，それは近年設立されたものであるということが言える。

　次に個人会員数に違いがあるかを見ると，本部であると回答している団体の個人会員数が明確に多いということがわかった。本部の次に会員数が多くなっているのが中間の団体で，支部及び単一団体は会員数が少なくなっている。また，本部・支部・単一団体の違いは予算の違いにも現れていた。個人会員数と同様に本部であると回答している団体の予算は他と比べて明確に多くなっている。ただしその他の団体間においては大きな違いは見受けられない。支部・支所である団体と単一の団体の間に予算における違いはほとんどない。

団体の会員数及び予算額は団体のリソースといわれるもので，これらが多ければリソースが多いことになる。リソースと影響力の強さは「組織リソース仮説」として，リソースが多ければ組織としての影響力が強いとされる（村松・伊藤・辻中 1986：221）。単一団体と本部として活動する団体の間にはリソースにおいて大きな違いがあるといえ，影響力においてもおのずと差が生じることが推測される。

団体の種類で本部・支部・単一団体の割合に違いはあるだろうか。表5－4は団体分類ごとに本部・支部・単一団体の分布を見たものである。

まず本部団体の割合を見ていくと，どの団体分類においても割合は10～20％の中に納まる。この中で最も本部団体の割合が高いのが学術・文化団体（22.2％）であり，最も低いのが経済・業界団体（11.5％）である。

団体分類の特徴が現れるのが，支部と単一団体の違いである。支部と単一団体の平均的な割合は，25.2％：40.8％と明確に単一団体のほうが高くなっている。特に農林水産業団体（50.6％），経済・業界団体（46.6％），市民団体（47.4％），学術・文化団体（55.5％）は単一団体が非常に多くなっている。

他方，労働団体と宗教団体では支部の割合の高さが際立っている（労働：43.1％，宗教：48.5％）。支部・本部関係にある団体が多いか，単一の団体が多いかは，団体分類において特徴的に表れると言え，この2つの団体分類では団体の設立構造が本部を頂点としたピラミッド型になっていることが推測される。

表5－4　団体分類ごとの本部・支部・単一の団体関係　　　　　（単位：％）

	本部	中間の団体	支部・支所	単一の団体	部署・施設	その他	N
農林水産業団体	13.4	6.1	19.3	50.6	3.5	7.2	2,727
経済・業界団体	11.5	9.3	23.4	46.6	1.6	7.6	3,963
労働団体	16.8	17.8	43.1	18.1	1.5	2.7	1,175
教育団体	18.1	18.5	24.7	33.8	1.4	3.4	562
行政関係団体	11.6	11.0	31.3	36.4	2.4	7.4	839
福祉団体	18.0	10.5	23.9	36.8	5.8	5.0	1,159
専門家団体	16.2	10.0	37.4	29.8	1.9	4.7	851
政治団体	15.3	15.0	27.5	34.4	1.8	6.0	334
市民団体	12.3	10.7	17.5	47.4	3.6	8.5	698
学術・文化団体	22.2	3.4	10.3	55.5	2.2	6.4	591
趣味・スポーツ団体	19.2	24.7	21.2	26.5	3.5	4.9	453
宗教団体	16.4	14.2	48.5	14.9	1.5	4.5	134
その他	11.6	8.8	25.2	39.7	2.4	12.4	1,964
全体	14.0	10.3	25.2	40.8	2.6	7.1	15,450

3.2. 利益を代表する全国団体の有無

　JIGS-2調査では，支部・本部・単一団体の他に，自らの利益を全国的に代表する団体の有無を質問している。具体的なワーディングは「あなたの団体の利益を全国的に代表する団体はありますか。差し支えなければ，その団体の名称もご記入ください。」というものである。表5-5はその結果をまとめたものである。

　まず全体的な傾向をみるために，自らの利益を全国的に代表する団体が存在すると回答している団体の割合を見ると，ある団体とない団体がほぼ5割ずつとなっている。ただ，これを団体分類別に見ていくと分類ごとに特徴があることがわかる。

　利益を代表する団体があると回答した割合が多い団体分類は，経済・業界（59.2%），労働（67.9%），専門家（56.9%）となっている。労働団体については支部・本部・単一団体関係でも支部と回答した団体が多かったが，支部であると回答した団体の割合より更に高い割合になっている。農林水産業団体（54.6%），経済・業界団体（59.2%），専門家団体（56.9%）は単一の団体が多いにもかかわらず，利益代表団体としての存在を明らかにしている。

　反対に利益代表団体がないと回答した団体の割合が高いのは市民（66.2%），学術文化（76.4%），宗教（78.1%）である。市民及び学術・文化団体は単一の団体が多いという特徴もあったので，本結果を合わせて考慮すると，これらの団体は利益代表という観点からも単一で活動する団体が多いことがわかる。すなわちピラミッド型の体制を持たない団体である。興味深いのは宗教団体である。宗教団体は多くが支部であると回答しているにもかかわらず，8割近い団体が利益を代表する全国団体はないと回答している。本部が存在しても「利益」を代表しているとは表現されないということだろうか。

　予算規模における全国団体の有無に

表5-5　利益を代表する全国団体の有無　（単位：%）

	ある	ない	N
農林水産業団体	54.6	45.4	2,469
経済・業界団体	59.2	40.8	3,678
労働団体	67.9	32.1	1,091
教育団体	42.2	57.8	519
行政関係団体	44.5	55.5	732
福祉団体	52.2	47.8	1,069
専門家団体	56.9	43.1	794
政治団体	40.2	59.8	316
市民団体	33.8	66.2	647
学術・文化団体	23.6	76.4	526
趣味・スポーツ団体	42.9	57.1	415
宗教団体	21.9	78.1	114
その他	38.7	61.3	1,720
全体	50.8	49.2	14,090

は明確な違いがあり，予算規模が大きいと利益を代表する全国団体があるという結果となっている。予算が1,000万円未満では利益を代表する全国団体がないものが多いが，それ以上の予算規模の団体では約6割が代表する団体があると回答している。つまり，単一の団体は予算規模が小さい団体が多いということがいえる。また，個人会員数との関係でも会員数が多い団体のほうが利益を代表する全国団体があると回答する割合が高かった。個人会員数が100人以上となると利益を代表する全国団体があると回答する団体が半数以上となる。

　リソースと利益代表との関係では，人的・資金的リソースが多いほど全国団体がある傾向にあるといえるが，団体会員数との関係ではそうならなかった。団体会員数の多少と代表する団体の有無に関係性は見られない。

　それでは関心のある政策分野で利益代表団体の有無に違いは生じるだろうか。図5－1の細線はそれぞれの政策分野に関心を持っていない団体を表し，太線は逆にそれぞれの政策分野に関心がある団体を表している。まず，政策分野に対する関心の有無と代表団体の有無に関連があるか見ていくと，いずれの政策分野にも関心を持たない場合，代表団体の有無において違いがあまり生じていないことが分かる。他方でいずれかの政策分野に関心を持つ場合，

図5－1　利益を代表する全国団体の有無と政策関心

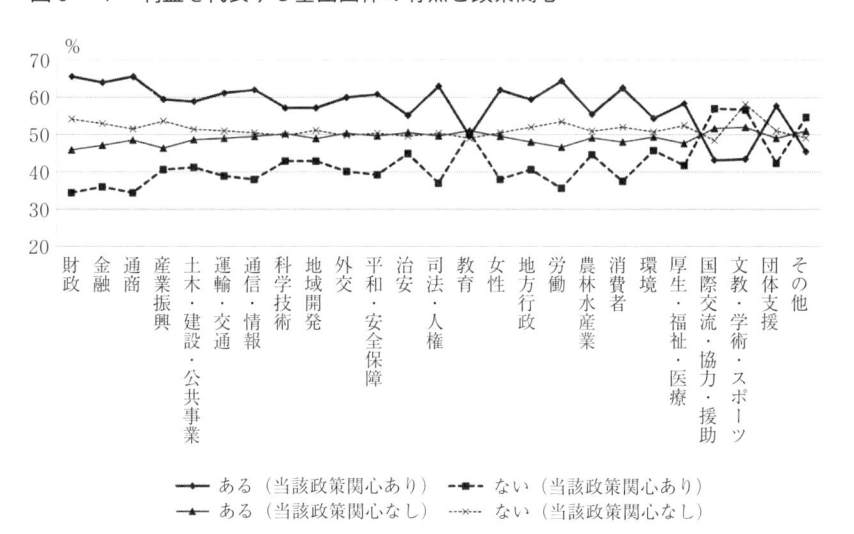

利益を代表する全国団体があると回答している割合が高くなっている。特に財政（65.6%），金融（64.0%），通商（65.6%），労働政策（64.4%）については非常に高い割合で全国団体があると回答している。逆に教育（49.6%），国際交流・協力・援助（43.1%），文教・学術・スポーツ政策（43.4%）では全国団体がないと回答した団体のほうが多くなっている。

4　政治アクターとの関係

社会過程に存在する団体は，どのように政治過程に入りこんでいくのだろうか。ここでは団体が立法府・司法府・行政府のどの機関に働きかけるのが有効と認識しているのかどうかを確認したい。JIGS2の補完調査では，「あなたの団体の主張をとおしたり，権利，意見，利益を守るために，政党（ないし議会），行政，裁判所のどれに働きかけることがより有効だと思われますか。現在と10年前について，1～3の順位をご記入ください」という設問で，改めてこの点を団体に尋ねてみた[5]。表5－6はその結果である。

まず全体的にいえることは，団体の6割以上が行政を有効な対象であると回答しており，行政への評価が高いということである（64.0%）。これは，東

表5－6　政党・行政・裁判所への信頼（単位：%）

%	政党 全体	政党 東京	政党 全体(10年前)	行政 全体	行政 東京	行政 全体(10年前)	裁判所 全体	裁判所 東京	裁判所 全体(10年前)
第1位	32.1	31.7	43.3	64.0	64.5	55.3	4.8	4.7	2.7
第2位	59.6	59.2	51.6	31.2	30.7	41.1	7.8	8.9	5.4
第3位	8.3	9.1	5.2	4.8	4.7	3.6	87.3	86.4	91.9
N	3,425	473	3,363	3,503	488	3,434	3,280	450	3,222

「全体」「東京」は JIGS2 補完調査に基づくデータ。

---

(5) 立法府（政党）・行政府・司法府のどの機関に働きかけるのが有効であると考えられているかに関する設問は，JIGS1調査に含まれていたものであるが，JIGS2調査の調査票設計時にはあまり重要性が高くないと判断された（ほとんどの団体が行政＞政党＞裁判所と回答することがJIGS1の結果から予想されたため）。しかしこの設問は，国際比較分析などにおいて各国の差異を明確に示す重要な変数であることがわかってきたため，先に触れた補完調査において追加で質問することになった。補完調査実施に関する詳細は，付録1を参照。

京に所在する団体のみを取り出してみても変化のない傾向である（東京のみで64.5％）。次に有効な対象とされているのが政党であり，全体で32.1％，東京所在の団体で31.7％となっている。この結果を10年前の状況に関する質問結果と比較すると若干変化が生じていることがいえる。10年前は政党への有効性の評価が高くなっており，43.3％であるのに対し，行政への評価は55.3％と現在に比べ低かった。10年前の状況に関する質問は記憶を頼りに回答されているので，正確な数値として捉えることは控えた方が無難であるが，変化の方向性を知るには有意義である。10年前は政党と行政に対する有効性の評価は，現在同様行政への評価が高いものの，その差は現在よりも少なく，最近10年で政党への評価が低くなり，行政への評価が高くなったといえる。また，裁判所への働きかけを有効だと感じている団体も若干ではあるが増加している。いずれにせよ，10年前の状況も含め，団体の多くが行政を第1位とし，政党を第2位としているという結果は，一般的に団体の接触先として提起される「政党か行政か」という議論に対して（村松1998），日本の団体は行政を信頼しているということを示している。

　この行政への信頼の高さは国際的にみると日本に特徴的なことであり，一般的なこととは言えないということもここで指摘しておきたい。表5－7は，JIGS調査を実施した10カ国の中で質問票に同じ質問が含まれた国の結果を比較したものである。これを見ると明らかなように団体が行政を働きかけ先として有効であると回答しているのは日本と韓国，フィリピンのみであり，米国，ロシア，中国は政党（米国は議会），トルコは裁判所が第1位となっている。三権への有効性の評価は，すなわちどの機関に働きかけを行えば団体の利益が実現しやすいと考えられているのかを表すものであり，団体の利害に係わる政府の決定がどこで行われているか，またどこにおける決定が影響力を持つか，ということを発見する手掛かりとなる。米国の団体が議会を信頼しているという結果は，米国では議会が団体にとって重要な政策決定の場であるということ

表5－7　三権への有効性に関する国際比較（単位：％）

	政党	行政	裁判所
日本	31.7	64.5	4.7
米国	52.7	34.1	3.9
ドイツ	45.7	44.2	26.8
韓国	19.5	80.3	5.6
トルコ	7.6	29	66.8
ロシア	15.3	13.9	12.9
中国	34.9	30.9	11.5
フィリピン	22.1	52.4	9.1

・トルコのみ各機関の有効性をある・なしで質問しており，複数回答となっている。
・トルコ以外の各国の値は第1位の割合。
・米国の「政党」は議会をさす。
・すべて首都の結果。
・日本のデータは，JIGS2補完調査に基づく。

を示している。日本の政治過程では，法律制定においては内閣提出法案が多く，この法案は行政によって作成される。内閣提出法案のほとんどが法律として成立するとすれば，作成に携わる行政に働きかけを行うことは効率が良いことになる。また，日本独特の制度といわれる行政指導や行政裁量といったものも存在し，政策の実施過程で団体の行動に影響を与える（大山 1996：14-16）。日本の団体が行政を有効な働きかけ先であるとしているのはこういった背景があると考えられる。

最後に働きかけの対象としての裁判所の存在に触れておきたい。政党や行政と異なり，裁判所は直接的に政策形成を行うものではなく，施行された法律をもとに司法判断を下すことがその使命であり，それゆえ政策形成過程への働きかけといった観点からは，あまり有効な対象とは言えないかもしれない。実際に分析の結果からも多くの団体が有効な働きかけ先として認識していないことが示されている。しかしだからといって団体の働きかけの対象として裁判所の役割を軽視することはできない。特に本質問に関するJIGS調査全体での国際比較において興味深い結果を見ることができる。表5-7はその国際比較の結果であり，これを見ると，裁判所への信頼を最も高くしている国にトルコがあり，7割近くの団体が裁判所を信頼できると回答している。この理由には，トルコの団体が「権利を守る」といった目的を設定された場合，その場所として裁判所を直結して考えるという傾向があること（質問におけるワーディングの問題）も考えられるが，そもそも政党や行政に直接接触できない団体が存在することや，接触の結果から期待した結果が得られない場合に裁判所への働きかけ，すなわち訴訟の提起を行う団体が存在することが確認されている（平井 2007）。この裁判所への期待については日本においてもまったく同様のことが指摘されてきている（田中 1974a, 1974b, 1979；フット 2006）。法学者である田中成明は以下のように述べ，立法府・行政府での利益の調整に不満を持つものが司法府を利用するとしている。

> 「議院内閣制下の長期保守政権の存在によって立法府と行政府との癒着がきわめて強固であるために，社会におけるこのような要求が立法・行政レベルにおいては必ずしも公正かつきめ細やかに汲み上げられているとはいえないという状況を背景に，立法・行政レベルにおける価値・利害の調整・配分を不満とする人びとが，高度に政治的な色彩を持った紛争を法的問題として裁判所に持ち出すことによってその価値・利害の確

保・実現をはかることが，ますます頻繁かつ組織的に行われるようになってきている」(田中 1974a：564－565)。

また，それとは異なる方向からも団体の政治への参加ルートとして裁判所の重要性が指摘される場合もある。村松岐夫は以下のように，規制緩和の議論と絡め，団体利益の公平な実現化には行政よりも裁判所が重要であるとしている。

「筆者は，多様な数多くの主張が政策過程の舞台のうえに乗り，政策に多数者の利益と同意が吸収されていく過程を重視するものであるが，同様に政府のルールが，集団の自動過程を放任せず，それぞれの時代に秩序づけてきたことも重視している。行政は方向付けを行ってきた。政治も役割を拡大したし，行政も役割を維持した。しかし，もう1つ，団体と団体，行政と団体の調整が，行政よりは司法によって行われるモデルがありうるのである。また，そうすることが重要である」(村松 1994:212)。

諸外国の研究では，政策形成過程における司法の影響力は「政治の司法化(Judicialization of Politics)」(Tate and Vallinder 1995) や「司法支配(Juristocracy)」(Hirschl 2000, 2004) などといった言葉で表現されている。このとき注目される点は，裁判所の政治的機能が，立法府・議会の機能との関係で分析されるということである。具体的には，違憲審査によって立法府で成立した法律が廃止されたり，憲法裁判所への提訴が議会で立法を阻止できなかった野党によって行われたりする場合，「立法」という本来立法府でのみ担われるはずの行為が司法府によって部分的に担われているということが指摘される。これらの研究では民主主義を成り立たせる1つの機能としての裁判所の役割が注目されており，団体の政治的な活動において裁判所が注目されても不思議ではない。現在は日本においてはあまり注目されない裁判所のルートも今後，重要な機能と認識されるだろう。

5 まとめ

団体世界は複雑な世界である。どのようなレンズでそれを眺めるかによって，その見え方は異なってくる。本章では，メゾレベルに着目し，団体世界の組織間関係の構図を明らかにした。本章における議論の要点をまとめておこう。

(1) 協調・対立関係では，基本的に団体は同じ分類の団体と協調的な関係

を持つ傾向がある。

(2) 他分類の団体や団体以外の社会アクター・政治アクターにまで協調・対立関係を拡大してみると，与党・官僚との協調関係を持つ団体（農林水産業，経済・業界等）と野党との関係を持つ団体（労働）は協調・対立パターンが全く異なる。また，政策ごとの協調・対立関係でも同様の傾向が見えたが，外交政策と首相官邸との協調関係など，特殊な関係も発見された。

(3) 団体分類ごとに分類内関係の形態は変化する。その代表例として，市民団体は単一型で構造的にも利益表出においても単体で活動するが，労働組合はピラミッド型で団体分類内の繋がりが強い。

(4) 以上の点から労働団体の特異性が浮かび上がってくる。労働団体は組織構造からはコーポラティズム型といえるが，他方で協調・対立関係からは野党と協調し与党・官僚と対立しているため，調査が行われた2007年の時点では政策過程から排除された存在となっている。利益は集約されるがその行き場は閉ざされているといった状況が描き出される。

(5) 社会過程に存在する団体は，どのように政治過程に入りこんでいくのだろうか。団体がその活動を政治過程に広げていく際，基本的には行政府がその働きかけの対象として有効であると考えられている。この傾向は比較政治的な視点からみると一般的なことではなく，日本の政治過程の特徴を反映したものであると言える。

第6章
団体－行政関係の諸相

－国との関係を中心として－

森　裕城

1　政治へのルート：政党か行政か

　利益団体の存立・行動様式は，便宜的に次の2段階に分けて捉えることができる。第1段階は社会過程であり，この社会にはどのような団体がどのような比率で存在するのか，それら団体間の相互関係はどのようなものかといった点が，ここでの研究の焦点となる。社会過程は，本来的には，狭義の政治とは無縁の過程である。第2段階は政治過程であり，社会過程に存在する団体たちがどのようなルートを通じて政治と関係を持つのか，政策決定における団体の影響力はどのようなものかといった点が，ここでの研究の焦点となる。当然のことながら，政治学者の関心は，後者に集中する。本書の6章〜11章は，すべて政治過程に焦点を合わせている。

　現代日本政治は，一般的に言って，二群のエリートたちによって運営されている（村松 1994：192）。第1は政治家・政党であり，第2は官僚である[1]。利益を求める団体たちは，当然に，この2つの政治アクターに向かっていくと考えられる。すなわち，利益団体は「政党を通じてのルート」と「行政を通じてのルート」の2つのルートによって，政策決定に影響を与えようとするのである[2]。

---

(1)　政治過程における政治家と官僚の役割は，本来的には異なっているのだが，現実の政治では政官関係に一定の融合現象が見られるのが普通である。欧米の研究では，官僚の影響力拡大の側面が強調されたが（Aberbach, Putnam, and Rockman 1981），日本の研究では，1980年代以降，政治家の影響力拡大という側面が強調されてきた（村松 1981）。

日本の利益団体は、「政党を通じてのルート」と「行政を通じてのルート」をどのように活用しているのだろうか。まず政党、行政との接触パターンだが、これには次の4パターンが論理的に存在する。①政党・行政の両方に接触する、②行政だけに接触する、③政党だけに接触する、④どちらにも接触しない、という4パターンである。

表6－1の左側は、4パターンの実際の分布をまとめたものである[3]。これを見ると、まず、この社会に存在する団体の約7割が、行政か政党に接触していること（逆にいえば、3割の団体が狭義の政治過程とは関係ないこと）がわかる。そして、団体は「行政接触派」と「政党接触派」に分かれるのではなく、「行政のみ接触派」と「政党・行政両方接触派」に大別されることがわかる。「政党のみ接触派」の少なさが印象的である。

もちろん結果を分類ごとに見れば、分布に差異が見られる。特徴的な点を列挙すると、政治団体は「両方接触派」が圧倒的に多く、労働団体、農林水産業団体、専門家団体、経済・業界団体がこれに続いている。「行政のみ接触派」が多いのは、福祉団体、行政関係団体、教育団体、市民団体、学術・文化団体である。全体で見た場合に少数派であった「政党のみ接触派」は、労

（2） 団体が政治に影響を与えるためのルートとしては、この他にも、裁判所を通じてのルートやマスメディアを通じてのルートが考えられる。これらの論点については、本書の第5章や第10章で議論されているので、そちらを参照されたい。

（3） 行政接触を尋ねる質問文は、「あなたの団体が行政に＜直接的＞に働きかけをする場合、次にあげる役職の方と、どのくらい面会や電話をしますか」（Q18）。提示した役職は、「大臣などの中央省庁の幹部」、「中央省庁の課長クラス」、「首長など自治体の幹部」、「自治体の課長クラス」である。それぞれについて、「まったくない」「あまりない」「ある程度」「かなり頻繁」「非常に頻繁」の5段階で回答を求めた。ここでは、「ある程度」以上の回答が1つでもあれば「行政接触あり」とみなした。政党接触を尋ねる質問文は、「あなたの団体が政党に働きかけをする場合、次にあげる政党とどのくらい接触しますか」（Q20）である。提示した政党は、自民党、民主党、共産党、社民党、公明党、地域政党である。それぞれについて、「まったくない」「あまりない」「ある程度」「かなり頻繁」「非常に頻繁」の5段階で回答を求めた。ここでは、「ある程度」以上の回答が1つでもあれば「政党接触あり」とみなした。

表6－1　政党と接触するか，行政と接触するか

	団体からの接触行動				政治からの接触行動				
	両方接触	行政のみ	政党のみ	非接触	両方から	行政のみ	議員のみ	なし	N
農林水産団体	38.3	35.7	3.8	22.2	21.0	27.4	2.1	49.6	2,775
経済・業界団体	34.7	32.0	5.1	28.2	19.1	23.2	3.5	54.2	3,997
労働団体	42.7	7.4	28.3	21.6	21.8	6.2	21.1	50.9	1,183
教育団体	24.0	40.4	3.2	32.5	12.5	23.3	3.9	60.4	570
行政関係団体	14.2	44.9	3.8	37.2	9.9	25.4	1.5	63.1	845
福祉団体	21.7	48.9	3.4	26.0	17.6	27.5	2.5	52.4	1,175
専門家団体	35.0	29.3	6.7	29.1	16.7	24.7	3.6	55.0	857
政治団体	69.4	5.9	15.7	8.9	47.2	3.6	24.3	24.9	337
市民団体	31.1	40.1	7.8	21.0	22.4	22.9	7.5	47.2	704
学術・文化団体	12.8	39.5	2.2	45.4	7.1	22.5	2.7	66.7	592
趣味・スポーツ団体	17.6	33.9	3.5	45.0	11.3	21.7	1.5	65.4	460
宗教団体	7.4	10.3	10.3	72.1	3.7	1.5	2.9	91.9	136
全体	30.4	32.6	6.7	30.3	17.4	21.6	4.9	56.2	15,785

働団体で3割近く存在する。

　以上の議論は，団体から政治へのアプローチに着目したものであるが，政治から団体へのアプローチも当然に存在するだろう。団体と政治の関係は，一方通行ではなく，双方向と考えるのが自然である。そこで，政治の側からのアプローチのパターンを，表6－1の右側にまとめてみた。利用した設問は，「あなたの団体と関連する政策について，次にあげる人や組織からどのくらい相談を受けますか」（Q21）というものである。そして，「議員・行政の両方から」「行政だけから」「議員だけから」「なし」の4パターンを作成してみた[4]。

　政治からの働きかけの場合は，「なし」が相当に増えるが，それ以外の分布は団体からの働きかけの場合と大きな違いはない。一番多いのは「行政のみ」であり，その次が「両方」であり，「議員のみ」は少数派である。

　以上で明らかになったことは，団体世界における行政の重要性である。団

（4）　設問で提示されたのは，行政については「中央省庁」と「自治体」，議員については「国会議員」と「地方議員」の4つである。それぞれについて「まったくない」「あまりない」「ある程度」「かなり頻繁」「非常に頻繁」の5段階で回答を求めている。上記の表では，行政（中央省庁・自治体），議員（国会議員・地方議員）について，「ある程度」以上の回答が1つでもあれば「相談を受けている団体」としている。

体と行政の関係は，双方向的に結ばれており，その分布の広がりは政党に大きく差をつけている。

本章では，日本の団体たちが政治にアプローチする際の主たるルートである行政に焦点を合わせ，団体－行政関係の諸相を検討する。なお，本章は〈国〉の行政と団体との関係を検討するので，団体の活動対象空間を尋ねたQ11で「日本全国レベル」と回答した団体に限定して分析を行う。地方レベルの団体，世界レベルを活動対象としている団体については，別章を参照されたい。

2 団体－行政関係における時期区分： 発展指向型国家の時代・多元主義の時代・改革の時代

日本の政治は，1990年代以降の政治・行政改革の時代を経て，急激な変化を遂げつつある。本章の考察対象である団体－行政関係にも，大きな変化が生じていることが予測される。ただ，JIGS2調査のような団体調査データを分析する際に留意したいのは，政治過程に関して現在進行形で指摘されている変化が必ずしもデータにわかりやすく反映されるとは限らないという点である。というのは，いったん構築された組織間の関係性や行動パターンは，政治経済環境が変化しても，にわかには変わらないところがあるからである。変わるとしても，その変化は緩やかであり，変化が顕在化するとしても，それは複合的な姿をとると考えられる。

以下では，まず，戦後日本の団体－行政関係をいくつかに時期区分し，それぞれの時期の特性を述べることを通して，データを分析する際の視座を得ることにしよう。一般的に，日本の団体－行政関係は，3つの時期に区分して把握することが可能である。そして，それぞれの時期には，いくつかの特徴が指摘されている[5]。

第1の時期は，中央省庁が団体を上から包摂し，「追いつき型近代化」という国家目標に向けて，社会を誘導していたころである。この時期における日本の政治行政を議論したものとしては，チャーマーズ・ジョンソン（Chalmers Johnson）の「発展指向型国家」の議論が最も有名であろう（Johnson 1982）。

（5） 本節の記述は，大筋で村松（2003, 2006, 2007, 2008a, 2008b），真渕（2004, 2006）の理解に依拠したものである。

真渕勝の整理によれば[6]，この時期の官僚たちは「国士型官僚」と呼ぶべき性格を有していた。彼らの仕事は，何よりも外国のモデルを「調査」することを通して，正しい政策を作り上げていくことであった（村松 2007：9）。

この時期，官僚が社会を方向づけたといっても，それは必ずしも強圧的なものではなかった。というのは，日本の官僚制には行政資源が不足していたからである。たとえば，先進国の中で比べると，日本の公務員の比率や経済に占める国家の財政規模は小さい。また省庁が所管する法律の多くは，制裁条項を備えたものが少なく，権限も決して大きくない。それゆえ省庁は，少ない行政資源を補うために，地方政府や社会の中に存在する様々なリソースを利用しなければならなかった。村松岐夫は，これを「最大動員システム」と呼んだ（村松 1994）。最大動員システムにおける政府と社会の接触面は，相互浸透的なものであり，伊藤大一の印象的なフレーズを借用すれば「政府の底は抜けていた」のであった（伊藤 1980：26）[7]。

第2の時期は，日本が「追いつき型近代化」を達成したころである。所与の目標を失った官僚は，自分たちに指針を与えてくれる何かを必要としていたが，彼らは「社会から生じてくる様々な要求」に応えていくことにその活路を見出した。ここに至って官僚は，外国モデルを「調査」することによって正しい政策を作る「国士型官僚」から，次第に影響力を増してきた政党をはじめとする様々な勢力からの要求を「調整」することを通して時代に見合った政策を実現していく「調整型官僚」へと変貌をとげていくことになる。当初は，上からの指導の側面が強かった行政指導も，次第に，社会との相互作

（6）「国士型官僚」をはじめとして，以下で使用する「調整型官僚」，「吏員型官僚」という用語については，真渕（2004, 2006）を参照。

（7）筆者に政府と社会の接触面という視点を与えてくれたのは，松田宏一郎の著作（松田 1996, 2008）である。松田の議論は，直截的には明治期の政治思想を扱ったものであるが，たとえば伊藤大一の「政府の底は抜けていた」という印象的なフレーズの存在やその読み方について，筆者は多くのことを教えられた。「およそ複雑な利害関心の統合・調整に相当の歴史的蓄積をもった社会の統治には，組織の内部構造と外部との明確な境界に即した合理性についてよりも，『底』の抜き方にこそ慎重な配慮と洗練された技量が必要である。近代国家形成の理論的説明には，『底の抜き方』の理論モデルこそが必要であるといえなくもない」（松田 2008：165-166）という松田の議論は，現代日本の政府と社会の接触面を考える上でも欠かせない視点である。

用を重視するものへと変容を遂げていった（大山 1996）。

この時期に見られた政治過程は，官僚，政治家・政党，団体，市民といった様々な政治アクターが相互に影響を及ぼし，なおかつ，社会の側にある利益団体の圧力行動が政治的決定を動かすという点で，多元主義の政治過程と呼び得る一面を持っていた（村松 1981；佐藤・松崎 1986；Muramatsu and Krauss 1987）。多元主義の政治過程において，特に重要な役割を果たしたのが審議会である。当初の審議会は，国民の代表ではない（選挙という儀礼を経ていない）官僚が政治に関わる上で，「社会の意向を反映する官僚」という装いを作り出すための装置と捉えられていたところがあった。それが次第に，各種の団体・業界の意向を政治に伝え，政治の意向を業界に伝える情報交換の場としての実質的意味を持つようになったといえよう[8]。

第3の時期は，政治の腐敗，行政の不祥事に対する批判が高まる中で，各種の改革が断行されたことによって，政治・行政と社会との間に一定の緊張が生じはじめた時期以降である。この動きは，まだ現在進行形の過渡期にあるが，官僚の主観レベルでは，自らの行動が一定の枠を超えないように配慮する意識が広がりを見せているようである。村松（2006）は，この時期の官僚制を高級官僚調査（2001-2002年）のデータに基づき「中立化する官僚」と呼び，同様に真渕（2004, 2006）は「委縮する官僚制」と呼んだ。ここでイメージされる官僚像は，社会の側の動向に振り回されることを避け，「合理性」という基準に基づき，是々非々の姿勢を保ちながら政策を形成しようとする「吏員型官僚」である。

以上が団体−行政関係の時期区分である。上記のような変遷を経験した日本の団体−行政関係には，①行政が団体を上から包摂する側面（発展指向型国家時代からの継続），②団体が行政に下からアプローチしていく側面（多元主義時代からの継続），③団体と行政との間に一定の溝が生まれる側面（改革の時代の反映）といった3つの側面があると予想される。過去からの遺産がどの程度残っているのか，あるいは，失くなってしまったのか。残っているとすれば，どの部分がどの程度，残っているか。団体−行政関係に関して，様々な解釈やモデルを競合させる前に，まずは，客観的に記述できる部分に

（8）　審議会については，本書7章で詳細な議論がなされているので，そちらを参照されたい。

ついて体系的にまとめていく必要があるだろう。

3 団体-行政関係の基調

3.1. 行政の外延

　政府と社会という図式で一国の政治過程を捉えようとするならば，その接触面が恒常的にどのようなものになっているかが問題となる。手始めに，行政の外延がどこにあるのかを検討したい。「最大動員システム」として機能してきた日本の行政の外延は，かなりの程度，民間にくい込んだものであることは疑いない。JIGS2調査においても，回答団体の中に行政機能を遂行する団体が少なからず存在していることが確認された。ここでは，これらの団体がどのような分布を示しているかを検討しよう。

　行政機能を遂行する団体としては，まず団体分類を問う設問（Q7）で，自らを「行政関係団体」と申告した団体が挙げられる。このような団体は，回答団体全体では845団体（5.4％），「日本全国レベル」を活動対象とする団体の中では88団体（4.6％）存在する。

　表6-2は，「国や自治体の政策のうち，あなたの団体が関心のある政策や活動分野はどれにあたりますか」という設問（Q8）の回答を整理したものである。表の左側は団体にとっての「最も重要」な政策（複数回答不可），表の右側は複数回答を可とした場合の政策関心である。この表からは，行政関係団体の政策関心が特定の分野に限定されず，多

表6-2　行政関係団体の政策関心
(N=88)

政策分野	最も重要な政策	関心のある政策（複数回答）
厚生・福祉・医療	19.3	31.8
土木・建設・公共事業	12.5	21.6
運輸・交通	9.1	14.8
環境	6.8	17.0
業界の産業振興	5.7	17.0
治安	5.7	5.7
その他	5.7	3.5
財政	4.5	21.6
地方行政	4.5	20.5
労働	4.5	10.2
団体支援	4.5	17.0
農業・林業・水産	3.4	8.0
通信・情報	2.3	10.2
司法・人権	2.3	4.5
金融	1.1	6.8
地域開発	1.1	9.1
外交	1.1	1.1
平和・安全保障	1.1	3.4
教育	1.1	6.8
消費者	1.1	4.5
通商	0.0	0.0
科学技術	0.0	5.7
女性	0.0	4.5
国際交流・協力・援助	0.0	8.0
文教・学術・スポーツ	0.0	2.3

表6－3 補助金斡旋・行政の便宜を活動目的としている団体

	N	補助金斡旋	行政上の便宜
農林水産業団体	205	22.4	13.2
経済・業界団体	394	14.7	10.9
労働団体	201	5.5	7.0
教育団体	121	3.3	5.0
行政関係団体	88	9.1	4.5
福祉団体	110	5.5	3.6
専門家団体	105	5.7	8.6
政治団体	39	2.6	5.1
市民団体	67	4.5	0.0
学術・文化団体	211	1.4	1.4
趣味・スポーツ団体	89	4.5	3.4
宗教団体	23	0.0	0.0
全体	1,887	8.4	6.8

方面に向かっていることがわかる。

行政関係団体の他に，行政機能を遂行する団体として，団体の目的・活動を尋ねた設問（Q9）で「会員に国や自治体からの補助金や奨励金を斡旋する」「会員に許認可や契約などの行政上の便宜をはかる」と回答した団体も挙げることができよう。このような団体がどの団体分類に属するかを整理したものが表6－3である。

これを見ると，「補助金の斡旋」や「行政上の便宜をはかる」ことを活動目的とする団体が，行政関係団体に限定されずに宗教団体を除く11分類全体に広がっていることがわかる。こうした点からも，行政機能の分散化を読みとることができよう。

ここでは，本調査が対象とした団体の中に，行政機能を遂行する団体が社会のあらゆる領域にわたって一定程度分布していることを確認した。これらの団体の存在は，日本政府の行政資源の少なさを補完するものであると同時に，政府と社会の間にあって，行政の外延の一部を構成するものとみなすことができよう。

3.2. 規制・助成・協力支持・相互交流

次に，団体－行政関係の基調を確認しておこう。本調査には，団体－行政関係を把握する設問として，次のようなものがある（Q17）。

> あなたの団体は行政機関とどのような関係にありますか。国と自治体のそれぞれについて，次の事項に該当する場合は，✓をご記入ください。
> 許認可を受ける関係にある
> 何らかの法的規制を受ける関係にある
> 何らかの行政指導を受ける関係にある
> 政策決定や予算活動に対して協力や支持をしている
> 団体や業界などの事情についての意見交換をしている

政策執行に対して協力や援助をしている
審議会や諮問機関に委員を派遣している
行政機関の退職者にポストを提供している

設問では，自治体の場合も尋ねているが，本章では国についての回答を扱う。補助金については，Q41で「あなたの団体の昨年度の収入の内訳について，おおよその額をご記入ください」という設問があり，これを利用する。ただし，以下では金額は問わず補助金を受けているかどうかを見ていくことにする。

表6－4は，それぞれの項目の単純分布を示したものである。まずは，全体の結果を見よう。該当団体が多い順に記すと，①許認可（47.5）, ②行政指導（47.4）, ③法的規制（45.9）, ④意見交換（34.4）, ⑤政策執行への協力（18.2）, ⑥政策決定への協力（15.3）, ⑦審議会委員派遣（14.7）, ⑧補助金（12.3）, ⑨退職者にポスト提供（11.0）, となる。総じて，許認可，行政指導，法的規制といった行政側の活動量があらわれる項目の数値が高く，団体側の活動に関する政策執行への協力，政策決定への協力といった数値は低くなっている。日本の団体－行政関係には，行政側からの包摂という側面が基調にあり，次に団体と行政の情報交換，政策決定・執行に関しての相互交流があり，最後に人的交流・資金的関係があるという結果である。

表6－4　団体と国の行政機関の関係　　　　　　　　　　　　　　　（単位：％）

	N	許認可	法的規制	行政指導	団体や業界事情の意見交換	政策決定への協力支持	政策執行への協力援助	審議会委員派遣	ポスト提供	補助金
農林水産業団体	205	53.7	55.6	56.6	33.2	22.4	22.0	12.7	18.5	21.5
経済・業界団体	394	59.1	62.4	66.5	62.2	19.8	25.9	23.4	17.0	11.2
労働団体	201	15.4	30.3	19.9	24.4	10.9	8.0	13.9	3.5	1.0
教育団体	121	45.5	38.8	41.3	29.8	16.5	19.0	15.7	5.0	11.6
行政関係団体	88	62.5	55.7	68.2	44.3	29.5	38.6	18.2	33.0	18.2
福祉団体	110	54.5	42.7	48.2	26.4	12.7	13.6	10.9	10.9	22.7
専門家団体	105	47.6	41.9	47.6	35.2	19.0	16.2	26.7	11.4	8.6
政治団体	39	23.1	38.5	15.4	17.9	10.3	10.3	5.1	7.7	2.6
市民団体	67	23.9	25.4	20.9	20.9	4.5	13.4	9.0	0.0	9.0
学術・文化団体	211	56.4	38.9	47.4	20.4	9.5	15.2	12.8	5.7	10.9
趣味・スポーツ団体	89	37.1	25.8	27.0	16.9	6.7	7.9	3.4	2.2	27.0
宗教団体	23	43.5	43.5	34.8	0.0	0.0	0.0	0.0	0.0	4.3
その他	232	50.0	48.3	48.3	29.3	12.5	17.2	7.8	8.6	9.9
全体	1,895	47.5	45.9	47.4	34.4	15.3	18.2	14.7	11.0	12.3

分類別に見た場合はどうだろうか。団体と行政の関係の深さを全体として把握するために，項目ごとに団体分類に順位（1～12）を付け，その順位の平均を算出してみた。結果は，①行政関係団体（1.8），②経済・業界団体（2.4），③農林水産業団体（3.6），④専門家団体（5.0），⑤福祉団体（5.3），⑥教育団体（5.9），⑦学術・文化団体（6.4），⑧労働団体（9.2），趣味・スポーツ団体（9.2），⑩政治団体（9.4），⑪市民団体（9.7），⑫宗教団体（9.9），という順番であった。行政関係団体，経済・業界団体，農林水産業団体と行政との関係の深さ，市民団体と行政との関係の疎遠さが印象的な結果である。

この他，興味深いと思われる点を列挙しておく。学術・文化団体は，許認可という項目で3位になっている。当該団体の活動に許認可行政が深く関わっていることがわかる。専門家団体は，審議会への委員派遣で1位，団体や業界事情の意見交換で3位になっている。当該団体の有する専門性が，行政に必要とされているのであろう。市民団体の「政策決定への協力支持」と「政策執行への協力援助」を見ると，後者の方が3倍近く多い。市民団体が政府の政策執行のサポーターとして機能している側面を，ここに見ることができる。補助金では，趣味スポーツ団体が1位，福祉団体が2位となっている。これらの団体が，政府の助成を受けて活動していることをうかがわせる。全体として行政と最も疎遠な宗教団体だが，法的規制という側面においては，上位に位置づけられる。

3．3．情報源としての行政

団体－行政関係に関する調査結果を検討した中で，最も印象的であったのは，全国レベルで活動する団体にとっては依然として中央省庁が活動の情報源として認知されているという点であった。団体分類で見れば，多少の相違は発見できるが，全体として中央省庁に匹敵する情報源は，他にはない。

情報源を尋ねた質問文は，具体的には，次のようなものである。「あなたの団体は，活動する上で必要な情報をどこから得ていますか。次の中から重要な順に3つまでお答えください。」提示したリストは，①中央省庁，②政党，③自治体，④地方議員，⑤学者・専門家，⑥企業，⑦マスメディア関係者，⑧専門紙・業界紙関係者，⑨系列団体，⑩協力団体，⑪あなたの団体の会員，⑫NPO，⑬町内会・自治会，⑭その他，である。

表6－5の上部は，当該情報源が1位に選択された割合を示し（割合の高

表6－5　団体の情報源

農林水産団体		経済・業界団体		労働団体		教育団体		行政関係団体		福祉団体	
一位選択率（％）											
中央省庁	32.5	中央省庁	42.2	系列団体	44.9	学者・専門家	22.2	中央省庁	57.6	中央省庁	37.7
系列団体	19.7	会員	18.5	会員	13.8	会員	22.2	系列団体	8.2	系列団体	16.0
会員	11.8	系列団体	10.0	中央省庁	10.7	中央省庁	21.4	会員・自治体	7.1	協力団体	11.3
総　合											
中央省庁	1.00	中央省庁	1.00	系列団体	1.00	学者・専門家	1.00	中央省庁	1.00	中央省庁	1.00
系列団体	0.76	会員	0.59	協力団体	0.52	会員	0.68	自治体	0.28	系列団体	0.49
自治体	0.59	協力団体	0.39	会員	0.38	中央省庁	0.65	系列団体	0.27	協力団体	0.45
会員	0.58	業界紙関係者	0.38	企業	0.31	系列団体	0.63	協力団体	0.23	会員	0.38
協力団体	0.45	企業	0.35	中央省庁	0.28	協力団体	0.43	会員	0.23	学者・専門家	0.32
業界紙関係者	0.45	系列団体	0.32	業界紙関係者	0.22	自治体	0.22	学者・専門家	0.16	自治体	0.29
学者・専門家	0.39	学者・専門家	0.21	政党	0.20	メディア関係	0.13	企業	0.15	メディア関係	0.22
企業	0.18	自治体	0.18	学者・専門家	0.12	業界紙関係者	0.10	業界紙関係者	0.11	業界紙関係者	0.20
メディア関係	0.13	メディア関係	0.12	メディア関係	0.10	その他	0.10	メディア関係	0.10	その他	0.15
その他	0.05	その他	0.04	地方議員	0.10	政党	0.09	政党	0.08	企業	0.11
町内会	0.02	政党	0.03	自治体	0.08	企業	0.09	その他	0.04	政党	0.10
政党	0.01	地方議員	0.00	その他	0.06	地方議員	0.04	NPO	0.02	NPO	0.04
NPO	0.00	NPO	0.00	NPO	0.00	NPO	0.03	地方議員	0.01	地方議員	0.03
地方議員	0.00	町内会	0.00	町内会	0.00	町内会	0.01	町内会	0.00	町内会	0.00

専門家団体		政治団体		市民団体		学術・文化団体		趣味・スポーツ団体		宗教団体	
一位選択率（％）											
中央省庁	29.5	政党	28.9	会員	15.2	学者・専門家	35.3	系列団体	34.1	会員	28.6
会員	20.0	中央省庁	18.4	メディア関係	15.2	会員	15.2	会員	17.6	系列団体	33.3
学者・専門家	18.1	学者・専門家	13.2	系列団体	15.2	中央省庁	17.2	協力・中央省庁	11.8	その他	9.5
総　合											
中央省庁	1.00	政党	1.00	会員	1.00	学者・専門家	1.00	系列団体	1.00	会員	1.00
学者・専門家	1.00	中央省庁	0.60	メディア関係	1.00	会員	0.75	会員	0.83	系列団体	0.77
会員	0.82	協力団体	0.46	学者・専門家	0.96	中央省庁	0.55	協力団体	0.76	学者・専門家	0.63
系列団体	0.43	学者・専門家	0.42	協力団体	0.75	系列団体	0.28	メディア関係	0.41	協力団体	0.50
協力団体	0.42	メディア関係	0.40	系列団体	0.64	メディア関係	0.25	中央省庁	0.39	メディア関係	0.43
自治体	0.37	自治体	0.29	中央省庁	0.63	業界紙関係者	0.22	自治体	0.34	業界紙関係者	0.20
業界紙関係者	0.34	地方議員	0.27	その他	0.41	企業	0.15	業界紙関係者	0.28	その他	0.20
企業	0.22	業界紙関係者	0.23	自治体	0.36	系列団体	0.14	学者・専門家	0.15	自治体	0.13
メディア関係	0.17	会員	0.23	政党	0.32	自治体	0.12	その他	0.13	町内会	0.13
その他	0.08	系列団体	0.17	NPO	0.23	その他	0.08	企業	0.07	企業	0.10
政党	0.07	企業	0.12	企業	0.23	町内会	0.01	町内会	0.07	地方議員	0.00
NPO	0.02	その他	0.06	業界紙関係者	0.20	政党	0.01	政党	0.02	中央省庁	0.00
地方議員	0.01	NPO	0.02	地方議員	0.09	地方議員	0.01	地方議員	0.00	政党	0.00
町内会	0.00	町内会	0.00	町内会	0.07	NPO	0.00	NPO	0.00	NPO	0.00

「総合」は，各団体分類で最多の項目を「1」としたときの値。

いものを3つまで掲載），表の下部は，1位として選択された情報源に3点，2位に2点，1位に1点を与え，その得点の合計を基準に①から⑭の情報源を順位化したものである。なお，横に提示した数値は，1位の得点を1とした時にどの程度の得点を得ているか（各位の得点／1位の得点）である。

表を一見してわかるように，多くの団体にとって「中央省庁」はかなり重要な情報源となっている。団体12分類のうち，農林水産業団体，経済・業界団体，行政関係団体，福祉団体，専門家団体の5分類において「中央省庁」が1位となっている。特に行政関係団体では，その情報依存度が顕著である。

行政が団体の必要とする情報を独占的に保有している状況は，もっと注目されてもよいように思われる。仮にどれだけ権限の委譲があっても，行政が情報を握り続けている限り，日本の政治過程に本当の意味での大きな変化は起こらない可能性があるからである[9]。行政に代わってシンクタンク機能を果たす可能性があるアクターとして，政党やマスメディア，大学（学者・専門家），NGO・NPO などが考えられるが，それらの位置づけが予想外に低いことが印象的である。

---

(9) この問題は，実際にはもう少し複雑かもしれない。曽我（2005）は，日本の官僚制と民間部門のそれぞれが「情報共有型の組織」としての性格を持ち，相互補完的に情報を共有してきたと議論している。つまり，団体の側からすれば官僚が情報源になるが，官僚の側からすれば団体が情報源になっている可能性があるのである。こうした点は過去の調査データからも窺うことができる。たとえば，村松岐夫によって実施された高級官僚調査には，「行政が利益（圧力）団体と接触することには，どのような利点があると思われますか」という設問があり，「必要な情報を得ることができる」（28.7％）が2番目に多い回答と報告されている（村松 1981: 220）。曽我は，官僚制改革の方向性を次のように論じているが，それは団体―行政関係を研究する際にも欠かせない視点であると思われる。「官僚制はそれだけで自立して存在しているのではなく，一方では政治家集団と，他方では民間部門と常にかかわる存在である。そして，これらのすべての間に，補完性の結果として，情報共有型の組織が成立していたことが，戦後日本社会の特徴だった。官僚社会は，我々の社会でもあったのである。したがって，官僚制の改革も，民間部門や政党組織の変化に適合的な形態をとる必要がある。それらとの関係を無視して，官僚制の改革だけを考えても，官僚制は機能不全に陥るだろう」（曽我 2005：190）。

4 団体と行政の接触パターン

4.1. 「政党か行政か」という問いの再説：政党ルートの重要性

本章の冒頭で，利益団体は「政党を通じてのルート」と「行政を通じてのルート」の2つのルートによって，政策決定に影響を与えようとする，と述べた。そして，日本の団体は「行政接触派」と「政党接触派」に分かれるのではなく，「政党・行政両方接触派」と「行政のみ接触派」に大別されることを指摘した。この傾向は，本章のように分析対象を国の政治に限定した場合でも，当てはまるのだろうか。

表6-6の左側は，「日本全国レベル」を活動対象とする団体に限定して，表6-1と同じ計算を行ったものである。表6-1との差異はほとんどない。ところが，表6-6の右側に見られように，行政の接触対象を「中央省庁」に限定すると，分布は大きく変化する。同じ行政といっても，中央省庁は，団体にとって容易には接触できない存在なのである。

団体-行政関係を，団体-中央省庁関係と限定的に捉えると，本章冒頭の議論には，2つの点で修正を加えなければならない。すなわち，①行政の団体包摂はかなり限定的となる。団体と中央省庁との間には一定のハードルが

表6-6 政党に接触するか，行政に接触するか（日本全国レベルを活動対象とする団体限定）　　　　　　　　　　（単位：％）

	行政＝中央・地方両方の場合				行政＝中央省庁に限定した場合				N
	両方接触	行政のみ	政党のみ	非接触	両方接触	行政のみ	政党のみ	非接触	
農林水産業団体	31.2	30.7	6.8	31.2	13.7	17.1	24.4	44.9	205
経済・業界団体	21.6	34.3	4.1	40.1	16.2	28.2	9.4	46.2	394
労働団体	39.8	4.0	34.3	21.9	21.9	2.5	52.2	23.4	201
教育団体	28.1	27.3	1.7	43.0	20.7	18.2	9.1	52.1	121
行政関係団体	18.2	48.9	2.3	30.7	17.0	36.4	3.4	43.2	88
福祉団体	30.9	21.8	2.7	44.5	20.9	14.5	12.7	51.8	110
専門家団体	22.9	28.6	5.7	42.9	15.2	21.0	13.3	50.5	105
政治団体	61.5	2.6	23.1	12.8	38.5	0.0	46.2	15.4	39
市民団体	31.3	26.9	14.9	26.9	19.4	7.5	26.9	46.3	67
学術・文化団体	8.5	27.5	0.9	63.0	7.6	19.0	1.9	71.6	211
趣味・スポーツ団体	12.4	31.5	4.5	51.7	3.4	14.6	13.5	68.5	89
宗教団体	8.7	4.3	8.7	78.3	8.7	0.0	8.7	82.6	23
全体	24.7	27.1	8.1	40.1	15.7	18.2	17.2	48.9	1,895

あり，中央省庁に接触できない団体が存在する（全体で見ると「非接触」が9ポイント上昇する）。②団体には「行政派」「行政＋政党派」に加えて，「政党派」というカテゴリーが存在する（全体では17.2%の団体がこれに該当する）。

ただし，これら中央省庁と接触しない団体が，中央省庁に背を向けた存在であると考えるのは早計であるということを強調しておかなければならない。というのは，中央省庁に直接的に接触できない団体たちには，自治体関係者や政党（国会議員・地方議員）を通じて，間接的に中央省庁に接触するというやり方が残されているからである。

4.2. 直接接触と間接接触

団体は，国の行政に対して，直接的に働きかける場合もあれば，別の組織や人物を介して間接的に働きかけることもあるだろう。JIGS2調査では，直接接触については「あなたの団体が行政に＜直接的＞に働きかけをする場合，次にあげる役職の方と，どのくらい面会や電話をしますか」（Q18）という質問（提示した役職は「大臣などの中央省庁幹部」「中央省庁の課長クラス」），間接接触については「あなたの団体は，次にあげる人を介して行政に＜間接的＞に働きかけることがどのくらいありますか」（Q19）という質問（提示したのは「地元の国会議員」「地元以外の国会議員」「首長などの自治体幹部」「地方議員」）によって，国の行政に対する団体の接触行動を捉えようとした。表6－7は，結果をまとめたものである。「非常に頻繁」「かなり頻繁」「ある程度」「あまりない」「まったくない」のうち，「ある程度」以上の回答の割合を示してある。

国の行政への直接接触の基本的な窓口は，課長クラスの官僚である。中央省庁の幹部クラスに接触できるのは，どの分類を見ても1～2割程度である。間接接触の方は，課長クラスの直接接触ほどではないが，どの項目も一定の割合を示している。国レベルの団体－行政関係を見るに際しては，国会議員・地方議員・自治体関係者の動向に一定の配慮をしなければならないことは確かなようである。これはかつて村松岐夫が多元主義の政治過程として描いた行政過程の諸現象と深く関連する事象である（村松1981；村松1988）。

このほかに重要な点を記せば，直接接触の割合が高い行政関係団体，経済・業界団体では間接接触が低調で，反対に，直接接触が低調な労働団体，市民

表6－7　団体から行政へ：直接接触と間接接触（「ある程度」以上）

(単位：％)

	直接接触	(接触対象)	間接接触		(媒介)	
	大臣など中央省庁幹部	中央省庁課長クラス	地元国会議員	非・地元国会議員	自治体幹部	地方議員
農林水産業団体	12.7	28.3	21.0	15.6	23.4	21.0
経済・業界団体	11.9	42.6	12.7	11.7	9.9	9.4
労働団体	14.9	22.9	43.8	36.3	28.4	49.3
教育団体	21.5	35.5	20.7	18.2	18.2	19.8
行政関係団体	27.3	53.4	12.5	13.6	18.2	9.1
福祉団体	16.4	31.8	22.7	21.8	13.6	18.2
専門家団体	11.4	34.3	16.2	16.2	11.4	10.5
政治団体	23.1	33.3	69.2	59.0	53.8	56.4
市民団体	13.4	23.9	28.4	26.9	32.8	37.3
学術・文化団体	10.4	24.2	5.2	5.2	4.3	3.8
趣味・スポーツ団体	5.6	16.9	10.1	9.0	14.6	14.6
宗教団体	8.7	4.3	4.3	8.7	4.3	8.7
その他	13.4	31.5	19.8	13.8	18.1	20.3
全体	13.8	31.9	19.7	17.0	16.9	19.0

団体では間接接触が高い割合を示しているという点が興味深い。

4.3. 一方通行か双方向か：中央省庁の場合

　団体と中央省庁との関係は，どの程度，双方向的であろうか。表6－8の左側は，「あなたの団体と関連する政策について，次にあげる人や組織からどのくらい相談を受けますか」（Q21）という設問中の「中央省庁」についての回答を示したものである（「ある程度」「かなり頻繁」「非常に頻繁」という回答の割合）。これを見ると，2割から3割の団体が，中央省庁の側からアプローチを受けていることがわかる。

　表6－8の右側は，中央省庁に対する直接接触，間接接触のどれか1つでも「ある程度」以上の回答があれば，「団体側からのアプローチあり」とみなして，「双方向」，「一方通行：団体から」，「一方通行：省庁から」，「なし」の4パターンを整理したものである。「一方通行：省庁から」という団体はほとんどない。省庁から相談を受ける団体は，何らかの方法で省庁に接触を試みている団体なのである。規模的には，省庁に接触を試みる団体のうち，4割の団体が，省庁からの相談を受けているということになる。

表6-8 中央省庁と団体の接触行動の相互性（単位：%）

	中央省庁から相談を受けるかどうか	双方向	一方通行：団体から	一方通行：省庁から	なし
農林水産業団体	26.8	23.9	30.7	2.9	42.4
経済・業界団体	33.2	28.2	25.9	5.1	40.9
労働団体	16.4	16.4	48.3	0.0	35.3
教育団体	33.1	28.1	21.5	5.0	45.5
行政関係団体	37.5	31.8	26.1	5.7	36.4
福祉団体	27.3	24.5	20.9	2.7	51.8
専門家団体	30.5	27.6	17.1	2.9	52.4
政治団体	17.9	17.9	64.1	0.0	17.9
市民団体	20.9	19.4	34.3	1.5	44.8
学術・文化団体	13.7	10.9	19.0	2.8	67.3
趣味・スポーツ団体	7.9	5.6	28.1	2.2	64.0
宗教団体	4.3	4.3	8.7	0.0	87.0
その他	20.7	17.2	31.5	3.4	47.8
全体	24.4	21.1	28.8	3.2	47.0

5 団体－行政関係の変化を探る

5.1. JIGS1とJIGS2の比較（東京に限定）

　JIGS2調査は全国的に行われたものであるが，そのデータから東京都の部分だけを取り出せば，JIGS1調査との比較が可能となる[10]。

　表6-9は，本章第3節（団体－行政関係の基調）で扱った項目を検討したものである。JIGS2では，「政策執行に対して協力や援助をしている」という質問があるが，JIGS1では政策執行への協力・援助の有無を尋ねていないので，表にはデータを掲載しなかった。なお，JIGS1における団体分類は，農林水産業団体については「農業団体」，経済・業界団体については「経済団体」という用語を使用しており，また，学術・文化団体，趣味・スポーツ団体，宗教団体は，分類自体が存在しない。

　JIGS1の結果とJIGS2の結果を比較する前に，指摘しておかなければなら

---

(10) JIGS1調査を検討した森・足立（2002）は，東京における「日本全国を活動対象とする団体」を扱ったものである。本章で紹介しきれないデータについては，そちらを参照されたい。

表6－9　東京都に所在する「日本全国」を活動対象とする団体と行政との関係

団体分類	許認可		法的規制		行政指導		意見交換		政策決定への協力支持		審議会への委員派遣		退職後のポスト提供		補助金		N	
	JIGS1	JIGS2	JIGS1	JIGS2	JIGS1	JIGS2	JIGS1	JIGS2	JIGS1	JIGS2	JIGS1	JIGS2	JIGS1	JIGS2	JIGS1	JIGS2	JIGS1	JIGS2
農林水産業	68.8	74.6	50.0	66.2	87.5	85.9	81.3	67.6	68.8	36.6	37.5	31.0	37.5	47.9	42.9	14.1	16	71
経済・業界	45.9	61.4	39.8	63.4	66.9	72.8	73.7	74.4	19.5	22.4	33.1	31.7	13.5	23.6	12.0	6.5	133	246
労働	14.6	10.5	29.3	31.6	17.1	23.7	48.8	47.4	9.8	13.2	17.1	23.7	2.4	2.6	10.0	0.0	41	38
教育	45.1	57.1	28.0	46.8	43.9	53.2	24.4	37.7	18.3	22.1	15.9	23.4	6.1	7.8	24.0	7.8	82	77
行政関係	50.6	77.3	42.9	56.8	77.9	79.5	44.2	56.8	20.8	40.9	15.6	20.5	27.3	43.2	43.1	11.4	77	44
福祉	52.9	73.9	29.4	43.5	67.6	65.2	20.6	30.4	11.8	15.2	2.9	19.6	8.8	15.2	32.0	21.7	34	46
専門家	31.0	50.8	29.8	43.1	47.6	47.7	41.7	38.5	14.3	23.1	23.8	30.8	9.5	12.3	29.8	9.2	84	65
政治	40.0	21.4	50.0	35.7	20.0	28.6	20.0	35.7	20.0	21.4	0.0	7.1	10.0	14.3	20.0	0.0	10	14
市民	37.5	38.7	18.8	25.8	25.0	29.0	6.3	35.5	6.3	9.7	12.5	19.4	0.0	0.0	22.2	12.9	16	31
学術・文化	－	62.0	－	42.7	－	54.7	－	24.0	－	10.7	－	17.3	－	6.7	－	8.7	－	150
趣味スポーツ	－	63.0	－	41.3	－	47.8	－	30.4	－	13.0	－	4.3	－	4.3	－	26.1	－	46
宗教	－	42.9	－	42.9	－	28.6	－	0.0	－	0.0	－	0.0	－	0.0	－	0.0	－	7
全体	41.2	58.9	35.7	51.4	54.8	60.6	44.8	48.0	17.9	20.0	19.9	22.6	12.6	16.8	24.4	9.9	672	942

ないのは，全国に存在する団体を対象として作成した表6－4の場合よりも，数値が軒並み高くなっていることである。同じ「日本全国」を活動対象とする団体であっても，東京に所在する団体の方が，行政との関係がより密であることがわかる。

では，JIGS1とJIGS2の結果には，どのような変化が見られるだろうか。ケース数が限られているため断定的に言及はできないが，総じていえることは，団体と行政の関係は現状維持か，あるいはより一層密になっているということである。当然のこととして，分類，項目ごとに違いは看取されるが，団体－行政関係の疎遠化を示す項目は，意外なほどに少ない。唯一，わかりやすく数値が低下しているのが補助金であり，すべての分類でそれが観測できる[11]。

---

(11)　これについては，素直に解釈すれば，実際に行政からの補助金が減ったということになるのだが，調査票の変更に伴う技術的な問題が関係しているかもしれないので，言及しておく。JIGS1では，「あなたの団体は国から補助金や奨励金をいくらうけておられますか。平成8年についてお答えください」という質問で補助金の有無を確認した。これに対してJIGS2では，「あなたの団体の昨年度の収入の内訳について，おおよその額をご記入ください」という質問の回答欄に「国や自治体の補助金」という項目を設けて（項目は「会

表6−10 団体分類別接触行動の変化

団体分類	国の行政への直接接触の変化							国の行政への間接接触の変化						
	大臣などの中央省庁幹部			中央省庁課長クラス			地元国会議員を介しての接触			非・地元国会議員を介しての接触		
	↓	→	↑	↓	→	↑	↓	→	↑	↓	→	↑
農林水産業	15.2	81.1	3.8	15.8	79.9	4.3	14.7	79.3	6.0	9.8	84.6	5.6
経済・業界	11.6	84.9	3.4	13.7	78.3	8.0	8.9	87.7	3.5	5.8	90.4	3.8
労働	10.8	84.5	4.7	8.6	82.8	8.6	13.3	70.3	16.5	9.5	75.3	15.2
教育	11.2	75.3	13.5	13.0	76.1	10.9	2.2	86.5	11.2	2.3	89.8	8.0
行政関係	12.9	80.6	6.5	5.9	88.2	5.9	10.3	86.8	2.9	11.6	84.1	4.3
福祉	8.8	83.8	7.4	6.9	81.9	11.1	6.8	85.1	8.1	6.7	82.7	10.7
専門家	11.3	80.3	8.5	11.1	76.4	12.5	2.7	86.3	11.0	4.1	86.5	9.5
政治	25.0	66.7	8.3	29.2	58.3	12.5	30.8	57.7	11.5	26.9	57.7	15.4
市民	11.1	70.4	18.5	7.1	67.9	25.0	10.0	73.3	16.7	6.7	76.7	16.7
学術・文化	6.3	85.0	5.6	5.3	84.8	9.9	2.7	92.0	5.3	4.1	93.9	2.0
趣味・スポーツ	4.8	91.9	3.2	3.2	88.7	8.1	4.5	89.6	6.0	4.5	90.9	4.5
宗教	0.0	94.7	5.3	0.0	100.0	0.0	0.0	94.7	5.3	0.0	89.5	10.5
全体	10.7	83.1	6.2	10.5	80.6	8.9	8.3	83.7	8.0	6.7	85.9	7.4

太字は，(↓) と (↑) の差が5ポイント以上のもの。

5.2. 接触行動

JIGS2調査では，団体−行政関係における接触行動に関して，過去（具体的な文言は「10年前」）の行動頻度がどのようなものであったかについても団体に尋ねている。ゆえに，その質問に対する回答と「現在」の活動についての回答を比較すると，当該団体の変化が把握できる。回答者の記憶に頼る調査形式のため，その結果を額面どおりに受け取ることには慎重にならなければならないが，全体の傾向を把握することはできるだろう。

表6−10の左側は，省庁への直接接触・間接接触について，同一団体の「現在」と「10年前」の回答（それぞれ5段階評価）を比較したものである。農林水産業団体を例にして表の見方を説明しよう。中央省庁幹部への接触を見ると，「現在」と「10年前」の接触頻度に変化がない団体が81.1％，「現在」

費入会金」「団体の事業収入」「行政の委託業務手数料」「国や自治体の補助金」「募金補助金」「その他」），補助金の有無を確認した。JIGS2の方は，回答の形式が煩雑であり，郵送調査の質問としては，回答者に多大な負荷を与えるものであったため，結果にゆがみを生じさせた（無回答が増えた）可能性を否定できない。

自治体幹部を介しての接触			地方議員を介しての接触			中央省庁からの働きかけ（中央省庁から相談を受けるかどうか）の変化		
↓	→	↑	↓	→	↑	↓	→	↑
5.4	88.5	6.1	6.9	86.2	6.9	9.0	83.4	7.6
3.3	92.8	3.9	3.6	94.2	2.3	5.8	85.9	8.3
7.8	79.1	**13.1**	8.8	74.4	**16.9**	5.2	87.7	7.1
2.2	88.8	**9.0**	2.2	92.1	5.6	3.2	79.8	**17.0**
7.5	89.6	3.0	7.6	92.4	0.0	7.5	88.1	4.5
4.1	86.5	**9.5**	6.8	87.7	5.5	3.9	85.7	**10.4**
2.8	95.8	1.4	1.4	93.0	5.6	5.5	82.2	**12.3**
20.0	60.0	20.0	24.0	52.0	24.0	**20.0**	68.0	12.0
6.5	77.4	**16.1**	8.8	70.6	**20.6**	3.2	74.2	**22.6**
1.3	96.0	2.7	2.0	95.3	2.7	1.3	92.7	6.0
5.8	87.0	7.2	7.2	84.1	8.7	1.5	94.1	4.4
0.0	94.7	**5.3**	0.0	89.5	**10.5**	0.0	100.0	0.0
4.7	88.7	6.6	5.6	87.3	7.0	4.8	86.7	8.6

の方が高い団体が3.8%，現在の方が低い団体が15.2%となっている。なお，計算にあたっては，この10年間に新しく設立された団体は除外してある。

総じて，これまで中央省庁と関係が深かった団体分類である行政関係団体，経済・業界団体，農林水産業団体で接触行動の停滞化していることがわかる。その一方，市民団体では，中央省庁に対する接触行動が活性化している団体が目立つ。この動きは，他の分類に比べて顕著なものである。教育団体は，間接接触での上昇が目立つ。調査実施時期が，教育改革を重要政策に掲げた安倍政権であったことと関係する動きといえるかもしれない。

中央省庁から団体への働きかけはどう変化しているだろうか。表6－10の右側は，それをまとめたものである。全体的に，活性化傾向が看取される。その傾向が強いのは，市民団体，教育団体，福祉団体，専門家団体である。従来，国の行政との関係が疎遠であった市民団体の動向がここでも注目される。

6　まとめ

以上，本章では，①行政が団体を上から包摂する側面（発展指向型国家時代からの継続），②団体が行政に下からアプローチしていく側面（多元主義時代からの継続），③団体と行政との間に一定の溝が生まれる側面（改革の時代の反映）といった3つの側面の同時存在に留意しながら，団体－行政関係の諸相を検討してきた。データからは，①②に関する側面は把握できたが，③に関しては部分的にしかそれを把握できなかった。高級官僚の主観の中で広がっているという「中立化する官僚」，「委縮する官僚制」というイメージと現実の行政－団体関係には，一定のギャップがあるようである。

本論の主要な発見を簡単にまとめておきたい。
　(1) 団体は「行政接触派」と「政党接触派」に分かれるのではなく，「行政のみ接触派」と「政党・行政両方接触派」に大別される。「政党のみ接触派」の少なさが印象的である。
　(2) 日本では，行政機能を遂行する団体が社会のあらゆる領域にわたって一定程度分布している。これらの団体の存在は，日本政府の行政資源の少なさを補完するものであると同時に，政府と社会の間にあって，行政の外延の一部を構成するものとみなすことができよう。
　(3) 日本の団体－行政関係には，行政側からの包摂という側面が基調にあり，次に団体と行政の情報交換，政策決定・執行に関しての相互交流があり，最後に人的交流・資金的関係がある。分類別に見ると，行政関係団体，経済・業界団体，農林水産業団体と行政との関係の深さ，市民団体と行政との関係の疎遠さが印象的な結果である。
　(4) 団体－行政関係に関する調査結果の中で，最も注目されるのは，全国レベルで活動する団体にとっては依然として中央省庁が活動の情報源として認知されているという点である。団体分類で見れば，多少の相違は発見できるが，全体として中央省庁に匹敵する情報源は他にない。
　(5) 団体－行政関係を，団体－中央省庁関係と限定的に捉えると，行政の団体包摂はかなり限定的となる。すなわち，団体と中央省庁との間には一定のハードルがあり，中央省庁に接触がかなわない団体が存在する。中央省庁に直接的に接触できない団体の中には，自治体関係者や政党（国会議員・地方議員）を通じて，間接的に中央省庁に接触を試みる団体がかなり存在する。こうした局面において，政党は重要な役割を果たしている。かつて「多元主義の政治過程」として語られたイメージに合致する結果である。
　(6) 団体と中央省庁との関係は，どの程度，双方向的であろうか。省庁から相談を受ける団体は，何らかの方法で省庁に接触を試みている団体であった。規模的には，省庁に接触を試みる団体のうち，4割程度の団体が，省庁からの相談を受けている。
　(7) JIGS1（東京都）とJIGS2（東京都）の結果には，どのような変化が見られるだろうか。ケース数が限られているため断定的な言及はできないが，総じて言えることは，団体と行政の関係は現状維持か，あるいはより一層密になっているということである。分類，項目ごとに違いは看取されるが，団

体－行政関係の疎遠化を示す項目は，意外なほどに少ない。唯一，わかりやすく数値が低下しているのが補助金である。

(8) 接触行動の変化という点では，総じて，これまで中央省庁と関係の深かった団体分類である行政関係団体，経済・業界団体，農林水産業団体で，接触行動の停滞化が広がりを見せている。その一方，市民団体では，接触行動を活性化させている団体が有意に多い。中央省庁から団体への働きかけにおいても，市民団体が存在感を示している。

第7章

行政ネットワークにおける団体

―諮問機関と天下りの分析から―

濱本真輔・辻中豊

1 行政改革下の人的ネットワーク

　戦後日本の政治を理解する上で，政治と社会のネットワークは，多くの論者が注目してきた。例えば，チャーマーズ・ジョンソン（Chalmers Johnson）は，日本人が自主管理でも国家管理でもない官民の協調関係を創りだすことに熱心に取り組んできたと捉えた。官民協調のための独自の制度として，商工審議会や内閣顧問会などの審議会，各産業に対応した産業団体の存在，国家と民間企業の間にある人事交流，法律の拘束を受けることなく調整を行う行政指導を指摘した（Johnson 1982＝1982: 351）。また，ダニエル・沖本は，公共部門と民間部門の間にある中間地帯に注目し，日本を社会関係的，ネットワーク的国家と捉えた。特に，中間地帯を構成する3つの重要な分野の1つとして，特殊法人や業界団体，非公式な政策ネットワークを指摘した（沖本 1989＝1991: 212－259）。村松岐夫は，このような官民協調の制度が形成される背景として，行政の少ないリソースと管轄範囲の広さを指摘している（村松 1994）。また，笠京子は日本の行政組織の編成権が立法府にあり，合意を調達するハードルが高いために，行政省庁はネットワークを形成する安定した基盤があることを指摘している（笠 2000：234－235）。

　このような政治と社会のネットワーク関係の特徴は，組織的な人員の交換にある。行政の側からみれば，少ないリソースと共に，早期勧奨退職制度に伴う人事管理の点から，ネットワークを拡大することが重要であった。一方，審議会に参加し，天下りを受け入れる側からみれば，政府に対する情報を獲得し，不確実性を削減すること，何らかの便益を獲得することが考えられる。

近年の例として，防衛施設庁の現職幹部が逮捕された官製談合事件，道路公団副総裁が逮捕された鋼鉄橋梁談合事件をみても，個人の問題ではなく，組織的な人員と便益の交換関係があることは明らかである。

しかし，バブル経済崩壊以降の長期停滞の中で，官僚制に対する不信感や批判が高まり，政治と社会の間にあるネットワークの逆機能がより問題視されるようになった。直接の契機となった事件は，住宅金融専門会社の破綻に伴う大蔵省批判であった。その批判の背景には，大蔵省が人数は多くなかったけれども，住専を天下り先としていたことである。その後，天下りの主な受け入れ先であった特殊法人に対する批判も高まり，小泉内閣では日本道路公団や日本郵政公社などの公団・公社も民営化された。

果たして，政治と社会の間にある人的交換を中心とするネットワークは，行政改革が進められる中で，変容したのであろうか。本章では，諮問機関と天下りの現状と機能を，審議会総覧などの各種統計とJIGS2（第2次団体の基礎構造に関する調査）データに基づいて分析する。

以下，第2節では諮問機関を分析する。特に，諮問機関の設置数，参加者の構成，団体と行政を媒介するリソース，ネットワークの状態（活動面と信頼感や協調度合いなどの評価面）を分析する。第3節では天下りを分析する。公的部門への天下りの規模を把握し，受け入れる団体側の特徴を明らかにする。第4節では，前節までの知見をまとめ，行政改革下における，政治と社会を結ぶネットワークの状態を論じる。

2 諮問機関政治の変容

2.1. 諮問機関の機能と先行研究

諮問機関には，法令によって設置される「審議会等」[1]と，法令に基づかない「私的諮問機関」の2種類がある。審議会は，国家行政組織法もしくは内閣府設置法の規定に基づき，法律か政令により設置される。一方，私的諮問機関は閣議決定や大臣等の決裁のみで開催される。法令に基づかない機関で

---

(1) 審議会には協議会，審査会，調査会，委員会，会議等の様々な名称がある。政府の公式な文書では，「審議会等」として使用されているが，本章では審議会とする。

はあるが，事務局運営は審議会と同様に，各省庁が行い，予算は公費から支出されている。

審議会の機能として，①専門的・技術的知識の提供，②諸利益の調整と協力体制の構築，③論点整理とスケジュール管理，④権威の付与，⑤国民に開かれた行政などの点が指摘されている（中島 2007：62-63）。実際，審議会という用語は，朝日新聞の紙面（1985年から2007年）をみても，年間1,200件から2,000件程度の言及がある。1日に平均で4件程度の記事が掲載されており，審議会への注目の高さがうかがえる。

諮問機関には，委員の任命のあり方や運営の不透明性への批判（辻中 1999b）とともに，学問的に4つの見方が提示されてきた。1つ目は，官僚優位（支配）論である。この観点からは，官僚が事務局や委員選定を担っており，審議会は官僚の行政責任を曖昧にする隠れ蓑にすぎないものとなる（Pempel 1974；パーク 1972）。事実，政府と考え方の近い人物が審議会の委員に選ばれていることは，委員経験者からも指摘されてきた（萩田 1969）。2つ目は，審議会政治論，ブレーン政治である（上西 1985）。首相の影響力と審議会独自の影響力の，どちらをより強く評価するかで異なるものの，これらの見方では国会をバイパスする政策決定のあり方として審議会を捉える[2]。3つ目は，財界支配論である。審議会の委員に財界関係者が多数参加していることから，審議会等の諮問機関は財界の利益を注入，正当化する機関と捉えられる。4つ目は，コーポラティズム論である。この見方は，諮問機関が社会レベルの異なる集団間の協調と統合の役割を果たしているかどうかに着目する。

もちろん，諮問機関の評価は，一様に決められるものではない（阿部・新藤・川人 1990：56；金 1998）。しかし，分析の焦点である諮問機関の設置状況，代表される委員の傾向，参加する団体の特徴や認識を分析することにより，先行研究の見方を一定程度，検証できるであろう。

2.2. 諮問機関の二層構造

---

(2) この点に関連する諮問機関の研究として，高橋（2008）を参照。ただし，曽我謙悟が審議会には政治的統制がかかっている可能性を実証している（曽我 2006）。

諮問機関は，戦前から存在し，明治時代にまでさかのぼることができる。しかし，戦前の審議会は，設置が勅命事項であったこと，政府職員の比重の高さなどにより戦後のそれとは異なる（阿部 1978）。

図7－1は，審議会の設置数の推移である。1956年からみても，その数が増加し，1965年には277になった。しかし，行政改革の一環として，1966年，1977年，2000年に統廃合が行われている。特に，近年の審議会の減少は，自社さ政権において，社会党やさきがけが審議会の統廃合や透明性の向上を主張し，行政改革の一環として位置づけられたことにある。1997年12月に提出された行政改革会議の最終報告において，整理合理化の方針が決定し，1999年4月に「審議会等の整理合理化に関する基本的計画」が閣議決定された[3]。これを受けて，審議会の数は2000年に105まで減少した[4]。

しかし，審議会の削減だけでは，諮問機関の動向はわからない。なぜなら，諮問機関は審議会と私的諮問機関の二層構造を成しているからである（金 1998）。審議会が終戦直後に形成されたものが中心で，制度的に安定している一方，私的諮問機関はより柔軟に改廃されている。

また，官僚の側からみても，審議会と私的諮問機関の役割や利点は異なる。やや古いデータにはなるが，1985年の行政エリート調査では，審議会の役割として，団体や社会の利害調整（35.9％），決定に権威を与えている（24.3％）と理解されている。一方，

図7－1　審議会の設置数（1956年－2006年）

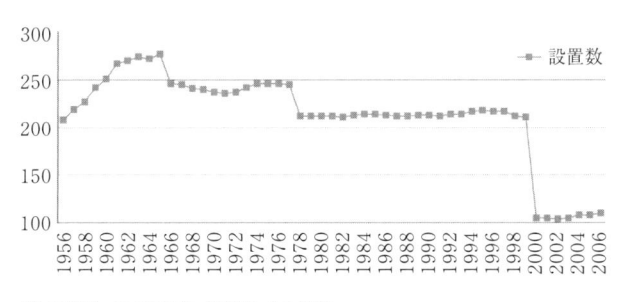

笠（1995）および西川（2007）から作成。

---

(3) 1999年の整理合理化の内容については萩原（2000），戦前から1999年までの諮問機関の展開については牧原（2009：77-84）を参照。
(4) しかし，審議会の下部組織である分科会，部会，小委員会までを含めると，863の機関があるとされる（朝日新聞 2005.2.27）。一方，『審議会総覧』昭和54年，63年，平成10年，18年をみると，分科会等の下部組織数は611, 594, 582, 518と減少している。

私的諮問機関のメリットとして，弾力性（17.5%），専門性（15.1%），本音が聞ける（15.1%）点が評価されている。このように，諮問機関には役割の異なる2つの制度が内在している。そのため，審議会の減少は私的諮問機関の増加で吸収されている可能性がある。

では，私的諮問機関の設置は，どのようになっているのだろうか[5]。表7－1は，1980年代，1990年代，2000年代の合計5つの時期の私的諮問機関の推移を示している。

はじめに，総数をみると，1980年代や90年代に300前後確認されていた諮問機関数が，2000年代には700程度へと倍増していることがわかる。審議会の削減の一方で，私的諮問機関は活発に利用されている。

次に，2007年1月から2008年9月までの間で，活動が確認された私的諮問機関数を府省庁別にみると，厚生労働省（146），国土交通省（133），総務省（101），経済産業省（77），文部科学省（52），農林水産省（47）の順に多い。特に，1980年代や90年代の結果に比べて，前4省は2000年代に大きくその数を伸ばしている。一方で，外務省，財務省，法務省，防衛省，内閣府では従来の水準とほぼ同じである。企画型のスタイルが中心とされる経済産業省だけでなく，現場型を中心とする農林水産省等においても積極的に私的諮問機関が活用されているようである（城山・鈴木・細野 1999；城山・細野 2002）。

このような私的諮問機関の増加の背景には，その活用の容易さとともに，情報公開の進展があるであろう。特に，審議会レベルでは，会議や議事録の公開が1999年の基本計画で定められ，審議の透明性が向上している。そのため，審議会が利害関係者の率直な意見交換や調整という面で，適さない部分があるのかもしれない（森田 2006：126－132）[6]。

2．3．諮問機関の委員構成

諮問機関が活発化している中で，どのような委員が参加しているのだろうか。委員の選任は最重要事項（森田 2006：59）であり，先の異なる4つの見方を検討することにもなる。

（5） 私的諮問機関の調べ方の詳細については，辻中・濱本（2009：285－287）を参照されたい。
（6） 審議会の透明性および決定の質については，細野（2003）を参照。

表7－1　私的諮問機関数の推移

	1980年代		1990年代		2000年代	
	84.1～85.9	85.5～87.8	94.1～95.9	96.4～97.3	07.1～08.9	
内閣官房	2	2	2	0	11	内閣官房
人事院	3				5	人事院
総理府	11	7	8	2	22	内閣府
経済企画庁	13	9	11	9		
沖縄開発庁				1		
公取委	5	6	4	2	6	公取委
警察庁				4	12	警察庁
					4	金融庁
					1	宮内庁
防衛庁			7		6	防衛省
環境庁	6	4	22	23	9	環境省
法務省			2	7	4	法務省
外務省	3	4		2	4	外務省
大蔵省	11	10	21	6	12	財務省
通商産業省	56	59	53	24	76	経済産業省
					1	特許庁
					1	中小企業庁
					6	資源エネルギー庁
農林水産省	23	12	8	14	47	農林水産省
					3	水産庁
					3	林野庁
文部省	13	10	34	36	52	文部科学省
科学技術庁	10	9	6	18		
					3	文化庁
厚生省	28	23	61	38	146	厚生労働省
労働省	21	12	19	13		
					6	社会保険庁
自治省	8	8	12	6	101	総務省
郵政省	38	63	63	52		
総務庁	5	3	5	4		
					45	消防庁
建設省	16	18	23	3	133	国土交通省
運輸省	8	4	12	10		
国土庁	14	7	15	4		
					6	気象庁
					2	海上保安庁
その他	4					その他
合計	298	270	388	278	727	

84.1～85.9は辻中（1985a）の結果。
85.5～87.8は富士経済『1987年度版官公庁私的諮問委員会実態調査総覧』。
94.1～95.9は日経4紙と朝日新聞の記事をもとに作成。
96.4～97.3は総務庁資料「審議会等の公開状況等について」。
07.1～08.9は各府省庁のwebページを参照した結果と朝日新聞および日経4紙の検索結果に基づいて算出。

表7－2　審議会委員の構成

	1975年(a)	1986年(b)	1996年(c)	2006年(d)	(d)−(a)
中央官庁	11.1	5.3	4.4	0.8	−10.3
付属機関	4.2	3.9	3.4	4.8	0.6
国会議員	3.6	2.8	2.4	2.2	−1.4
地方自治体	5.6	4.1	3.7	3.0	−2.6
公共団体	12.8	14.1	15.2	7.7	−5.1
経済団体	26.0	27.2	24.9	17.5	−8.5
企業	11.5	11.2	10.3	11.8	0.3
産業団体	12.7	14.2	12.7	4.2	−8.5
経済総合団体	1.8	1.8	1.9	1.4	−0.4
労働組合	3.1	3.9	3.8	2.3	−0.8
ジャーナリズム	3.5	4.1	3.4	2.5	−1.0
専門サービス団体	5.6	6.5	7.1	9.1	3.5
大学教授	21.5	24.6	27.0	44.3	22.8
市民・消費者・女性団体	1.3	1.5	1.9	2.9	1.6
その他（評論家）	1.6	1.9	2.9	2.9	1.3
N	5,439	4,684	4,652	1,850	

出所）『審議会総覧』各年版。
1975年から1996年までの数字は金（1998）に基づく。

表7－2は，審議会総覧に掲載されている委員を12のカテゴリ（下位カテゴリ3つ）に分類，集計したものである。まず，委員の総数をみると，1975年には5439名であったのが，2006年には1850名にまで減少している。2000年の整理合理化によって，審議会および委員数を削減したこと，審議会の委員定数を30と定めたことが影響している。

　次に，各カテゴリの変化をみると，1996年と2006年の間に大きな変化が起きている。最も割合を増加させているのは，大学教授などの学者である。1975年と比較すると，22.8ポイントの増加である。次いで，専門サービス団体は1975年以降，緩やかに増加し，1975年と比較すると3.5ポイントの増加である。また，市民・消費者・女性団体もわずかではあるが，その割合を増している。

　一方で，割合を減少させているのは，中央官庁，産業団体，公共団体（社団や財団等）である。特に，中央官庁は1975年に11.1％であったものが，2006年には0.8％にまで低下している。1975年と1986年の間，1996年と2006年の間で大きく変化している。これは，審議会批判への対応とともに，1999年の「審議会等の整理合理化に関する基本的計画」において，委員の資格要件に原則として民間有識者を選ぶと定めたことが影響していると考えられる。次いで，産業団体が委員構成における比重を低下させている。この変化は，1996年と2006年の間にあり，この間に8.5ポイント低下している。また，1975年から1996年まで割合を増加させていた公共団体も，その割合を半減させている。

表7－3　省庁別の審議会の委員構成（1996年, 2006年）

1996年の省庁別の委員構成

	総理府	法務	外務	大蔵	文部	農水	通産	建設	運輸	厚生	労働	自治	郵政
中央官庁	6.6	30.2	4.0	6.4	1.9	1.8	4.5	1.6	6.9	2.4	0.4	0.0	3.7
付属機関	3.5	8.1	4.0	2.0	3.4	4.5	1.0	0.0	4.1	6.4	2.9	5.0	0.0
国会議員	9.9	1.2	4.0	0.7	0.2	0.0	0.0	0.0	0.0	0.1	0.0	5.0	1.2
地方自治体	5.2	0.0	0.0	0.7	2.4	5.5	2.3	7.0	4.1	4.3	0.4	20.0	2.5
公共団体	18.7	8.1	40.0	13.5	12.4	15.4	15.0	22.5	15.9	12.7	10.6	30.0	3.7
経済団体	17.9	7.0	28.0	34.0	4.7	41.2	45.5	26.7	31.7	5.8	29.0	5.0	39.5
企業	8.8	4.7	20.0	20.5	4.1	4.5	18.0	9.6	9.8	2.8	17.1	2.5	34.6
産業団体	7.0	0.0	8.0	11.4	0.6	36.5	24.1	16.6	18.3	1.9	6.9	0.0	4.9
経済総合団体	2.1	2.3	0.0	2.0	0.0	0.2	3.4	0.5	3.7	1.0	4.9	2.5	0.0
労働組合	2.3	0.0	0.0	2.7	0.2	1.4	3.8	3.2	3.3	3.0	27.8	7.5	3.7
ジャーナリズム	3.1	1.2	4.0	6.7	2.6	2.7	3.8	6.4	6.9	2.2	2.0	0.0	1.2
専門サービス団体	3.2	16.3	0.0	4.4	13.2	1.2	2.3	9.1	1.2	23.0	3.3	2.5	2.5
大学教授等	23.9	25.6	16.0	22.6	55.1	22.5	17.0	21.4	19.9	35.8	20.4	20.0	33.3
市民・消費者・女性団体	1.7	0.0	0.0	1.0	0.9	1.8	3.3	0.5	0.4	3.0	1.2	0.0	2.5
その他（評論家）	4.0	2.3	0.0	5.4	3.0	1.8	1.8	1.6	5.7	1.3	2.0	2.5	6.2
N	1,018	86	25	297	468	488	800	187	246	671	245	40	81

2006年の省庁別の委員構成

	内閣府	法務	外務	財務	文科	農水	経産	国交	厚労	総務	環境
中央官庁	0.0	10.8	2.8	0.0	0.0	0.0	0.0	0.0	1.1	1.5	0.0
付属機関	7.7	4.1	2.8	4.2	2.1	0.0	5.7	5.7	5.2	5.1	8.6
国会議員	3.6	14.9	0.0	0.0	0.0	0.0	0.0	9.2	0.0	0.0	0.0
地方自治体	7.2	0.0	0.0	1.0	3.2	2.2	0.8	5.7	1.9	2.2	3.5
公共団体	4.5	1.4	5.6	4.2	14.3	11.9	4.9	2.6	14.4	2.9	3.5
経済団体	15.3	5.4	33.3	14.6	11.1	23.1	30.9	21.4	7.8	19.7	12.1
企業	13.1	5.4	33.3	10.4	11.1	8.2	15.5	11.4	5.9	19.0	8.6
産業団体	1.4	0.0	0.0	3.1	0.0	13.4	13.8	7.9	0.0	0.0	1.7
経済総合団体	0.9	0.0	0.0	1.0	0.0	1.5	1.6	2.2	1.9	0.7	1.7
労働組合	1.8	1.4	0.0	3.1	1.1	0.8	1.6	1.3	7.8	1.5	0.0
ジャーナリズム	2.7	2.7	5.6	7.3	1.1	3.0	1.6	2.2	1.9	1.5	3.5
専門サービス団体	8.1	23.0	5.6	8.3	3.2	5.2	1.6	6.1	18.9	9.5	1.7
大学教授等	41.9	32.4	38.9	49.0	59.3	43.3	43.1	42.8	38.9	48.9	60.3
市民・消費者・女性団体	4.1	2.7	5.6	1.0	0.5	8.2	9.8	0.4	1.5	2.2	5.2
その他（評論家）	3.2	1.4	0.0	7.3	4.2	2.2	0.0	2.6	0.7	5.1	1.7
N	222	74	36	96	189	134	123	229	270	137	58

『審議会総覧』から作成。
網掛け部分は最も割合の高いカテゴリであることを示している。

　次に，省庁別での委員構成の変化をみる。表7－3は，1996年と2006年の委員構成を府省別に示している。

　1996年をみると，3つのグループに分けられる。1つ目は，中央官庁や公共団体の割合が高い，法務省，外務省，自治省である。2つ目は，経済団体

の割合が高い大蔵省，農水省，通産省，建設省，運輸省，労働省，郵政省である。学者が2割前後の割合を占めながらも，経済団体の割合が最も高い。3つ目は，学者の割合が高い総理府，文部省，厚生省である。このように，1996年には各府省で委員構成にばらつきがあった。

しかし，2006年をみると，どの府省においても学者の占める割合が最も高い。学者の割合は，法務省の32.4％から環境省の60.3％まで幅があるものの，おおむね4割前後である。このような変化の中で，最も興味深いのは，産業団体の割合が大幅に低下していることである。先に述べた経済団体の割合が最も高かった大蔵省，農水省，通産省，建設省，運輸省，労働省，郵政省の中で，先のグループの異なる省と統合された労働省と郵政省を除いた各省をみると，財務省（−19.4），農水省（−18.1），経産省（−14.6），国交省（−7.8）というように，経済団体の委員割合が大幅に低下している。特に，経済団体を構成する3つのカテゴリの中でも，個別の企業と経済総合団体の間にある産業団体の落ち込みが大きい。その一方で，農水省と経産省では市民・消費者・女性団体の割合が5ポイント程度上昇し，産業団体との差が縮小している。

2. 4. 団体からみた諮問機関

表7−4 諮問機関参加団体の団体分類別の分布

	(a) 団体分類 (％)	(b) 諮問機関 参加団体 (％)	(c) 諮問機関参加 ＆政策実施・ 阻止 (％)	(c)−(a) 変動幅
農林水産業団体	17.8	11.9	10.9	−6.9
経済・業界団体	25.6	34.4	32.0	6.4
労働団体	7.6	8.9	13.5	5.9
教育団体	3.6	3.8	3.3	−0.3
行政関係団体	5.4	5.8	4.3	−1.1
福祉団体	7.5	3.7	5.0	−2.5
専門家団体	5.5	10.8	13.2	7.7
政治団体	2.2	0.5	1.0	−1.2
市民団体	4.5	4.2	4.3	−0.2
学術・文化団体	3.8	6.9	5.0	1.2
趣味・スポーツ団体	2.9	1.2	1.0	−1.9
宗教団体	0.9	0.3	0.0	−0.9
その他	12.7	7.6	6.6	−6.1
N	15,622	739	303	

どのような団体が諮問機関に委員を派遣し，行政とどのようなリソースを媒介として結びついているのか。また，団体側は，行政とどのような関係を形成，評価しているのだろうか。

表7−4は，団体全体の分布，諮問機関に委員を派

遣している団体の分布，諮問機関に参加している団体の中での政策実施や阻止の経験がある割合を示している。これによって，団体分類による代表のされ方や影響力の偏りがわかる。

はじめに，国の諮問機関に委員を派遣している団体は，全体の4.7%（739団体）である。また，諮問機関に参加している団体の分布（項目b）をみると，経済団体が34.4%と最も多い。次いで，農林水産業団体（11.9%），専門家団体（10.8%）となる。

表の項目aとbを比べてみると，団体分類によって，過剰もしくは過小に代表されていることがわかる。諮問機関レベルで過小に代表されているのは，農林水産団体，福祉団体，その他の団体等である。一方で，諮問機関レベルで過剰に代表されているのは，経済団体，労働団体，専門家団体，学術・文化団体である[7]。

さらに，諮問機関に参加している団体の中で，政策実施・阻止に成功している団体分布をみると，諮問機関政治レベルでの利益媒介の違いがうかがえる。例えば，経済団体は（c）−（a）が6.4ポイントであり，諮問機関レベルで利益が代表，媒介される傾向が高い。また，労働団体は諮問機関への参加では過剰に代表されてはいないが，政策の実施・阻止という点では，伸びが大きい。このように，経済団体，労働団体，専門家団体は，団体全体の中での分布以上に，諮問機関レベルで利益を媒介している。

諮問機関に参加している団体は，頂上団体なのであろうか。表には示していないが，諮問機関に参加している団体の団体内での位置づけをみると，単一の団体が32.2%と最も多い。次いで，本部（27.4%），支部・支所（22.6%）となる。どの団体分類においても，本部は2割から3割程度である。また，団体分類別にみると，労働団体と専門家団体では支部・支所の割合が高い。以上の点から，必ずしも組織の上位にある団体のみが，諮問機関に参加しているわけではないことがうかがえる。このような結果は，コーポラティズムで日本政治を捉える際に，団体の集権性の観点が日本ではみられないと評価されていたことと一致する。

---

(7) 以下では，サンプルの少ない政治団体，趣味・スポーツ団体，宗教団体は除く。全体の数字には含まれている。

表7－5 諮問機関への参加とリソースの違い

	中央省庁(情報源)		委託費		補助金	
	非参加	参加	非参加	参加	非参加	参加
農林水産業団体	10.9	42.0	25.1	27.3	56.8	59.0
経済・業界団体	14.5	43.3	23.2	18.7	46.5	34.9
労働団体	6.2	16.7	9.9	0.0	16.6	2.9
教育団体	9.1	42.9	13.3	11.1	47.2	11.1
行政関係団体	29.3	51.2	38.4	44.0	47.9	32.0
福祉団体	9.9	40.7	44.9	33.3	60.1	63.2
専門家団体	17.0	45.0	31.5	22.4	30.1	10.4
市民団体	2.6	12.9	27.1	68.0	35.5	53.8
学術・文化団体	11.4	21.6	20.0	8.6	34.8	26.3
その他	12.0	41.8	19.7	18.5	30.9	33.3
全体	12.0	37.8	24.5	22.2	42.6	34.1

情報源とは，中央省庁を情報源の第1位に選択した団体の割合。
委託費と補助金は，行政から1円以上を受けている団体の割合。

2.5. 媒介する資源

何が諮問機関に参加する団体と行政を結ぶリソースなのだろうか。表7－5は，諮問機関に参加しているかどうかで，情報源や行政からの委託費や補助金の受託率に差があるかどうかを示している。表にある非参加団体とは，諮問機関へ委員を派遣していない団体である。中央省庁（情報源）とは，情報源として中央省庁を第1位に選択している団体の割合を示している。例えば，農林水産業団体で，非参加団体は中央省庁を情報源の1位にしている率が10.9％であるのに対して，参加団体は42.0％と4倍近いことを表している。また，委託費と補助金の項目は，それらを受け取っている団体の割合である。

表からは，情報が行政と諮問機関に参加している団体の間を媒介しているリソースであることがわかる。中央省庁を第1の情報源とする団体は，団体分類に関わりなく，諮問機関に参加している団体で軒並み高い。また，農林水産業団体，経済・業界団体，教育団体，行政関係団体，福祉団体，専門家団体では40％前後であり，諮問機関に参加していない同じ分類内の団体よりも中央省庁を情報源とする割合が高い。

一方で，委託費や補助金を受けている割合は，諮問機関への参加とは関係がないようである。むしろ，諮問機関に参加していない団体の方が委託費や補助金を受けている割合がやや高い。以上の結果は，行政が諮問機関の参加者にインサイダー情報を提供し，利害を共有する団体として育て上げていくとの指摘（森田 2006：119）と一致している。

2.6. 行政との接触，評価

諮問機関に参加している団体は，行政とどのような関係を構築しているのだろうか。紙幅の都合から図には示していないが，諮問機関への参加の有無

と行政への働きかけ，行政から相談を受ける頻度（「3．ある程度」以上を回答した団体の割合）をみると，諮問機関に参加している団体は，参加していない団体に比べて，中央省庁との関係が密接である。中央省庁幹部への働きかけで比較すると，5倍程度（非参加5.8％対参加30.3％），課長への働きかけも5倍の開き（10.2％対53.4％）がある。また，諮問機関に参加する団体は，中央省庁からの相談を受ける割合も高い（7.5％対47.7％）。ここからは，中央省庁と諮問機関に参加する団体の相互依存的関係がうかがえる。

　団体と行政の間の協調，信頼関係は維持されているのだろうか。また，影響力があるとみられる団体が参加しているのだろうか。表7－6は，諮問機関への参加の有無による行政との協調度，信頼度，主観的・客観的影響力を示している。例えば，諮問機関に参加している農業団体は，行政と協調的である団体の割合が61.9％である。

　まず，団体分類間で協調度をみると，労働団体，市民団体，福祉団体では協調度が低い。諮問機関に参加していない団体をみると，行政との協調度が高いと認識している団体は，1割から2割程度しかない。一方，農業団体，経済団体，教育団体，行政関係団体は，比較的協調関係にある団体が多い。

　次に，団体分類内でみると，諮問機関へ参加する団体は，行政との協調度の高い団体が多い。どの団体分類においても，おおむね協調度の高い団体が2割程度増加している。

表7－6　行政と団体の協調度，信頼度，影響力

団体分類	協調度 非参加	協調度 参加	信頼度 非参加	信頼度 参加	主観的影響力 非参加	主観的影響力 参加	客観的影響力 実施 非参加	客観的影響力 実施 参加	客観的影響力 阻止 非参加	客観的影響力 阻止 参加
農林水産業	40.4	61.9	57.4	87.8	57.4	71.1	10.2	37.7	8.3	39.7
経済・業界	39.7	68.2	54.6	78.4	52.2	69.6	10.6	34.8	12.0	39.1
労働	9.7	26.3	32.3	50.0	51.2	73.4	22.5	64.2	29.4	70.7
教育	37.4	50.0	54.0	79.2	41.1	78.6	9.8	37.5	12.6	36.0
行政関係	43.3	66.7	61.3	73.0	44.5	60.5	5.6	33.3	7.5	22.9
福祉	20.5	0.0	48.8	78.3	50.6	74.1	10.8	52.2	11.2	58.3
専門家	32.7	52.2	46.9	80.9	47.9	62.0	11.7	42.6	12.3	41.2
市民	15.7	42.9	38.8	77.8	49.3	90.0	14.3	45.8	14.5	50.0
学術・文化	23.1	61.5	52.1	78.0	35.2	58.8	8.1	31.0	8.5	20.0
その他	25.5	35.7	48.7	62.0	37.3	67.3	8.8	35.4	10.3	35.7
全体	27.0	53.6	50.7	75.5	49.0	69.0	11.4	39.9	12.4	40.8

協調度は，「1．非常に対立的」から「7．非常に協調的」のうち，5以上を選択した団体の割合。
信頼度は，「3．ある程度」以上を選択した団体の割合。
主観的影響力は，「3．ある程度」以上を選択した団体の割合。

信頼度も協調度と同様，諮問機関に参加している団体では高い。どの団体分類でも8割前後の高い水準にある。また，行政との協調度や信頼度が低い労働団体においても，諮問機関に参加している団体は，参加していない団体に比べて，信頼度が高い。また，表には示していないが，行政に対する信頼度の10年前との比較では，諮問機関に参加していない団体では信頼度が低下する割合が高いものの，参加団体ではあまり変化していない。そのため，団体と行政の間の協調関係，信頼感は持続していると考えられる。

次に，主観的影響力，客観的影響力をみると，審議会への参加団体は非参加団体に比べて影響力のある団体が多い。影響力が「ある程度以上」あると認識している団体は，全体でみれば，69.0%にのぼる。分類別にみても，6割から7割前後であり，参加していない団体よりも自己認知影響力は高い。また，実際に政策の実施や阻止の経験という，より客観的な尺度でみた場合，主観的影響力よりも割合は低下するものの，4割前後を占めている。また，労働団体の割合は他の分類よりも30ポイント程度高い点が興味深い。もちろん，審議会への参加が政策の実施や阻止に直結しているわけではない。ただ，官僚の側が，政策の実施や阻止の経験がある団体を選んでいることは確かである。

1990年代の行政改革の影響で，審議会や委員数が削減されたものの，私的諮問機関の設置数は多くの省で以前よりも増加しており，諮問機関の活動は活発になっている。団体と行政を媒介するリソースが情報である点，団体の本部以外の参加も多い点，行政に対する信頼度や協調度の高さなど，かつて指摘されてきたこととの一致もみられた。従来は明らかにされていなかった審議会に参加する団体の影響力という点では主観的，客観的両方の面で影響力があるとみられる団体が審議会に参加しており，これは審議会が官僚の隠れ蓑であるとは必ずしも言えない結果であろう。

一方で，諮問機関を通じたネットワークのあり方に変化もみられた。特に，以前よりも産業団体の参加が低下し，学者の割合が高まっている。農林水産省，経済産業省，国土交通省等では，産業団体の委員割合が軒並み低下している。ただし，専門サービス団体や市民・消費者団体などの割合は低下していない。そのため，審議会レベルでは各省間の違いが弱まると同時に，団体間は平準化してきているといえる。

行政改革が進む中で，情報を媒介とする団体と行政の結びつきは継続しつ

つも，審議会は学者などの直接の利害関係者以外が増加し，私的諮問機関は増加するという諮問機関の二層構造内での変化が起きている。

3 持続していた公的部門への天下り

3.1. 天下りと行政改革

　本節では，公務員の再就職に関する慣行である天下りを分析する。天下りには，公的部門と民間部門の2つの領域がある。本節では，政治と社会のネットワークが焦点であるため，公的部門への天下りに着目する[8]。

　天下り自体は，戦前にもみられた現象であり，官僚が民間企業へ再就職する意味合いで天下りという言葉がすでに使用されている（猪木 1996：209）。戦前の大蔵省の天下りを量的に把握した村松岐夫によれば，再就職をしない人は少なく，明治後期には政府や民間への天下りが多い。また，昭和になると，公社や公団，各種団体への役員の割合が多かった（村松 1981：78-80）。

　ただし，天下りの量的拡大は戦後のことであり，1947年制定の国家公務員法（103条）では官僚の民間企業への再就職には規制がかけられていた[9]。それは，離職後2年間は，離職前5年間に在職していた行政機関と関連のある営利企業に，人事院の承認なしには就職できない「事前承認制度」であった[10]。一方で，民間企業以外の特殊法人や公益法人などへの天下りに規制はなく，それらが民間への再就職の抜け道として利用されているとの批判を受けてきた。特に，政府関係法人労働組合連合（1991年に政府関係特殊法人労働組合協議会を改称）は，『政労協天下り白書』を1970年以来刊行し，天下りを批判してきた。ただし，特殊法人の整理合理化などが閣議決定されるものの，目覚しい成果を挙げているとはいえなかった（猪木 1996：218-219）。

　しかし，1990年代の行政改革の中で，天下りを含む公務員制度改革が議題として設定された[11]。1996年に橋本内閣で設置された行政改革会議に始まり，

（8）　民間部門と自治体レベルの天下りの概要は辻中・濱本（2009）を参照されたい。より詳細な分析は，今後の課題としたい。
（9）　敗戦直後の国家公務員法の成立過程については中野（2008）を参照。
（10）　審査基準については，川村（1994）を参照。
（11）　公務員制度改革に関しては，『ジュリスト』1158号，1226号，1355号で特集が組まれている。

2001年12月には「公務員制度改革大綱」が閣議決定された。大綱には批判が集中し，一時頓挫するものの，2004年6月の与党申し入れを契機として同年12月には「今後の行政改革の方針」が閣議決定された。2007年4月には「公務員制度改革について」が閣議決定され，6月30日に国家公務員法の改正案が成立した。この改正では，営利法人以外への再就職も含めた一括管理制が導入された。

また，1990年代には，公務員の天下り先でもある公益法人に対する批判も高まった。これに対して，1996年に総理府が公益法人概況調査の結果をはじめて閣議決定し，1998年には「公益法人白書」が刊行されるようになった。また，2006年5月には，公益法人制度改革関連3法案が成立し，登記によって非営利法人の設立が可能となる準則主義の導入，主務官庁制度の廃止，公益性認定に関する第3者委員会の設置などが決定された。

3.2. 先行研究

天下りという現象は，どのように捉えられてきたのだろうか。大きくは，2つの見方がある。1つ目は，官僚支配もしくは官僚制の組織管理の一環として理解する見方である。例えば，ジョンソンは天下りが退官後の雇用の確保であるだけでなく，行政指導の有効性を高めるための手段であると指摘した（Johnson 1974: 964）。

2つ目は，受け入れる民間企業側の影響力により着目するものである。例えば，ケント・カルダー（Kent Calder）は民間部門への天下りに関して，再就職先が業界の2番手や3番手の企業であることに着目し，天下りが民間企業間の影響力を平等化する機能を果たしていると論じた。特に，業界のトップではない企業にとって，天下り官僚が中央との関係を形成し，天下りの受け入れが保証的機能，情報収集，政策に対する拒否権を得ることになると捉えた（カルダー 1989）[12]。

近年では政府と企業の双方を視野に収めた研究が展開されている。曹圭哲は，民間への天下りを①天下りした本人および受け入れ企業へのアンケート

---

(12) ただし，曹は，カルダーのデータが限定的なものであり，観察にも偏りがあることを指摘している（曹 1995：20−23）。また，他の研究でもカルダーの仮説はあまり支持されていない（Schaede 1995; Nakano 1998）。

調査，②各種政府統計，③企業系列総覧などの統計資料や名簿，④事例研究から分析した。曹によれば，民間企業は不確実性を削減するために天下りを受け入れており，受け入れる民間側の事情によって，天下りの数やパターン（保証人型／ブローカー型／パートナー型）が変化する（曹 1995）。そのため，民間への天下りには，企業側の影響力があることを論証した。また，ウルリケ・シェーデ（Ulrike Schaede）は，1979年から1991年までの天下りを7つの産業の比較から分析している。そこから，企業間で利益が競合している度合いと行政指導などの裁量の大きい規制が，企業の行政へのアクセス確保を促し，天下りの受け入れにつながっていることを明らかにした（Schaede 1995）。

このようにみてくると，官僚がどのような領域に再就職し，どのような機能を担っているのかが，分析の焦点であることがわかる。しかし，従来は，民間への天下りに焦点があり，公的部門への天下りは特殊法人等の分析（猪木 1993；Colignon and Usui 2003；中野 2009）などを例外として，ほとんど分析されてこなかった。

以下では，政府が公表している数字をみた上で，受け入れ側である団体の調査データを分析し，公的部門への天下りの状況とその機能を検討する。

3. 3. 天下りの総数

衆議院調査局は，2007年の民主党議員等の要請によって，天下りに関する予備的調査を行った[13]。その結果，2006年4月時点で，4696法人に26632人が天下っていることがわかった。この数字は，過去数年間に天下り，在職している人数の総計である。表7－7は，予備的調査で判明した法人数，就職者数，取締役相当人数を示している。表では，調査結果を利用して，主な法人格別に分類した数字も示している。

表をみると，民間部門への天下りが429法人であるのに対して，公的部門への天下りが多数を占めていることがわかる。特に，法人数でみると，財団法人が2,032，次いで社団法人が1,632となり，両法人が法人数の78％になる。

---

(13) 予備的調査とは，衆議院の委員会が行う審査又は調査のために，委員会がいわゆる下調査として衆議院調査局長又は衆議院法制局長に調査を命じて行わせるものである。調査結果は，民主党の以下のwebサイトで公開されている。http://www.dpj.or.jp/special/yobicyousa/01.html（最終閲覧2008年12月26日）

表7－7　予備的調査に基づく省庁別の天下り人数

	法人数	社団法人	財団法人	その他	独立行政法人	特殊法人	認可法人	NPO	民間部門	再就職者数	取締役相当
内閣府	71	30	31	0	3	1	1	0	5	373	274
国家公安委員会	40	16	21	0	0	0	1	0	2	265	163
金融庁	62	47	11	0	0	0	2	0	2	165	116
総務省	211	63	127	0	2	6	4	0	9	1,573	618
法務省	161	52	23	81	0	0	2	0	3	1,855	435
外務省	102	38	58	0	2	0	0	3	1	432	362
財務省	336	28	233	0	3	4	2	0	66	783	556
文部科学省	1,034	151	517	305	22	2	33	1	3	3,271	1,676
厚生労働省	724	319	355	15	12	0	12	3	8	4,016	1,708
農林水産省	365	206	122	0	11	3	5	0	18	2,146	1,224
経済産業省	473	192	221	0	10	5	9	3	33	2,397	1,303
国土交通省	848	461	268	2	19	11	3	0	84	6,422	2,832
環境省	62	22	33	0	1	1	0	1	4	262	217
防衛省	210	7	12	0	0	0	0	0	191	2,716	306
全体	4,696	1,632	2,032	403	85	33	74	11	429	26,632	11,790

衆議院調査局「天下りに関する予備的調査」から作成。

再就職者数をみると，国土交通省が6,422人と一番多く，厚生労働省が4,016人，文部科学省が3,271人と続く。これらの3省が再就職者数の半数を占める。以下では，全体の90％程度を占める公的部門への天下りをみていこう。

3．4．JIGS2に基づく公的部門への天下り

先の衆議院の予備的調査では財団法人や社団法人の割合が高かったが，本調査でもそのような傾向がみられるだろうか。表には示さないが，衆議院調査局による予備的調査の結果と同様に，社団法人と財団法人の割合が高い。両法人は，法人格があり，国や自治体にポストを提供する団体の6割を占めている。そのため，JIGS2で捉えられた天下り先は，公的部門と考えてよいであろう。

天下りを受け入れている団体の側は，どのような団体なのだろうか。表7－8は，調査団体の分類の分布と天下りを受け入れている団体の分布を示している。国へのポスト提供をみると，経済団体（34.4％），行政関係団体（22.5％）の割合が高く，全体の半数以上を占めている。続いて，その他（11.8％），農業団体（11.3％）の割合が高い。団体分類と比較してみると，行政関係団体の割合は4倍以上に伸びている。また，経済団体も団体分布以上に，天下りポストを提供していることがわかる[14]。

自治体へのポスト提供をみると，全体で1,631団体（10.4％）が自治体にポスト提供をしている。分類別にみると，経済団体の割合は国の場合と同様に高い一方で，地方自治体レベルでは農林水産業団体（16.8％），福祉団体（12.4％）の割合が上昇している。

表7－8　天下りを受け入れている団体（団体分類別）

団体分類	度数	％	ポスト提供（国）度数	％	ポスト提供（自治体）度数	％
農林水産業団体	2,777	17.8	74	11.3	274	16.8
経済・業界団体	4,000	25.6	225	34.4	571	35.0
労働団体	1,184	7.6	21	3.2	25	1.5
教育団体	570	3.6	10	1.5	55	3.4
行政関係団体	845	5.4	147	22.5	178	10.9
福祉団体	1,175	7.5	33	5.0	203	12.4
専門家団体	857	5.5	33	5.0	80	4.9
政治団体	337	2.2	4	0.6	6	0.4
市民団体	704	4.5	2	0.3	24	1.5
学術・文化団体	592	3.8	21	3.2	33	2.0
趣味・スポーツ団体	460	2.9	6	0.9	32	2.0
宗教団体	136	0.9	1	0.2	2	0.1
その他	1,985	12.7	77	11.8	148	9.1
N	15,622	100.0	654	100.0	1,631	100.0

財団や社団を中心とする天下り先は，いつ頃に設立された団体なのだろうか。官僚制の人事管理の一環としてみれば，天下りポストの拡充が必要である。また，1983年の第2次臨時行政調査会の最終報告により，特殊法人や認可法人の新設が制限されたため，天下り先を公益法人にシフトし，行政委託型法人の設立許可を大幅に増やしたと指摘されている（北沢 2002：46）。行政の肥大化と指摘される傾向は，見出されるのだろうか。

図には示していないが，設立年毎の天下り団体数をみると，国，自治体ともに敗戦直後から設立されている団体を天下り先としている。1946年から1960年の間に設立された団体をみると，国では192，自治体では469団体であり，その数が最も多い。

しかし，行政からの支援を受けて設立されているかどうかをみると，異なった面がみえてくる。JIGS2では，「あなたの団体の設立に際して，何らかの組織から援助を受けましたか。受けた場合は，その組織名をご記入ください」として，設立時の支援を尋ねている。図7－2は，行政支援によって設立された天下り団体の割合を示している。

---

(14)　以下では，政治団体，市民団体，趣味・スポーツ団体，宗教団体を除く。全体にはこれらのサンプルも含まれている。

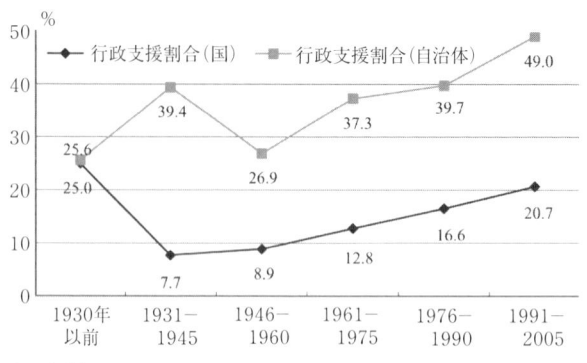

図7－2　行政支援によって設立された天下り団体の比率

期間	行政支援割合（国）	行政支援割合（自治体）
1930年以前	25.0	25.6
1931－1945	7.7	39.4
1946－1960	8.9	26.9
1961－1975	12.8	37.3
1976－1990	16.6	39.7
1991－2005	20.7	49.0

行政支援割合とは，天下り団体の中で，設立時に行政の支援を受けたと回答した割合。

　図をみると，行政支援を受けて設立された団体の割合は高まっている。例えば，1991年から2005年の間に設立された国にポスト提供をしている団体は58である。そのうち，20.7％は設立時に行政の支援を受けた団体である。同時期の自治体をみると，団体数は198であり，そのうち49.0％は行政の支援を受けて設立されている。

　また，自治体の天下り団体数と行政支援割合は，国よりも高い。自治体の団体数は，どの時期区分においても，国の2倍以上である。また，自治体は行政の支援割合も一貫して国より高い。行政が設立の支援を行い，天下りポストの提供を受けるという点では，国よりも自治体レベルの方が，行政と団体の関わりは深いようである。

　このように，ポスト提供をしている団体数は設立年が新しい団体ほど少ないものの，高度成長期以降は行政の支援した団体の割合が高まっている。高度成長以降の割合については，林知己夫と入山映が財団と社団の分析から，行政業務代行型の公益法人割合が高度成長以降も一貫して上昇していると指摘したことと一致する（林・入山 1997：124－126）。

3．5．情報の経路としての天下り

　何が団体と行政を結びつけるリソースなのだろうか。以下では，紙幅の都合から，国レベルの天下りに限定してみていこう。表7－9は，天下り団体とリソースの関係を示している。例えば，設立時に行政の支援を受けず，国からの天下りを受け入れていない団体が，委託費を受託している率は21.1％である。一方で，行政支援を受けて設立され，天下りを受け入れている団体

第7章　行政ネットワークにおける団体　175

では受託率が36.0％になる。

表からは、行政支援と天下りの有無によって、委託費や補助金の受託率、国を情報源とする割合に違いがあることがわかる。特に、国レベルでは、天下りの有無と委託費や補助金の受託率の関連性があまりないようである。委託費の割合をみると、天下りの有無ではなく、行政支援を受けて設立されたかどうかによって、15ポイント程度の差がある。また、補助金の割合に関しても、天下りを受け入れている団体のカテゴリの方が、むしろその割合が低い。ただ、事業収入が多い団体に天下っている傾向はあり、全く関連性がないわけではない。

表7－9　天下りとリソースの関係
（単位：％）

行政支援	天下り	委託費	補助金	情報源
なし	なし	21.1	34.6	27.1
なし	あり	20.1	19.6	54.5
あり	なし	39.1	76.8	45.8
あり	あり	36.0	30.6	62.0

行政支援とは、設立時の支援があったかどうかを示す。
情報源とは、中央省庁を情報源の第1位に選択した団体の割合。
委託費と補助金は、行政から1円以上受けている団体の割合。

国からの天下りは、資金というよりも情報というリソースを媒介しているようである。例えば、設立時に行政支援がなく、天下りを受け入れている団体の54.5％が、情報源として国を第1位に選択している。一方で、行政支援も天下りもない団体では27.1％と半減する。また、行政支援を受けつつも天下りを受け入れていない団体は45.8％となり、行政支援がなく天下りのみの団体と比べて、やや低い。

天下りを受け入れている団体は、行政とどのような関係を形成し、評価しているのだろうか。表7－10は、行政支援と天下りの有無および行政との接触を示している。例えば、表の左上の7.0％とは、行政支援や天下りを受けていない団体の中で、中央省庁幹部への働きかけを「3．ある程度」以上行っている割合である。

表からは、中央省庁幹部、課長への働きかけや相談に関して、天下りを受け入れているかどうかによって、違いがあることが

表7－10　天下りと行政との接触，信頼感，協調度

行政支援	天下り	中央省庁幹部への働きかけ	中央省庁課長への働きかけ	中央省庁からの相談	中央省庁信頼度	協調度
なし	なし	7.0	11.8	8.6	49.1	28.8
なし	あり	17.7	38.7	29.9	75.4	62.7
あり	なし	4.2	7.8	7.6	60.0	39.8
あり	あり	11.1	42.1	30.7	71.2	68.8

働きかけや相談は、「3．ある程度」以上の回答をしている団体の割合。
信頼度は、「3．ある程度」以上を選択した団体の割合。
協調度は、「1．非常に対立的」から「7．非常に協調的」のうち、5以上を選択した団体の割合。

わかる。幹部への働きかけをみると，天下りのみの団体では17.7％であるのに対して，行政支援のみの団体は4.2％にとどまる。また，課長クラスへの働きかけ，中央省庁からの相談に関しても，天下りのみの団体が38.7％，29.9％である一方，行政支援のみの団体は，7.8％，7.6％と低い。このように，国との関係では，設立時の行政支援ではなく，天下りの有無によって差がある。もちろん，天下った官僚が何らかの活動を行っているかどうかは不明である。ただし，先のリソースの分析結果からみても，中央レベルでの天下りは団体と行政の間の接触や情報を媒介している存在であることがうかがえる。

次に，団体と行政の間の協調，信頼関係は維持されているのだろうか。国からの天下りに関してみると，行政支援ではなく，天下りの有無が信頼度や協調度の違いと関連している。天下りのみの団体は，信頼度，協調度が75.4％，62.7％と高い。一方で，行政支援のみの団体は，先の割合が60.0％，39.8％と，15ポイントから20ポイントほど低い。確かに，行政支援のある団体は，行政支援も天下りもない団体に比べて，信頼度，協調度が高いけれども，天下りの有無による差の方が大きい。

天下りを受け入れていることが団体の影響力と結びついているのだろうか。表7-11は天下りの有無と影響力の関係を示している。全体の傾向をみると，天下りを受け入れていることは，自己認知影響力や政策の実施・阻止の経験との関連性がほとんどみられない。

ただし団体分類別にみると，分類毎の違いが大きい。農業団体，教育団体，福祉団体，専門家団体は天下りを受け入れている場合，客観的影響力の数値が大きく上昇している。特に，農業団体では4倍程度の差があり，他の分類でも割合が2倍になっている。一方で，労働団体や行政関係団体は天下りを受け入れている場合に影響力が低下する傾向にある。もちろん，天下りを受け入れることが影響力を高めているかどうかは

表7-11 天下りの有無と影響力関係

	主観的影響力		客観的影響力			
			実施		阻止	
	なし	あり	なし	あり	なし	あり
農林水産業団体	57.6	65.7	10.2	42.4	8.5	35.1
経済・業界団体	53.5	51.1	11.7	19.8	13.1	23.8
労働団体	52.2	57.1	24.9	18.8	32.1	18.8
教育団体	42.9	50.0	11.1	28.6	13.7	28.6
行政関係団体	47.5	35.2	7.4	6.1	8.7	6.4
福祉団体	51.1	51.5	11.2	33.3	12.0	28.6
専門家団体	49.0	57.6	14.4	29.6	14.7	30.8
学術・文化団体	37.4	35.0	10.3	11.1	9.7	5.9
その他	38.0	42.7	9.7	10.5	11.0	12.5
全体	50.0	48.5	12.5	19.7	13.5	20.5

主観的影響力は，「3. ある程度」以上を選択した団体の割合。
客観的影響力は，政策実施の経験，阻止の経験がある団体の割合。

わからない。ただ，民間部門以上に官僚制に近い公的部門への天下りであっても，団体側が脆弱であるとはいえない結果であり，公的部門においてもその関係は多様であることがうかがえる。

本節では，公的部門への天下りの規模と機能を分析してきた。規模に関してみると，財団法人や社団法人などの公的部門が主な天下り先となっていることがわかった。受け入れる団体側の特徴として，行政の支援を受けて設立された団体の割合が，戦後から一貫して上昇していた。特に，高度成長期以後もその割合が上昇し，自治体レベルでは半数にのぼっている。また，天下りと共に，設立時の行政支援によって，行政とのリソース交換や接触に違いがあった。

機能に関してみると，国からの天下りは，委託費や補助金よりも情報と中央省庁への接触や働きかけを媒介する存在という側面が強いことがわかった。この点は，設立時の行政支援の有無を考慮しても言えることであった。

4　まとめ

本章では，諮問機関と天下りの現状と機能を，審議会総覧などの各種統計とJIGS2データに基づいて分析してきた。以下では，本章の分析で得られた知見をまとめ，行政改革下における団体－行政ネットワークについて論じる。

はじめに，諮問機関の分析からは，次の6点が得られた。
(1)　審議会が削減される一方で，私的諮問機関が増加している。
(2)　審議会への参加者として，産業団体，官僚，公共機関の割合が低下する一方で，学者がどの府省においても多数を占めている。
(3)　経済団体，専門家団体は，団体分布以上に諮問機関レベルで代表され，経済団体，専門家団体，労働団体は，団体分布以上に利益の媒介を行っている。
(4)　諮問機関に参加している団体は単一の団体が多く，本部は2－3割程度である。
(5)　団体－行政間を媒介するリソースは委託費や補助金というよりも情報であり，双方向の接触が行われ，行政は諮問機関に参加している団体への相談を増加させている。
(6)　諮問機関へ参加する団体は，行政への信頼度，協調度，主観的影響力，客観的影響力が参加していない団体よりも高い。

次に，公的部門への天下りの分析からは，次の3点が得られた。
(1) 公的部門への天下りは，法人数の割合でみると，財団法人や社団法人が78％を占める。
(2) 天下り団体は，敗戦直後に設立された団体が最も多い一方で，行政支援を受けて設立された団体の割合が戦後一貫して上昇している。
(3) 国からの天下りは，情報源，接触，信頼度，協調度の高さと関連している一方で，委託費や補助金との関連はあまりみられない。

行政改革の進む中，団体と行政を媒介するネットワークは，どのように変化しているのだろうか。以下の3点を指摘しておきたい。

1点目は，行政改革下でも人的ネットワークを中心とする団体－行政関係は維持され，従来からの連続性が確認されたことである。諮問機関や天下りに関連する団体と行政を媒介するリソースが情報である点，団体の本部以外の参加も多い点，行政に対する信頼度や協調度の高さなど，かつて指摘されてきたこととの一致がみられた。もちろん，審議会レベルでの公共団体や産業団体の参加が低下する一方で，市民・消費者・女性団体の割合がやや上昇し，各省庁単位での委員構成も平準化したように，変化している部分もみられた。これらの傾向は，団体間での差異が縮小していることの表れかもしれない。しかし，全体としてみれば，団体と行政の相互依存的なネットワークは審議会改革や天下り規制の進む中でも維持されていたといえる。

2点目は，ネットワーキングの活発化である。行政改革が進められる中で，諮問機関の縮小，透明性が目標として定められたけれども，私的諮問機関は増加していた。また，天下り批判が盛んに行われた90年代においても，行政支援を受けた天下り団体は増加していた。これらの事実からは，行政と団体間のネットワーク化がむしろ進展していることがうかがえる。さらに，諮問機関への参加団体には，行政からの相談が増加しているとの認識が高まっており，行政からの働きかけが強まったといえる。以上の事実からは，官僚の意識面で吏員型が増加していると指摘される（真渕 2006）ものの，行政組織としては団体とのネットワーキングを持続させていることがうかがえる。

3点目は，ネットワークにおける情報の重要性である。分析からは，諮問機関や天下りが行政側の情報入手や働きかけの経路という側面が強く浮かび上がった。これはネットワークの類型からみれば，1980年代と90年代の行政ネットワークの分析に基づいて，辻中豊が指摘した階統制型から情報型への

ネットワークの変化（辻中 2000）が持続していることを示している。
　諮問機関や天下りを中心とする団体－行政のネットワークには，2009年の政権交代により，一定の見直しが行われる可能性がある。政権交代の影響と共に，諮問機関や天下りを受け入れる団体側の差異をより詳細に分析することが今後の課題である。

第8章
政権交代前夜における団体-政党関係の諸相
－弱体化しながらも持続していた自民党一党優位の構造－

森　裕城

1　組織された有権者と組織されない有権者

　今日の選挙で政党が勝利を収めるためには，一般に無党派層と呼ばれる組織されない有権者の支持を得ることが何よりも重要であると言われている。しかし，組織されない有権者は，常に投票所に足を運ぶとは限らず，また短期的な要因によって投票政党を変更するので，これらの人々の支持だけを当てにした選挙戦を展開すると，政党は思わぬ敗北を喫することになる。政党が中長期的に安定的な選挙戦を展開しようと考えるならば，やはり組織された有権者の存在を無視することはできない。

　組織された有権者が求めるものと組織されない有権者が求めるものは相反する部分が大きいので，この点で各政党はディレンマに直面する。こうしたディレンマへの対応という点で，小泉純一郎が党首だった時期の自民党の選挙戦術は卓越していた。2004年までの小泉自民党は，一方で小泉が「構造改革」を訴えることにより組織されない人々の票を動員し，他方で小泉の敵役となった「抵抗勢力」が打倒小泉と既得権益の保持を掲げることで組織された票を動員するという一挙両得の選挙戦を展開してきたといえる。自民党の中の政治家たちが，最初からこのような効果を理解していたとは思えないが，客観的には，組織されない有権者と組織された有権者の両方の支持を集約することに小泉自民党は成功したといえよう。

　もちろん，こうした選挙戦術の賞味期限が切れるのは時間の問題であった。支持が低迷した森自民党の後継であった小泉自民党は，2001年参院選に大勝し，その後2003年衆院選を乗り切ることには成功したものの，2004年参院選

では民主党に敗北した（ただし獲得議席数の差は1議席。自民党の獲得議席は49，民主党の獲得議席は50）。この頃になると，先の選挙戦術のカラクリが綻びを見せ始め，「構造改革」を叫ぶ小泉と「対抵抗勢力」との対決も茶番劇の扱いを受けるようになっていたといえよう。

2004年参院選の敗北から1年後の2005年夏の衆院選で，小泉自民党は一挙両得の選挙戦術を捨て去り，組織されない有権者の票を得る方向に完全に舵を切った。茶番劇が，俄かに真剣による勝負に転化し，自民党から「抵抗勢力」と呼ばれる人々が一掃された。何もかもが常識を超えるその劇的なパフォーマンスは，都市部を中心に大量の組織されない有権者の支持を動員し，小泉自民党は選挙に圧勝した。このとき，自民党の農村部における得票水準は，造反・刺客騒動の影響もあって，見るべき低下を示していたが（水崎・森 2007：第7章），それに気づく者は少なかったようである。

2005年衆院選における自民党の選挙戦術転換の効果は，長くは続かなかった。2年後の2007年参院選で，小泉の後継である安倍晋三率いる自民党は早くも敗北を喫することになる。この選挙での自民党の敗北は，組織されない有権者が民主党に流れたことから直接的には説明されるが，組織された有権者の自民党からの離反行動も各方面で指摘されるようになっていた（今井・蒲島 2007；森 2008b）。こうした流れをいかに食い止めるかが近年の自民党の課題であったが，それを実現できないまま迎えた2009年衆院選で，麻生太郎率いる自民党は歴史的な惨敗を経験することになったのである。

JIGS2調査は，2006年末から2007年初頭にかけて実施されたものである。時期的には，自民党が2007年参院選で敗北する半年前，2009年衆院選で惨敗する2年半前ということになる。政権交代前夜と言ってもよいだろう。本章では，JIGS2調査における団体―政党関係に関連する質問項目に焦点を当て，政権交代前夜の団体世界の状況がいったいどのようなものであったか，そこにはその後の変化につながるような兆しがあったのかどうかを，データに基づいて記述していくことにしたい。

2　団体の選挙活動と政党支持行動

2.1.　選挙活動の頻度

まずは，団体が実際の選挙過程でどのような活動をどのような頻度で展開

しているかを確認しよう。JIGS2 調査では，次のような質問でそれを把握しようとした。「あなたの団体は，国政選挙に際して，次にあげる活動をどのくらい行いますか。A．会員への投票の呼びかけ，B．一般の人への投票の呼びかけ，C．資金の援助，D．選挙運動への人員の援助，E．会員を候補者として推薦，F．選挙区での候補者選出に関与」。回答は，「非常に頻繁」が5，「かなり頻繁」が4，「ある程度」が3，「あまりない」が2，「まったく

図８－１　国政選挙における団体の活動（団体分類別）

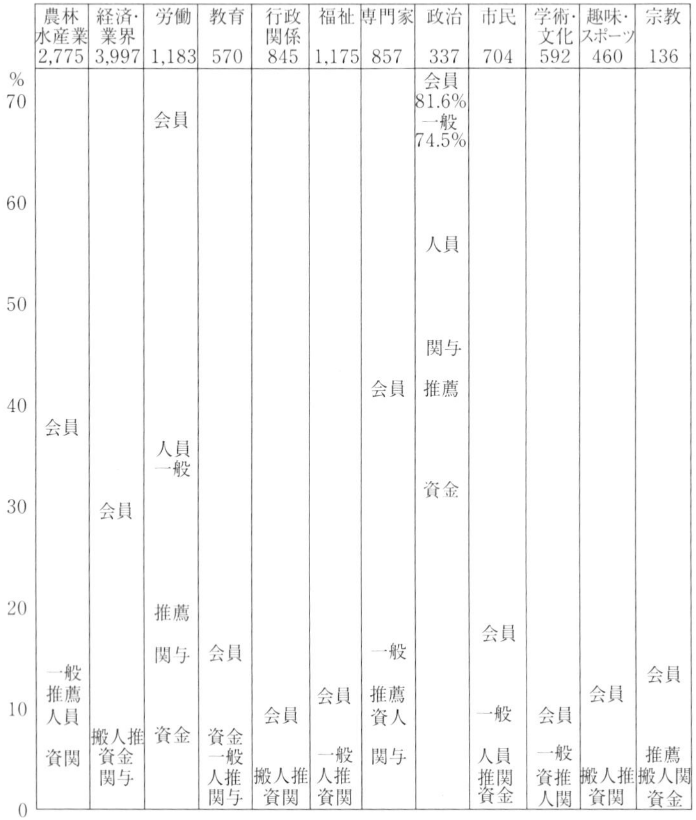
農林水産業 2,775
経済・業界 3,997
労働 1,183
教育 570
行政関係 845
福祉 1,175
専門家 857
政治 337
市民 704
学術・文化 592
趣味・スポーツ 460
宗教 136
%
70
60
50
40
30
20
10
0
会員
一般
推薦
人員
資関
会員
搬人推
資金
関与
会員
人員
一般
推薦
関与
資金
会員
資金
一般
人推
関与
会員
搬人推
資関
会員
一般
人推
資関
会員
一般
推薦
資人
関与
会員 81.6%
一般 74.5%
人員
関与
推薦
資金
会員
一般
人員
推関
資金
会員
一般
資推
人関
会員
搬人推
資関
会員
推薦
搬人関
資金

選挙活動率＝（非常に頻繁＋かなり頻繁＋ある程度）／当該分類団体数×100

会員：会員への投票の呼びかけ　　推薦：会員を候補者として推薦
人員：選挙運動に対する人員の援助　　資金：資金援助
一般：一般の人への投票の呼びかけ　　関与：選挙区での候補者選出に関与

ない」が1の5段階で求めている。

図8－1は,「非常に頻繁」「かなり頻繁」「ある程度」と回答した団体の当該分類団体全体に占める割合を示したものであるが,団体の旺盛な選挙活動の姿が一目瞭然となっている。選挙活動が特に盛んなのは,政治団体,農林水産業団体,労働団体,専門家団体,経済・業界団体である。この結果は,一般的に語られる団体の選挙活動の姿と整合的な結果といえよう。選挙活動のモードという点では,すべての分類で「会員への投票の呼びかけ」が1位となっている。

2.2. 政党支持行動

このような選挙活動は,どの政党に向けられているのだろうか。JIGS2調査には,「あなたの団体は,最近の選挙において,次にあげる政党の候補者を支持もしくは推薦しましたか」という質問文がある(2004年参院選,2005年衆院選について個別に回答を求めている)。表8－1は,その単純集計である。2004年参院選と2005年衆院選を比較すると,2005年衆院選で自民党の支持率の若干の低下,民主党の支持率の若干の向上が見られるが,大きな変化ではない[1]。

結果を全体としてみると,選挙過程における団体世界は,自民党一党優位

表8－1 2004年参院選,2005年衆院選で当該政党の候補者を推薦,支持したか (単位:%)

団体分類		自民		民主		公明		社民		共産	
		04年参	05年衆	04年参	05年衆	04年参	05年衆	04年参	05年衆	04年参	05年衆
農林水産業	2,775	57.5	54.9	5.2	5.5	1.8	1.8	0.6	0.6	0.5	0.6
経済・業界	3,997	44.5	44.7	6.3	6.9	3.7	4.0	0.9	0.9	0.4	0.4
労働	1,183	5.9	6.0	48.3	48.8	1.0	1.1	19.0	19.1	3.1	3.2
教育	570	9.8	10.2	3.2	3.0	0.4	0.5	1.9	2.1	0.7	0.7
行政関係	845	15.1	15.5	2.4	3.2	2.2	2.6	0.7	0.7	0.2	0.2
福祉	1,175	11.3	11.5	3.7	4.3	1.4	1.5	0.2	0.2	0.6	0.6
専門家	857	50.8	50.5	10.5	12.3	7.7	9.0	1.1	1.3	0.8	0.8
政治	337	43.3	43.9	26.4	28.8	8.6	8.6	11.0	11.0	8.9	8.6
市民	704	7.2	7.1	4.1	4.3	1.6	1.6	1.8	2.0	1.8	1.8
学術・文化	592	9.8	9.6	1.0	1.7	1.4	1.4	0.5	0.7	0.3	0.3
趣味・スポーツ	460	12.6	12.2	3.3	3.5	0.2	0.0	0.4	0.4	0.2	0.2
宗教	136	19.9	19.1	7.4	8.8	0.0	0.7	0.7	2.2	0.0	0.0
全体	15,785	31.2	30.8	8.7	9.3	2.6	2.7	2.4	2.5	0.9	1.0

の状態にあったといってよいだろう。農林水産業団体，経済・業界団体でその優位は著しい。様相が異なっているのは労働団体であり，ここでは民主党が他を圧倒している。

3　団体の政党接触行動

3.1. 政党接触の頻度

団体はなぜ選挙活動を行うのだろうか。常識的に考えれば，団体は選挙活動を提供することによって，政党から何らかの見返りを得るのだろう。紙幅の関係でデータを示すことはできないが，選挙活動をする団体はそうでない団体よりもかなり高い頻度で政党に接触している。

団体の日常的な政党接触はどのような広がりを持っているのだろうか。JIGS2調査では，「あなたの団体が政党に働きかけをする場合，次にあげる政党とどのくらい接触しますか」というワーディングで団体の政党接触を尋ね，「非常に頻繁」が5,「かなり頻繁」が4,「ある程度」が3,「あまりない」が2,「まったくない」が1の5段階で回答を求めている。回答欄に提示した政党は，自民党，民主党，共産党，社民党，公明党，地域政党の6つである。

図8-2は，「非常に頻繁」「かなり頻繁」「ある程度」と回答した団体の当該分類団体全体に占める割合を示したものであるが，全体の基調はやはり自民党の一党優位である。特に，農林水産業団体，経済・業界団体，専門家団体，政治団体で自民党の優位が著しい。他と大きな相違を見せるのは，労働団体である。労働団体では，民主党，社民党との接触が高く，自民党接触は共産党に次いで4位となっている。

3.2. 政党接触のパターン

---

(1) この点に関しては，衆院選の方が団体の選挙活動は活発になるはずだという前提に立てば，参院選と衆院選でほとんど違いがないということ自体が，大きな意味を有するかもしれない。また，2004年参院選から2005年衆院選にかけて全体として大きな変化が見られない中で，農林水産業団体だけがわかりやすく下落している点も注目される。割合で見れば必ずしも大きな変化とはいえないが（約2.5ポイントの下落），実数で見ると実に70団体分の支持が消えている。

図８－２　団体分類別政党との接触率

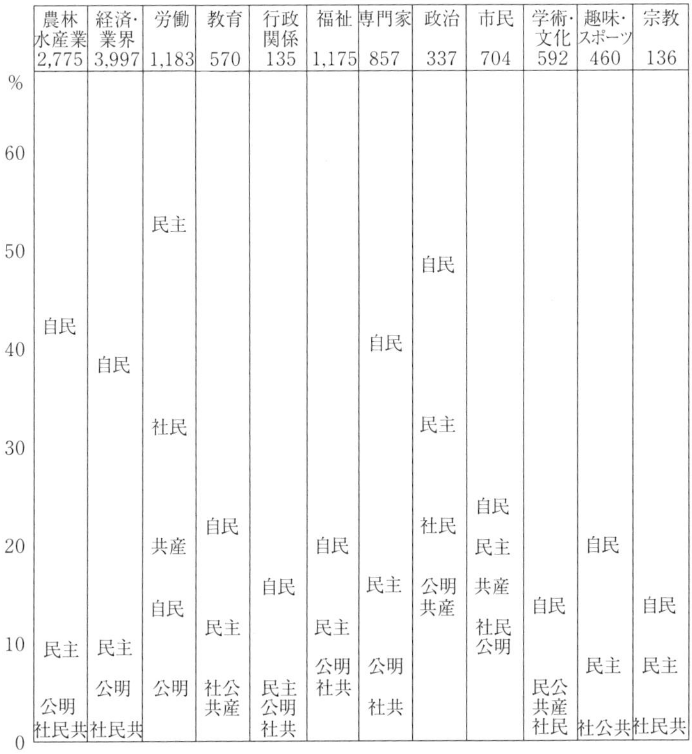
農林水産業 2,775
経済・業界 3,997
労働 1,183
教育 570
行政関係 135
福祉 1,175
専門家 857
政治 337
市民 704
学術・文化 592
趣味・スポーツ 460
宗教 136
%
60
50
40
30
20
10
0
自民 民主 公明 社民共
自民 民主 公明 社民共
民主 社民 共産 自民 公明
自民 民主 社公 共産
自民 民主 公明 社共
自民 民主 公明 社共
自民 民主 公明 社共
自民 民主 社民 公明 共産
自民 民主 共産 社民 公明
自民 民公 共産 社民
自民 民主 社公共
自民 民主 社民共

接触率＝（非常に頻繁＋かなり頻繁＋ある程度）／当該分類団体数×100

団体と政党との関係を考察するに当たっては，有権者－政党関係のアナロジーでそれを捉えてしまうと現象の本質が見えなくなることがある。利益団体は，語義の通り，何らかの利益を追求する組織である。もし，その政党に接触することが当該団体の利益につながると考えれば，複数の政党に接触するであろうし，有権者の政治意識・行動を追究する投票行動研究では想像もつかないような接触政党の組み合わせがあるかもしれない。

この点に関してデータを分析すると，かなりの数の団体が複数の政党と接触していることが明らかになった。全体では，政党と接触しない団体が63%，１つの政党と接触する団体が23%，２つ以上の政党と接触する団体が24%という結果が算出されたのである（Q20で「ある程度」以上と回答した団体を

表 8-2 接触頻度の相関

	自民接触	公明接触	民主接触	社民接触	共産接触
自民接触		.468	.453	.179	.179
公明接触	.468		.448	.387	.366
民主接触	.453	.448		.574	.337
社民接触	.179	.387	.574		.532
共産接触	.179	.366	.337	.532	

※ すべて1％水準で有意（両側）

「接触あり」とみなして計算した）。

複数の政党と接触する場合は，どのような傾向があるのだろうか。それを大雑把に把握するために，各政党に対する接触頻度（1〜5）の相関係数を算出した結果が表8-2である。ほぼすべての組み合わせで正の相関が算出されている点が最大の発見といえる。より詳細には，次のような3つのパターンの同時存在を指摘できるであろう。第1は，政権与党の組み合わせであり，自民党・公明党の相関係数の高さ（0.468）がそれを示している。第2は，二大政党の組み合わせであり，自民党と民主党との間での相関係数の高さ（0.453）がそれを示している。第3は，保革イデオロギー軸に沿った組み合わせであり，自民・公明・民主・社民・共産という並びで，隣り合う政党どうしで高い相関係数が算出されている。特に，民主・社民（0.574），社民・共産（0.532）という組み合わせの数値が高い。

3.3. 団体世界における二大政党化の状況

2007年当時，選挙政治・政党政治で一定程度進展していた二大政党化の流れは，団体世界においても確認できるだろうか。本書の編者の1人である辻中豊は，1980年代以降，90年代，21世紀と3時点で行われた圧力団体調査に基づきながら，二大政党制（もしくは，二大政党による求心的な競合がある安定的な状況）の背後には，団体レベルの独特な行動があるという仮説（「二大政党制の圧力団体的基礎」仮説）を提起している。それは，政党政治の二大政党化状況にあわせて，①団体全体で見た場合に，接触・支持行動の分布に双峰性がある，②同一団体分類内においても，接触・支持行動の分布に双峰性が見られる，③個別の団体レベルでも，危機分散という観点から二大政党の双方と良い関係を維持しようとする動きが見られる，という議論である（辻中 2006）。

JIGS2調査データからは，①②に関しては，仮説に沿った大きな変化を看取できない。③についてはどうだろうか。ここで個々の団体が，自民党と民

主党に対して，どのような接触行動を試みているかを検討しよう。表8－3は，自民党と民主党の2つの政党に限定して政党接触のパターンを集計したものである。全体を見ると，「自民党のみに接触」が20.6%，「自民・民主の両方に接触」が8.0%「民主党のみ接触」が5.0%となっている。分類別に見ても同様の傾向が看取される。「自民か民主か」ではなく，「自民も民主も」という動きが確かに存在するのである[2]。

団体—政党関係の再編は，政権交代に先駆けて起こるものというよりは，政権交代が

表8－3 自民党と民主党への接触パターン

団体分類	自民党のみ接触	両方接触	民主党のみ接触	非接触
農林水産業	32.8	7.8 (2.2+5.2+0.4)	0.8	58.6
経済・業界	29.7	7.7 (2.3+5.2+0.2)	0.9	61.7
労働	3.5	9.2 (0.5+6.7+2.0)	41.5	45.8
教育	14.4	6.8 (1.1+5.6+0.2)	3.5	75.3
行政関係	12.3	3.7 (0.6+2.8+0.2)	0.9	83.1
福祉	10.8	7.7 (1.0+5.7+0.9)	3.8	77.7
専門家	26.0	13.2 (3.0+9.6+0.6)	1.1	59.7
政治	35.6	11.9 (3.0+7.1+1.8)	19.6	32.9
市民	9.1	13.5 (1.0+10.9+1.6)	5.4	72.0
学術・文化	8.3	3.9 (0.5+3.2+0.2)	1.4	86.5
趣味・スポーツ	12.8	5.4 (0.2+4.8+0.4)	1.3	80.4
宗教	8.1	4.4 (0.7+2.9+0.7)	2.2	85.3
全体	20.6	8.0 (1.6+5.8+0.6)	5.0	66.4

※ 「ある程度」以上の回答を接触ありとみなして集計した。表中の（ ）の中の数値は，両方接触の内訳である。左から，「自民党の方が接触頻度が高い」「接触頻度が同じ」「民主党の方が接触頻度が高い」を示している。

った後に起こるものなのかもしれない。辻中もこのこと自体大きな論点であるとし，圧力団体調査では，「政治が独立変数」であり，団体レベルの変化は政治の変動に「遅行して生じる」と推論している（辻中 2006: 315, 322）。政権交代が現実のものとなった現在，事態は急速に変化していくかもしれない。

（2） 紙幅の関係でデータを示すことはできないが，選挙時における政党支持行動においても，実は，「自民も民主も」という動きが見られる。ただし，その規模は接触行動の場合よりかなり小さく，全団体の4%程度である。詳しくは，森（2009a）を参照されたい。

その際，民主党単独接触が急増するのか，「自民も民主も」という接触行動が広がりを見せるのかが，注目されるところである。

4 自民党一党優位の弱体化：過去との比較から

ここまでのデータ紹介から明らかなように，2007年当時，団体世界では自民党の一党優位が続いていた。ただし，ここで描かれた自民党一党優位は，かつてのそれと比較すれば明らかに見劣りするものになっている。自民党が他党に団体の支持を奪われたわけではないにもかかわらず，自民党一党優位が弱体化したのはなぜだろうか。その理由は，以下で見るように，政治過程・選挙過程に深く関わってきた分類の団体が規模と活動を縮小させつつあったからである。

4.1. 選挙過程に関わってきた団体の規模縮小

JIGS2調査の結果に触れる前に指摘しておかなければならないのは，日本社会全体が脱組織化している点である。組織に所属している人数が減れば，その分，選挙過程における団体の影響力は低下する。表8-4は，明るい選挙推進協会による有権者調査によって明らかになったものであるが，この20年間で日本社会の脱組織化はかなり進展している。選挙過程に深く関わっている農業，経済，労働の3分野の落ち込み具合は特に顕著である。このような組織状況にあっては，団体がどれだけ積極的に当該政党の支援活動をしたとしても，選挙過程への影響は小さくならざるを得ない。団体の選挙活動の主たるものが，人の動員に関わるものであることを考えると，それはなおさらのことである。

表8-4　有権者の組織・団体加入状況
（明るい選挙推進協会調査）

	1976	1986	1996	2005
自治会	57.1	69.7	66.5	46.1
婦人会	13.7	11.4	8.4	5.1
青年団・消防団			1.4	2.1
婦人会・青年団合計	13.7	11.4	9.8	7.2
PTA	17.9	16.5	11.8	7.6
老人クラブ			8.8	8.7
農林水産	7.9	9.4	5.3	5.4
労働組合	10.0	11.0	7.6	4.4
商工組合	6.2	5.1	4.5	2.6
宗教団体	4.9	4.3	3.7	3.3
同好会	9.3	11.7	14.2	13.9
住民・消費者・市民団体			1.0	1.1
その他	1.8	1.3	0.7	1.4
未加入	25.3	17.0	20.0	34.1
不明・わからない	0.9	0.6	0.3	0.4

・婦人会・青年団は93年以降，カテゴリを分割している。
・老人クラブと住民・消費者・市民団体のカテゴリは93年から存在している。

4．2．同一団体の回答の比較（「現在」と「10年前」）

こうした状況下で，団体の活動そのものにどのような変化が起こっているかを JIGS2 調査データから見ていこう。JIGS2 調査では，過去（具体的な文言は「10年前」）の選挙活動や政党接触がどのようなものであったかについても団体に尋ねている。ゆえに，その質問に対する回答と「現在」の活動についての回答を比較すると，当該団体の活動頻度の変化が把握可能となる。回答者の記憶に頼る調査形式のため，その結果を額面どおりに受け取ることには慎重にならなければならないが，全体の傾向を大雑把に把握することはできるだろう。

分析の結果，「現在」の活動の方が停滞化していると自己評価する団体が多いことが明らかになった。具体的にデータで示そう。まず，政党接触である。表8－5は，同一団体の「現在」と「10年前」の回答（それぞれ5段階評価）を比較したものである。農林水産業団体を例にして，表の見方を説明しよう。自民党への接触を見ると，「現在」と「10年前」の接触頻度に変化がない団体が82.9％，「現在」の方が高い団体が4.6％，「現在」の方が低い団体が12.5％となっている。なお，計算にあたっては，この10年間に新しく設立された団体は除外してある。これを見ると，これまで自民党と関係が深かった団体分

表8－5　政党接触の変化（現在と10年前との比較）

団体分類	自民党 低下	自民党 変化なし	自民党 上昇	民主党 低下	民主党 変化なし	民主党 上昇	社民党 低下	社民党 変化なし	社民党 上昇	共産党 低下	共産党 変化なし	共産党 上昇
農林水産業	12.5	82.9	4.6	3.3	89.6	7.1	2.7	96.1	1.2	1.1	97.3	1.5
経済・業界	10.1	84.1	5.8	2.5	88.9	8.6	1.5	97.5	1.0	0.9	98.5	0.7
労働	3.7	88.1	8.2	2.7	73.6	23.7	14.3	80.2	5.5	3.8	93.1	3.2
教育	4.9	85.8	9.3	1.8	91.0	7.2	3.6	93.8	2.6	1.8	96.9	1.3
行政関係	5.4	91.1	3.5	1.1	94.5	4.4	1.1	98.1	0.8	0.5	98.9	0.6
福祉	5.5	87.2	7.4	2.4	90.5	7.1	2.9	95.1	2.0	1.3	95.0	3.7
専門家	7.0	81.9	11.1	2.4	84.3	13.3	1.9	96.3	1.8	0.5	96.7	2.8
政治	7.2	81.1	11.7	4.3	76.6	19.1	6.9	84.8	8.3	2.1	93.0	4.9
市民	4.7	84.4	10.8	2.0	84.9	13.1	5.5	89.8	4.7	2.2	91.3	6.5
学術・文化	3.3	92.2	4.5	1.5	93.9	4.7	2.7	95.8	1.5	1.7	97.8	0.5
趣味・スポーツ	3.8	87.4	8.8	1.2	91.1	7.7	1.9	95.4	2.8	0.9	98.1	0.9
宗教	1.8	95.5	2.7	0.0	94.5	5.5	0.0	98.1	1.9	0.9	99.1	0.0
全体	7.9	85.8	6.4	2.3	88.5	9.2	3.3	94.7	1.9	1.4	96.9	1.8

・同一団体の「現在の政党接触」と「10年前の政党接触」の回答を比較したもの。5段階で接触の頻度を尋ねているので，「現在－10年前」を計算することで，接触行動の変化が把握できる。
・「10年前」「現在」の両方，もしくは一方が無回答の場合は，計算から除外した。
・計算対象としたのは調査実施の10年前に存在していた団体。この10年間に新しく設立された団体は含んでいない。

表8－6　国政選挙における団体の活動の変化（現在と10年前との比較）

団体分類	会員への投票依頼 低下	変化なし	上昇	一般への投票依頼 低下	変化なし	上昇	資金援助 低下	変化なし	上昇	選挙運動人員援助 低下	変化なし	上昇	会員を候補者推薦 低下	変化なし	上昇	候補者選出に関与 低下	変化なし	上昇
農林水産業	10.9	84.2	4.9	5.9	91.2	2.9	4.2	94.5	1.3	6.3	91.6	2.1	3.1	94.5	2.4	2.7	95.8	1.5
経済・業界	8.1	87.1	4.9	4.1	93.5	2.4	5.0	93.5	1.5	5.5	92.6	1.9	2.8	95.6	1.6	2.6	96.2	1.2
労働	11.6	81.5	7.0	11.0	84.8	4.2	6.1	91.9	2.0	13.7	81.9	4.4	6.4	90.3	3.3	7.9	89.5	2.7
教育	1.8	94.5	3.7	1.1	96.8	2.1	0.3	99.5	0.3	1.1	97.9	1.1	0.8	99.2	0.0	1.1	98.7	0.3
行政関係	3.0	95.7	1.3	1.5	98.0	0.5	2.2	97.5	0.3	2.2	97.3	0.5	1.5	97.8	0.7	0.7	98.8	0.5
福祉	3.2	95.3	1.5	3.1	95.3	1.6	1.5	97.8	0.7	3.5	95.9	0.6	1.0	98.1	0.9	1.5	97.9	0.6
専門家	5.6	83.6	10.8	3.3	92.6	4.1	3.3	94.4	2.3	3.5	91.3	5.2	2.8	93.3	4.0	1.9	96.9	1.2
政治	10.5	77.0	12.5	9.0	80.0	11.0	7.4	88.3	4.3	8.9	82.2	8.9	6.3	88.0	5.8	5.2	88.0	6.8
市民	3.7	92.8	3.5	2.2	93.8	4.1	1.1	97.5	1.4	2.2	95.4	2.4	1.6	96.5	1.9	1.9	96.5	1.6
学術・文化	1.9	95.9	2.2	1.7	96.9	1.5	0.5	98.8	0.7	2.2	97.3	0.5	0.7	98.5	0.7	0.7	98.5	0.7
趣味・スポーツ	3.2	91.4	5.4	1.0	97.4	1.6	0.6	99.4	0.0	0.6	97.7	1.6	1.0	96.4	2.6	0.6	98.4	1.0
宗教	0.9	96.3	2.8	1.0	99.0	0.0	1.0	99.0	0.0	1.0	99.0	0.0	1.0	98.1	1.0	1.0	97.1	1.9
全体	6.9	88.3	4.8	4.3	93.1	2.6	3.5	95.2	1.2	5.0	92.9	2.1	2.5	95.6	1.9	2.4	96.2	1.3

・同一団体の「現在の活動頻度」と「10年前の活動頻度」の回答を比較したもの。5段階で活動頻度を尋ねているので，「現在－10年前」を計算することで，活動の変化が把握できる。
・「10年前」「現在」の両方，もしくは一方が無回答の場合は，計算から除外した。
・計算対象としたのは調査実施の10年前に存在していた団体。この10年間に設立された団体は含んでいない。

類である農林水産業団体，経済・業界団体で自民党離れが広がっていることがわかる。その一方で，民主党に対する接触行動が活性化している団体が目立つ。労働団体の接触が増えているのは，労働団体の社民党離れの反映であるが，農林水産業団体，経済業界団体の接触が増えている点は注目される点である。ただし，前節までに言及したとおり，そのような動きは相対的なものであって，自民党の一党優位を突き崩すほどの広がりは持っていない。

次に，選挙活動の停滞化についてである。表8－6は，同一団体の「現在」と「10年前」の回答（それぞれ5段階評価）を比較したものである。農林水産業団体を例にして，表の見方を説明しよう。たとえば「会員への投票依頼」だが，「現在」と「10年前」の活動に変化がない団体が84.2%，「現在」の方が活動の頻度が高い団体が4.9%，「現在」の方が低い団体が10.9%となっている。なお，計算にあたっては，この10年間に新しく設立された団体は除外してある。総じて，自民党と関係の深い団体で，選挙活動の停滞化傾向が顕著である。

4.3. JIGS1とJIGS2の比較（東京，茨城限定）

回答者の記憶という曖昧なものに頼らずに，現在と過去とを比較すること

も試みよう。JIGS2 調査は全国的に行われたものであるが，そのデータから東京都と茨城県の部分だけを取り出せば，JIGS1 調査との比較が可能となる。表 8 − 7 は，政党接触と選挙活動に関しての回答結果を比較したものである。団体分類については，ケース数が一桁の分類もあるので，日本の政治過程において重要な役割を果たしてきたと考えられる農林水産業団体（JIGS1 では

表 8 − 7　JIGS1 と JIGS2 の比較（東京と茨城の団体限定）

政党接触	JIGS1 東京	JIGS2 東京	JIGS1 茨城	JIGS2 茨城	選挙活動	JIGS1 東京	JIGS2 東京	JIGS1 茨城	JIGS2 茨城
	全体	全体	全体	全体		全体	全体	全体	全体
N	1,438	1,803	197	286		1,438	1,803	197	286
自民党	25.2	23.1	43.7	32.5	投票依頼（会員）	11.4	14.4	38.6	28.7
民主党	7.6	11.4	5.1	12.6	投票依頼（一般）	5.8	4.5	19.8	11.5
社民党	5.9	4.3	4.1	4.5	資金援助	5.1	4.1	3.0	3.8
共産党	3.8	4.2	2.0	5.2	人員援助	5.0	3.9	5.6	9.8
公明党	−	8.3	−	3.1	会員を候補者として推薦	5.1	3.9	14.2	8.4
新進党	9.5	−	9.1	−					
	農業	農林水産業	農業	農林水産業		農業	農林水産業	農業	農林水産業
N	35	107	57	72		35	107	57	72
自民党	51.4	32.7	71.9	40.3	投票依頼（会員）	31.4	18.7	61.4	38.9
民主党	2.9	7.5	0.0	6.9	投票依頼（一般）	17.1	2.8	31.6	9.7
社民党	5.7	0.9	3.5	0.0	資金援助	0.0	9.3	5.3	5.6
共産党	0.0	0.9	1.8	0.0	人員援助	11.4	0.0	3.5	8.3
公明党	−	3.7	−	0.0	会員を候補者として推薦	2.9	5.6	29.8	12.5
新進党	5.7	−	7.0	−					
	経済	経済・業界	経済	経済・業界		経済	経済・業界	経済	経済・業界
N	273	493	30	57		273	493	30	57
自民党	35.5	26.2	46.7	47.4	投票依頼（会員）	11.0	14.2	13.3	22.8
民主党	3.7	5.7	0.0	3.5	投票依頼（一般）	2.9	1.8	6.7	3.5
社民党	2.2	0.8	0.0	1.8	資金援助	5.5	5.5	0.0	1.8
共産党	1.8	1.2	0.0	1.8	人員援助	1.5	2.2	3.3	3.5
公明党	−	8.1	−	3.5	会員を候補者として推薦	4.8	3.2	6.7	7.0
新進党	10.6	−	16.7	−					
	労働	労働	労働	労働		労働	労働	労働	労働
N	110	104	22	29		110	104	22	29
自民党	17.3	15.4	9.1	10.3	投票依頼（会員）	40.0	52.9	54.5	51.7
民主党	28.2	38.5	18.2	48.3	投票依頼（一般）	25.5	13.5	36.4	37.9
社民党	29.1	22.1	22.7	31.0	資金援助	16.4	6.7	4.5	10.3
共産党	15.5	19.2	4.5	17.2	人員援助	30.0	6.7	22.7	13.8
公明党	−	9.6	−	3.4	会員を候補者として推薦	18.2	2.9	22.7	17.2
新進党	17.3	−	22.7	−					

・「ある程度」以上の回答をした団体を「政党接触団体」，「選挙活動あり団体」とみなした。

「農業団体」），経済・業界団体（JIGS1 では「経済団体」），労働団体のみの結果を表に示した。

「全体」で，東京と茨城の変動を比較してみると，変動幅が大きいのは茨城の方である。自民党接触，投票依頼（会員），投票依頼（一般）で数値の大幅な下落が見られる。この結果はどのように解釈されるべきだろうか。

この問題を正しく議論するためには，ケース数の問題に目をつぶってでも，両地域を団体分類別に見ていく必要が生じる。結果を団体分類別にみていくと，農林水産業団体において，数値に劇的な変化があることがわかる。その変化は，東京と茨城の両方に共通しており，自民党接触，投票依頼（会員），投票依頼（一般）という項目において，ともに，数値の大幅な下落が生じている。農林水産業団体は，茨城県では団体分類の中で大きな割合を占めているが（JIGS1 では29％，JIGS2 では25％），東京では少数しか存在しないので（JIGS1 で 2 ％，JIGS2 で 6 ％），結果として，茨城の「全体」でのみ，大きな変化が観測されたのであった。以上要するに，これまで自民党を支えてきた農林水産業団体が，東京と茨城の両地域で，自民党から距離をとるとともに，選挙活動を停滞化させているということである。

自民党を支えるもう 1 つの団体分類である経済・業界団体はどうだろうか。経済・業界団体では，自民党接触については東京で 9 ポイント減，茨城では現状維持，投票依頼（会員）については東京，茨城ともに増加という結果である。労働団体では，自民党接触に関してはほぼ現状維持といったところである。

5　まとめと展望

以上，JIGS2 調査の中の団体－政党関係に関わる主要設問（政党接触の頻度，選挙活動の種類と頻度，選挙における支持行動）を検討してきた。ここで議論の要点を列挙しておこう。
(1)　団体は旺盛な選挙活動を展開している。選挙活動が特に盛んなのは，政治団体，農林水産業団体，労働団体，専門家団体，経済・業界団体である。
(2)　選挙過程における政党支持行動を見ると，多くの団体が自民党を支持していた。農林水産業団体，経済・業界団体で自民党の優位が著しい。様相が異なっているのは労働団体であり，ここでは民主党が他を圧倒している。
(3)　団体の日常的な政党接触行動においても，全体の基調はやはり自民党の

一党優位であった。特に，農林水産業団体，経済・業界団体，専門家団体，政治団体で自民党の優位が著しい。他と大きな相違を見せるのは，労働団体である。労働団体では，民主党，社民党との接触が高く，自民党接触は共産党に次いで4位となっている。

(4)　かなりの数の団体が複数の政党と接触していることも明らかになった。複数の政党と接触する場合のパターンには，①政権与党の組み合わせ（自民党と公明党），二大政党の組み合わせ（自民党と民主党），③保革イデオロギー軸に沿った組み合わせの同時存在が確認された。

(5)　自民党と民主党の2つの政党に限定して政党接触のパターンを集計すると，「自民党のみに接触」が21％，「自民・民主の両方に接触」が8％，「民主党のみ接触」が5％となっている。「自民か民主か」ではなく，「自民も民主も」という動きが存在することが興味深い。

(6)　2007年の時点で，団体世界における自民党の一党優位は依然として持続していたが，それはかなりの程度，弱体化したものであったといわなければならない。このような状況が訪れたのは，民主党への接触・支持が広がったからではなく，自民党と関係の強かった分類の団体が規模と活動を縮小させつつあったからである。

　長年にわたって自民党一党優位を支えてきた農林水産業団体，経済・業界団体の自民党に対する接触行動，選挙活動が2007年の段階で停滞化していた点は，近年の国政選挙における自民党の不振との関連で注目される。これらの団体が自民党から積極的に離反し，その上で民主党を支持するというような反逆行動をとっていたならば，選挙結果により一層の変化が生じたであろうが，事態はそこまで至っていなくても，現状で十分に選挙結果に影響を与えたと考えることができる。組織された人々は，組織の指示があればそれに従って投票するのだろうが，組織から明確な投票依頼が来なくなれば，投票するか棄権するか，投票するとしたらどの政党・候補者に投票するかを，自分の頭で考えて決めなければならなくなる。すなわち，組織化された人々の中に旧来の都市型浮動票とは性質を異にする新型の浮動票が生じたわけであり，おそらく，それらの人々の多くは従来どおりに自民党に投票したであろうが，中には，そのときどきの短期的争点に応じて，他党に流れるということもあったに違いない。数パーセントの得票変動が大規模な議席変動を起こす小選挙区制においては，そうした若干の動きが大きな意味を持つことはこ

こで指摘するまでもないことであろう。

　2009年8月の衆議院総選挙によって，政権交代は現実のものになった。団体世界における自民党の一党優位は，今後，どのように変化していくのだろうか。2007年の段階では，自民党を捨て，民主党だけに接近するという団体はほとんど存在しなかった。民主党は，労働団体の支持を一元的に集約することには成功しつつあったが，団体世界全体というレベルでは，自民党に圧倒的な差をつけられていた。「自民も民主も」という動きが一定程度確認されただけである[3]。

　本論の中で言及したように，団体—政党関係の再編は，政権交代に先駆けて起こるものというよりは，政権交代があった後に起こるものなのだろう。2009年以降の政党政治の展開が，団体の行動にどのような影響を与えていくかという問題は，中長期的に検討すべき研究課題である。今後，同様の調査を繰り返す中で，帰納的に結論を出していきたい。

（3）　ただし，都道府県別に JIGS2 調査データを分析すると，民主党の勢力が拡大している地域では，全国傾向とは異なる団体の政党接触行動が見られる。民主党政権誕生後の団体世界がどのように変化していくかを予測する上で，多くの示唆を与えてくれる事例であるといえよう。詳細については，本書第9章を参照されたい。

第9章

団体－政党関係における地域偏差とその意味

—47都道府県別のデータ分析から—

濱本真輔

1 政党システムと団体

　政党が組織体として脆弱な日本では，敗戦直後から団体の果たす役割の大きさが指摘されてきた。例えば，丸山真男は政党が本来の政治的機能を果たしていないために，その空白を各種団体が埋めており，機能集団の役割がずれていることを指摘した（丸山 1956：224）。

　また，政党と団体の発展形態を規定した重要な要因は，先の政党の特徴と共に，政党システムである。石田雄は，1つの政党がほぼ独占的に政権を担当している，固定化されたシステムが圧力団体の系列化をもたらすと指摘した（石田 1960）。このようなシステムの変動可能性が低い，一党優位政党制の下で形成されてきたのが，疑似階級的配置である（辻中 1988）。経済団体，農業団体，福祉団体などが自民一党支持，接触を行う一方で，労働団体や市民団体は社会党や民社党などの野党を中心とした支持，接触をしてきた。

　自民党は，大衆組織政党化を目指した党近代化運動が挫折するものの（升味 1967），その時々に設立される多様な団体を組み込む形で発展してきた（佐藤・松崎 1986：107-111）。自民党は，多様な団体との接点を形成する上で，リソースを配分する政権党の強みを活かしてきた（広瀬 1981）。しかし，このような自民党の脆弱な社会的基盤は，1993年の政権交代時に明白となった。なぜなら，行政関係団体，教育団体などの政策受益団体を中心に，自民党への一党支持は揺らいだからである（辻中 2003）。ただし，非自民政権が1年を経ずして崩壊し，二大政党の一翼を担うことを目指した新進党も解党に至った。この橋本，小泉政権期の利益団体，圧力団体の分析からは，団体世界に

おける自民党の一党優位状態が観察されている（森2002, 2008；辻中2006）。

　団体世界における一党優位状態が弱まりながら続いているものの，圧力団体および議員レベルでは変化も観察されている。圧力団体レベルでは，辻中豊が団体全体と団体分類別に二大政党両方への支持や接触が行われているかを分析している。分析からは，支持や接触における自民党の一党優位状態が続いているものの，自民党と民主党の二大政党両方への接触がみられるようになっていることを明らかにしている（辻中2006）。また，1996年の総選挙時の兵庫県と岡山県を分析した谷聖美は，自民党のみを支持していた団体の中に，様子見になった団体，複数の候補者を同時推薦もしくは新進党に切り替えた団体があったことを指摘している（谷1997：223）[1]。

　他方，議員レベルをみると，久米郁男は主に1987年と2002年の議員調査データに基づいて，議員の支持・友好団体のクラスター分析から4つの類型（中小企業・農業・労働組合・市民）を析出している。そこから，市民団体を支持基盤とする議員が自民党の中でも増加していること，市民団体を基盤とする議員は団体政治の必要性や望ましさについて，他の類型に比べて消極的であることを明らかにしている（久米2006）。また，濱本真輔は選挙制度改革前後の自民党議員の圧力団体との接触パターンを分析し，選挙制度改革後に主にキャリアを形成している議員レベルでは広範な領域の団体と接触する傾向があることを指摘している（濱本2007a）。以上の研究からは，変化の要因は政権交代，選挙制度改革（及び政党間競争），規範的評価など多様であるものの，団体－政党関係に変化が生じていることが推察される。

　しかし，従来の研究では2つの点が明らかとなっていない。1点目は，ローカルレベルの団体の活動が見過ごされてきたことである（内田1991）。圧力団体研究においても，ローカルレベルの研究は今後の課題とされてきた（村松・伊藤・辻中1986：26）。この点で，JIGS1はローカルレベルを対象に含めたものであったが（辻中編2002），前回調査の対象は東京都と茨城県に限られていた。そのため，ローカルレベルの団体を含めた，二大政党制の団体的基礎を体系的に解明するものとはなっていない。2点目は，自民党の一党

　（1）　また，谷口将紀は1996年の総選挙で最も激戦となった静岡一区を分析し，支持する党派等は明らかになっていないが，単一推薦を取りやめた企業・職業団体，連合町内会があったことを明らかにしている（谷口2004）。

優位状態が続いたために，政党システムと団体の関係があまり検討されていないことである。

以上の2点に対して，本章では47都道府県単位の分析を行う。47都道府県単位でみると，政党システムは一党優位政党制から多党制まで異なるため，政党システムが団体の行動に与える影響を分析できる。都道府県を単位として，全国を分析することで，二大政党制の団体的基礎を体系的に明らかにするとともに，政党システムと団体の関係についてもより一般的な知見を得られるであろう。

本章では，団体の政党接触，選挙時の推薦を対象に，次の2つの問題を検討する。はじめに，政党と団体の関係が疑似階級的配置となっているのかどうかである。特に，各団体が複数の政党と接触，支持するのではなく，政党と団体の関係が一対になっている点が疑似階級的配置の要点である。そのため，民主党が自民党と接触する団体とも接触できているかどうか（またその逆も同様）である。また，団体の分類からみれば，各団体分類内でも二大政党に同様な行動を取るようになっているかどうかである。

次に，政党システムの競争性の高まりが団体の政党接触や推薦行動にどのような影響を及ぼしているのかである。以上の分析により，政党と団体の関係が社会変動によるのか，政治変動によるのかという，前章で指摘された問題に一定の解答を提供することができるであろう。また，団体と政党システムの関係を分析することは，2009年の政権交代の影響を考察する上で，重要な示唆をもたらすであろう。

以下，第2節では団体の政党接触のパターンを分析する。第3節では団体の国政選挙における推薦行動を分析する。第4節では，分析結果をまとめ，その含意を検討する。

2 政党接触における自民・民主型の台頭

2．1．都道府県別の接触パターン

本節では，都道府県別の政党接触を検討する。団体はどの政党と接触しているのだろうか。表9－1は，都道府県別の政党接触パターンを示している。表では，都道府県を自民中心の割合が高い順に並べている。例えば，愛媛県では政党と接触している団体の79.6%が自民党と接触している。自民中心と

表9-1　都道府県別の接触パターン
（単位：%）

		自民中心	自民・民主型	民主中心	2党以外のみ
1	愛媛県	79.6	7.1	6.2	7.1
2	島根県	75.9	6.9	10.3	6.9
3	徳島県	74.1	10.3	10.3	5.2
4	大分県	72.3	9.6	12.8	5.3
5	鹿児島県	72.3	11.5	9.2	6.9
6	福井県	72.1	14.7	8.8	4.4
7	熊本県	72.0	13.1	10.3	4.7
8	和歌山県	70.6	13.7	9.8	5.9
9	栃木県	68.7	19.1	10.4	1.7
10	宮崎県	67.9	13.6	12.3	6.2
11	佐賀県	67.8	15.3	6.8	10.2
12	長崎県	66.7	15.9	11.6	5.8
13	富山県	66.2	18.2	7.8	7.8
14	石川県	65.7	20.2	11.1	3.0
15	群馬県	65.3	16.3	10.2	8.2
16	秋田県	64.4	19.5	6.9	9.2
17	静岡県	63.9	16.9	13.9	5.4
18	茨城県	63.5	16.5	14.8	5.2
19	岐阜県	63.3	15.0	13.3	8.3
20	沖縄県	63.0	16.4	6.8	13.7
21	新潟県	61.5	14.0	15.6	8.9
22	鳥取県	60.5	18.6	11.6	9.3
23	岡山県	59.5	19.8	14.0	6.6
24	青森県	59.4	26.0	9.4	5.2
25	山口県	59.4	16.8	14.9	8.9
26	滋賀県	58.7	17.4	21.7	2.2
27	広島県	58.6	13.6	17.9	10.0
28	香川県	58.0	16.0	16.0	9.9
29	山梨県	56.8	31.8	6.8	4.5
30	高知県	56.6	21.1	9.2	13.2
31	奈良県	56.5	23.9	10.9	8.7
32	福岡県	55.1	22.4	13.2	9.3
33	千葉県	55.0	19.8	17.6	7.6
34	東京都	52.4	29.6	11.0	7.1
35	山形県	51.1	23.4	16.0	9.6
36	埼玉県	50.4	23.5	6.7	19.3
37	兵庫県	49.7	18.9	19.5	11.9
38	宮城県	49.5	26.6	14.7	9.2
39	愛知県	48.6	25.7	15.3	10.4
40	長野県	48.1	29.4	13.4	9.1
41	北海道	46.2	25.9	22.1	5.8
42	京都府	43.3	21.6	13.4	21.6
43	神奈川県	43.2	30.1	19.3	7.4
44	大阪府	39.8	24.5	19.9	15.8
45	福島県	37.4	43.9	14.0	4.7
46	岩手県	36.0	38.7	13.5	11.7
47	三重県	35.9	43.5	16.3	4.3
	全体	56.1	21.8	13.7	8.3

は民主党と接触している団体を含まない数字である。そのため，自民党と公明党と接触している団体は自民中心に含まれる。2党以外のみとは，自民，民主両党との接触がないものの，公明党や社民党等と接触している団体の割合である。

表からは，次の4点がわかる。1点目は，自民中心の割合が愛媛県の79.6%から三重県の35.9%まで，非常に大きな幅があることである。団体世界における一党優位状態が指摘されるものの，都道府県単位でみれば，かなりのばらつきがある。2点目は，民主中心が全体で13.7%であり，最大でも北海道の22.1%にとどまることである。自民党と接触する割合の低下が必ずしも民主党単独への接触に切り替わっていないことがわかる。

3点目は，むしろ各都道府県で進行しているのが自民，民主両党と接触するパターン（以下，自民・民主型とする）なことである。全体でみると，民主中心が13.7%であるのに対して，自民・民主型は21.8%と上回っている。さらに，興味深い点は，三重県，岩手県，福島県では自民中心よりも自民・民主型が多いことである（表中の下線以降を参照）。例えば，三重県では民主党を含まない自民中心が35.9%であるのに対して，自民・民主型は43.5%にのぼる。

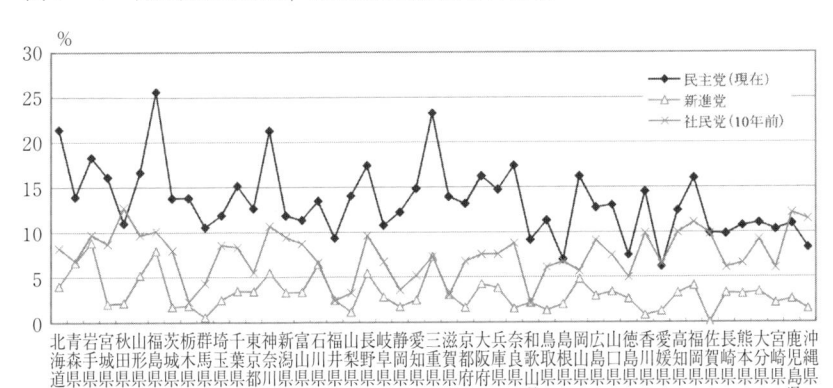

図9－1　民主党と新進党，社民党の接触割合の比較

[図：横軸に北海道から沖縄県までの都道府県、縦軸に接触割合(%)。民主党(現在)、新進党、社民党(10年前)の3系列を比較した折れ線グラフ]

　4点目は，大阪府，京都府，埼玉県では自民と民主以外の政党のみの接触パターンも15%を超えていることである。共産党や公明党の得票率の高い地域が多い。自民中心や自民・民主型を除いた非自民の場合をみても，民主党だけが接触の対象となっているわけではないことがわかる。

　団体世界において，二大政党間には得票率や議席率以上の差があり，自民党の一党優位状態がある。では，民主党は過去の野党第1党（新進党や社民党）に比べて，団体世界において一定の位置を占めているのだろうか。図9－1は，民主党と新進党，社民党の接触割合を比較したものである。

　図からは，現在の民主党の接触率は新進党や社民党（10年前）よりも伸びていることがわかる。秋田県，鹿児島県，沖縄県等を除いて，団体の民主党との接触は各都道府県で他の2党よりも多い[2]。このように，自民党の一党優位状態が継続する中で，都道府県による差は大きいものの，民主党が過去の野党第1党よりも団体世界で浸透し始め，自民・民主型の接触パターンがみられるようになってきている。

2．2．競争性の高まりによる変化

　今までの分析から浮かび上がった各都道府県での接触パターンの違いは，

（2）　ただし，10年前の接触は解散した団体を含んでいないため，現在の接触よりも過小に評価される点に注意が必要である。

団体分類別にみると、どのような特徴があるのだろうか。また、政党システムの競争性の高まりは団体の行動と関連しているのであろうか。ここでは、政党システムの競争性を示すものとして、2003年総選挙後の各都道府県単位での民主党議席率に着目する[3]。

2003年の議席率に着目する理由は、次の2つである。1つ目は、国政における二大政党化が指摘され始めたのは、2003年の総選挙以降だからである。2003年の総選挙を前に、自由党と民主党が合併し、2003年の総選挙では民主党は177議席を獲得した。この数字は、過去の野党第1党の獲得議席の最大値を超えたものである。2つ目は、2004年、2005年の国政選挙時の推薦行動を分析するためである。

表9-2は、2003年衆院選後の民主党議席率に基づいた都道府県の分類である。議席率の算出にあたって、①比例区での復活当選を含める、②参議院の地方区を含める、③参議院議員の場合は2004年参院選前までの入党を含めるという基準を設けた。①の比例区での復活当選を含める背景には、議員が該当する地域から選出されることで、団体の接触可能性が高まることがあるからである[4]。

表9-2 民主党議席率による都道府県の分類

民主党議席率	都道府県
0%	島根、香川、愛媛、大分、沖縄
1-20%	青森、秋田、群馬、福井、和歌山、高知、佐賀、宮崎、鹿児島
21-40%	山形、茨城、新潟、富山、石川、山梨、岐阜、奈良、鳥取、岡山、広島、山口、徳島、長崎、熊本
41-60%	宮城、福島、栃木、静岡、三重、京都、大坂、兵庫、福岡
61%以上	北海道、岩手、埼玉、千葉、東京、神奈川、長野、愛知、滋賀

---

(3) 本章では各都道府県の政党システムを分類することは行わない。政党システムの分類には複数の基準がある。特に、一党優位政党制についてはジョバンニ・サルトーリ（Giovanni Sartori）もこの類型は政党の数が基準にあるのではなく、特殊な権力配分パターンであると指摘している（サルトーリ 1976=1992：334）。ただし、一党優位政党制から二大政党制へと変化しつつあり、政党システムの競争性が高まっていることには異論がないであろう。また、一党優位政党制と二大政党制の違いは政権交代の可能性がある野党の存在にあるため、野党全体の議席率ではなく民主党の議席率に限定した。一党優位政党制については、的場（1986）、岩崎（2007）を参照。

以上の基準に基づいて，各都道府県の民主党議席率を算出した。例えば，茨城県は小選挙区で7議席，参議院の地方区で4議席が配分されている。2003年の総選挙では，民主党が小選挙区で1議席，比例区での復活当選で1議席を獲得した。また，参議院の地方区では民主党が2議席を保持し，11議席中4議席を獲得しているため，議席率は36.4％となる。

民主党の伸びは団体の接触パターンにどのような影響を及ぼすのだろうか。表9－3は，民主党議席率別の接触パターンを示している。例えば，民主党の議席率が0％の地域で，自民党と接触する農業団体は37.2％である。また，表が煩雑になることもあり，教育・福祉・専門家・行政関係団体は政策受益団体（村松・伊藤・辻中 1986）に統合して分析を進める[5]。

表からは，次の3点がわかる。1点目は，民主党議席率が高まると，自民中心の割合が低下することである（農業・経済・政策受益団体）。特に，民主党議席率の0％と61％以上の数値を比較すると，農業団体（－8.8），経済団体（－18.8），政策受益団体（－11.9）と接触の割合を大きく低下させている。2点目は，農業と経済団体では，自民・民主型が増加するとともに，接触なしの割合も増加していることである。特に，経済団体では民主党議席率の0％と61％以上の数値を比較すると，接触なしが11.6ポイント増加している。このような傾向は，農業団体や経済団体以外の分類では見られない。

3点目は，労働団体や政治・市民団体の接触パターンは，民主党の議席率によって，ほとんど変化しないことである。ただ，民主党議席率が増加すると，公明・社民・共産党という2大政党以外への接触割合が低下する点に特徴がある。民主党の議席率が0％の場合と61％以上を比較すると，2大政党以外のみの接触割合が13.5ポイント減少している。このように，民主党の伸びは労働団体にとっての接触ルートが集約される傾向を示している。

また，自民中心や民主中心の割合も民主党議席率が0％とそれ以外の場合を比較すると，5－10ポイントの差がある。これらは都道府県に議員がいる

（4）測定には様々な基準があり，分析目的に即した指標を提示することは今後の課題の1つである。ただ，議席率の算出を小選挙区での当選に限定した分類を使用した場合でも，分析の結果自体にはそれほど大きな影響は出ない。

（5）圧力団体研究の団体類型によれば，専門家団体はセクター団体である（村松・伊藤・辻中 1986）。ただ，その後は専門家団体を社会サービスセクターとして分類している（辻中・崔 2002a：264）。

表9-3 民主党議席率と団体の接触パターン　　　（単位：%）

	民主党議席率	自民中心	民主中心	自民・民主型	公明・社民・共産	接触なし	N
農林水産業団体	0%	37.2	0.0	3.3	0.5	59.0	183
	1-20%	41.6	0.0	5.4	0.7	52.3	459
	21-40%	36.4	0.7	7.4	0.5	54.9	752
	41-60%	36.2	0.8	11.2	0.8	50.9	475
	61%以上	28.4	1.8	11.3	0.3	58.2	679
経済・業界団体	0%	45.4	0.8	3.1	0.0	50.8	262
	1-20%	39.1	0.4	8.0	0.9	51.6	448
	21-40%	35.5	0.7	5.8	1.4	56.6	861
	41-60%	28.2	1.1	11.3	2.1	57.3	812
	61%以上	26.6	1.2	8.8	1.1	62.4	1,322
労働団体	0%	7.7	37.2	3.8	28.2	23.1	78
	1-20%	2.8	44.4	8.3	25.0	19.4	108
	21-40%	3.0	47.0	10.6	13.6	25.8	264
	41-60%	3.6	44.2	8.0	17.4	26.8	276
	61%以上	3.4	42.3	11.6	14.7	28.1	388
政策受益団体（福祉・専門家・教育・行政関係）	0%	26.8	3.1	6.7	0.5	62.9	194
	1-20%	17.3	1.3	7.5	2.1	71.7	375
	21-40%	18.7	3.0	6.2	1.0	71.1	727
	41-60%	16.0	2.9	8.7	1.5	70.9	726
	61%以上	14.9	2.6	11.2	2.0	69.3	1,081
政治・市民団体	0%	29.6	7.4	11.1	11.1	40.7	54
	1-20%	24.7	8.6	12.9	10.8	43.0	93
	21-40%	21.2	10.1	9.7	15.2	43.8	217
	41-60%	15.5	11.0	12.7	13.1	47.8	245
	61%以上	17.2	12.1	18.1	11.6	41.0	354
その他	0%	20.0	1.2	5.5	2.4	70.9	165
	1-20%	12.6	2.2	5.6	1.9	77.8	270
	21-40%	18.4	1.4	7.3	2.0	70.9	564
	41-60%	11.4	2.3	9.3	2.3	74.7	656
	61%以上	11.1	1.9	7.9	1.6	77.4	1,134

かどうかが団体の接触においては重要なことがうかがえる。

このようにみてくると，民主党議席率の上昇という，政党システムの競争性の高まりは①疑似階級的団体配置の1つの極である農業，経済，政策受益団体の行動に変化（自民・民主型と接触なしの増加）をもたらすこと，②一方の極である労働団体の接触を民主党に集約させることがわかる。接触レベルでは圧力団体と同様に，自民・民主型が増加する点で，二大政党制の団体的基礎が徐々に形成されつつあるといえるであろう。

3 団体の政党推薦

3.1. 政党推薦のパターン

　本節では，団体の国政選挙（2004年参院選，2005年衆院選）時の推薦行動を分析する。従来，日本の選挙の特徴として，各種団体や企業を介した選挙活動の影響の大きさが指摘されてきた[6]。団体の選挙活動に接触する有権者の割合は1990年代以降低下し，選挙過程において政党が相対的に浮上しているものの（濱本 2007b），団体加入者の政治行動は非加入者に比べて活発であり，無党派層が増加する中でも候補者にとっての重要性は依然として高い（朴 2000）。

　また，団体からみると，選挙での推薦は候補者（もしくは政党）との結びつきを強め，接触可能性を高めるだけでなく，候補者を牽制する手段でもある。実際，団体の選挙活動との関連をみると，推薦と選挙活動には強い相関（推薦と会員への投票依頼には0.63，1％水準で有意）があり，団体の推薦は実際の選挙活動を左右する重要な点であることはうかがえる。では，団体はどのような推薦行動をしているのだろうか。

　表9－4は，都道府県別の国政選挙時の政党推薦パターンの割合を示している。表からは，次の2点がわかる。1点目は，自民中心の割合をみると，47.0％の鹿児島県から14.2％の東京都まで，地域による差が大きいことである。2点目は，福島県，長野県，岩手県で自民・民主型が10％を超えていることである。自民・民主型の割合は低いものの，接触と同様の傾向がみられる。2004年と2005年の推薦行動には非常に強い相関（0.93，1％水準で有意）があるため，以下では2004年に絞る。

　次に，これらの推薦パターンを団体分類別にみていこう。表9－5は，

（6） 例えば，選挙のフィールドワークと数量分析を行ってきた高畠通敏は，選挙における候補者と団体の関係について，次のように捉えている。「日本の選挙は，つねに『機関決定』『組織決定』として票を取りまとめる特質をもっている。―中略―こういう事情の下で，選挙＜運動＞とは，その地域や集団の有力者につきそわれての＜御披露目＞的な"ゴアイサツ"なのであり，社会的な勢力関係をフルに動員しての"票固め"以上の意味をもちえない」（高畠，1980，92－93）。

表9－4　都道府県別の国政選挙時の政党推薦パターン（単位：％）

		2004年参議院議員選挙						2005年衆議院議員選挙			
		自民中心	自民・民主型	民主中心	2党への推薦なし			自民中心	自民・民主型	民主中心	2党への推薦なし
1	鹿児島県	47.0	0.8	6.4	45.8	1	福井県	45.9	3.8	3.8	46.4
2	大分県	45.7	0.5	6.0	47.7	2	大分県	45.7	0.5	5.5	48.2
3	宮崎県	45.5	0.9	2.3	51.4	3	鹿児島県	44.7	1.1	7.6	46.6
4	愛媛県	45.3	1.6	2.7	50.4	4	愛媛県	44.6	1.6	2.7	51.2
5	福井県	44.8	4.4	3.3	47.5	5	宮崎県	42.3	0.9	2.7	54.1
6	佐賀県	42.3	4.2	2.1	51.4	6	佐賀県	40.8	7.0	2.1	50.0
7	徳島県	40.2	0.0	2.3	57.5	7	熊本県	38.0	3.5	5.5	52.9
8	秋田県	40.1	2.2	4.4	53.3	8	秋田県	37.9	2.2	4.0	55.9
9	熊本県	38.4	3.1	5.1	53.3	9	徳島県	36.2	1.7	2.9	59.2
10	富山県	38.0	1.0	2.1	58.9	10	茨城県	36.0	1.7	5.9	56.3
11	茨城県	37.1	1.4	6.6	54.9	11	福岡県	36.0	5.3	6.7	51.9
12	島根県	36.9	0.6	5.7	56.7	12	島根県	35.7	0.6	5.7	58.0
13	福岡県	35.6	4.5	5.9	54.0	13	和歌山県	34.5	2.1	4.1	59.3
14	香川県	34.0	1.5	5.6	58.9	14	富山県	33.3	1.6	3.1	62.0
15	山梨県	33.8	3.8	3.0	59.4	15	石川県	32.9	2.7	6.2	58.1
16	鳥取県	33.6	1.6	4.8	60.0	16	栃木県	32.2	5.2	5.2	57.3
17	石川県	33.3	2.3	5.4	58.9	17	香川県	32.0	2.5	6.6	58.9
18	岡山県	32.9	1.4	5.8	59.9	18	群馬県	31.8	4.9	3.4	59.8
19	新潟県	32.4	2.9	6.4	58.3	19	岡山県	31.8	1.4	5.8	61.0
20	奈良県	32.4	2.9	4.9	59.8	20	静岡県	31.4	3.1	6.6	58.8
21	和歌山県	32.4	2.1	3.4	62.1	21	奈良県	31.4	2.9	4.9	60.8
22	群馬県	31.4	4.9	3.8	59.8	22	長崎県	30.8	5.6	5.6	57.9
23	山口県	31.3	1.9	5.2	61.6	23	山口県	30.6	1.9	5.6	61.9
24	静岡県	31.0	2.2	6.0	60.8	24	山梨県	30.1	5.3	3.8	60.9
25	福島県	30.9	10.8	5.8	52.5	25	新潟県	29.4	3.1	7.2	60.4
26	栃木県	30.7	5.6	4.5	59.2	26	福島県	29.0	11.2	6.2	53.7
27	長崎県	29.9	5.1	5.6	59.3	27	鳥取県	28.8	0.8	4.8	65.6
28	青森県	28.3	4.9	2.3	64.5	28	北海道	27.6	3.8	11.0	57.5
29	三重県	28.2	6.2	3.9	61.8	29	長野県	26.5	11.6	5.4	56.5
30	北海道	27.8	3.4	10.3	58.5	30	青森県	26.4	4.5	2.6	66.4
31	千葉県	27.7	2.5	4.2	65.6	31	三重県	25.9	7.3	2.7	64.1
32	岐阜県	25.8	1.7	4.9	67.5	32	千葉県	25.7	2.5	5.0	66.8
33	長野県	25.7	11.2	5.4	57.7	33	広島県	25.1	2.9	6.0	66.1
34	広島県	25.6	3.1	6.3	65.0	34	兵庫県	24.9	3.5	6.6	65.1
35	山形県	25.5	6.7	5.9	61.9	35	岐阜県	24.6	1.4	4.9	69.0
36	宮城県	25.2	3.5	3.2	68.1	36	高知県	24.4	1.5	5.6	68.5
37	沖縄県	25.2	1.4	2.4	71.0	37	沖縄県	23.8	1.9	2.9	71.4
38	兵庫県	23.8	2.6	7.2	66.4	38	愛知県	23.5	4.4	5.8	66.3
39	愛知県	23.5	4.0	5.3	67.2	39	宮城県	22.3	5.5	2.9	69.4
40	滋賀県	23.2	5.6	7.0	64.1	40	山形県	21.8	7.5	6.7	64.0
41	高知県	22.8	2.0	5.1	70.1	41	京都府	21.0	4.9	5.2	68.9
42	京都府	21.0	4.5	4.9	69.6	42	埼玉県	19.2	3.6	3.3	74.0
43	埼玉県	20.4	3.3	2.7	73.7	43	神奈川県	18.9	5.6	7.6	67.9
44	神奈川県	17.5	5.4	7.4	69.7	44	滋賀県	18.3	7.7	7.0	66.9
45	岩手県	16.2	10.5	4.6	68.7	45	岩手県	16.2	10.5	4.6	68.7
46	大阪府	14.6	3.5	6.6	75.3	46	大阪府	15.9	3.1	6.6	74.5
47	東京都	14.2	2.4	3.1	80.3	47	東京都	13.4	2.7	3.1	80.8
全	体	27.6	3.6	5.2	63.6	全	体	26.9	3.9	5.4	63.8

表9－5　2004年参議院選挙時の政党推薦（相関係数）

	農業	経済	労働	政策受益	市民	その他
北海道	−0.06	0.07	0.11	0.27***	−0.18*	0.20***
青森県	0.25**	0.34**	−0.20	0.14	−0.17	0.41***
岩手県	0.28*	0.55***		0.77***		0.63***
宮城県	0.27**	0.16	−0.13	0.15	0.18	0.35***
秋田県	0.13	0.21	−0.55***			
山形県	0.19	0.38***	−0.06	0.32**	−0.22	0.67***
福島県	0.24*	0.36***	−0.07	0.36**	−0.10	0.46***
茨城県			0.18	0.19	−0.11	0.31*
栃木県	0.14	0.27**		0.47***	−0.09	0.41***
群馬県		0.13	0.26	0.43***	0.23	0.33**
埼玉県	0.02	0.14	−0.10	0.51***	0.55***	0.31**
千葉県		0.18	−0.20	0.37***	0.05	0.28***
東京都	0.12	0.28***	−0.04	0.25***	0.32***	0.30***
神奈川県	0.18	0.32***	−0.13	0.53***	0.14	0.39***
新潟県	0.03	0.15*		0.31***	−0.22	0.32***
富山県	0.13					
石川県	0.23	−0.01		0.09	−0.25	0.12
福井県		0.09	−0.38	0.37**	−0.11	0.46**
山梨県	0.06			0.34*		0.40**
長野県	0.30*	0.41***	0.25	0.21*	0.01	0.44***
岐阜県		0.28***	−0.27	0.20*		−0.06
静岡県	0.11	0.06		0.11	−0.21	0.31***
愛知県	0.24**	0.18**	−0.13	0.19*	0.34**	0.18**
三重県	0.19	0.29**	−0.18	0.52***	−0.11	0.34**
滋賀県		0.42**		0.54***	−0.10	
京都府	0.28	0.38***	−0.15	0.11		0.40***
大阪府		0.26***	0.02	0.37***	−0.07	0.35***
兵庫県	−0.01	0.27***	−0.19	0.20*	−0.23	0.18*
奈良県		0.36*				0.15
和歌山県	0.16			0.39**		
鳥取県	0.13		0.49	−0.11		−0.11
島根県		0.14			−0.13	
岡山県	−0.01	0.02	−0.16	0.19		
広島県	−0.03	0.16	0.14	0.28**	−0.12	0.15
山口県	−0.21	0.14	0.38*	0.10	−0.09	−0.07
徳島県			−0.22		−0.08	−0.11
香川県	−0.25	0.04	−0.17	0.21	−0.41	0.32*
愛媛県	0.10		−0.29	0.05		0.46**
高知県	0.21*	−0.13		0.25		0.38**
福岡県	−0.06	0.25**	−0.01	0.08	0.04	0.08
佐賀県	0.12	0.05	1.00***	−0.09	−0.27	0.40*
長崎県	0.22	0.27*		0.42***	−0.20	
熊本県	0.14	0.16	−0.26	0.20	−0.22	0.32**
大分県	0.13				−0.24	−0.10
宮崎県				0.23		0.22
鹿児島県	0.09	−0.19			−0.28	
沖縄県			−0.12	0.22	0.54**	0.13

係数はファイ係数　***は1％水準，**は5％水準，*は10％水準で有意。
正の相関は，自民と民主両党に同じ行動（両党推薦，推薦なし）を取る傾向を示している。
逆に，負の相関は，自民と民主のどちらか一方のみを推薦していること示している。
空欄は，自民のみ（民主のみ）の推薦で係数が算出できなかったことを示している。

2004年参議院選挙時の二大政党に対する推薦行動の相関係数を示している。正の相関は，自民と民主両党に同じ行動（両党推薦，推薦なし）を取る傾向を示している。逆に，負の相関は，自民と民主のどちらか一方のみを推薦していること示している。例えば，青森県の農業団体をみると，相関係数は0.25である。これは，同県の農業団体が自民党と民主党に対して，同一の行動を取る傾向にあったことを示している。

表からは，次の3点がわかる。1点目は，団体分類からみると，農業団体（7県），経済団体（19都府県），政策受益団体（23都道府県）で，自民と民主両党に同じ行動を取る傾向にあったことがわかる。圧力団体レベルの分析（辻中，2006）と同様に，政策受益団体は政治状況に敏感に反応している点が興味深い。2点目は，労働団体と政治・市民団体で，ほとんど相関が見られないことである。両党推薦や推薦なしが全ての団体分類でみられるわけではなく，競争性以外の要因が作用している可能性を示唆している。

3点目は，大まかな地域区分でみると，かなり異なったパターンがあることである。東北を中心に農業，経済，政策受益団体が自民と民主両党に同じ行動を取る傾向がある。また，関東，東海，関西では経済，政策受益団体が自民と民主両党に同じ行動を取る傾向がある。しかし，北信越，中国，四国，九州では有意な相関はあまりみられない。

3.2. 推薦行動を規定する競争性

政党システムの競争性の高まりは団体の推薦行動にどのような影響を及ぼすのだろうか。表9-6は，民主党議席率別の二大政党への推薦パターンの割合を示している。

表からは，次の3点がわかる。1点目は，民主党の議席率が上昇すると，自民中心の割合が全ての分類で低下していることである。例えば，議席率が0％と61％以上の差をみると，農業（-15.2），経済（-27.0），労働（-5.2），政策受益（-9.8），政治・市民（-11.0），その他（-10.1）である。特に，農業団体や経済団体という自民党の支持基盤での減少幅が大きい。

2点目は，民主党議席率の上昇が民主単独推薦につながっていないことである。全ての分類で，5％以下の増加に止まる。

3点目は，民主党の議席率の上昇によって，自民・民主型と推薦なしの割合がむしろ上昇することである。議席率が0％と61％以上の差をみると，推

薦なしの割合が農業 (8.2), 経済 (19.6), 政策受益 (6.8), その他 (10.4) である。労働や政治・市民団体以外では, 変化が大きい。

以上までの分析から, 民主党の議席率の上昇が団体の接触や推薦に影響を与えていることを示してきた。ただ, 一党優位政党制から二大政党制へという政党システムの競争性の高まり以外にも, 団体-政党関係を規定する要因として, 政権党であること, 団体-政党間の政策距離, 候補者個人の要因も考えられる。

表9－6　民主党議席率と団体の推薦パターン (2004年参院選)（単位：％）

	民主党議席率	自民中心	自民・民主型	民主中心	2党への推薦なし	N
農林水産業団体	0%	59.5	1.0	0.5	39.0	200
	1-20%	59.3	3.1	0.0	37.7	491
	21-40%	56.7	2.8	1.0	39.5	816
	41-60%	53.2	5.5	1.0	40.3	511
	61%以上	44.3	6.0	2.5	47.2	729
経済・業界団体	0%	57.8	0.7	0.4	41.0	268
	1-20%	49.9	2.7	1.0	46.3	479
	21-40%	43.1	3.1	0.4	53.4	918
	41-60%	37.4	7.4	0.9	54.4	870
	61%以上	30.8	7.2	1.5	60.6	1,420
労働団体	0%	8.6	0.0	40.7	50.6	81
	1-20%	4.4	1.8	48.7	45.1	113
	21-40%	2.5	4.0	50.9	42.6	277
	41-60%	3.8	1.4	45.9	49.0	290
	61%以上	3.4	2.0	44.1	50.5	406
政策受益団体（福祉・専門家・教育・行政関係）	0%	23.0	1.4	1.4	74.2	217
	1-20%	21.7	3.5	1.2	73.6	405
	21-40%	20.4	2.8	1.5	75.3	814
	41-60%	20.4	3.9	1.3	74.4	790
	61%以上	13.2	4.1	1.7	81.0	1,184
政治・市民団体	0%	26.7	1.7	6.7	65.0	60
	1-20%	25.0	2.1	6.3	66.7	96
	21-40%	17.7	0.0	9.5	72.8	232
	41-60%	13.7	0.8	9.5	76.0	263
	61%以上	15.7	3.9	10.7	69.7	383
その他	0%	19.8	2.2	1.1	76.9	182
	1-20%	19.1	3.0	0.3	77.6	304
	21-40%	17.9	2.0	1.2	78.8	643
	41-60%	12.9	3.1	2.0	81.9	742
	61%以上	9.7	1.9	1.1	87.3	1,284

政権党の強みを政党レベルでみれば, ケント・カルダー (Kent Calder) は政権の変動可能性が高まった際に, 自民党（および保守政権）が公共投資や立法を通じた保護を拡大し, 危機を乗り切ってきたことを示した (カルダー 1988＝1989)。議員レベルをみると, 小林良彰は補助金の獲得と集票の関係を明らかにしてきた (小林1997)。また, 名取良太は選挙制度改革後も補助金の配分において, 議員の影響力があることを実証している (名取2002)。以上から, 補助金や委託費を受けている団体はより政権党への推薦を行っている

ことが想定される。

　政党と団体間の政策距離も団体の推薦を分析する上で重要な要因である。団体が支持しない政策を掲げる政党や候補者を推薦することは難しく，むしろ対立候補を支援する可能性が高まると考えられる。本調査では団体の政策と近い政党を尋ねた質問はないが，回答者のイデオロギーを質問している。前回調査で明らかになっているように，団体の執行部と一般会員のイデオロギーの差はあまりない。また，一般会員よりも執行部のイデオロギーと政党支持や接触にやや強い相関がみられ，執行部レベルのイデオロギー的方向性が団体－政党関係のあり方を引きずっている（森 2002：148-149）。そのため，回答者のイデオロギーが団体の政策選好に近似するものとして，イデオロギーから団体の推薦行動をみる。

　さらに，1990年代以降，議員の政党間移動も頻繁に行われてきた（的場2006）。特に，民主党は様々な党派の議員を糾合する形で結成され，その後も党勢を拡大してきた。この影響は，本稿の結果からもうかがえる。例えば，先の表9-1の政党接触をふりかえると，岩手県，福島県，長野県などでは自民・民主型の割合が高く，これらの県はそれぞれ小沢一郎，渡部恒三，羽田孜などを中心とする保守系議員の離党の影響が考えられる。一方で，北海道や愛知県では民主党が比較的強いにもかかわらず，自民・民主型の割合は先述の県よりも低い。これらの県の結果の比較からは，候補者の党派が団体との関係に影響を及ぼしている可能性もある。以下では，政権党の強みを示すものとして，委託費や補助金を受けているかどうかに焦点をあてる。次に，イデオロギー，候補者の党派性の順にその影響を検討してみよう。

　補助金や委託費を受けている場合に政権党（自民党）への推薦は変化するのだろうか。表9-7は，民主党議席率別の委託費・補助金の有無と自民党推薦率を示している。例えば，民主党議席率が0％の地域の農業団体で，委託費等を受けていない場合は63.4％が自民党を推薦している。一方で，委託費や補助金を両方受けている場合は75.0％が同党を推薦していることを示している。このように，民主党の議席率をコントロールした上での委託費や補助金の効果をみている。

　表からは，次の2点がわかる。1点目は，農業団体と経済団体では委託費や補助金を受けていない場合と両方受けている場合を比較すると，民主党の議席率に関係なく自民党推薦割合が高いことである。ここから，先の民主党

の躍進による危険分散という側面だけではなく，政権党の強みが活きていることが窺える。

表9－7　民主党議席率別の委託費・補助金の有無と自民党推薦率の関係（単位：％）

	民主党議席率	委託費・補助金の有無			
		a) なし	b) 一方のみ	c) 両方	(c)−(a)
農林水産業団体	0%	63.4	60.7	75.0	11.6
	1−20%	56.6	68.1	67.9	11.3
	21−40%	58.1	64.6	76.5	18.4
	41−60%	55.0	67.4	66.7	11.7
	61％以上	46.8	51.1	65.2	18.4
経済・業界団体	0%	54.8	63.5	64.7	9.9
	1−20%	46.8	58.1	63.2	16.4
	21−40%	49.8	44.4	56.4	6.6
	41−60%	41.5	53.0	49.2	7.7
	61％以上	36.0	46.8	47.5	11.5
政策受益団体（福祉・専門家教育・行政関係）	0%	25.5	23.6	21.1	−4.4
	1−20%	28.1	25.0	22.0	−6.1
	21−40%	27.3	21.3	14.4	−12.9
	41−60%	27.8	26.6	23.0	−4.8
	61％以上	15.3	18.7	17.4	2.1

2点目は，政策受益団体が農業団体や経済団体とは異なる傾向を示していることである。民主党議席率が0％から60％以下の範囲をみると，全て負になっており，委託費や補助金を受けていない団体の方が自民党推薦率は高い[7]。

次に，イデオロギーと政党推薦の関係をみていこう[8]。図9－2は，イデオロギー分布別の自民党，民主党推薦率，推薦なし割合の推移を示している。例えば，非常に革新的なイデオロギーを持つ団体（分布の1）では12.8％の団体が民主党を推薦している。逆に，非常に保守的なイデオロギーを持つ団体（分布の7）では50.1％の団体が自民党を推薦している。

図からは，次の3点がわかる。1点目は，保守的なイデオロギーを持つ団体の方が推薦を行う割合が高いこと，分布の1から4までは非推薦率が60％以上であるのに対して，分布の5から7では推薦なし割合が10から20ポイント程度低下している。2点目は，保革イデオロギーと自民党推薦率に相関がみられ，保守的なイデオロギーの団体になるほど，自民党推薦の割合が上昇している。3点目は，自民党と逆に革新的なイデオロギーの団体ほど民主党推薦率が上昇しているものの，その割合は20％を下回ることである。背景に

（7）ただ，政策受益団体に含めた専門家団体だけをみると，経済団体等と同様に，委託費や補助金を受けているほど，自民党推薦の割合は上昇する。
（8）より詳細な分析は竹中（2009a）を参照されたい。

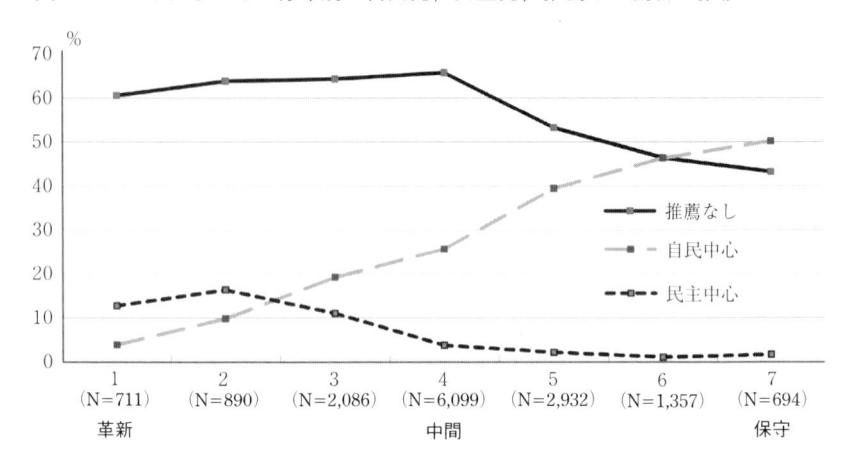

図9-2 イデオロギー分布別の自民党,民主党,推薦なし割合の推移

| | 1
(N=711)
革新 | 2
(N=890) | 3
(N=2,086) | 4
(N=6,099)
中間 | 5
(N=2,932) | 6
(N=1,357) | 7
(N=694)
保守 |

（凡例：推薦なし，自民中心，民主中心）

は，表には示していないが，分布1では共産党と社民党を推薦する団体が合計で18.4%あり，民主党のそれを上回っていることが影響している。

それでは，民主党の伸張は団体のイデオロギーと推薦の関係に変化をもたらすのだろうか。表9-8では民主党の議席率別のイデオロギーと推薦の相関係数を示している。例えば，民主党議席率が0%の地域の農業団体にはイデオロギーと自民党推薦の間に0.18の正の相関がみられ，保守的な団体ほど自民党を推薦する傾向がある。

表からは，民主党の議席率に関係なく，自民党とイデオロギーの間に正の相関があることがわかる。農業，経済，労働，政策受益団体のすべての分類において，保守的なイデオロギーをもつ団体ほど自民党を推薦する傾向があ

表9-8 イデオロギーと自民党,民主党推薦の相関係数

民主党議席率	自民党推薦				民主党推薦			
	農業	経済	労働	政策受益	農業	経済	労働	政策受益
0%	0.18***	0.32***	0.45***	0.20**	0.09*	−0.07	−0.11	−0.08
1−20%	0.21***	0.22***	0.44***	0.28***	−0.01	−0.10**	−0.03	−0.03
21−40%	0.16***	0.10***	0.36***	0.20***	−0.03	−0.03	−0.05	−0.02
41−60%	0.19***	0.19***	0.38***	0.14***	0.00	−0.04	0.04	−0.02
61%以上	0.19***	0.21***	0.30***	0.17***	−0.16***	−0.02	−0.13**	0.01

***は1%水準,**は5%水準,*は10%水準で有意。
推薦した場合に1,推薦していない場合には0。
イデオロギーは1が革新的,7が保守的となる。

る。一方で，民主党への推薦とイデオロギーにはほとんど関連性がみられない。民主党は必ずしも革新的なイデオロギーを有する団体の受け皿になっているとはいえないのかもしれない。以上から，自民党への推薦を左右する要因として，政党システムの競争性の向上という要因以外にも，団体のイデオロギーが考えられる。

最後に，候補者個人の党派の影響を検討しよう。ここでは，過去の政党所属を考慮して，6人の事例（小沢一郎，玄葉光一郎，川端達夫，筒井信隆，小泉俊明，石関貴史）を扱う。初当選時をみると，小沢は自民党，玄葉は無所属からさきがけに入党し，川端は民社党，筒井は社会党，小泉と石関は民主党である。

議員の選択にあたっては，過去の政党所属以外にも選挙区の都市化の程度を考慮している[9]。各選挙区における団体分布が大きく異ならないように，準農村や農村部とされる選挙区（名取 2002：134）から選択している。

表9－9は，2005年総選挙時の

表9－9　2005年総選挙時の選挙区別推薦パターン

		旧党派等	自民中心	自民・民主型	民主中心	2党への推薦なし	N
全体	小沢一郎（12）	自民党	1.6	8.1	6.5	83.9	62
	玄葉光一郎（4）	さきがけ	11.6	18.6	9.3	60.5	43
	川端達夫（6）	民社党	19.0	4.8	7.9	68.3	63
	筒井信隆（3）	社会党	20.9	1.5	11.9	65.7	67
	小泉俊明（2）	民主党	30.0	0.0	15.0	55.0	20
	石関貴史（新人）	民主党	38.0	4.0	2.0	56.0	50
農林水産業団体	小沢一郎（12）	自民党	8.3	8.3	0.0	83.3	12
	玄葉光一郎（4）	さきがけ	0.0	40.0	0.0	60.0	5
	川端達夫（6）	民社党	25.0	0.0	0.0	75.0	8
	筒井信隆（3）	社会党	38.1	4.8	0.0	57.1	21
	小泉俊明（2）	民主党	60.0	0.0	0.0	40.0	5
	石関貴史（新人）	民主党	60.0	0.0	0.0	40.0	10
経済・業界団体	小沢一郎（12）	自民党	0.0	25.0	12.5	62.5	16
	玄葉光一郎（4）	さきがけ	18.2	45.5	0.0	36.4	11
	川端達夫（6）	民社党	43.8	12.5	0.0	43.8	16
	筒井信隆（3）	社会党	33.3	0.0	0.0	66.7	12
	小泉俊明（2）	民主党	50.0	0.0	0.0	50.0	4
	石関貴史（新人）	民主党	46.7	0.0	0.0	53.3	15
労働団体	小沢一郎（12）	自民党	0.0	0.0	40.0	60.0	5
	玄葉光一郎（4）	さきがけ	0.0	14.3	57.1	28.6	7
	川端達夫（6）	民社党	0.0	0.0	62.5	37.5	8
	筒井信隆（3）	社会党	0.0	0.0	85.7	14.3	7
	小泉俊明（2）	民主党	0.0	0.0	50.0	50.0	6
	石関貴史（新人）	民主党	0.0	0.0	0.0	100.0	2

カッコ内は2005年選挙前の当選回数等，旧党派等は初当選時のもの。

（9）　データでは，団体の存在する市区町村を回答してもらっている。今回はそれを活用し，選挙区を特定化している。また，大きな区割りの変更があった議員や候補の例は除外している。

推薦を議員（候補）別に示している。全体をみると，小沢から石関へと議員が変化するのに合わせて，自民単独推薦の割合が低下している。小沢の岩手4区では2005年総選挙時に自民単独推薦を行った団体は1.6%であるのに対して，新人候補の石関の群馬2区では，その割合が38.0%にのぼる。また，自民・民主型の割合が民社党や社会党出身の川端や筒井に比べて，小沢や玄葉の割合は高い。

　次に，団体分類別にみると，次の2点がわかる。1点目は，農業団体や経済団体の自民単独推薦の割合が過去の政党所属によって異なることである。例えば，経済団体をみると，玄葉の選挙区では自民単独推薦が18.2%である一方で，当選回数も多い川端や筒井の選挙区ではその割合が15ポイント以上高い。2点目は，労働団体の推薦割合にも違いがあることである。先の傾向とは逆に，川端や筒井の選挙区では，労働団体の民主単独推薦が他の議員よりも高い。

　このように，過去の政党所属が団体の推薦行動と関連していることもうかがえる。このような傾向は，民主党が強い都道府県の中でも，自民・民主型が多い岩手県や福島県とそうではない北海道や愛知県の違いと関連するのかもしれない。

4　まとめ

　本章では，政党システムの競争性の異なる47都道府県の比較から，団体－政党関係を分析してきた。特に，分析では団体－政党関係と共に団体分類内での分布にも着目し，疑似階級的配置に変化があるのかどうか，政党システムの競争性の高まりが団体の行動にどのような影響を及ぼすのかを検討してきた。

　分析では，次の8点が得られた。
(1)　団体世界における自民党の一党優位状態があるものの，現在の民主党は過去の野党よりも接触をやや伸ばしている。
(2)　接触や推薦の割合は都道府県によって大きな差がある。
(3)　自民，民主両党と接触・推薦する行動パターンがみられつつある。
(4)　民主党の議席率が上昇すると，民主党単独の割合はほとんど変化しないものの，自民，民主両党接触（推薦）や接触（推薦）なしが増加する。
(5)　自民，民主両党に対する同一の接触や推薦行動は団体分類によってやや

異なり，農業団体や経済団体では自民・民主型や接触（推薦）なしが増加するものの，労働団体や政治・市民団体では変化がみられない。
(6) 委託費や補助金を受けている農業団体，経済団体は自民党推薦の割合が民主党の議席率に関係なく高まる一方で，政策受益団体では逆に自民党推薦の割合が低下する。
(7) 自民党への推薦と保革イデオロギーには相関がみられる一方で，民主党への推薦には相関がほとんどみられない。民主党の議席率に関係なく，保守的なイデオロギーの団体ほど自民党を推薦する傾向にある。
(8) 候補者個人の要因も作用している可能性があり，自民党などの保守系政党の出身の議員とそれ以外では農業団体や経済団体からの推薦割合はやや異なる。また，民社党や社会党出身の議員は労働団体からの推薦割合がやや高い。

以上の結果にはどのような含意があるのだろうか。1点目は，疑似階級的団体配置の弱まりである。分析からは，二極の片側である農業，経済団体を中心に，自民・民主両党と接触や推薦をする傾向がみられた。ただし，労働団体，政治・市民団体では自民党接触や推薦の動きはほとんどみられない。そのため，疑似階級的団体配置の変容は，自民党を支持してきた農業，経済団体などの側の変化にある。

2点目は，1990年代の政治変動による団体－政党関係の変容である。従来，団体－政党関係の分析では，社会変動の重要性が指摘されてきた。例えば，戦後すぐの団体の噴出（およびその淘汰と全国団体の再編）が保守と革新の二極的統合を先導したこと，高度成長期の団体の噴出に対する自民党の組み込みが一党優位状態へと繋がってきたことである（村松・伊藤・辻中 1986：85）。このような政治変動に先行する社会変動の影響が全くないとは言えないが，47都道府県単位の分析からは各地の政治状況に応じた団体の行動がみられた。特に，政界再編，その後の選挙制度改革による二大政党化の進展が，団体－政党間および団体分類内で二大政党双方に同じ行動を取るように促している。そのため，今回みられた疑似階級的配置の変化は政治変動による影響が大きいと考えられる。

3点目は，自民党の団体世界における一党優位状態の要因を明らかにしていることである。自民党が団体世界で比較的高い接触や推薦の割合を示して

いる背景には，①各地域における一党優位状態，②補助金や委託費などの政権党の強み，③保守的なイデオロギーが背景にある。2009年の政権交代により，前2者は変化するため，自民党一党接触，推薦割合の低下を加速させることが予想される。ただし，政権交代によって，①と②の要因が民主党と団体の関係に変化をもたらすとしても，それは民主党の一党優位状態の出現というよりは自民・民主双方への接触や推薦（および政党ルートからの団体の撤退）という形になるであろう。

最後に，今後の課題を述べて，結びとしたい。今後の課題は，次の2つである。1つ目は，分析単位をより細分化することである。本稿では都道府県単位で分析を進めたが，より厳密には衆議院，参議院の選挙区単位，市区町村単位の分析から団体を取り巻く政治状況を特定化し，その際の行動パターンを分析することが必要である。

2つ目は，政党システムの競争性以外の状況的要因，組織的要因，個人要因を組み込んだ分析を行うことである[10]。状況的要因としては，選挙区の競争構造（現職対新人，現職対現職，新人対新人等），首長－議会関係などの地方政治の状況などが考えられる。また，組織的要因としては組織リソース，目標，組織構造がある。個人要因としては，候補者との政策距離，信頼感，候補者の党派性，社会的属性（世襲，前職等）などがある。候補者の党派性については，多少言及したものの，より体系的な検証が必要であろう。それにより，団体－政党関係の今後や政党側のリクルートメントや選挙活動への制約条件を探ることになる。

以上のような課題が残るものの，小選挙区制の導入に伴う競争性の高まりは，農業団体や経済団体等の自民党を支持してきた側の団体が民主党との関係を形成し始めることで，団体－政党間の疑似階級的配置に変化を及ぼし，二大政党制の団体的基礎を形成しつつある。

---

(10) 団体の組織構造に着目し，選挙制度改革前後のロビイングの変化を論じている研究として，Naoi and Krauss（2009）を参照。選挙過程における団体の行動を分析したものとして，Franz（2008）を参照。

第10章

利益団体のロビイング

―3つのルートと政治的機会構造―

山本英弘

1　団体による利益表出の手段

　社会に存在する多種多様な利益を集約し，政治という価値の配分過程へ表出させることは利益団体の果たす最も重要な機能の1つである（Bentley 1908=1994; Almond 1970=1982; 内田 1980）。団体は様々な戦術（tactics）を用いて，政治的・社会的アクターに働きかけ，政策過程に影響を及ぼそうとする。政党や議員あるいは中央省庁や地方自治体に陳情することもあれば，専門的知識を提供して法案作成に協力することもある。こうした政治的アクターへの直接的な働きかけばかりでなく，マスメディアに情報を提供したり，集合的な示威行動によって一般世論に主張を訴えることで，間接的に政治的アクターを動かそうとする方法もある。このような利益団体による主張・要求（ロビー，ロビイング，lobbying[1]）活動は，政治と社会とを媒介する重要な機能だといえる。

　それでは，現代日本の利益団体は，ロビイング活動をどのくらい行っているのだろうか。また，団体によってロビイング戦術にどのような相違があるのだろうか。本章の第1の目的は，JIGS2調査データをもとにロビイングの実態を明らかにすることである。

　ロビイングの実態を捉えることは単に団体の政治活動を捉えるというだけ

　（1）　石生義人の定義では，「ロビー活動とは，政策アクター（政治家・官僚）の政策決定・執行に何らかの影響を与えるために行われる利益団体の意図的活動すべてを意味する」（石生 2002：164）。

ではない。団体がどのような対象に働きかけるのかを知ることで，政治構造を描き出すことにつながる。多元主義やコーポラティズムといった政治体制に関する議論が，利益団体と政治・行政との関係のあり方から論じられてきたことはその例だといえるだろう。日本政治研究においても，石田雄による本系列－別系列からなる政治システム（石田 1961），あるいは村松岐夫による日本政治の二環構造（村松 1981）の指摘をはじめ，こうした試みは幾度となく行われている。本章の第2の目的は，団体によるロビイング活動からみた現代日本の政治構造を検討することである。

さらに，本章では第3の目的として，ロビイング戦術がどのような要因と関連するのかを探究する。ロビイングを規定する有力な要因の1つとして，団体にとっての政治的機会構造（Political Opportunity Structure）が考えられる（Tarrow 1998; Kriei et al 1995; McAdam 1996; Meyer and Minkoff 2004 など）。政治的機会構造とは，団体による主張や要求の実現可能性や成功可能性に影響を及ぼす政治的要因である（Tarrow 1998=2006）。例えば，ある団体にとって政治的アクターへのアクセスが可能であれば，そのアクターに対して主張や要求を行うものと考えられる。その一方で，政治的アクターにはまったくアクセスできないために世論に訴えるという手段をとる団体もあるだろう。このように団体の戦術選択は自ら利用できる政治的機会によって促進または制約される。本章では，政治的機会構造として，団体の政治的アクターへのアクセス可能性，信頼，協調関係に着目する。そして，これらが団体のロビイング戦術の選択にどのように関連しているのかを分析する。

以下，本章では，2節でロビイング戦術の分布について確認し，さらに，団体分類ごとの分析から日本の政治構造について検討していく。分析から，農林水産業団体や経済・業界団体が与党や中央省庁といった政策過程のメイン・アクターに働きかける直接的なルート（インサイド戦術）と，労働団体や市民団体が野党，世論，マスメディアを介して間接的に働きかけるルート（アウトサイド戦術）がみられる。市民団体は特に，マスメディアに働きかけることが特徴的である。第3節では，ロビイング戦術を規定する要因として，団体分類ごとの政治的機会構造を検討する。分析から，それぞれの団体は，政治的機会が開放している対象に働きかけを行っていることが示される。また，労働団体や市民団体は政策過程のメイン・アクターの政治的機会が閉ざされているためにアウトサイド戦術が多いということが示される。最後に，

第4節で全体の知見をまとめておく。

2　ロビイング戦術の種類と分布

2.1. ロビイング戦術の種類

　一口にロビイングと言っても，請願，陳情，申し入れといった議員や行政を対象とした要求活動，法案作成や専門知識の提供など団体のもつ知的資源を活用するもの，大衆集会，デモなど世論にアピールするものなど，実に様々な戦術が用いられている。

　ロビイング戦術を理念的に分類する際に用いられるのが，政治的アクターに直接働きかけるかどうかという基準である。これにより，インサイド戦術とアウトサイド戦術に分類される（Gais and Walker 1991; Kollman 1998; 石生 2002：Binderkrantz 2005; Baumgartner et al. 2009 など）。インサイド戦術とは政治的アクターに働きかけるものであり，さらに細分化すると政党や議員を対象とする政治・立法ルートと，官僚や行政職員を対象とする行政ルートに分けられる。

　これに対して，アウトサイド戦術は世論一般やマスメディアといった政治体外のアクターに働きかけるものである。アウトサイド戦術は一般に周囲の目をひくものが多い。そのため，世論に社会問題の存在や自らの主張を周知し，その支持を背景に間接的に政治的アクターに影響を及ぼすことを目的として用いられる（Kollman 1998; Baumgartner et al. 2009 など）。アウトサイド戦術についても働きかけの対象によって，一般世論に訴えるもの（集会，デモなどの示威行為）とマスメディアを通して訴えるものに分けられる。

　JIGS2調査においてもなるべく多様なロビイング戦術を捉えることを目指し，16項目について質問している。表10-1は，上記のロビイング戦術の分類ごとに，それぞれの分布を示している。どの戦術においても「まったくない」という回答が最も多い。ロビイングによって主張・要求を訴えることは団体にとって重要な機能であるものの，JIGS2調査のように政治過程に関わる団体ばかりでなく社会全体の団体を対象としてみると，こうした活動はあまり行われていない。ちなみに，まったくロビイング活動を行っていない団体（上記16項目すべてに「まったくない」と回答した団体）は全体の17.6％である。

表10−1　ロビー活動の分布（単位：％）

	まったくない	あまりない	ある程度	頻繁	非常に頻繁	N
インサイド						
政党						
与党と接触（与党）	66.8	16.2	14.1	2.2	0.7	13,185
野党と接触（野党）	76.0	13.0	8.1	2.0	0.8	13,084
行政						
中央省庁との接触（中央省庁）	70.0	15.5	11.5	2.5	0.6	13,128
自治体との接触（自治体）	35.9	16.9	34.3	10.1	2.8	13,408
パブリック・コメント	67.0	17.5	13.0	2.0	0.5	12,892
その他						
発言力をもつ人との接触（有力者）	58.7	19.8	17.3	3.4	0.8	13,125
法案作成の支援（法案作成）	80.0	12.8	5.8	1.1	0.2	12,991
専門知識等の提供（専門知識）	57.6	18.0	20.3	3.5	0.7	13,015
会員による電話・メール等の働きかけ（会員動員）	69.0	15.9	11.8	2.4	0.9	13,004
アウトサイド						
一般世論						
請願のための署名（署名）	54.2	17.0	20.7	5.6	2.5	13,157
集会への参加（集会）	52.9	17.7	22.0	5.4	2.0	13,166
直接行動	83.1	8.6	5.5	1.9	0.8	12,994
マスメディア						
マスメディアへの情報提供（マスメディア）	60.5	19.0	16.9	2.8	0.8	13,008
記者会見	81.5	11.6	5.7	1.0	0.2	12,982
意見広告	77.6	14.0	7.2	1.0	0.3	12,988
その他						
他団体との連合	56.8	17.1	21.2	3.6	1.3	13,086

　ロビイング戦術の中でも突出して多いのが，自治体との接触であり，「非常に頻繁」「頻繁」「ある程度」の割合の和は47.2％である。自治体が特に多いのはサンプル全体で市町村や都道府県といったローカルレベルで活動する団体が多いことを反映しているからだと考えられる。また，何か要求があるときにはまず身近な行政へ働きかけるということを表しているともいえる。

　次いで多いのが，集会への参加（29.4％），請願のための署名（28.8％）と世論に働きかけるアウトサイド戦術である。もっとも，デモやストライキといった直接的行動は7.1％にすぎず，アウトサイド戦術の中でもコストの低いものが行われている。

　なお，インサイド戦術のうち，与党との接触は17.0％，野党との接触は10.9％，中央省庁との接触は14.6％であり，いずれもそれほど高い頻度で行われているとはいえない。自治体と比べて中央省庁との接触が少ないことは，

やはりローカルレベルで活動する団体が多いことを表しているのかもしれない。

2.2. 団体分類ごとのロビイング戦術

　全体的な分布を確認したところで，続いて団体分類ごとにロビイング戦術の分布をみていこう。団体によってロビイングの程度や戦術が異なることは，これまでの研究からも確認されてきたことである（村松・伊藤・辻中 1986；石生 2002）。とりわけ村松岐夫による二環構造の指摘は，団体のロビイングを通して日本政治の構造を明らかにする上で重要な寄与があった。二環構造とは，「既存の価値の権威的配分を行う『政策過程』と，既存の政治・行政体系に対してそれとは異なった価値体系をもって対決しその変革を迫る勢力と，現体制を保持しようとする勢力の対抗過程である『イデオロギー過程』」からなるものである（村松 1981：290）。具体的には，自民党や中央省庁と親近性の高い経済団体や農業団体からなる政策過程と，社会党，労働団体，市民集団が推進するイデオロギー過程とが共存・競合する構造である。村松・伊藤・辻中（1986）では，1980年に実施された圧力団体調査をもとに，団体が政策決定に到達するルートは主として自民党と政府で，労働団体や市民団体にとって有効なルートは社会党という結果を示しており，二環構造の存在を裏付けている。

　もっとも，このような55年体制下における政治構造は，その後の労働団体の政治過程への参入などもあり，実質的に変容したかにみられてきた（辻中 1996, 2003）。しかし，1997年に実施されたJIGS1調査では，全体的な結論として旧構造の残存が確認されている（辻中編 2002；森 2003）。すなわち，一党優位性，官僚主導，および二環構造などの政治構造が析出されており，55年体制の崩壊という大きな政治変動を経ながらも，政治と団体との接触パターンの基本構造には変化がみられていない。それでは，現在においてもこのような政治構造を確認することができるのだろうか。それとも，様々な政治・社会変動を受けて何らかの変化が生じているのだろうか。2006～07年に実施したJIGS2調査を用いて，この点を検討していこう。

　なお，ここでは団体の活動範囲によって全国・世界レベルと市町村・都道府県・広域圏レベルに分けて分析する[2]。表10－1にみられたように，全体として自治体に働きかける活動が多いのはローカル・レベルで活動する団体が

表10-2　団体分類別のロビイング戦術の分布（全国・世界レベル）（単位：％）

	与党	野党	中央省庁	自治体	パブリックコメント	有力者	法案作成	専門知識	会員動員	署名	集会	直接行動
農林水産業	26.0	10.1	39.1	37.0	21.7	27.7	12.9	34.8	14.0	29.9	28.6	9.8
経済・業界	17.9	4.4	53.0	26.4	30.6	16.1	11.7	42.4	13.4	13.0	13.3	1.5
労働	16.6	55.0	34.3	40.2	31.5	42.7	26.1	31.8	47.2	79.4	81.1	53.0
教育	23.5	7.8	37.6	28.5	21.5	25.0	13.1	26.7	16.8	20.0	15.3	6.2
行政関係	19.3	7.0	51.1	39.5	21.0	23.5	17.6	42.9	14.6	12.9	18.1	4.9
福祉	22.7	15.5	32.1	30.1	20.6	17.7	10.0	27.7	16.8	27.1	25.2	6.9
専門家	18.3	12.9	35.3	27.7	29.4	18.6	8.5	45.4	19.7	12.7	20.3	1.7
政治	54.5	63.6	53.3	67.4	43.9	71.1	46.7	46.7	61.4	58.7	73.3	44.4
市民	23.5	27.8	32.3	47.6	27.3	32.0	15.2	31.3	30.3	34.0	37.6	15.2
学術・文化	8.1	2.5	24.7	18.5	15.2	10.7	6.2	28.9	6.3	4.1	6.2	0.4
趣味・スポーツ	10.9	4.5	21.8	32.4	8.3	13.8	2.8	22.7	7.3	13.6	9.2	0.9
宗教	18.8	6.4	6.4	19.1	4.3	12.8	4.3	8.5	19.1	10.6	0.0	
その他	14.2	9.9	20.6	25.6	11.3	13.0	7.0	16.5	9.5	16.3	15.3	4.4
全体	18.2	14.1	35.0	30.5	21.8	21.2	12.0	31.1	17.3	23.7	24.0	9.7

「非常に頻繁」「頻繁」「ある程度」の割合の和。
Nは各項目で欠損値の数が異なるが，ここでは与党についてのものを示している。
太字は各戦術で上位3位以内の団体分類　網掛けは各団体分類で上位3位以内の戦術。

多いからかもしれない。そうだとすれば，データから全国以上のレベルで活動する団体の特徴がうまく捉えられない恐れがある。また，ロビイングによる政治的アクターとの接触から政治構造を考察する場合，中央レベルかローカル・レベルで分けて考えたほうが妥当だと考えられる。

全国・世界レベル　表10-2は，全国・世界レベルで活動する団体のロビイング戦術を示している。すべての戦術において政治団体が団体分類の中で上位3位以内の割合であり，高い頻度で行われている。とりわけ，与党，自治体，有力者，法案作成，会員動員は2位の団体分類より20ポイント以上も高い割合となっている。政治団体の中でも，有力者への接触(71.1％)，集会への参加(73.3％)が7割以上であり，野党への接触(63.6％)，自治体への接触(67.4％)，会員の動員(61.4％)が6割以上と高い割合を示している。このように団体自ら政治団体と認識しているだけあって，すべての戦術で他の団体分類よりも活発だといえる。とりわけ発言力をもつ有力者との接触が行われている点が際立った特徴であり，インフォーマルな政治的アクターへのアクセス・ルートの存在を示唆している。

（2）　団体の活動範囲とロビイング戦術との関連については，山本（2009c）を参照されたい。

マスメディア	記者会見	意見広告	他団体との連合	N
21.6	9.2	11.9	31.9	192
29.3	9.9	8.9	25.7	413
37.8	**23.5**	**21.5**	**67.7**	199
26.5	7.6	13.0	22.0	132
25.6	8.5	12.2	22.9	88
24.8	12.2	13.1	26.7	128
27.1	11.2	10.4	26.3	120
51.1	37.8	31.1	51.1	44
48.5	30.3	13.3	36.8	98
20.8	8.3	7.0	20.0	246
30.0	7.4	4.6	13.9	110
14.9	6.4	10.6	12.8	48
19.7	5.8	7.3	18.6	346
27.3	11.6	11.1	28.3	2,164

続いて特徴的なのが労働団体である。与党，中央省庁，専門知識の提供を除くすべての戦術で上位3位以内に含まれている。とりわけ，署名，集会，直接行動，他団体との連合については，団体分類の中で最も高い割合を示している。労働団体の中では，集会への参加（81.1％），署名（79.4％）がほぼ8割と非常に高く，野党との接触（55.0％），直接行動（53.％），他団体との連合（67.7％）が5割以上と高い。このように労働団体は，世論に働きかけるアウトサイド戦術が活発であり，政治的アクターのうち野党との接触が頻繁である。

労働団体は1970年代後半以降，政策制度要求路線をとり，政策過程への参入を強めていった。しかし，90年代後半になって労働政策過程が合意形成型から多数派支配のトップダウン型に変容するのに伴い，政策過程への参入回路が閉ざされた（三浦 2007）。それに応じて，労働団体も圧力団体的なビジネス・ユニオニズムから社会運動ユニオニズムへと傾斜しているという指摘もなされている（篠田 2005，中北 2009）。つまり，政治過程での影響力行使から社会における大衆運動へとスタンスを変えつつあるのである（篠田 2005）。ここでの分析結果から，労働団体において集会や直接行動などのアウトサイド戦術が多いことは，こうした労働団体の路線転換を表しているのかもしれない。

上記2つの団体分類ほどではないが，市民団体も相対的にロビイングが活発である。野党，自治体，有力者との接触，会員動員，署名，集会，直接行動，マスメディア，記者会見，意見広告，他団体との連合で上位3位以内に含まれる。アウトサイド戦術が盛んなことが特徴だといえる。

市民団体について特に注目すべきはマスメディアとの接触（48.5％）である。これは政治団体ほどではないものの他の団体分類よりも高い割合であり，市民団体の中では最もよく用いられる戦術である。なお，マスメディアとの接触は，学術・文化団体と趣味・スポーツ団体という広義の市民団体が用いる戦術の中でも上位3位以内に含まれており，ロビイング戦術としてよく用い

られている。ちなみに，マスメディアに1度でも取り上げられたことがあるのは，全体で69.9％であるのに対して，市民団体で84.3％である。また，取り上げられたことのある団体における平均回数は，全体で23.3回なのに対して，市民団体で26.0回である。これらの結果も市民団体のメディア接触の多さを示している。

　蒲島郁夫は政治的エリート調査に基づいて，メディアは様々な社会集団に包括的にアクセス可能であるが，とりわけ，市民運動や婦人運動などの新興集団に好意的であり，これらの団体に政治システムに選好を注入する機会を与えていることを指摘している（蒲島 1990；Kabashima and Broadbent 1986）。ここでの分析においても，このようなメディアと市民団体の親近性を確認することができる。

　以上にみてきたように，ロビイング活動は，政治，労働，市民の3つの団体分類において活発である。とりわけ，与党や中央省庁という中央政治における政策形成のメイン・アクター以外への接触（野党，自治体[3]，有力者への接触）とアウトサイド戦術全般において，これらの団体分類の活動が顕著にみられる。これら3つの団体分類はいずれもイデオロギーや価値体系が体制や政策体系のなかに深く根をおろしていない価値推進団体としての性格が強いものである（村松・伊藤・辻中 1986）[4]。このような団体では政策形成のメイン・ルート以外の手段を用いてでも主張や要求が行われると考えられる。

　一方で，農林水産業団体や経済・業界団体にはそれほど顕著な傾向はみてとれない。しかし，他の団体分類と比較すると，与党との接触で農林水産業団体がやや多いことと，経済・業界団体で中央省庁への接触が多いことがわかる。また，農林水産業団体の中では中央省庁との接触，自治体との接触，専門知識の提供の頻度が高い。さらに，経済・業界団体の中では中央省庁との接触，専門知識の提供，パブリック・コメントの頻度が高い。これらのことから，職業や産業を代表するセクター団体は政策形成のメイン・アクターへのアクセスが行われているといえる。

（3）　自治体は中央レベルの政策過程ではメイン・アクターたりえず，むしろ，政策過程へ影響を媒介していると考えられる。

（4）　労働団体は経済的・職業的利益を反映するセクター団体であるが，日本の現状では体制批判という側面があり価値推進団体として扱うのが適当だとされる（村松・伊藤・辻中 1986）。

上記の結果を総合すると，現在においても日本政治の二環構造という特徴をみてとることができる。すなわち，ロビイングには，農林水産業団体や経済・業界団体による与党や中央省庁といった政策過程のメイン・アクターに対して働きかける直接的なルートと，労働団体や市民団体による野党，世論，マスメディアに働きかける間接的なルートがみられる。加えて，市民団体はマスメディアを介して働きかけることが特徴的である。このように，ロビイングには大きく３つのルートが存在する。

市町村・都道府県・広域圏レベル　次に，市町村・都道府県・広域圏レベルで活動する団体のロビイング戦術をみていこう（表10－3）。

団体分類ごとにロビイング戦術の分布をみていくと，宗教団体を除くすべての団体で自治体への接触が上位３位以内に含まれる。しかも，農林水産業，経済・業界，教育，行政関係，福祉の各団体分類では，他の戦術とその割合に20ポイント以上の差があり，突出して多い。これに対して，一部の団体分類を除いて，与党との接触は１～２割，野党との接触は１割にも満たない。中央政治よりも政党政治化が進んでいない地方政治では，団体にとって自治体が接触対象として唯一といってよい政治的アクターのようである。

団体分類ごとの特徴をみると，全国・世界レベルと同じく政治団体がすべての戦術で上位３位以内に含まれている。他の団体分類より20ポイント以上多いのは，与党，自治体，有力者との接触，法案作成であり，全国・世界レベルとほぼ同じである。政治団体の中では，集会への参加，自治体との接触，有力者との接触が多く，７－８割の団体で行われている。続いて，署名が６割強，会員動員が５割強の団体で行われている。このようによく行われている戦術は全国・世界レベルの場合とあまり変わりはない。しかし，野党との接触は全国・世界レベルにおいて63.0％なのが40.9％と大きく減少している。これは地方政治に確固とした野党が存在しないことの表れだろう。

労働団体についてもみておこう。与党との接触，自治体との接触，マスメディアを除くすべての戦術で上位３位以内に含まれている。また，野党との接触，署名，直接行動，他団体との連合において，団体分類の中で最も高い割合となっている。労働団体の中では，署名と集会が特に高く７割以上の団体で行われている。野党との接触，会員動員，直接行動，他団体との連合は４割以上となっている。全国・世界レベルの団体と同じく，野党接触と世論

表10-3　団体分類別のロビー戦術の分布（市町村・都道府県・広域圏レベル）

	与党	野党	中央省庁	自治体	パブリックコメント	有力者	法案作成	専門知識	会員動員	署名	集会	直接行動
農林水産業	18.4	3.7	12.9	56.3	6.8	22.2	3.4	22.8	8.8	26.6	30.9	3.9
経済・業界	19.5	5.5	10.9	52.1	15.4	21.8	5.8	22.5	11.9	28.4	26.7	2.9
労働	14.2	46.2	11.9	47.6	22.0	32.3	10.6	21.1	41.0	74.1	73.9	45.7
教育	14.5	7.6	6.4	48.4	11.1	14.7	4.6	18.2	12.3	21.6	20.6	6.2
行政関係	10.1	3.8	10.1	39.6	9.2	11.6	4.0	18.4	7.4	10.1	11.2	1.7
福祉	10.9	9.3	6.3	55.2	15.4	16.3	6.8	25.1	13.0	24.9	22.9	6.6
専門家	26.2	10.5	11.5	48.4	18.3	20.8	7.0	41.1	16.9	27.3	27.7	3.0
政治	46.8	40.9	24.4	77.7	40.0	69.2	41.3	38.8	51.8	63.0	77.9	29.2
市民	12.2	15.9	9.9	56.8	25.6	25.8	7.4	27.2	21.4	34.7	37.6	13.6
学術・文化	9.3	4.5	7.5	47.2	16.1	17.9	5.5	32.1	9.5	23.6	20.4	1.8
趣味・スポーツ	6.0	2.2	3.4	37.8	7.8	11.9	2.6	18.9	6.7	11.2	7.5	0.7
宗教	1.5	1.5	1.5	1.5	1.5	1.5	1.5	4.5	1.5	10.6	6.1	0.0
その他	12.5	8.3	8.1	40.2	11.3	15.1	3.2	15.6	10.2	21.5	22.2	4.9
全体	16.8	10.4	10.5	50.6	14.3	21.5	6.2	23.1	14.7	29.9	30.5	8.0

「非常に頻繁」「頻繁」「ある程度」の割合の和。
Nは各項目で欠損値の数が異なるが，ここでは与党についてのものを示している。
太字は各戦術で上位3位以内の団体分類　網掛けは各団体分類で上位3位以内の戦術。

に働きかけるアウトサイド戦術が活発なことがみてとれる。ただし，全国・世界レベルの団体と比べると，どの戦術も割合が小さい傾向にある。

市民団体については，野党，自治体，有力者との接触，パブリック・コメント，会員動員，署名，集会，直接行動，マスメディア，記者会見で上位3位以内に含まれる。市民団体の中では，自治体との接触が56.8％と多く，署名，集会，マスメディアとの接触，他団体との連合が3割以上である。全国・世界レベルと同じくアウトサイド戦術が盛んである。全国・世界レベルの団体で顕著だったマスメディアとの接触については38.5％と割合が低下している（全国・世界レベルは48.5％）。しかし，団体分類の中では政治団体に次いで多く，市民団体の戦術としても自治体との接触に次いで多く用いられており，やはり市民団体に特徴的な戦術だといえる[5]。

以上のように，市町村・都道府県・広域圏レベルで活動する団体でも，政

(5) マスメディアに1度でも取り上げられたことのある団体は，全体で62.9％なのに対して，市民団体で82.9％である。また，取り上げられたことのある団体における平均回数は全体で11.5回なのに対して，市民団体で13.1回である。

(単位：%)

マスメディア	記者会見	意見広告	他団体との連合	N
12.4	1.9	5.0	22.0	2,108
18.3	4.5	6.3	24.4	3,071
29.0	15.1	16.5	56.1	854
18.6	6.9	7.1	24.1	331
9.2	1.8	5.0	16.9	603
19.7	4.7	6.9	23.1	835
16.1	4.7	13.0	25.5	600
47.4	39.8	25.1	42.7	250
38.5	12.9	10.4	32.0	490
31.4	7.2	9.4	24.6	227
19.1	3.0	5.2	7.5	268
1.5	0.0	1.5	3.0	66
16.6	4.7	7.2	19.8	1,193
19.1	6.0	8.0	25.7	10,896

治，労働，市民の3つの団体分類においてロビイング活動は盛んである。活動の傾向も類似しており，政策形成のメイン・アクター以外への接触（野党，有力者への接触）とアウトサイド戦術全般で顕著である。価値推進団体が政策形成のメイン・ルート以外の手段を用いてでも主張や要求を行っていることが確認できる。ただし，全国・世界レベルで活動する団体と比べると，活動は盛んではない。農林水産業団体や経済・業界団体については，与党との接触と自治体との接触がわずかながら多い傾向にある。ここから政策形成のメイン・アクターへのアクセスが行われているとみることもできるが，顕著な傾向とはいえない。

2.3. ロビイング戦術の変化

ところで，JIGS2調査はJIGS1調査の継続調査であり，同一質問により1997年当時との違いを捉えることができる。そこで，ここでは主なロビイング戦術について2時点のデータを比較して変化の詳細を検討していく。なお，ここでは政治構造の特徴が明確にみられる全国・世界レベルで活動する団体に対象を絞って分析する[6]。

JIGS1調査とJIGS2調査との比較に際しては，いくつかの注意が必要である。第1に，JIGS1調査は東京都と茨城県の団体を対象にした調査であるのに対して，JIGS2調査は日本全国の団体を対象にしている。そのため，データ全体をそのまま比較することができない。ここでは，東京都に所在する全

（6） 市町村・都道府県・広域圏レベルで活動する団体については，JIGS1調査との2時点間比較を行うと，全国以上で活動する団体と同様に，労働，政治，市民の各団体が野党接触およびアウトサイド戦術を増やしている。与党や中央省庁への接触にはあまり変化はみられない。これらローカルレベルの団体は，そもそも自治体との接触がメインであるため，全国以上で活動する団体ほど二環構造的な特徴もみられず，変化も少ないのだと考えられる。

国・世界レベルで活動する団体に絞って分析を行う。ただし，JIGS1調査ではそのためにサンプル数が少なくなってしまう団体分類があることには注意しなければならない。

第2に，調査票のワーディングに相違がみられるものがある。特に，集会への参加については，JIGS1調査では「大衆集会を開く」だったのがJIGS2調査では「集会への参加」となっている。集会への参加のほうがコストが低いために，JIGS2の方が実施頻度が高くなってしまっている。そのため，集会についての結果を解釈する際には特に注意が必要である。

表10-4は，団体分類ごとに主なロビイング戦術の2時点間での変化を示したものである。インサイド戦術から政党（与党，野党）および行政（中央省庁）との接触，アウトサイド戦術から集会およびマスメディアとの接触を取り上げた。これらは前述のようにロビイング戦術を理念的に分類する際によく用いられるカテゴリの代表的なものである。

与党との接触については，農林水産業団体と労働団体が10ポイント以上減少している[7]。これに対して，政治団体は30ポイント，福祉団体は10ポイント程度の上昇がみられる。このほか，教育団体や行政関係団体もわずかに上昇しており，政治団体を除けば，JIGS2調査において接触頻度が平準化して

表10-4　団体分類ごとにみる主なロビイング戦術の変化（単位：％）

	与党 JIGS1	与党 JIGS2	変化	野党 JIGS1	野党 JIGS2	変化	中央省庁 JIGS1	中央省庁 JIGS2	変化	集会 JIGS1	集会 JIGS2	変化	マスメディア JIGS1	マスメディア JIGS2	変化	N JIGS1	N JIGS2
農林水産業	35.7	21.1	-14.6	7.1	7.0	-0.1	85.7	62.2	-23.6	7.1	20.3	13.1	35.7	18.8	-16.9	16	78
経済・業界	20.2	17.7	-2.5	5.0	4.1	-1.0	57.7	68.6	10.8	2.6	10.3	7.7	26.2	32.6	6.4	147	290
労働	31.6	18.2	-13.4	42.5	57.1	14.6	46.3	58.8	12.5	29.7	80.0	50.3	26.3	51.4	25.1	49	41
教育	18.3	24.0	5.7	7.4	2.7	-4.7	33.7	48.7	15.0	6.4	6.8	0.3	14.8	27.0	12.2	98	86
行政関係	14.9	20.9	6.0	6.3	7.1	0.8	50.0	68.9	18.9	0.0	17.1	17.1	11.1	31.7	20.6	87	50
福祉	15.2	28.6	13.4	6.1	11.9	5.8	42.9	45.5	2.6	12.1	15.9	3.8	24.2	33.3	9.1	44	52
専門家	14.6	11.9	-2.7	4.6	7.6	3.0	40.9	43.3	2.4	1.1	9.1	7.9	18.0	19.7	1.7	112	77
政治	53.8	84.6	30.8	38.5	61.5	23.1	46.2	61.5	15.4	50.0	61.5	11.5	36.4	38.5	2.1	13	16
市民	42.3	42.9	0.5	34.6	45.7	11.1	53.8	54.3	0.4	16.7	43.2	26.6	57.7	51.4	-6.3	30	42

「非常に頻繁」「頻繁」「ある程度」の割合の和
Nは各項目で欠損値の数が異なるが，ここでは与党についてのものを示している。

---

(7) 労働団体の与党接触が減少しているのは，先に本論中で述べたように，労働政策過程が変容し，労働団体の参入回路が閉ざされてしまったことが理由として考えられる。

いる。

　野党との接触については，労働，政治，市民の各団体で増加している。これらの団体は他の団体分類と比べて，そもそも野党との接触が活発であったが，この10年でますますその傾向を強めている。

　中央省庁との接触については，農林水産業団体で大きく減少している。それ以外の団体はおおむね上昇傾向にあり，全体として接触の平準化傾向をみてとることができる。

　集会については，前述のようにワーディングの変更の影響もあるため，どの団体も軒並み上昇傾向にある。その中でも特に労働団体と市民団体で大幅に増加傾向にある。野党接触と同じく，これらの価値推進団体はもとから活発だったアウトサイド戦術をさらに活性化させていることがわかる。

　マスメディアとの接触については，労働団体と行政関係団体で増加している。一方で，農林水産業団体ではここでも大きく減少している。市民団体についてはメディアとの接触が特徴であるが，2時点間では減少傾向にある。

　以上の結果から，農林水産業団体は，与党および中央省庁との接触において大きな減少傾向を示しており，ロビイング活動が減少している[8]。一方で，他の団体分類が上昇傾向を示しているため，2時点間で政策形成のメイン・ルートは平準化し，さまざまな団体が接触可能となったといえる。他方で，労働，政治，市民の各団体が野党との接触を強め，労働団体と市民団体は集会への参加を増加させている。ここから，メイン・ルート以外の手段がますます特定の団体に偏重する傾向をみてとることができる。

3　団体をとりまく政治的機会構造

3.1. 政治的機会構造

　前節までにみたロビイング戦術の選択は，それぞれどのような要因によっ

（8）　農業団体については，1990年代以降，グローバル化が進む中で農産物の流通自由化や金融市場自由化が進行し，さらには農業人口の減少で農協の組織力が低下していった。また，衆議院選挙制度改革の影響や公共事業に対する批判により，政治的影響力の低下が指摘されている（神門2006, 梶本2009）。農林水産業団体によるロビイングの不活発化には，こうした背景が考えられる。

て影響を受けるのだろうか。ロビイング戦術に影響を及ぼす要因には，政治制度や権力構造，あるいは政治文化，団体の保有する資源，団体メンバーの性質など様々なものが考えられる[9]（Gais and Walker 1991 など）。この中で，本章では団体の直面する政治的機会構造という観点から検討していく。

政治的機会構造は社会運動研究において発展してきた概念である[10]。シドニー・タロウ（Sidney Tarrow）による最も代表的な定義によれば，政治的機会構造とは，「成功や失敗に関する人々の期待に影響を及ぼすことによって，人々が集合行為に着手するための誘因を提供する政治的環境の一貫した次元」である（Tarrow 1998: 76-77）。ロビイングや社会運動などの主張・要求活動を行おうとする人々や団体にとって，その実行可能性や成功可能性といった機会構造は，意思決定を行う上での重要な条件である。このような政治的機会構造の要素として，政治的アクターへのアクセス可能性，政策アリーナにおける権力構造，政治的アクターとの同盟関係など様々なものが取り上げられてきた（McAdam 1996; Gamson and Meyer 1996 など）。本章では，政治的アクターへのアクセス可能性，信頼，協調関係という3つの要素を取り上げて検討する。

ここで政治的機会構造とロビイング戦術との関係について簡単に考察しておこう。ある政治的アクター（議員，中央省庁など）に対してアクセス可能であったり，そのアクターが団体の主張や要求を受け入れるという期待が高いとき，団体はその政治的アクターに接触するという戦術を選択すると考えられる。すなわち，インサイド戦術は団体にとって政治的機会が開かれているときに行われる。

これに対して，アウトサイド戦術は，上記の政治的アクターへのアクセスができなかったり，主張や要求が受け入れられる可能性が低いときに選択されると考えられる（Kitschelt 1986; Kriesi et al. 1995）。直接的な要求が通らな

---

(9) このほか日本の圧力団体のロビイングを対象として選挙制度改革と組織構造の集権化／分権化が及ぼす要因を検討したものに，Naoi and Krauss（2009）がある。選挙制度改革がロビイングに及ぼす影響については，政治的機会構造とも関連する議論であるが，詳細な検討は今後の課題としたい。

(10) 政治的機会構造の視点から日本の社会運動を分析しものに，山本・西城戸（2004）などがある。また，利益団体を分析したものに，労働団体を対象とした久米（1998）がある。

いならば，集会などの示威的行動やマスメディアを介することで問題の所在を広く知らしめて世論を喚起し，政治的アクターに対して間接的に影響を及ぼそうとするのである（Kollman 1998; Baumgartner et al. 2009）。

　それでは，JIGS2 調査データから団体分類ごとに政治的機会構造（アクセス可能性，信頼，協調関係）を検討し，それをもとにロビイングと政治的機会構造との関連について考察していくことにしよう[11]。これにより，団体分類によって異なる政治ルートの存在を明らかにし，ロビイング戦術とあわせて政治構造の全体像を描いていく。なお，前節までの分析から，ロビイング活動については全国・世界レベルで活動する団体のほうがより明確な特徴を示している[12]。そこで，本節の分析では，これらの団体に焦点を絞って分析を行うこととする。

3．2．政治的アクターへのアクセス可能性

　団体が直面する政治的機会構造として第 1 に考えられるのが，政治的アクターへのアクセス可能性である（Kriesi et al. 1995; Tarrow 1998＝2006）。政策過程への働きかけを行うには，そもそも政党や行政といった働きかけの対象となる政治的アクターに接近できなければならない。政治的アクターではないが，マスメディアへの働きかけについては新聞記者やテレビ記者へのアクセス可能性が重要となるだろう。

　表10－5 は，団体分類別に政治的アクターとアクセス可能な団体の割合を示している。国会議員に対してはどの団体分類でも 4 － 5 割は接触が可能で

---

(11)　このように，団体分類と政治的機会構造の諸変数との関係をみることで，ロビイング戦術に及ぼす政治的機会構造の影響を間接的に推察するのでは，政治的機会構造の影響として想定してきたものが，実は団体分類に伴う他の要因の影響であるという誤解（疑似相関）の可能性を排除できない。これについては，政治的機会構造の諸要因と団体分類を同時に考慮した多変量解析を行ったが，本章で想定する通りの政治的機会構造の効果が確認されている。詳細は，山本（2009c）を参照。ここでは団体分類によって異なる要求ルートの存在を明らかにし，政治構造の全体像を描くために団体分類ごとの政治的機会構造を検討することとする。

(12)　市町村・都道府県広域圏レベルで活動する団体については，全国・世界レベルと同様の結果が得られるものの，あまり明瞭ではない。

表10-5　団体分類ごとにみた政治的アクターへのアクセス可能性
(単位:％)

	国会議員	地方議員	中央省庁	自治体幹部	自治体課長	新聞記者	テレビ記者	N
農林水産業	57.9	50.9	41.2	**43.4**	**57.0**	43.4	22.4	228
経済・業界	44.1	30.6	**61.1**	23.4	39.8	54.0	16.4	483
労働	**77.5**	**78.8**	26.1	41.4	38.7	41.4	21.2	222
教育	47.8	43.4	50.3	37.1	45.9	53.5	29.6	159
行政関係	40.8	36.9	**62.1**	35.9	**57.3**	37.9	21.4	103
福祉	45.7	48.6	36.0	35.4	40.0	49.1	25.7	175
専門家	40.4	33.3	46.1	25.5	44.7	48.9	24.8	141
政治	**86.8**	**73.6**	45.3	**54.7**	54.7	**60.4**	**41.5**	53
市民	**66.9**	**66.1**	39.7	**52.9**	**57.0**	**78.5**	**54.5**	121
学術・文化	30.3	22.8	**51.8**	23.8	32.9	49.5	24.1	307
趣味・スポーツ	46.6	38.9	30.5	37.4	39.7	**61.1**	**42.7**	131
宗教	35.1	38.6	8.8	22.8	14.0	17.5	15.8	57
その他	44.6	50.6	35.6	42.3	49.7	51.5	30.6	435
全体	48.5	44.4	44.0	34.8	43.9	50.6	26.2	2,615

Nは各項目で欠損値の数が異なるが，ここでは国会議員についてのものを示している。
太字は各政治的アクターで，上位3位以内に含まれる団体分類。

ある。政治団体（86.8％），労働団体（77.5％），市民団体（66.9％）は特に高い割合を示している。地方議員についてもほぼ同様の結果である。議員の政党所属についてはわからないが，これらの団体分類は野党との接触頻度が高いことからみて（政治団体は与党接触も高い），野党へのアクセス・ルートが開かれていると考えられる。

　中央省庁とのアクセス可能性についてはどの団体分類も3-5割程度であるが，経済・業界団体（61.1％）と行政関係団体（62.1％）が特に高く6割以上となっている。先の分析からは，これらの団体分類は中央省庁との接触が多くみられた。やはりアクセス・ルートの開放がロビイングを促しているといえる。もっとも，政治団体は中央省庁との接触が活発であるにもかかわらず，アクセス可能だという団体はそれほど多くはない（45.3％）。また，労働団体は他の団体分類と接触頻度はあまり変わらないが，アクセス可能性は低い割合となっている（26.1％）。

　自治体については幹部と課長に分けて質問がなされている。幹部については政治（54.7％），市民（52.9％），農林水産業（43.4％），労働（41.4％）の各団体分類の割合が4割以上と高い。課長については行政関係（57.3％），農林水産業（57.0％），市民（57.0％），政治（54.7％）の各団体分類で5割以上

と高い割合である。先の分析では，政治，労働，市民，農林水産業，行政関係の各団体分類において自治体との接触による働きかけが活発であった。これらの団体分類は自治体幹部とのアクセス・ルートを確保していることがわかる。

マスメディアへの情報提供は，市民，政治，趣味・スポーツの各団体分類の割合が高い。新聞記者で6割以上，テレビ記者で4割以上となっている。これらの団体は，やはりマスメディアへの情報提供というロビイング戦術が盛んであった。

以上の結果から，どの政治的アクターにおいても，ロビイング戦術が活発に行われている団体分類のアクセス可能性が高いということが明らかとなった。もっとも，ロビイングを行っているということは，その対象とすでに接触しているので，こうした関連がみられるのは自明だといえる。むしろ，接触可能でありながらもロビイングを行わない団体分類があまりみられないことを確認したといったほうがよいかもしれない。

3.3. 政治的アクターへの信頼

続いて，政治的アクターに対する信頼を検討する。信頼はその政治的アクターが団体の主張や要求を受け入れてくれる期待の程度と解釈することができる。ここでは，政治的アクターに加えてマスメディアと世論というアウトサイド戦術の対象も含めて検討しよう。アウトサイド戦術であっても，その対象の支持が得られない場合は自らの主張や要求を伝えても効果がないと考えられるからである。

表10－6は団体分類ごとに各アクターに対する信頼の程度について示している。国会議員と地方議員ともに労働団体が特に高く7割以上（それぞれ74.0％，78.8％）である。国会議員については福祉団体（66.1％），市民団体（65.5％），農林水産業団体（65.5％），政治団体（61.4％）が高く，地方議員については政治団体（69.8％），福祉団体（68.6％），市民団体（64.0％）が高い。質問文からは与野党のいずれかわからないとはいえ，野党接触が活発な政治，労働，市民の各団体分類で議員を信頼する団体が多い。なお，福祉団体については与野党とも政党接触のロビイングはあまり活発とはいえないが，それでも信頼の程度が高いという結果になっている。

中央省庁については，経済・業界団体（75.5％），行政関係団体（77.9％），

表10−6 団体分類別の政治的アクターに対する信頼の程度 (単位:%)

	国会議員	地方議員	中央省庁	首長	自治体	マスメディア	世論	裁判所	N
農林水産業	65.5	58.6	70.7	**66.7**	**71.5**	48.9	55.2	59.2	165
経済・業界	54.9	47.1	**75.5**	50.6	57.5	52.7	54.3	52.8	344
労働	**74.0**	**78.8**	41.5	56.1	53.2	41.9	60.8	54.4	192
教育	59.0	54.7	65.8	58.3	56.5	57.7	68.9	55.7	117
行政関係	58.7	52.2	**77.9**	**68.6**	**69.9**	54.3	63.8	**62.9**	75
福祉	**66.1**	**68.6**	63.1	**68.9**	**70.9**	65.1	68.6	**64.6**	112
専門家	55.0	48.9	63.9	53.7	59.4	59.6	63.5	56.0	101
政治	61.4	**69.8**	50.0	63.4	50.0	41.9	66.7	46.3	44
市民	**65.5**	64.0	55.8	62.2	67.4	**69.2**	**72.1**	54.5	87
学術・文化	52.2	43.5	**73.4**	49.4	57.4	**67.4**	**70.2**	58.6	180
趣味・スポーツ	58.9	56.3	64.0	64.4	68.9	**71.0**	**69.7**	59.3	90
宗教	43.9	51.2	41.5	65.0	65.9	61.0	62.5	**70.0**	41
その他	56.8	53.4	57.7	57.1	61.3	59.7	62.2	51.0	273
全体	59.6	56.3	64.2	58.0	61.3	57.1	62.8	56.0	1,821

「非常に頻繁」「頻繁」「ある程度」の割合の和。
Nは各項目で欠損値の数が異なるが,ここでは国会議員についてのものを示している。
太字は各団体政治的アクターで,上位3位以内に含まれる団体分類。

 学術・文化団体 (73.4%),農林水産業団体 (70.7%) で7割以上と高い割合を示している。経済・業界団体と行政関係団体は中央省庁への接触というロビイング戦術が活発であった。なお,労働団体が41.5%と低い割合であることが目に留まる。

 首長と自治体についてはほぼ同じ傾向である。団体分類間の差はあまり大きくないが,農林水産業団体,行政関係団体,福祉団体が比較的高く,7割前後である。自治体への接触というロビイング戦術が盛んだった政治,労働,市民の各団体分類はそれほど自治体を信頼している団体が多いわけではない。

 マスメディアについては市民 (69.2%),学術・文化 (67.4%),趣味・スポーツ (71.0%) の各団体分類で高い傾向にあり,7割前後である。これらの団体分類はマスメディアとの接触というロビイング戦術に特徴があったものである。なお,労働団体は41.9%であり,政治団体とならんでマスメディアに対する信頼が低いことがわかる。

 団体間での差はそれほどみられないが,世論に対する信頼についてもマスメディアと同様に,市民 (72.1%),学術・文化 (70.2%),趣味・スポーツ (69.7%) の各団体分類で高い傾向をみてとることができる。これらの団体はマスメディアを介した先にいる対象として,世論を捉えていると推察できる。

以上の結果から，各アクターへの信頼とロビイング戦術の関係について，団体は信頼の程度が高いアクターに対して接触を試みていることがわかる。つまり，団体は成功可能性を考慮した上で適切な戦術を選択しているのである。

3.4. 政治的アクターとの協調関係

さらに，政治的アクターとの協調関係についてみよう。政治的アクターが団体にとって協調的か対立的かは，団体のロビイングの成否にとって重要である。もし政治的アクターが団体にとって協調的であれば，政治過程内で団体の代弁者として活動することが考えられる。政治的機会構造論では政治体内のエリートと同盟関係にあることが重要な要因として注目されてきた[13]。

JIGS2調査では，団体と様々な政治・社会的アクターとの協調―対立関係について，1～7点で答えるように質問している[14]（7点が最も協調的，4点が中立的，1点が最も対立的）。表10-7は，団体分類ごとにその平均値を示したものである。なお，JIGS2調査では，調査の不備から中央省庁の官僚についての協調―対立関係が質問項目から抜け落ちてしまったため，調査後に協力可能な団体に対して補完調査を行った。中央省庁についての結果は補完調査に回答したサンプルのみの結果である（補完調査については付録1参照）。

まず，与党や中央省庁の官僚に対しては，農林水産業団体，経済・業界団体，行政関係団体が相対的に高い得点を示している。特に，経済・業界団体と行政関係団体の中央省庁との協調度は5点以上と非常に高い。これに対して，労働団体と市民団体は4点未満と対立的に捉える傾向がある。一方，野党については，労働団体，政治団体，市民団体で高く，これらの団体だけが4点よりも高くなっている。マスメディアについては，市民，学術・文化，趣味・スポーツの各団体分類で4.5点以上と相対的に高い得点を示している。

団体分類の中で最も特徴的なのが労働団体である。野党に対して5.3点と

---

(13) 山本（2009c，2009d）では，協調－対立関係と政治的アクターの影響力をもとに間接影響力という指数を合成して検討している。

(14) この質問を用いた団体の組織間関係に焦点を合わせた検討は，第5章で行われている。

表10-7 団体分類別にみた政治的アクターとの協調度（全国・世界レベル）

団体分類	与党	野党	中央省庁の官僚	都道府県	市町村	マスメディア	N
農林水産業	**4.5**	3.9	**4.6**	4.7	4.8	4.2	156 (50)
経済・業界	**4.4**	4.0	**5.1**	**4.6**	4.5	4.3	309 (127)
労働	2.4	**5.3**	3.2	4.1	4.2	3.8	181 (48)
教育	4.3	4.0	4.6	4.4	4.4	4.2	108 (40)
行政関係	**4.3**	3.9	**5.5**	**4.8**	**4.8**	4.0	73 (17)
福祉	4.3	4.0	4.5	4.4	4.6	4.4	101 (42)
専門家	4.2	4.0	4.2	4.3	4.3	4.2	92 (32)
政治	3.4	**4.4**	4.5	4.2	4.2	4.0	38 (17)
市民	3.6	**4.3**	3.7	4.2	4.5	**4.6**	88 (21)
学術・文化	4.1	3.9	4.5	4.3	4.3	**4.5**	178 (74)
趣味・スポーツ	4.0	3.8	4.5	4.4	**4.7**	**4.8**	89 (21)
宗教	4.1	3.9	3.9	4.3	4.5	4.3	35 (14)
その他	4.0	3.9	4.1	4.3	4.6	4.3	253 (96)
全体	4.0	4.1	4.4	4.4	4.5	4.3	1,701 (599)

7点満点の平均値　太字は各政治的アクターで上位3位以内に含まれる団体分類。
Nは各項目で欠損値の数が異なるが，ここでは与党についてのものを示している。
カッコ内は補完調査（中央省庁の官僚）のものである。

非常に協調的である一方で，与党に対して2.4点，中央省庁に対して3.2点と非常に対立的である。さらに，マスメディアに対しても3.8点と，団体分類の中で最低の平均値である。労働団体は，野党という政治的アクターを除けば，政策過程のメイン・アクターとも，アウトサイド戦術の媒介先であるマスメディアとも協調的ではないのである。

　以上にみた各団体分類と協調的な政治的アクターは，先の分析から，その団体分類が頻繁に接触する傾向があるものである。つまり，政治的エリートとの同盟関係がロビイングを促進するといえる。その一方で，労働団体は与党や中央省庁と対立的な関係にある。また，先の分析から中央省庁へのアクセス可能性と信頼とも低い傾向にあった。労働団体よりは弱いものの，同様の傾向は市民団体についてもみてとることができる。労働団体や市民団体は，他の団体と比べて与党や中央省庁との接触が少ないわけではないが，団体分類の中では相対的に頻度が少ない戦術である。その一方で，世論に訴えかけるアウトサイド戦術が活発である。ここから，労働団体や市民団体は政策過程におけるメイン・アクターとの関係が対立的であるために，アウトサイド戦術という間接的な働きかけによって世論の支持を動員しようとしていると考えられよう。

もっとも，労働団体と市民団体の間でも，マスメディアの機会構造に相違がみられる。市民団体はマスメディアとのアクセス可能性，信頼，間接影響力のいずれにおいても機会が開放的であり，マスメディアへの情報提供というロビイングを頻繁に行っている。これに対して，労働団体はマスメディアへの機会構造が閉鎖的であり，接触活動も相対的にみれば頻繁ではない。アウトサイド戦術にも2つのルートをみてとることができる。

4　まとめ：ロビイングの3つのルート

　本章では，利益団体のロビイング戦術の実態とその規定因を捉え，さらにはロビイングから日本の政治構造について推察することを目指してきた。分析から得られた知見は下記のとおりである。

(1) ロビイング戦術全体では地方自治体への接触が突出して多い。また，集会や署名といったアウトサイド戦術も多くみられる。

(2) 全国・世界レベルで活動する団体では，政治団体，労働団体，市民団体のロビイング活動が活発である。とりわけ，野党，自治体，有力者への接触とアウトサイド戦術全般で顕著である。また，市民団体はマスメディアとの接触が特徴的である。一方，農林水産業団体や経済・業界団体は，与党や中央省庁といった政策形成のメイン・アクターへの接触が相対的に多い。

(3) 市町村・都道府県・広域圏で活動する団体では，自治体との接触が突出して多い。全国・世界レベルの団体と同じく，政治団体，労働団体，市民団体のロビイングが活発であり，アウトサイド戦術全般で顕著である。ただし，全国・世界レベルほどには活発ではない。

(4) 東京都に所在する全国・世界レベルで活動する団体についてJIGS1調査と比較した。農林水産業団体で与党や中央省庁との接触が減少する一方で，他の団体分類が増加傾向を示しているため，全般に政策過程のメイン・アクターへの接触が平準化する傾向をみてとることができる。一方で，野党との接触やアウトサイド戦術はますます特定の団体（政治・労働・市民）に偏重する傾向がある。

(5) 全国・世界レベルの団体を対象に，団体をとりまく政治的機会構造を検討した。どのアクターにおいても，ロビイングが活発に行われている団体分類ほどアクセスが可能であり，信頼の程度が高く，さらに，自らと政治的アクターとの関係が協調的である。このように政治的機会構造の開放性は，団

体の用いるロビイング戦術と関連している。

(6) 労働団体と市民団体は与党や中央省庁といった政策過程のメイン・アクターへの政治的機会構造が閉鎖的である。そのため，アウトサイド戦術が行われる。もっとも，市民団体はマスメディアの機会構造が開放的であるのに対して，労働団体は閉鎖的である。

本章で明らかとなった知見は，従来の日本政治について語られてきたことを裏付けるものとなっている。日本政治の構造については，二環構造として指摘されているように，与党や中央省庁といった政策過程に対する直接的なルートと，野党，世論，マスメディアといった間接的なルートに分かれる。前者は，それほど明瞭な結果ではないが農林水産業団体や経済・業界団体で多くみられる。一方，間接的なルートは労働団体や市民団体で多くみられる。間接的なルートの中ではさらに，マスメディアを介して働きかける市民団体と，マスメディアの利用機会が閉ざされている労働団体という構図もみてとることができる。このように本章の分析からは，ロビイングには大きく3つのルートがあることが明らかとなった。

もっとも，1997年の JIGS1 調査との比較でみると，農林水産業団体のロビイング活動が減少しており，全般に団体分類間で政策過程のメイン・アクターへの接触が平準化する傾向にある。また，労働団体については野党との接触やアウトサイド戦術がより活発になっている[15]。このように，農林水産業団体と労働団体という二環構造を特徴づける団体に変化がみられることから，団体－政治関係のパターンが変化しつつあることも推察できる。

さらに2009年の政権交代により，与党が自民党から民主党に代わり，それに伴い与党と官僚との関係も変化するものとみられている。このような変化により，今後，団体の政治的機会構造がどのように変わり，それに伴いロビイング戦術がどう変わるのか，さらに，政治と社会を媒介する利益団体の機能に変化がみられるのかは興味深いところである。引き続き調査を実施していくことで，変化の様相を注視していく必要があるだろう。

---

(15) 労働団体のロビイングには変化がみられないのではなく，一度政策過程に参入したが，その後参入が難しくなり再び路線を転じたとも考えられる（篠田 2005；久米 2005；三浦 2007）。

第11章
利益団体の影響力
－多角的な視点からみる権力構造－

山本英弘

1 影響力をどう捉えるか

　本章では，利益団体が政策形成過程に対して及ぼしうる影響力（influence, power）[1]を取り上げる。これまでの章でみてきたように，団体は社会における利益を政策過程に媒介するために，政党や中央省庁などの政治的アクターと接触を行っている。また，何か要求すべき事柄がある場合は，様々なロビイング戦術を用いて働きかける。それでは，このような働きかけを行った結果として，団体は実際にどの程度，自分たちの利益を満たすことができるのだろうか。影響力は，団体がどの程度の利益媒介機能を果たしているかを捉える指標と考えられる。

　また，団体の影響力を通して，政策過程における権力構造を捉えることも可能となる。政策過程においては，当然のことながら，政党や中央省庁などの政治的アクターが大きな影響力を保持している。日本政治については政官財の鉄の三角形といわれてきたように，通説として財界（経済・業界団体）の影響力も大きいものと考えられている。これに対して，他の様々な団体がある程度の影響力を発揮できるのであれば，権力構造はより多元化しているということができるだろう。逆に，これらの団体があまり影響力を発揮でき

（1）本章では「影響力」と「権力」をほぼ同義として用いている。原則として「影響力」という表現を用いるが，文脈や先行研究に言及する場合には「権力」という表現を用いることもある。なお，権力という概念をどう捉えるかには様々なアプローチがあり（盛山 2000），ここで取り上げている政策過程における権力・影響力は権力現象のごく一部にすぎない。

ないのであれば、権力構造は政治的エリートに集権化しているということができる。

政治や社会における権力／影響力の所在を捉える試みはこれまでも数多く行われてきた。その嚆矢となるのが地域権力構造（Community Power Structure）の探究である。フロイド・ハンターは評判法（声価法 ; reputational approach）という方法を用いて、アメリカのアトランタの政策形成において大企業の経営者たちが大きな影響力を行使していることを明らかにした（Hunter 1953=1998）。また、C. W. ミルズ（C. W. Mills）はアメリカ連邦政府レベルにおいて、政治エリート、経済エリート、軍事エリートが中枢的な支配集団を形成していることを論じている（Mills 1956=1958）。これらの研究からは政治権力構造の集権性が描き出されている（エリート主義）。

一方で、ロバート・ダール（Robert Dahl）は評判法の問題点を指摘しつつ、政策争点ごとに誰が政策決定に参加し、誰の意向が反映されているのかを吟味していった。その結果として、争点によって影響力を及ぼすアクターが異なることを示している（Dahl 1961=1988）。実際の政策形成では、多様な政治的リソースをもった主体が自己にとって重要な決定に影響力を及ぼしているのである（多元主義）。

以上の権力構造論をもとにした研究は、日本でも地方政治研究や地域社会学で数多くみられ、地方政治における権力構造の集権－分権の程度が吟味されてきた（秋元 1971 ; 加藤 1985 ; 小林ほか 1987など）。利益団体の保持する影響力については、大嶽秀夫が政策形成における経済・業界団体の政治権力・経済権力を考察し（大嶽 1979）、村松岐夫らは圧力団体調査をもとに団体の影響力を検討している（村松・伊藤・辻中 1986）。

ところで、影響力そのものは目に見えるものではないため、それをどのように捉えるかは影響力研究の大きな課題である。前述のとおり、これまでの

（2） 評判法については方法論上の様々な問題点が指摘されている（Rose 1967）。本章の分析と関わるものでいえば、静態的な権力分布を捉えることしかできず、争点による相違や権力のダイナミクスを捉えることができないという問題がある。これについては、ある時点における政治・社会の一断面を切り取って示すしかない質問紙調査の分析にとってはやむを得ない問題である。むしろ、このような静態的な分布であっても調査を繰り返して記録を蓄積させることで権力構造のダイナミクスも捉えられるものと考える。

影響力研究において用いられてきた最も主要な方法の1つが評判法である[2]。JIGS2調査では，日本政治全般および団体が関心のある政策領域において，様々な政治・社会的アクターにどの程度影響力があるのかを評価するように求めている。これらの回答を集計することで，団体ばかりでなく政党や中央省庁といった政治的アクターを含め様々なアクターの影響力を捉えることができる。

　こうした影響力の全体構造を捉える方法と異なり，質問紙調査の特性を活かすならば，個々の団体自身の保持する影響力を捉えることもできる。すなわち，個々の団体が自身の影響力をどの程度だと認知しているのか（主観的影響力認知）や，実際に政策を実施または阻止することで影響力を行使した経験があるのかを把握する方法である。こうした個別の影響力については，さらに団体のどのような特徴が影響力の源泉となっているのかを検討することもできる[3]。

　以上に挙げたような全体構造を把握する場合と，個別の団体について把握する場合で，影響力の様相に相違はみられるのだろうか。本章では，上記の3つの視点を通して，団体の影響力を多角的に検討していきたい。

　本章では，次節において，団体の評判による様々な政治・社会的アクターの影響力を検討する。これにより団体以外のアクターを含めた影響力の全体構造を捉えるとともに，その中における各団体の位置づけを検討する。分析からは，日本政治全般においても，団体の関心政策領域別においても，中央省庁の官僚，与党，首相官邸，経済・業界団体の影響力が強いことが示される。しかし，関心政策領域別の影響力においては，それぞれの団体分類の影響力評価が高く，個別領域では各団体が利益媒介機能を果たしていることが示される。

　第3節では個々の団体の主観的な影響力認知および政策を実施／阻止した経験を検討していく。ここでの分析からは，団体分類間で影響力にそれほど差がみられず，平準化していることが示される。第4節では個々の団体の影響力の源泉について，組織的リソースおよび，政治的アクターとのアクセス

（3）　利益団体の影響力について，最近の動向までをレビューしたDür and Bièvre（2007）では影響力をどう測定するかと，その規定因の探究が主として取り上げられており，本章の課題と共通する。

可能性との関連を検討する。これらはいずれも個々の団体の影響力を高める効果をもつことが示される。最後に第5節で全体を総括する。

2　評判法からみた影響力

まず，様々な政治・社会的アクターに対する団体の評価をもとに，日本政治全般および団体の関心政策領域における影響力構造を探ってみよう。これにより，団体以外のアクターも含めた影響力の全体構造とともに，その中における各団体の位置づけを捉えることができる。

JIGS2調査では，26のアクターについて日本政治全般および団体の関心政策領域における影響力を7段階で質問している（7＝最も大きい）。さらに，中央省庁の官僚については再調査可能な団体に対して行った補完調査で質問している。そのため官僚についての結果の解釈には慎重にならなければならないものの，ここでは全27アクターに対する影響力評価をもとに検討していく。

表11-1は，各団体の日本政治全般における影響力評価の平均値を示したものである。

団体の活動範囲にかかわらず，中央省庁の官僚，与党（自民党），首相官邸，経済・業界団体，マスメディア，大企業の順に大きな影響力を示している。特に，上位の4つのアクターは平均値が5点を超えており，他のアクターよりも突出して大きい。ちなみに，1997年のJIGS1調査でも，上位は中央官庁(6.3)，政党(6.1)，経済・経営者団体(5.7)であり，基本的傾向は変わらない（首相官邸は質問項目になし）。このように，団体の評判という点からみると，日本政治の通説ともいえる政官財の鉄の三角形は健在だといえる。これにマスメディアが加わり，日本の政治権力主体を構成している。

その他の結果をみると，行政関係団体，政治団体，農林水産業団体は7点満点のうち平均が4点を超えており，相対的に大きな影響力を示している。これらの団体は，第5章でみたように，与党や中央省庁と協調的な関係にある。そのため，ここでの結果は，政策過程のメイン・アクターとの関係が安定的であるほど影響力が大きいというバイアス構造化仮説（Schattschneider 1960=1972；村松・伊藤・辻中 1986）に適合的である。

ところで，争点法に基づく影響力研究が指摘してきたように，影響力は常に一定ではなく，どのような争点をめぐって政策を形成するかによって影響

表11−1　日本政治全般への影響力評価（7点評価の平均値）

順位	地方		全国		全体	
1位	中央省庁の官僚	5.65	中央省庁の官僚	5.72	中央省庁の官僚	5.66
2位	与党	5.64	与党	5.46	与党	5.61
3位	首相官邸	5.30	首相官邸	5.19	首相官邸	5.25
4位	経済・業界団体	5.21	経済・業界団体	5.10	経済・業界団体	5.19
5位	マスメディア	4.69	マスメディア	4.71	マスメディア	4.69
6位	大企業	4.61	大企業	4.48	大企業	4.59
7位	行政関係団体	4.34	外国政府	4.22	政治団体	4.31
8位	政治団体	4.34	政治団体	4.17	行政関係団体	4.31
9位	都道府県	4.26	行政関係団体	4.12	農林水産業団体	4.22
10位	農林水産業団体	4.23	農林水産業団体	4.12	都道府県	4.22
11位	外国政府	4.21	都道府県	4.02	外国政府	4.21
12位	国際機関	3.88	国際機関	3.93	国際機関	3.88
13位	労働団体	3.84	労働団体	3.85	労働団体	3.85
14位	野党	3.84	野党	3.81	野党	3.83
15位	市町村	3.82	教育団体	3.74	市町村	3.77
16位	教育団体	3.70	専門家団体	3.57	教育団体	3.71
17位	福祉団体	3.64	福祉団体	3.57	福祉団体	3.63
18位	専門家団体	3.61	市町村	3.48	専門家団体	3.61
19位	警察	3.52	警察	3.44	警察	3.51
20位	市民団体	3.38	裁判所	3.36	裁判所	3.38
21位	裁判所	3.38	宗教団体	3.32	市民団体	3.36
22位	宗教団体	3.23	市民団体	3.30	宗教団体	3.25
23位	学術・文化団体	2.96	学術・文化団体	3.06	学術・文化団体	2.98
24位	外国の団体	2.90	外国の団体	2.99	外国の団体	2.91
25位	趣味・スポーツ団体	2.61	趣味・スポーツ団体	2.67	趣味・スポーツ団体	2.62
26位	町内会・自治会	2.43	暴力団	2.32	町内会・自治会	2.40
27位	暴力団	2.29	町内会・自治会	2.20	暴力団	2.29
N	9,059 (2844)		1,631 (601)		10,690 (3445)	

Nは各項目で異なるが，ここでは農林水産業団体のものを示す。なお，カッコ内は補完調査（中央省庁の官僚）のサンプル数。
地方＝市町村，都道府県，複数の都道府県　全国＝全国および世界レベル

力を及ぼすアクターが異なることが考えられる。質問紙調査によって様々な政策争点における影響力を捉えるのは容易ではないが，ここでは団体の関心政策領域別に影響力評価をみていくことで検討したい。

　表11−2は，団体分類別に，関心政策領域における影響力評価の平均値を上位10アクターについて示している[4]。なお，煩雑になるので活動範囲によ

（4）　同じ団体分類が必ずしも同様の政策領域に関心を示しているとは限らないが，多くの団体分類は取り扱うイッシューに基づいて分類されているので，ある程度の一致はみられるだろう。これまでの分析との整合性も鑑み，ここ

表11−2　関心政策領域別の政治的影響力評価（7点評価の平均値，上位10アクター）

	農林・水産業	経済・業界	労働	教育	行政	福祉
1位	官僚 5.36	官僚 5.42	官僚 5.66	官僚 5.22	官僚 5.27	官僚 5.26
2位	農水団体 5.10	経済団体 5.16	与党 5.48	教育団体 4.66	与党 4.49	福祉団体 4.87
3位	与党 4.89	与党 5.10	経済団体 5.43	与党 4.61	行政関係 4.36	与党 4.65
4位	経済団体 4.63	首相官邸 4.47	首相官邸 5.00	メディア 4.23	経済団体 4.29	市町村 4.45
5位	都道府県 4.47	都道府県 4.39	大企業 4.87	首相官邸 4.22	都道府県 4.02	都道府県 4.42
6位	市町村 4.27	メディア 4.28	労働団体 4.84	都道府県 4.12	首相官邸 3.99	行政関係 4.28
7位	首相官邸 4.12	大企業 4.22	メディア 4.81	経済団体 4.02	市町村 3.92	メディア 4.22
8位	行政関係 4.09	行政関係 4.20	野党 4.54	行政関係 3.98	メディア 3.86	首相官邸 4.22
9位	メディア 3.79	市町村 4.04	政治団体 4.34	市町村 3.79	大企業 3.58	経済団体 3.96
10位	政治団体 3.61	農水団体 3.71	行政関係 4.18	大企業 3.67	労働団体 3.35	市民団体 3.73
N	1,801 (519)	2,772 (931)	911 (298)	345 (137)	510 (169)	758 (226)

Nは各項目で異なるが，ここでは農林水産業団体のものを示す。なお，カッコ内は補完調査（中央省庁の官僚）のサンプル数。

る区別をしていないが，結果に大きな相違はみられない。

　どの団体分類においても，中央省庁の官僚がトップである[5]。どの領域でも政策形成の実務に携わる官僚の評価が高く，行政主導的な日本政治の特徴をここからもみてとることができる。このほか，与党，首相官邸，経済・業界団体も，政治全般影響力と比べると得点は低いが，おおむねどの団体分類でも5位以内には含まれている。政治全般の場合ほど明瞭ではないが，関心政策領域別にみても影響力を保持するアクターに相違はないようである。

　マスメディアについては，市民，学術・文化，趣味・スポーツ，宗教の各団体分類で上位3位以内と影響力を高く評価されている。前章でみたように，これらの団体はマスメディアと親和的であり，特に市民団体はマスメディア

　　　では団体分類ごとに結果を示す。なお，関心の多様性が大きいと考えられる市民団体について，最も関心のある政策領域についての回答をみると，福祉と環境がともに14％程度で最も多かった。
（5）　中央省庁の官僚の値が高い理由として，補完調査によるサンプルバイアスの可能性も考えられる。付録1では補完調査サンプルに大きな偏りをみてとることができなかったが，補完調査に協力するということはやはり調査に対して好意的であり，政治に関心がある団体かもしれない。そのために，影響力評価が高い可能性も考えられる。もっとも，補完調査に回答した団体と回答していない団体で影響力評価の平均値を比較したが，あまり相違はみられなかった。

専門家		政治		市民		学術・文化		趣味・スポーツ		宗教	
官僚	5.44	官僚	6.06	官僚	5.32	官僚	5.28	官僚	4.62	官僚	5.00
与党	4.70	与党	5.29	メディア	4.45	学術団体	4.20	趣味団体	4.39	メディア	4.08
経済団体	4.47	経済団体	5.00	与党	4.35	メディア	4.19	メディア	4.15	宗教団体	4.06
都道府県	4.15	政治団体	4.81	経済団体	4.19	与党	4.07	教育団体	3.91	与党	3.91
首相官邸	4.07	首相官邸	4.81	首相官邸	4.03	経済団体	3.85	都道府県	3.75	教育団体	3.62
行政関係	4.05	メディア	4.70	都道府県	4.02	首相官邸	3.73	市町村	3.74	経済団体	3.50
専門団体	4.03	行政関係	4.47	市町村	4.02	教育団体	3.72	行政関係	3.58	福祉団体	3.48
メディア	3.99	農水団体	4.38	行政関係	3.89	行政関係	3.63	経済団体	3.41	首相官邸	3.38
市町村	3.87	都道府県	4.36	市民団体	3.88	都道府県	3.54	与党	3.26	都道府県	3.33
大企業	3.68	市町村	4.29	大企業	3.76	専門団体	3.47	大企業	3.14	行政関係	3.17
564 (191)		263 (100)		458 (180)		352 (147)		274 (94)		78 (33)	

への情報提供によるロビイングを頻繁に行っている。これらの団体はマスメディアの影響力を認め，このアクターを介して利益を表出させていると推察することができる。

このほか，関心政策領域別にみて特徴的なのが，自らの団体の影響力を高く評価している点である。多くの団体分類で自団体が3位以内に含まれている。やはり関心政策領域（争点）においては，それぞれの団体が利益を表出し，政策に反映させていると評価されているようである[6]。これは争点法に基づく研究が見出した多元主義的な影響力構造に関する知見と整合的である[7]。

以上，本節では団体の評価という点から様々な政治・社会的アクターの影響力を検討してきた。結果として，日本政治全般についても，団体の関心政策領域別にみても，中央省庁の官僚，与党，首相官邸，経済・業界団体が大

---

(6) 団体分類がイッシューによって定義されない市民団体においては，市民団体自身がどのような利益を代表しているのか明確ではないため，自団体の影響力が低く評価されていると考えられる。

(7) また，利益団体について通説的に言われる少数者の過剰代表とも整合的である（Schattschneider 1960=1972; Browne 1990; Baumgartner and Leech 2001 など）。すなわち，当該の団体が関心をもつ特定の政策争点に対しては利害関係者が少数に限られるために，その団体が大きな影響力を発揮し，政策過程に利益を反映させやすいのである。

きな影響力を保持していることが明らかとなった。政治全般における影響力ではこれらのアクターの平均値が突出していることから，団体のもつイメージでは政官財の鉄の三角形による集権的な権力構造がみてとれる。もっとも，関心政策領域別の影響力においては，それぞれの団体分類の影響力評価が高く，個別領域では団体が利益媒介機能を果たしていることが示されている。

3　個々の団体の影響力

3.1. 主観的影響力認知

前節でみた団体の評価による影響力の全体構造に対して，個々の団体は自らの影響力をどの程度だと評価しているのだろうか。続いて，団体の主観的影響力認知をみていこう。JIGS2調査では，自身の活動分野において何か政策上の問題が生じたとき，どの程度影響力をもっているかを質問している。

表11－3は，この質問への回答の分布を団体分類別に示したものである。「ある程度強い」（35.4％）と「あまりない」（37.9％）に回答が集中している。ここから，全体の分布は影響力がない方にやや偏った形状となっている。しかし，少なくとも「ある程度」は影響力があると回答した団体が全体の50％程度あることから，団体は自身が政治的に無力だとは考えていないようである。

表11－3　団体分類と活動範囲別にみる主観的な影響力認知
（単位：％）

団体分類	まったくない	あまりない	ある程度強い	かなり強い	非常に強い	N
農林水産業	7.3	34.9	37.5	14.6	5.6	2,714
経済・業界	8.8	37.8	37.9	11.7	3.7	3,946
労働	7.9	39.7	42.2	7.8	2.4	1,160
教育	12.4	44.6	32.0	8.1	2.9	556
行政関係	15.6	39.1	31.4	8.7	5.2	814
福祉	13.6	35.3	34.9	12.0	4.2	1,154
専門家	10.1	40.7	35.9	9.5	3.9	845
政治	5.5	21.9	51.7	17.6	3.3	329
市民	12.7	36.3	41.6	8.5	1.0	695
学術・文化	22.3	40.4	28.2	6.6	2.4	574
趣味・スポーツ	20.1	41.1	26.3	9.5	3.1	453
宗教	42.2	39.3	11.9	3.7	3.0	135
その他	20.5	41.4	26.6	8.9	2.6	1,903
全体	12.1	37.9	35.4	10.8	3.7	15,278

団体分類ごとにみてみよう。政治団体の70％程度が「ある程度」以上の影響力があると回答しており，他の団体分類よりも多い。経済・業界団体は評判法では高い影響力を示していたが，ここでは高い影

響力を認知している団体が多いわけではない。これは評判法において想起されるのが経団連など全国を代表する大きな経済団体であるのに対して，調査に回答している個々の経済・業界団体は規模の小さいものが多いからだと考えられる。それ以外では，学術・文化団体，趣味・スポーツ団体，宗教団体で影響力を小さく認知している。これらの団体は，相対的に政治との関わりが希薄な団体だといえる。

以上のような多少の差異はみられるものの，全体として団体分類による差はあまりみられず，活動分野における主観的影響力認知は団体間で平準化しているといえる[8]。この結果は，各団体が関心政策領域において自団体分類の影響力を高く評価しているという評判法に基づく分析結果と整合的である。社会過程に存在する個々の団体の影響力は政策領域別に分散しており，それぞれの領域で利害当事者である団体が利益媒介機能を果たしているのである。

3．2．政策を実施・阻止した経験

続いて，実際に政策を実施させたり，阻止したりしたという客観的に影響力を行使した経験についてみてみよう[9]。表11－4は，団体分類と団体の活動範囲ごとに，国政と自治体のそれぞれにおいて，政策を実施／阻止した経験がある割合を示したものである[10]。なお，政策については国政と自治体に分けて質問しているので，団体の活動範囲についてもそれを配慮する。ここでは，市町村，都道府県，複数の都道府県からなる広域圏を「地方」，全国お

---

(8) 山本（2009d）では，東京都の団体について，JIGS1とJIGS2の2時点の影響力の変化を団体分類ごとに検討している。そこでは，10年間で農林水産業団体と政治団体の影響力が減少していることが示され，団体分類間の影響力の平準化という傾向が指摘されている。

(9) この影響力指標は実際の経験に基づいているとはいえ，政策の実施や阻止には時間がかかるため団体の活動の成果と判断するには難しい場合がある（Baumgartner et al. 2009）。そのため，客観的と称するものの，あくまで団体の側の認識としての経験を表していることに注意されたい。また，京俊介は，たとえ団体の選好に近い政策が形成されたとしても，政治家や官僚といった政策決定アクターの選好が実現した政策に近ければ団体の影響力は意味をなさない可能性を指摘している（京 2009）。

(10) 多くの団体にとってそれほど経験のあることでないだろうから，調査では経験があるかないかの2択で質問している。そのため，頻度はわからない。

表11-4　団体分類と活動範囲別にみる政策の実施／阻止経験の有無

(単位：%)

団体分類	国政実施 地方	国政実施 全国	国政阻止 地方	国政阻止 全国	自治体実施 地方	自治体実施 全国	自治体阻止 地方	自治体阻止 全国	N 地方	N 全国
農林水産業	10.2	22.0	8.3	20.2	18.3	20.0	15.0	15.7	1,961	168
経済・業界	11.6	16.3	13.0	19.1	19.9	7.9	18.1	6.7	2,801	369
労働	22.8	34.4	29.0	44.6	35.2	29.6	39.7	33.3	769	180
教育	8.0	20.0	11.7	20.0	17.8	11.8	19.3	12.0	311	120
行政関係	6.0	14.1	7.0	16.5	8.6	10.1	7.2	2.7	547	78
福祉	9.7	27.0	11.0	23.6	18.1	17.4	17.5	15.4	765	111
専門家	13.4	22.9	14.1	21.4	20.3	13.7	17.5	11.8	553	105
政治	31.4	55.0	28.6	56.8	56.9	42.5	52.3	41.7	223	40
市民	14.1	23.4	14.4	24.4	31.3	24.4	28.3	24.1	434	94
学術・文化	7.4	13.0	8.9	10.2	20.4	6.7	21.4	5.0	216	230
趣味・スポーツ	2.4	7.3	2.1	5.2	6.1	6.3	6.6	5.2	247	96
宗教	4.9	12.5	1.7	9.8	3.3	12.5	3.3	9.8	61	40
その他	9.1	12.4	10.5	13.9	14.5	9.6	13.6	9.0	1,089	298
全体	11.6	19.2	12.6	20.2	20.4	13.8	19.0	12.6	9,977	1,929

Nは各項目で異なるが，ここでは国政実施のものを示している。

よび世界レベルを「全国」とする。

　まず，全体的にいえるのは，国政でも地方でも，政策を実施／阻止した経験は20％程度にすぎない。ちなみに，1997年のJIGS1調査でも国または自治体に政策を実施させた経験がある団体は全体の13.9％，阻止した経験がある団体は6.4％と高い割合ではない。これに対して，村松・伊藤・辻中（1986）が全国の上位に位置する252団体に対して行った圧力団体調査では，71％の団体が政策を実施させ，51％が阻止した経験をもつ。政治的インパクトをもつと想定される団体に比して，広く社会過程に存在する団体が自ら政策を動かしたと認知することは少ないことがわかる。

　国政において政策実施させた経験からみていこう。地方レベルでも全国レベルでも労働団体，政治団体が多い。前章でみたように，これらの団体はアウトサイド・ロビイングを活発に行っている。問題を焦点化させてロビイングを行う団体は，その成果についても敏感であり，具体的に自らが政策を実施／阻止したという経験をもちやすいと考えられる。

　全国レベルでは福祉団体と市民団体も多くみられる。これは2000年前後の社会福祉法，介護保険法，NPO法などの制定過程において，これらの団体が一定の成果を挙げたことを反映してのものかもしれない。

　国政における政策阻止の経験についても傾向は変わらず，やはり政治団体

と労働団体が多い。労働団体では実施よりも阻止した経験のほうが10ポイント程度多い。これは与党や中央省庁との関係が対立的であるため，政策に抵抗する機会が多いからだと考えられる。

自治体の政策実施および阻止についても国政と同じような結果である。やはり労働団体と政治団体で多い。また，市民団体でも多くみられる。地方レベルにおいて市民団体が多いのは，地方分権やローカル・ガバナンスが重視される中で，市民団体の政策過程への参加が進んでいることを表しているものと考えられる。

ところで，非決定の権力という現象が指摘されているように，影響力は顕在的なものだけに限らず，潜在的なものも考えられる（Bachrach and Baratz 1962; Crenson 1971）。そのため，実際に政策を実施／阻止した経験が必ずしも主観的影響力認知とは結びつかない可能性がある。そこで，両者の関連について検討しよう。表11－5に，それぞれの政策実施／阻止経験の有無ごとに主観的影響力（ある程度以上の和）を示した。

国政と自治体，および実施と阻止にかかわらず，経験のある団体の70～80％がある程度以上の主観的影響力を認知している。これに対して，経験のない団体は40％程度にすぎない。ここから，主観的影響力認知は，実際に政策に影響を及ぼした経験に裏付けられていることがわかる。

もっとも，そうであるならば労働団体や市民団体の主観的影響力認知が他の団体分類よりも大きくなるはずであるが，表11－3ではそうではない。つまり，必ずしも具体的な政策の実施／阻止という経験に根ざさなくても団体は自身の影響力を認知している。与党や中央省庁と安定的な関係を形成している団体は，このような政策形成のメイン・アクターとも利害が共通するために，自らの団体の利益に適う政策が形成されやすい。そうであるが

表11－5 政策実施／阻止経験有無別にみる主観的影響力認知　　　　　　　　　　（単位：％）

	割合			N		
	地方	全国	全体	地方	全国	全体
国政・実施あり	74.0	78.9	75.1	1,154	365	1,520
国政・実施なし	48.0	39.0	46.6	8,770	1,545	10,327
国政・阻止あり	71.7	79.4	73.5	1,251	384	1,636
国政・阻止なし	48.2	39.0	46.8	8,661	1,522	10,195
自治体・実施あり	75.9	78.6	76.2	2,047	257	2,305
自治体・実施なし	45.2	41.3	44.5	7,995	1,619	9,626
自治体・阻止あり	75.9	77.9	76.1	1,894	231	2,125
自治体・阻止なし	45.6	41.9	44.9	8,052	1,627	9,692
全体	50.5	49.7	49.9	12,850	2,503	15,353

主観的影響力は「非常に」「かなり」「ある程度」の割合の和。

ゆえに自らが具体的に政策を実施/阻止したという経験をあまりもたないものの，自身の利益が政策過程に反映されているので影響力を認知している。

これに対して，労働団体や市民団体は政策形成のメイン・アクターとの関係が良好ではない。そのため，本来であれば十分に影響力を発揮できないところを，アウトサイド戦術などを用いて積極的にロビイングを行い，その成果を得たという経験に基づいて自らの影響力を大きく認知するものと考えられる。

4 団体の影響力の源泉

ところで，個々の団体の影響力はどのような要因に規定されているのだろうか。前節でみたように，実際に政策を実施/阻止した経験は主観的影響力認知の基礎の1つだといえる。この他に，団体はリソースや権限，ネットワークなどにおいて一定の偏りがあり，それが影響力にも反映されていると考えられる。

村松岐夫らは団体の影響力の源泉を探るべく，4つの仮説に基づく分析を行っている（村松・伊藤・辻中 1986）[11]。第1に，組織リソース仮説である。これは団体が自由にできる組織的リソースによって影響力が規定されるというものである。組織的リソースには，会員数や財政規模のほか，リーダーシップ，ネットワーク，情報へのアクセスなど多様なものが考えられる。第2に，相互作用正当化仮説である。これは，政治的エリートとの接触が盛んであり，団体がエリートに受容されるほど，影響力が増すというものである。第3に，バイアス構造化仮説である。この仮説では，団体の属性や活動ではなく，政治的エリートとの一定の安定した関係によって影響力が決まると想定する。つまり，与党や中央省庁といった政策形成のメイン・アクターと協調的な関係にあることで団体は影響力を発揮することができる。最後に，頂上団体統合化仮説である。これは各分野での頂上団体が大きな影響力をもつというものである。中央レベルで下位団体を統合する位置にある団体は，上記の3つの仮説で挙げた要因すべてがそろっているために影響力が大きいと考えられる。

---

(11) さらに，国際比較という観点からは，各国の政治制度の相違がもたらす影響が考えられる（Mahoney 2007）。

本章では，このうち組織リソース仮説に焦点を合わせて検討していきたい。JIGS調査は圧力団体調査よりも広く社会過程に存在する団体全般を対象としていることから，社会過程に存在するリソースがどのように政策過程における影響力に結びつくのかに注目して分析することとする。政治的エリートとの関係からなる相互作用正当化仮説とバイアス構造化仮説については，その前提となる政治的リソースの1つである政治的アクターへのアクセス可能性との関連をみていくこととする。

なお，政策の実施／阻止経験について前節では団体の活動範囲に分けて分析を行った。しかし，これらの要因と影響力との関連を分析したところ，活動範囲による結果の相違はあまりみられないので，ここでは統合した分析結果を示すこととする。

組織的リソース　それでは，組織的リソースとの関連をみていこう。表11－6は，個人会員数[12]，常勤スタッフ数，財政規模のそれぞれ別に，主観的影響力認知（ある程度以上）と政策を実施／阻止した経験の割合をみたものである。個人会員数が多いほど主観的影響力認知が大きく，政策実施／阻止の経験が多いという傾向をみてとることができる。どちらも

表11－6　組織的リソース別に見る団体の影響力　　　（単位：％）

		主観的影響力認知	国政実施	国政阻止	自治体実施	自治体阻止	N
個人会員数	100人未満	40.9	8.1	8.7	14.1	13.0	3,264
	100－499人	53.3	13.5	14.5	22.8	20.7	2,511
	500－999人	57.2	15.4	17.1	23.3	22.9	918
	1000人以上	59.1	18.5	18.4	23.7	22.3	2,091
常勤スタッフ数	0人	38.5	10.5	11.8	21.3	20.9	581
	1人	43.2	11.0	12.6	17.7	16.6	2,491
	2－5人	49.2	12.7	13.6	17.9	16.3	4,743
	6人以上	62.4	15.1	15.6	22.1	20.4	3,169
財政規模	1000万円未満	42.5	11.4	11.9	19.7	18.2	2,343
	1000－4999万円	49.9	12.0	13.1	19.2	17.7	2,801
	5000－9999万円	60.3	12.8	14.0	20.9	17.6	927
	1億円以上	61.6	16.9	16.9	24.3	21.8	1,564
	全体	49.9	12.9	13.9	19.2	17.8	12,014

主観的影響力は「非常に」「かなり」「ある程度」の割合の和。
Nは各項目で異なるが，ここでは国政実施のものを示している。

---

(12) 団体単位の会員も存在するが，団体会員数と各影響力指標との関連をみても，あまり関連はみられなかった。

100人未満だと割合が低い。

　常勤スタッフ数については，主観的影響力認知と正の関連にある。特に6人以上で高い割合を示している。しかし，政策の実施／阻止においては，国政の場合に関連がみられるものの，明確なものではない。自治体政策については一貫した傾向を確認することができない。

　最後に，財政規模については，やはり主観的影響力認知との関連がみられる。5,000万円以上だと影響力認知が大きい。政策の実施／阻止については，わずかな差ではあるが，1億円以上の財政規模だと経験のある団体が多いことがみてとれる。

　以上から，政策実施／阻止の経験と比べて，主観的影響力認知の方が組織的リソースの効果が明確に表れていることがわかる。動員可能なリソースは実際の影響力の行使にとっても重要であるが，それよりもむしろ影響力を認知する上での根拠となっているようである。

政治的アクターへのアクセス可能性　次に，政治的エリートとの関係からなる相互作用正当化仮説とバイアス構造化仮説について，その前提となる政治的リソースである政治的アクターへのアクセス可能性との関連をみていくことにしたい。なお，政治的アクターではないが，マスメディア（新聞記者，テレビ記者）についても検討する。また，頂上団体が存在することで，それを介して影響力を行使することが考えるため，当該の団体の利益を全国的に代表する団体の有無についても検討する。

　表11－7は，各アクターとのアクセス可能性の有無ごとに主観的影響力および政策の実施／阻止経験の割合を示したものである。どの政治的アクターに対してもアクセス可能であるほうが主観的影響力認知が大きい。アクターによる差はみられず，アクセス可能性の有無で20ポイント程度異なる。

　政策の実施／阻止経験については，国会議員や地方議員へアクセス可能な場合，そうでない場合の3～4倍の政策実施／阻止経験率となっている。国政の実施／阻止の場合，国会議員にアクセスできなければ政策実施／阻止の経験は5％程度に過ぎず，ほとんど影響力を及ぼすことができない。国政に影響力を及ぼす上では，国会議員を媒介することが特に重要だといえる。

　中央省庁あるいは自治体といった行政についても，アクセス可能なほど各影響力指標が大きいことがみてとれる。新聞記者やテレビ記者といったマスメディアについても同様である[13]。団体がマスメディアに取り上げられて知

名度が上がることで主観的な影響力認知を高める効果も考えられる。このほか，マスメディアに取り上げられることにより，団体は自らの主張や要求を世論に周知し，その結果として政策の実施／阻止につながることが考えられる。このようにアウトサイド・ロビイン

表11－7　政治的アクターとのアクセス可能性別にみる団体の影響力　（単位：％）

	主観的影響力認知	国政実施	国政阻止	自治体実施	自治体阻止	N
国会議員あり	61.4	21.4	22.9	29.9	27.7	6,393
国会議員なし	40.3	5.3	5.6	9.9	9.3	5,621
中央省庁あり	62.6	26.1	26.4	27.2	24.2	9,562
中央省庁なし	46.8	9.4	10.6	17.3	16.4	2,452
地方議員あり	56.9	15.6	16.9	25.8	24.0	4,247
地方議員なし	38.0	7.8	8.1	7.1	6.4	7,767
自治体幹部あり	60.6	15.1	15.8	26.4	24.2	5,620
自治体幹部なし	38.5	10.2	11.5	11.0	10.8	6,394
自治会課長以上あり	56.0	13.6	14.1	23.5	21.6	3,673
自治体課長以上なし	37.3	11.1	13.2	9.5	9.6	8,341
新聞記者あり	57.7	16.9	18.2	26.6	24.7	6,883
新聞記者なし	44.4	9.7	10.5	13.8	12.9	5,131
テレビ記者あり	60.1	21.1	21.9	31.1	28.6	9,508
テレビ記者なし	47.3	10.6	11.7	16.1	15.1	2,506
利益代表団体あり	58.2	18.2	20.0	27.2	25.6	5,841
利益代表団体なし	41.8	7.4	7.6	11.5	10.2	5,498
全体	49.9	12.9	13.9	19.2	17.8	12,014

主観的影響力は「非常に」「かなり」「ある程度」の割合の和。
Nは各項目で異なるが，ここでは国政実施のものを示している。

グを媒介する存在としてマスメディアが機能していることを推察することができる。

全国的に利益を代表する頂上団体についても，このような団体が存在するほど各影響力指標が大きい[14]。全国レベルで利益を集約する団体を媒介として，下位団体は影響力を高めていることがわかる。

以上の結果から，個々の団体の影響力に対して，組織的リソースおよび政治的リソースの効果を確認することができた。団体は政治や社会における種々のリソースを動員可能であり，様々な政策に働きかける団体ほどより影響力を保持しているのである。もっとも，主観的影響力について，ここで取り上げたリソースがなかったとしても，一定（40％程度）の団体は，ある程度

---

(13) マスメディアに取り上げられた回数が多いほど，主観的影響力認知が大きく，政策の実施／阻止経験も多いという結果が得られている。
(14) 団体が系列団体の本部や単一の団体なのか，それとも系列団体の支部なのかにについても検討したが，目立った差異はみられなかった。

以上の影響力を認知している。したがって，団体の影響力については，ここで取り上げた要因だけでは捉えきれない要因に規定される部分もあることに留意しなければならない。

5　影響力の多面性

本章では，利益団体の影響力について3つの観点からの捕捉を試みた。主な知見についてまとめておこう。

(1)　様々な政治・社会的アクターに対する団体の影響力評価をみると，中央省庁の官僚，与党，首相官邸，経済・業界団体が大きい。これは日本政治全般についても，団体の関心政策領域別にみても同様である。もっとも，関心政策領域別の影響力においては，それぞれの団体分類の影響力評価が高い。

(2)　団体の活動分野において自らが政策に及ぼす主観的影響力認知については，ある程度以上の影響力があるという団体が全体の50％程度である。団体分類ごとにみると多少の差異はみられるものの，全体としては団体分類による差はあまりみられない。

(3)　団体が政策を実施／阻止した経験は，全体的に20％程度であり，経験のある団体はあまり多くない。しかし，労働団体，政治団体，市民団体というアウトサイド・ロビイングの活発な団体では経験をもっている。

(4)　主観的影響力認知および政策を実施／阻止した経験については，組織的リソース（個人会員数，常勤スタッフ数，財政）が大きいほど，また，政治的アクターへのアクセス可能性があるほど影響力が大きい。

本章での知見を総括するならば，政官財といったトップエリートが全般的に大きな影響力を持ちながらも，個々の政策領域ではそれぞれに関心をもつ団体が利害当事者として影響力を発揮しているという日本の政治過程における権力構造をみてとることができる。もっとも，本章の分析からも明らかなように，影響力はどのように捉えるかによってその見え方が異なってくる。そのため確実な知見に到達するためには，政策過程の実証分析も含め，多角的な視点から影響力を捉える調査研究を積み重ねていく必要があるだろう[15]。

---

(15)　利益団体の影響力に焦点を合わせた政策過程の事例研究に，著作権法改正を扱った京（2009）や真渕・北山編（2009）がある。

第12章

ローカル団体の存立・行動様式

久保慶明

1 地方自治における団体

　私たちの住む地方自治体では，実に多くの団体が活動している。JIGS2調査によると，77.5%の団体が市町村あるいは都道府県（以下，県）を対象として活動している[1]。本章では，県レベルと市町村レベルの2つをローカルレベル，そこで活動する団体をローカル団体と呼ぶ。ローカル団体の存立・行動様式を明らかにすることが本章の課題である。

　日本の行政は，地方自治体の活動量が大きいという特徴を持つ（村松1994）。一般には，単一主権国家よりも連邦制国家の方が地方の活動量は大きい。しかし，日本は単一主権国家であるにもかかわらず，地方の歳出比率は連邦制国家と同程度である。2007年度歳出入額の内訳をみると，歳入（計92.9兆円）では国56.7%・地方43.3%であるのに対して，歳出（計149.2兆円）では国41.1%・地方58.9%となっている[2]。

　ただ，地方の行政活動の全てを自治体が担っているわけではない。行政活動の様々な場面では，地域に所在する自治会などの住民自治組織やローカル団体が関与している。ローカル団体に関していえば，社会学者の蓮見音彦ら

（1）　度数は市町村7,276，県4,842，広域圏891，全国1,902，世界729の計15,640。各県単位でみると，県レベルでは約7割の団体が各県庁所在地で，市町村レベルでは8割近くの団体が県庁所在地以外で活動している。また，市町村・県レベルで活動する団体の95%以上は東京都以外の都道府県に所在している。

（2）　『平成21年度地方財政白書』第32表，総務省資料 http://www.soumu.go.jp/main_content/000020148.pdf（2009.10.22最終閲覧）。

は広島県福山市の事例研究から,「行政はその政策の実施にあたって次第に間接的な役割を演じるようになるか,あるいは諸団体のインボルブメントを必要とするものになりつつある」と指摘した(蓮見・町村・似田貝 1983：438)。矢澤澄子も川崎市に関する分析の中で,地域における団体の活動の1つとして行政・政治過程における一定の「役割遂行」をあげた(矢澤 1987：919)。市区町村の大きな活動量に支えられる日本の地方自治は,ローカル団体の活動に支えられているという側面を持つのである。

しかし,そもそもローカル団体がどのような存立・行動様式をとっているのか,これまで十分に明らかにされてきたとは言い難い。一方では,蓮見らの研究に代表される事例研究が蓄積されてきたが(村松・三宅編 1981；蓮見編 1983；蓮見・似田貝・矢澤編 1990；似田貝・蓮見編 1993),個別自治体を対象とした分析にとどまっていた。他方,多数の市町村を対象としたサーベイ調査は,JIGS1 調査において初めて実施された。市町村・県・広域圏・全国・世界という,5つの地理的な空間または領域で活動する団体間での比較を通して,ローカルであるほど自治体との接触が増加することが明らかとなった(森・辻中 2002)[3]。しかし,調査対象は東京都と茨城県に限定され,利益団体研究の重要な分析軸である団体分類別の分析も行っていない。依然として,全国に遍在するローカル団体の実態は未解明のままである。

本章では,47都道府県を対象とした JIGS2 社会団体調査データに基づき,ローカル団体の存立・行動様式を分析する。その際,全国レベルで活動する団体(以下,全国団体)との比較を団体分類別に行うことにより,ローカル団体独自の特徴を明らかにする。団体分類ごとの分布状況をみると,ローカルレベルでは農林水産業団体(市町村23.4%,県15.4%,全国10.8%)や経済・業界団体(26.9%,15.4%,10.8%)が多い。また,福祉団体(8.7%,6.9%,6.0%)も市町村レベルでやや多くなっている。ローカル団体の独自性を検討する上では,このような分類間の相違に留意する必要がある。

具体的な問いは3つある。第1に,ローカル団体は社会過程においていか

---

(3) アメリカ各州の利益団体研究では,州政府間,あるいは連邦政府との比較分析を通して,州レベルの利益団体の特徴を捉える研究が行われている。Lowery and Gray(1988), Hunter, Wilson and Brunk(1991), Hrebenar and Thomas (1993) などを参照されたい。

なる存立様式を持つのか。はじめに組織属性を記述した後，組織間関係を検討する。第2に，政治・政策過程においてローカル団体はどのような行動様式をとっているのか。政党との関係については第9章が詳しく論じているので，本章では行政との関係に焦点を絞る。特に全国レベルと比較した場合，ローカル団体は政策実施への関与が活発であることを示す。第3に，地方分権改革（2000年）や三位一体改革（2004年）など，ローカル団体をとりまく環境が変化する中で，団体の行動様式に何らかの変化はみられるのか。福祉団体や市民団体など，サービス提供型団体の活性化が生じていることを明らかにする。

2 ローカル団体の組織属性

まず，社会過程における団体の存立様式を検討していこう。本節では組織属性，次節では組織間関係を検討し，これまで未解明であったローカル団体の実態を明らかにする。

表12－1に，組織化の状況と活動目的を団体分類ごとに集計した。横方向にみていくと団体分類を統制しながら活動範囲ごとの特徴を，縦方向にみていくと活動範囲を統制しながら団体分類ごとの特徴を比較することができる。順にみていこう。

2.1. 組織化と系列化の状況

団体の組織化の程度を示す指標の1つに，法人格の取得がある。表12－1をみると，全般に取得率の高い団体（農林水産業，経済・業界，福祉，専門家，宗教）と，ローカルレベルでの取得率が低い団体（労働，教育，行政関係，市民，学術・文化）に分かれる。ローカルレベルに多数存在する農林水産業，経済・業界，福祉団体の取得率は3レベルとも7割を超え，組織化が進展していることがわかる。

この点は組織規模からも確認できる[4]。極端に大きな規模を持つ団体もあるため，表12－1には予算規模の中央値（百万円）を示した。全体でみると，

---

(4) JIGS2調査の対象は電話帳記載団体であるため，一定の組織規模を持つ団体に偏っている可能性もある。いわゆる「草の根」的な団体に関しては町村編（2009）を参照。

表12-1 団体分類別にみた活動範囲と組織属性

団体分類	法人格（％） 市町村	法人格（％） 都道府県	法人格（％） 全国	予算規模（百万円：中央値） 市町村	予算規模 都道府県	予算規模 全国	団体の系列化（％）本部 市町村	本部 都道府県	本部 全国	支部・支所 市町村	支部・支所 都道府県	支部・支所 全国	単一の団体 市町村	単一の団体 都道府県	単一の団体 全国
全体	61.3	64.8	63.5	20	20	30	7.6	15.7	31.2	28.7	22.1	18.1	45.7	36.9	35.1
農林水産業	71.7	77.2	70.6	50	33	49	11.2	16.9	18.3	19.3	20.5	14.7	54.2	42.4	48.7
経済・業界	77.5	74.2	70.0	33	21	40	4.9	14.3	32.5	28.8	20.2	14.7	49.5	42.0	42.1
労働	25.8	33.4	46.4	8	15	17	5.6	16.4	30.6	52.8	38.3	37.2	22.8	19.0	9.2
教育	39.0	45.6	63.3	5	14	27	9.4	14.9	38.0	38.8	19.8	13.2	31.7	34.3	36.4
行政関係	52.8	76.1	74.2	20	66	58	7.8	12.8	23.3	32.8	28.5	27.8	37.4	37.8	28.9
福祉	75.9	73.1	79.1	29	19	32	17.5	18.2	27.9	26.0	15.8	18.0	40.8	31.5	35.1
専門家	60.3	71.0	67.0	18	20	30	4.3	18.6	39.8	57.8	26.0	25.9	26.4	33.4	25.0
政治	4.8	7.8	13.6	2	5	8	7.6	17.3	36.4	31.6	21.2	27.3	41.5	29.8	22.7
市民	39.9	48.3	50.7	4	5	7	5.0	12.4	35.8	20.8	11.3	9.0	52.9	44.1	35.8
学術・文化	45.5	62.2	70.9	10	14	38	3.8	13.4	35.7	17.4	16.5	4.8	61.4	53.5	53.6
趣味・スポーツ	41.0	36.7	46.0	8	13	18	2.6	13.9	40.7	27.4	22.5	14.0	43.6	17.9	20.9
宗教	74.3	87.5	65.2	5	11	14	5.4	16.7	30.4	67.6	45.8	13.0	5.4	12.5	30.4

団体分類	個人会員（人：中央値） 市町村	都道府県	全国	一般の会員同士が顔をあわせて話をする（％）市町村	都道府県	全国	活動目的（％）会員のために経済的利益を追求する 市町村	都道府県	全国	会員に国や自治体からの補助金や奨励金を斡旋する 市町村	都道府県	全国	一般向けにサービスを提供する（有償・無償）市町村	都道府県	全国
全体	145	45	60	76.0	76.8	80.2	41.7	35.3	31.1	23.0	15.0	8.6	24.1	20.2	19.1
農林水産業	406	19	31	71.7	75.7	79.9	60.5	54.1	55.1	37.0	28.6	22.9	12.0	14.9	14.6
経済・業界	102	15	0	77.9	79.8	83.2	67.9	52.6	50.1	38.7	22.2	15.4	19.8	15.8	19.6
労働	135	120	200	82.4	85.1	92.1	49.6	53.2	64.0	7.6	4.5	5.5	14.3	10.2	7.5
教育	95	69	100	80.3	78.9	74.1	7.1	13.0	8.1	5.7	8.7	4.9	20.7	16.2	20.3
行政関係	193	0	22	61.4	53.8	65.8	13.6	15.3	11.1	8.8	13.4	8.6	31.2	27.4	23.3
福祉	260	90	275	65.2	77.9	75.0	6.8	15.0	17.7	9.8	9.6	5.3	56.8	29.0	24.8
専門家	110	129	196	88.7	83.4	84.3	24.9	29.2	22.9	7.9	7.1	6.4	34.1	33.7	30.3
政治	306	800	193	80.8	73.7	84.6	9.4	12.1	25.0	4.1	6.5	2.3	9.9	11.2	15.9
市民	140	100	153	83.6	70.8	81.8	7.9	14.0	5.9	7.9	8.4	4.4	43.6	40.4	25.0
学術・文化	185	144	686	84.2	72.4	75.0	6.1	3.9	2.4	3.8	4.7	1.4	34.8	26.0	22.2
趣味・スポーツ	42	130	120	85.3	81.9	81.5	3.4	3.4	4.6	11.0	9.0	3.4	39.0	25.4	19.5
宗教	105	290	100	94.4	95.5	80.0	2.7		4.3	2.7			27.0	16.7	13.0

空欄は該当なし。

市町村・県レベルでは2,000万円，全国レベルでは3,000万円となっている。その中で分類別にみると，県・全国レベルにおける行政関係団体の値が大きい。その一方，農林水産業，経済・業界，福祉団体は，全国・市町村レベルで値が大きく，市町村レベルの団体が全国レベルの団体と比肩する資金リソースを持っていることがわかる。

次に，団体間の系列化の状況を確認しよう。全国では本部，市町村レベルでは支部・支所や単一団体が多い。表では省略したが，県レベルでは中間団体が多い。また，ローカルレベルでは，全国規模で利益を代表する団体を持つ比率が高いという特徴もある（市町村52.6％，県59.8％）。総じて，ローカル団体の5～6割が活動範囲に応じて系列化する一方，4～5割は単一団体として独自の活動を展開していると推察できる。

　ここで，系列化と予算規模との関連をみると，どの活動レベルでも本部団体が最大であり，中間団体，支部，単一団体の順に小さくなる（表は省略）。活動範囲をまたがる団体の系列化は，団体が有するリソースの多寡と密接に関連しているのである。

2．2．対面中心の会員交流

　会員数に目を移そう。個人会員数の平均値は，市町村2,154人，県3,408人，全国5,492人である。表12－1に示した中央値をみると，市町村レベルの145人が最多である。これらが示すのは，個人会員を中心とした小規模の団体が，市町村レベルに多数存在するということである。特に，農林水産業，政治，福祉団体の個人会員数が多い。地理的な活動空間の狭さが，個人会員を中心とした小規模での活動につながっていると考えられる。

　また，地理的な活動空間が狭いことで，会員間の交流がしやすくなることも考えられる。表12－1には，会員同士の顔を合わせた交流がある（5点尺度で3点以上）とした比率を示した。全体でみると，活動範囲にかかわらず約8割の団体が該当する。表には示していないが，役員・一般会員間の交流も概ね8割の団体で行われている（市町村80.5％，県81.1％，全国82.7％）。それに対して，メーリングリスト・掲示板を利用した交流は，全国レベルほど活発である（26.8％，39.7％，53.0％）。インターネットを通じた情報発信も，全国レベルほど積極的である（39.9％，49.0％，62.5％）。これらは，ローカル団体があまりインターネットを活用していないことを示している。見方を変えれば，顔と顔を突き合わせての対面的な交流が，ローカル団体の主要なコミュニケーション手段になっているといえよう。

2．3．活動目的：利益追求型とサービス提供型

　団体の活動目的を大きく2つに分けると，会員向けの活動と会員外向けの

活動がある。表12-1には，前者の例として「会員の経済的利益の追求」「補助金の斡旋」，後者の例として「一般へのサービス提供」をあげた。いずれの項目も，上位を占める団体の顔ぶれが3レベルでほぼ共通している。順にみていこう。

利益追求活動を行う比率が高いのが，農林水産業，経済・業界，労働といった，いわゆる営利セクターの各団体である。このうち，農林水産業団体と経済・業界団体は補助金斡旋を行う割合も高く，特に市町村レベルでは4割近い。行政からの補助金を会員に斡旋することが，会員利益の追求に関わっていると推論できる。この点に関しては第4節で詳しく検討する。

他方，一般向けのサービス提供に目を移すと，農林水産業，経済・業界，労働の各団体では2割にも満たないのに対して，福祉，市民，専門家団体などで比率が高い。とりわけ，福祉団体では市町村レベルの6割近く，市民団体では市町村・県レベルの約4割がサービス提供を行っている。福祉団体は，全国レベルを対象とした従来の研究においても，サービス提供活動を行う非営利セクターに分類されてきた(本書第2章および第3章参照)。ローカルレベルではその傾向が顕著であるといえる。また，ローカルレベルの市民団体がサービス提供活動を行っていることは，個人加入を原則とする市民セクターにおいても，非営利のサービス提供活動が活発に行われていることを示している。

以上本節では，ローカルレベルには上位団体の系列団体と単一団体が併存していること，会員間では対面的な交流が中心であること，活動目的の点からは利益追求型団体（農林水産業，経済・業界，労働）とサービス提供型団体（福祉，市民）に分かれることを確認した。次節では，市町村・都道府県・国という3つの政府レベルを，それぞれ1つの活動空間に見立てて，その内部における組織間関係を検討しよう。

3 組織間関係：地方自治体，住民自治組織との協調

第5章でも検討しているように，各団体は様々な団体や組織と協調（あるいは対立）関係を築きながら活動している（村松・伊藤・辻中1986；伊藤1988；1998；丹羽2006）。ローカルレベルでは，自治会など住民自治組織（以下，自治会）に関する研究において他団体や自治体との関係が分析されてきたものの（倉沢・秋元編1990；辻中・ペッカネン・山本2009），団体側か

らの分析は行われてこなかった。ローカル団体の側からみると，自治会および自治体との間にどのような関係が築かれているのだろうか。

表12－2に示したのは，各主体との関係を協調的と回答した団体の割合である。12の団体分類に，自治会，行政（活動範囲に応じて市町村，都道府県，中央省庁の官僚），与党，野党を加えた計16主体を示している。いくつかの傾向を読みとれるが，ここでは以下の2点に注目したい。

第1に，いずれのレベルでも行政（市町村，都道府県，中央省庁の官僚）が1位，行政関係団体が2位となっている。特に，市町村レベルでは7割近くの団体が市町村と協調関係にある。国レベルで指摘されてきた団体－行政間の協調・連携関係が（伊藤1980；村松1994；森・足立2002），ローカルレベルでも広範に及んでいることをうかがわせる。

団体分類別の値をあげておくと，市町村との間では農林水産業79.6％，福祉76.5％，経済・業界74.6％，都道府県との間では農林水産業75.5％，教育67.2％，福祉64.0％の各団体が特に協調的である。また，市町村の中でも市区に限定すると，市民団体の65.4％が協調的である。それに対して，労働団

表12－2　他団体・自治会・行政（市町村，都道府県，官僚）・与党・野党との協調関係　　　　　　　　　　　　（単位：％）

各活動範囲で「協調的」とされた団体の割合							市町村レベルで自治会と協調的であるとした割合（団体分類別）	
市町村レベル		都道府県レベル		全国レベル			
市町村	68.7	都道府県	58.8	（中央省庁の官僚）	44.9			
行政関係団体	53.9	行政関係団体	48.6	行政関係団体	35.4			
町内会・自治会	44.0	経済・業界団体	38.6	経済・業界団体	33.3	全体	43.9
経済・業界団体	40.2	福祉団体	31.6	福祉団体	27.4			
農林水産業団体	40.2	与党	31.5	専門家団体	27.2	福祉団体	66.3
福祉団体	33.3	農林水産業団体	29.7	教育団体	27.1	市民団体	55.7
市民団体	25.8	専門家団体	27.8	与党	23.8	政治団体	53.7
与党	30.1	教育団体	25.3	労働団体	23.8	宗教団体	51.7
専門家団体	23.4	労働団体	24.6	学術団体	22.8	農林水産業団体	48.7
教育団体	23.1	町内会・自治会	21.1	農林水産業団体	21.6	行政関係団体	44.7
労働団体	19.7	市民団体	21.1	野党	19.7	趣味・スポーツ団体	41.6
政治団体	17.0	政治団体	19.9	市民団体	19.4	教育団体	40.6
学術団体	16.0	野党	17.0	政治団体	16.0	学術団体	37.8
趣味・スポーツ団体	14.0	学術団体	16.5	町内会・自治会	15.0	経済・業界団体	36.8
野党	13.5	趣味・スポーツ団体	14.0	趣味・スポーツ団体	14.0	専門家団体	24.8
宗教団体	2.4	宗教団体	2.9	宗教団体	4.1	労働団体	18.8

値は7件尺度（値が大きいほど協調的）で5点以上とした団体の合計。全国レベルでの「中央省庁の官僚」は補完調査での割合。なお，団体分類を回答していない団体もあるため，「市町村レベル」での自治会44.0％と，「市町村レベルで自治会と協調的であるとした割合」の全体43.9％は一致しない。

体の多くは市町村や県と協調関係にない（市町村31.8%，県29.1%）。これらの結果は，団体分類間で何らかの多層性が存在することを示唆する。この点は第4節で改めて検討する。

第2に，市町村レベルで活動する団体の44.0%が自治会と協調関係にある。団体分類別の協調度をみると（表12－2右端），福祉団体，市民団体，政治団体が上位を占める。特に福祉団体の協調度が高く（66.3%），町村に限定すると81.5%が自治会と協調している。

前節で明らかにしたように，福祉団体や市民団体の多くはサービス提供を目的として活動している。ここで，自治会と協調的であるとした割合を，サービス提供を目的とする団体・しない団体の順に示すと，福祉団体では77.6%・50.0%，市民団体では60.8%・51.9%となる。サービス提供を目的とする団体の方が自治会と協調しているのである。

JIGS2自治会調査でも，約7割の自治会が「高齢者の支援」活動を行い，8割近くが社会福祉協議会（以下，社協）と連携関係にあるという結果が出ている（辻中・ペッカネン・山本2009：第5章，第6章）。地域の社協と自治会連合会が新たな「自治会連合会」を結成し，市の社協や民生児童委員会と連携しながら地域福祉活動を展開したという事例もある（鰺坂1989）。総じて，福祉団体と自治会の協調関係は，福祉サービス提供において連携する中で生じていると推察できる。

4　団体－行政関係

前節まで，社会過程におけるローカル団体の存立様式を明らかにしてきた。本節からは，政治・政策過程における行動様式を明らかにしていこう。本節で，団体と自治体との関係を広範性，多様性，双方向性という3点に特徴づけた後，次節では，近年，サービス提供型団体の活性化が生じていることを示す。

まず，ローカル団体と自治体との関わりを検討していこう。先行研究では，大きく2つの議論がある。1つは，団体が行政の下請けになっているという議論である。最近では，公的資金に依存するNPOの増加が指摘されている（田中2006）。もう1つは，団体と自治体の双方向的な関係に注目する議論である（山本2004;2008）。JIGS2プロジェクトの一環である辻中・伊藤編(2010)は，団体が行政活動のエージェントとステイクホルダーの両面で関わってい

ることを想定し，市区町村職員を対象としたサーベイ調査に基づいて，団体と市区町村の相互行為を検証した。果たして，団体側からみたローカル団体と自治体の関係はどのようなものだろうか。

4.1. ローカルレベルにおける広範性

団体と行政との関わりは，団体の設立時から始まる。行政（市町村，都道府県，国のいずれか）の支援を受けて設立された団体は，市町村レベルでは22.4％，県レベルでは15.5％，全国レベルでは7.6％ある。ローカルレベルほど，設立時に行政から支援を受けた団体が多い。

もちろん，行政からの支援を受けずに設立された団体も，活動を展開する中で行政と関わり合うようになる。圧力団体調査（村松・伊藤・辻中 1986）やJIGS1調査（森・足立 2002）を参考にしながら，6つの場面に分けて検討していこう。規制行政（許認可，法的規制，行政指導），財源（補助金，委託業務手数料[5]），情報（意見交換，情報源），人の交換（審議会への委員派遣，ポスト提供），政策過程（決定・予算協力，執行協力，モニタリング），行政への働きかけである。

表12-3は，ローカル団体と自治体（市町村，都道府県）との関わり，全

表12-3 団体分類別にみた活動範囲と団体－行政関係
（市町村・都道府県レベルは自治体，全国レベルは国との関係）（単位：％）

	許認可			規制行政 法的規制			行政指導			財源 補助金		
	市町村	都道府県	全国	市町村	都道府県	全国	市町村	都道府県	全国	市町村	都道府県	全国
全体	53.1	47.8	47.1	41.7	38.5	45.8	59.0	54.6	47.0	35.4	23.7	12.4
農林水産業	74.0	59.3	53.7	56.4	49.4	55.1	79.1	72.9	55.6	35.1	31.5	21.5
経済・業界	60.6	55.5	58.9	47.4	43.3	61.7	68.3	61.3	66.2	46.6	20.3	11.8
労働	17.5	16.8	15.0	21.3	19.5	30.0	16.6	17.9	19.5	14.1	7.5	1.0
教育	32.1	36.4	44.7	27.9	29.6	38.2	40.7	53.4	40.7	31.4	37.2	11.4
行政関係	37.6	40.4	60.0	31.5	31.5	55.6	48.0	51.0	66.7	34.1	29.3	17.8
福祉	61.4	59.9	52.2	48.6	43.4	44.2	74.4	67.1	47.8	48.9	38.3	23.0
専門家	52.8	57.5	46.8	37.7	41.6	41.3	54.8	56.7	46.8	24.6	15.6	9.2
政治	9.9	18.7	25.0	31.0	44.9	38.6	16.4	29.0	15.9	2.9	2.8	2.3
市民	37.0	31.5	22.1	25.2	25.3	25.0	38.4	29.8	19.1	34.5	18.5	10.3
学術・文化	39.4	46.5	56.0	26.5	37.0	37.7	37.1	48.0	45.9	37.9	34.6	10.1
趣味・スポーツ	38.1	35.6	35.6	25.4	26.6	24.1	40.7	42.4	25.3	45.8	35.0	26.4
宗教	35.1	45.8	43.5	27.0	29.2	47.8	29.7	33.3	34.8	2.7		

---

(5) 補助金と委託業務手数料は，国と自治体を分けて質問していない。そのため，国のみから受給している団体，自治体のみから受給している団体，国と自治体の双方から受給している団体を区別できない点に留意されたい。

表12-3のつづき

	財源 委託業務手数料			情報源			情報 意見交換			人の交換 ポスト提供		
	市町村	都道府県	全国	市町村	都道府県	全国	市町村	都道府県	全国	市町村	都道府県	全国
全体	18.5	15.6	6.9	59.8	49.6	48.8	51.0	51.4	34.2	9.2	17.7	10.9
農林水産業	13.4	16.0	10.2	72.4	63.0	54.7	56.6	62.7	33.2	4.4	25.2	18.5
経済・業界	20.3	13.0	5.3	62.5	49.7	65.6	66.5	58.6	61.7	13.7	20.8	16.4
労働	7.0	4.8	1.5	26.2	23.6	23.6	40.4	42.5	24.0	2.5	1.9	3.5
教育	10.7	9.5	3.3	49.3	57.7	47.9	37.9	45.5	28.5	6.4	16.6	4.9
行政関係	25.3	26.8	13.3	62.4	53.4	80.5	35.7	38.9	43.3	17.9	30.9	32.2
福祉	37.2	27.8	8.8	75.0	59.3	58.2	53.5	54.8	24.8	20.4	20.1	10.6
専門家	25.2	18.1	11.9	47.3	50.0	48.6	51.1	54.1	33.9	6.9	15.3	11.9
政治			2.3	59.2	57.0	34.9	29.2	47.7	20.5	0.6	1.9	9.1
市民	22.7	24.2	11.8	59.4	35.8	23.9	41.1	45.5	22.1	4.4	3.9	
学術・文化	22.7	17.3	6.3	46.1	46.4	42.0	38.6	36.2	20.8	5.3	13.4	5.3
趣味・スポーツ	30.5	18.1	10.3	47.0	33.1	20.7	43.2	38.4	14.9	8.5	10.2	2.3
宗教	2.7			5.9	4.5		10.8			2.7		

	人の交換 審議会等への委員派遣			政策過程 政策決定・予算編成への協力			政策執行への協力			行政への働きかけ		
	市町村	都道府県	全国	市町村	都道府県	全国	市町村	都道府県	全国	市町村	都道府県	全国
全体	28.0	26.9	14.2	30.2	25.1	15.0	32.6	29.6	17.8	77.0	68.8	53.7
農林水産業	24.2	29.5	12.2	34.8	36.5	22.4	33.1	35.7	22.0	83.3	74.2	60.2
経済・業界	36.3	24.2	22.7	35.6	21.7	19.4	40.1	28.4	25.4	79.7	65.3	56.5
労働	22.4	26.7	13.5	18.8	18.2	10.5	19.1	18.4	7.5	71.2	72.2	69.4
教育	20.7	34.8	14.6	22.1	28.5	15.4	24.3	37.2	17.9	72.7	75.1	52.6
行政関係	10.9	16.6	17.8	21.1	23.9	30.0	30.7	31.2	37.8	69.6	58.4	61.4
福祉	41.6	40.1	9.7	42.2	33.5	12.4	42.6	34.4	14.2	83.6	73.9	50.0
専門家	47.2	37.1	25.7	23.9	22.1	18.3	39.3	33.4	15.6	74.3	72.6	48.1
政治	8.2	15.0	4.5	33.9	32.7	11.4	28.1	34.6	11.4	86.7	81.7	90.0
市民	31.5	32.6	8.8	27.7	21.3	4.4	30.7	34.3	11.8	81.3	83.3	57.4
学術・文化	34.8	32.3	12.6	23.5	21.3	9.2	32.6	35.4	14.0	75.2	68.6	33.2
趣味・スポーツ	28.0	21.5	3.4	22.0	22.0	5.7	33.1	20.3	6.9	70.3	54.8	35.9
宗教	10.8			5.4			5.4	4.2		21.2	21.1	

	行政への働きかけ頻度が減少・増加した団体の割合						2000年以降に設立された団体の割合		
	市町村		都道府県		全国		市町村	都道府県	全国
	減少	増加	減少	増加	減少	増加			
全体	11.1	14.4	11.9	14.0	14.3	15.2	10.7	7.6	8.2
農林水産業	13.1	11.7	17.3	8.5	24.2	7.7	10.0	6.8	8.0
経済・業界	12.5	13.9	13.5	13.0	19.5	11.5	5.1	2.9	4.6
労働	11.6	10.9	9.2	17.5	22.6	21.0	6.7	4.4	5.6
教育	2.4	8.4	6.7	9.0	20.7	17.2	12.6	7.5	6.6
行政関係	8.0	9.7	9.6	4.3	9.4	7.5	4.9	3.2	3.4
福祉	9.9	20.8	11.1	17.8	15.4	23.1	26.6	10.1	16.5
専門家	5.2	18.9	7.9	21.4	16.3	20.4	6.9	10.1	13.1
政治	11.0	18.7	5.8	19.2	42.9	14.3	21.0	17.9	16.3
市民	7.1	26.0	5.9	30.6	12.5	43.8	26.0	31.4	25.0
学術・文化	9.1	17.0	12.5	18.8	9.2	16.1	10.8	9.6	8.3
趣味・スポーツ	13.2	17.6	6.0	16.0	7.7	19.2	23.0	9.1	2.3
宗教	12.5	12.5			18.4	18.4		4.5	4.3

情報源:1～3位のいずれかに自治体(市町村および都道府県レベル),中央省庁(全国レベル)をあげた団体の割合を合計。
補助金・委託業務手数料:1円以上の金額を記入した団体の割合を集計。記載のない団体もあったが,ここでは全て0円としてカウントした。
行政への働きかけ:直接的働きかけ,間接的働きかけのいずれかで「3. ある程度」以上に該当する割合を合計。
行政への働きかけ頻度が減少・増加した団体の割合:現在と10年前のいずれかで接触あり(「2. あまりない」以上)と回答した団体を対象に計算。
空欄は該当なし。

国団体と国との関わりを示した。該当率の低かったモニタリングは省略した（市町村9.6％，県8.0％，全国6.3％）。全体の割合から確認していこう。

規制行政3項目は活動範囲ごとに大きな相違がなく，5割前後である。これは，全国団体を対象とした圧力団体調査（村松・伊藤・辻中 1986：第4章）やJIGS1調査（森・足立 2002）の結果とも大きく変わらない。行政からの統制（あるいは規律づけ）は，どの活動範囲でも概ね半数の団体に及んでいることを確認できる。

それに対して，財源2項目，意見交換，審議会等への委員派遣，および政策過程2項目は，ローカルレベルほど該当率が高くなる。行政への働きかけを行う団体も，ローカルレベルほど増加する。中でも行政官僚（課長以上）に働きかける団体は，市町村・県レベルで自治体に働きかける団体の9割に上る（市町村91.8％，県90.3％，全国63.3％）[6]。

ただ，働きかけが活発なローカル団体だからといって自己影響力が大きくなるわけではない。詳細な図表は省略するが，自己影響力あり（5件尺度で3点以上）と認識している団体や，政策実施経験がある団体の割合は，3レベル間でほとんど変わらない。団体分類別にみても同様の結果を示す。翻って，団体の行政活動への働きかけの有無は，自己影響力評価とは必ずしも関連していない。

総じて，ローカル団体が持つ第1の特徴は，全国レベルよりも広範な団体が行政の活動に関与しているという点である。

4．2．行政活動に関与する団体の多様性

もっとも，全ての団体分類で広範な団体が行政と関わりを持つとは限らない。第3節の分析からは，農林水産業，福祉，経済・業界団体が自治体と協調的である一方，労働団体はそれほど協調的でないことが明らかとなった。また，国レベルの政治過程では，農林水産業団体および経済・業界団体，労働団体，福祉団体の3グループが，それぞれ異なる関与の仕方をしていると

---

(6) このほか，予算編成に働きかける団体の割合もローカルレベルほど増加する（久保 2009a：305）。ただ，予算編成への働きかけを行う団体のほとんどは，表12－3に示した行政への働きかけも行っているため，詳細は省略する。

指摘されてきた（村松 1981；真渕 1981）。JIGS1 調査でも全国団体を対象として，行政との関係が密接な団体（農業，行政関係，福祉），密接だが自立的な団体（経済），行政との関係が疎遠な団体（価値推進団体：労働，政治，市民）という3つに分類された（森・足立 2002）。ローカルレベルにおいては，どのような団体分類間の相違が確認できるだろうか。表12－3における分類別の割合をみながら検討していこう。

農林水産業団体，経済・業界団体，福祉団体 まず，3レベルに共通する点として，規制行政3項目では農林水産業，経済・業界，福祉団体での該当率が高い。行政指導を例にとると，これらの3団体は市町村・県レベルでは1～3位，全国レベルでは行政関係団体に次ぐ2～4位を占めている。補助金の受給率も高く，情報面で行政と関わる団体も多い。さらには，政策決定・予算編成，政策執行に関わる比率も高い。農林水産業，経済・業界，福祉の各団体は，活動範囲に関わらず行政と密接な関係にあるといえよう。

その中で，ローカルレベル特有の傾向を2つ指摘しておきたい。第1に，福祉団体と自治体の関わりの深さである。補助金，決定・予算協力のほか，委託業務手数料でも市町村・県レベルで最多となる。そして，補助金・委託業務手数料を受給する団体の6割以上がサービス提供を活動目的とし，5割以上が審議会に委員を派遣している。これらの点は，福祉団体が福祉政策の担い手であると同時に，利害関係者にもなっていることを示唆する。この点は，4．3．でさらに詳しく検討する。

第2に，市町村で活動する経済・業界団体の5割近くが補助金を受け取っている。主要な経済団体の1つである商工会は，1959年時点で既に85％が自治体から補助金を受けていた（石田 1961：175）。全国レベルの経済・業界団体は補助金受給率が低く，行政との関係が「密接だが自立的」であるのに対して（森・足立 2002：132－4），市町村レベルでは資金面で行政に依存しながら活動する経済・業界団体が多い。

行政関係団体，価値推進団体 他方，全国レベルでは行政関係団体が行政（国）と密接な関係にある。情報源の80.5％を筆頭に，委託業務手数料，ポスト提供，政策決定・予算編成への協力，政策執行への協力の計5項目で1位となっている。それに対して，ローカルレベルの行政関係団体の順位は全般に低い。翻って，ローカルレベルにおける農林水産業，経済・業

界，福祉の各団体と自治体との関わりの深さが浮き彫りになる。

　これらに比べると，労働，政治，市民といった価値推進団体と行政との関係は疎遠である。ただ，全国レベルに比べると，ローカルレベルでは関わりを深めている。表12－3をみると，市町村・県レベルの政治団体では，行政を情報源とする割合（市町村59.2%，県57.0%）や政策決定・予算編成への協力率（市町村33.9%，県32.7%）が高い。市民団体では，市町村レベルにおける補助金の受給率（34.5%）や行政を情報源とする割合（59.4%）が高い。さらに，意見交換を行う団体は，市町村レベルの政治団体を除けば労働，政治，市民団体とも4割を超えている。

　このようにローカルレベルでは，行政関係団体よりも農林水産業，経済・業界，福祉団体の方が自治体と密接な関わりを持ち，同時に，全国レベルでは行政との関係が疎遠な価値推進団体も，自治体と一定の関わりを持っている。ローカル団体第2の特徴は，行政活動に関与する団体の多様性である。

4.3. 政策過程における双方向性

　では，ローカル団体と行政の関係は，どちらかが一方的に働きかける関係なのか，あるいは双方向的な関係が成立しているのだろうか。ここでは政策過程への団体の関わり方を，政策形成に関与しているかどうか，また，政策実施の担い手となっているかどうかに着目して検討していこう[7]。

　表12－3に示した団体－行政関係のうち，政策形成過程への団体の関与を示すのは，政策決定・予算編成への協力，意見交換，審議会等への委員派遣，行政への働きかけの4項目である。また，政策実施過程への関わりを示す項目は，政策執行への協力，委託業務手数料の受給という2つである。政策形成と政策実施のどちらか1つでも行政と関わりを持つ団体を対象として，①政策形成のみ，②双方向，③政策実施のみという3つのカテゴリに分け，その比率を比べていく。

（7）　団体からの接触と自治体からの接触の頻度を比べて，団体－行政関係の方向性を検討するという方法もある。本章では具体的な内容に即して分析することを重視し，実施過程への関与に応じて団体側からの働きかけなどがどう変化するかを検討することにした。もっとも，接触の方向性を分析しても図12－1とほぼ同じ結果となる。なお，久保（2010）では市区町村職員と各種団体との接触の双方向性を検討しているので，あわせて参照されたい。

団体分類ごとの集計結果を示したのが図12-1である。グラフが山形になるほど，行政と双方向の関係にある団体が多く，中央が窪むほど一方向（政策形成のみ，あるいは政策実施のみ）の関係にあることを示す。図をみると，実施のみの団体はほとんどない。政策過程に関与する団体は，政策形成にのみ関与する団体か，形成と実施の両方で関わりを持つ団体のどちらかということになる。順にみていこう。

第1に，政策形成のみの比率が高いのが，労働団体と政治団体である。労働団体を例にとると，全国レベルの約9割，市町村・県レベルの約7割が形成過程にのみ関与している。ただ活動範囲間で比べると，全国レベルよりもローカルレベルで双方向の割合が高く，団体が実施に関与している様子がうかがえる。

第2に，双方向的な関係にある比率が全般に高いのが，行政関係団体である。全国レベルの約6割，市町村・県レベルでも約5割が双方向的な関係にある。どの活動範囲でも，政策形成に関わりながら実施にも関与する様子がうかがえる。

第3に，ローカルレベルで双方向性が高まる団体として，福祉，市民，学術・文化団体があげられる。特に福祉団体で双方向的な関係にある比率は，全国レベルでは2割程度であるのに対して，市町村・県レベルでは6割近い。政策形成と実施の両面において，団体が自治体と関わる姿をみてとれる。このほか，農林水産業，経済・業界，専門家，趣味・スポーツ団体は市町村レベルにおいて，教育団体は県レベルにおいて，自治体と双方向的な関係にある。

このようにみてくると，行政関係団体と宗教団体を除く全ての団体分類において，全国レベルよりもローカルレベルにおける双方向性が高まっている。辻中・伊藤編（2010）が市区町村の側から捉えた団体－自治体間の相互行為は，団体の側からも捉えられたといってよい。ローカル団体第3の特徴は，政策形成と実施の両面で行政活動に関与するという，自治体との双方向性である。

以上検討してきたように，ローカルレベルにおける団体－自治体関係は，広範性，多様性，双方向性という3点の特徴を持つ。全国レベル同様，農林水産業，経済・業界，福祉といった団体が密接な関係にある一方で，労働，政治，市民などのいわゆる価値推進団体も自治体と一定の関わりを持ってい

図12−1 団体−行政関係の双方向性（団体分類別）

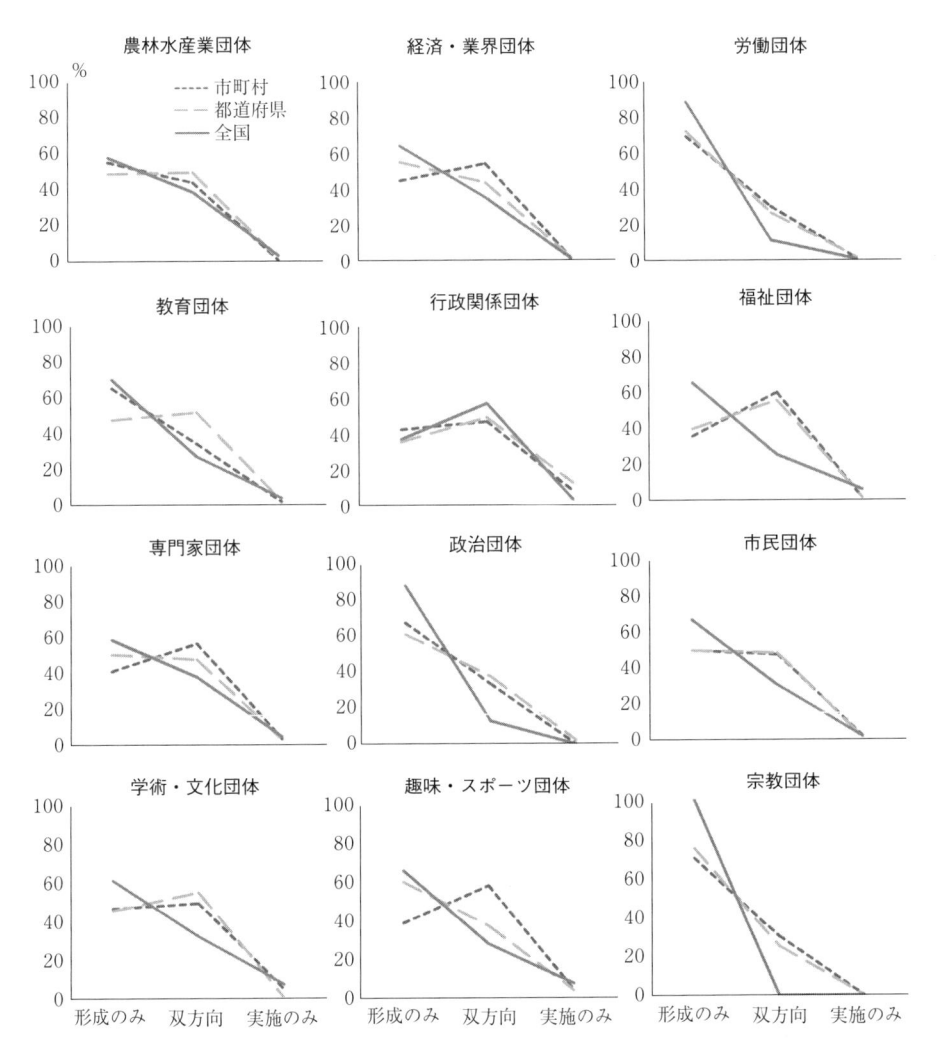

農林水産業団体／経済・業界団体／労働団体／教育団体／行政関係団体／福祉団体／専門家団体／政治団体／市民団体／学術・文化団体／趣味・スポーツ団体／宗教団体

凡例：----- 市町村　— — 都道府県　――― 全国

横軸：形成のみ　双方向　実施のみ

「形成のみ」「実施のみ」は，表12−3に示した項目のうち，下記いずれかに該当する場合である。
「形成のみ」：政策決定・予算編成への協力，意見交換，審議会等への委員派遣，行政への働きかけ。
「実施のみ」：政策執行への協力，委託業務手数料。
「双方向」は「形成のみ」と「実施のみ」の両方に該当する場合。

る。自治体の行政活動は，国に比べてより多くの団体を巻き込みながら展開しているのである。

5 近年の動向：利益追求型団体の停滞とサービス提供型団体の活性化

ところで，地方分権改革（2000年）や三位一体改革（2004年）に代表されるように，近年，地方自治をめぐる状況は急激に変化してきた。その中で，ローカル団体に何らかの変化が生じた可能性は十分に考えられる。JIGS2 社会団体調査が実施されたのは2006年であり，前節までに明らかにしたローカル団体の存立・行動様式は，変化を経た後の姿であるかもしれない。本節では，既存団体の行動様式と，新設団体数という2つの側面から，ローカル団体に生じた変化を捉えてみたい。

まず，既存団体の行動様式の変化である。ここでは10年前の状況を尋ねたリコール質問を用いて，行政に対する働きかけの頻度がどう変化したかを検討していく。表12−3をみると2つの傾向を看取できる。まず，福祉，専門家，市民などのサービス提供型団体では，自治体への働きかけが増加傾向にある。市町村レベルにおいて，接触が増加した団体の比率をあげると，福祉20.8％，専門家18.9％，市民26.0％である。それに対して，農林水産業，経済・業界，労働（県は除く）という利益追求型団体では，減少と増加が同程度か，あるいは減少の方が多くなっている。図表は割愛するが，同様の傾向は自治体幹部への働きかけでも確認できる。要するに，サービス提供型団体の活動量が増加しているのである。

もう1つ注目すべき点として，近年，ローカルレベルで設立されるサービス提供型団体が増えている。表12−3には，2000年以降に設立された団体の分類別割合を示した。3レベルに共通して割合が高いのが，市民団体や政治団体である。特に市民団体は，市町村26.0％，県31.4％，全国25.0％と，県・全国レベルで1位となっている。その一方，市町村レベルでは，福祉団体26.6％と趣味・スポーツ団体23.0％の増加率が高い。総じて，ローカルレベルでは，市民や福祉などサービス提供型団体の増加がみられる。

もちろん，設立年の新しい団体が多いことは，過去に設立された団体の多くが解散した結果と考えることもできる。しかし，福祉分野では社会福祉協議会など設立年時の古い団体もある。2000年以降に設立された比率の高さは，近年の新設団体数の増加を少なからず反映していると捉えることができよう。

このように，近年の団体世界では，福祉，市民団体などサービス提供型団体の活性化が生じている。その理由として考えられる点を，ここでは2つ指摘しておきたい。第1に，市民社会の活動の場を拡大する制度の新設・改変である。非営利活動促進法（NPO法）の施行（1998年），介護保険制度（2000年）や指定管理者制度（2003年）の導入などがあげられる。これらの制度変化が，団体の新設を促したのではないかと考えられる。

　第2に，国と自治体との関係の変化である。福祉分野を例にとると，1990年代に入るまでは中央集権的な行政運営がなされてきた（辻山 1992 ; 1993）。しかし2000年代に入ると，社会福祉法に基づき，自治体は上位行政の関与規定がない地域福祉計画を策定することとなった。計画策定時には，住民や福祉事業者の関与が義務付けられている（社会福祉法107条）。また，それに先駆けた介護保険制度の導入時には，介護保険事業計画などの策定が各市町村に義務付けられた。これらの変化は，事業者たる団体が政策形成過程に関与する機会を増大させたと考えられる。サービス提供型団体が活性化した背景には，以上のような事情が存在すると推察できる。

6　まとめ：地方自治を支えるローカル団体

　本章では，日本の地方自治を支えるローカル団体の姿を捉えるべく，社会過程における存立様式（組織属性・組織間関係），政治・政策過程における行動様式（団体－行政関係，近年の変化）を検討した。特に，全国団体との比較を通して，ローカル団体の独自性を捉えることに努めてきた。ここで，分析から得られた知見をまとめておこう。

(1)　活動範囲に応じて団体は系列化している（全国：本部，県：中間団体や支部，市町村：支部）。同時に，ローカル団体の約4割は単一団体である。組織規模は，単一団体よりも上位団体の系列団体の方が大きい。

(2)　会員間交流にインターネットを活用するローカル団体は少なく，対面的な交流を行う団体が全国レベルと同程度の約8割を占める。

(3)　経済・業界，農林水産業，労働団体が会員利益を追求し，福祉，市民，専門家団体などが会員外へのサービスを提供するという傾向は，全国レベルとローカルレベルに共通する。ただ，市町村レベルの福祉団体，市町村・県レベルの市民団体では，全国レベルよりもサービス提供を目的とする団体の比率が高い。

(4)　全国レベルもローカルレベルも，行政（市町村，都道府県，官僚）や行政関係団体と協調する団体が多い。また，市町村レベルでは，福祉団体や市民団体などが自治会と協調している。この背景には，サービス供給における連携が関連している。

(5)　全国団体もローカル団体も，約5割の団体が国や自治体による許認可や行政指導の対象となっている。その一方，財源，政策過程，意見交換や審議会等への委員派遣では，ローカルレベルほど行政と関わりを持つ比率が高くなる。

(6)　行政関係団体に比べて，農林水産業，経済・業界，福祉団体が自治体と密接な関係にある。労働，政治，市民などの価値推進団体も，全国レベルに比べると自治体の行政活動に関与する比率が高い。

(7)　ローカルレベルでは政策実施に関与する団体の比率が高く，行政関係団体と宗教団体を除く全ての団体分類で，行政と双方向的な関係にある比率が全国レベルよりも高い。

(8)　市民，福祉，専門家などのサービス提供型団体では，10年前に比べて自治体への働きかけが増加している。2000年以降に設立された団体の比率も高い。

　最後に，以上の知見が持つ含意を3点指摘しておきたい。第1に，自治体の行政活動は，中央省庁よりも極めて広範かつ多様な団体を，政策形成・実施の両面で巻き込みながら展開している。村松（1994）は主に中央省庁を念頭に置きながら，行政が民間のリソースを最大限活用してきたと指摘したが，同様の構図はローカルレベルでも観察できるといえる。地方の大きな活動量は，ローカル団体の活動によって支えられているのである。

　第2に，団体側からみると，政策実施過程への関与は中央よりも地方において活発である。中央レベルを対象とした日本の利益団体研究では，政策形成過程への関与をめぐる研究がなされてきた。しかし，実施過程における団体の関与は，行政関係団体を除いてそれほど指摘されてこなかったように思われる。他方，欧米の利益団体研究では，実施過程における利益団体の関与が1970年代の後半から指摘されてきた（Berger 1981；内田 1995）。これまで，日本の利益団体研究が看過してきた政策実施過程への団体の関与は，主に地方において観察できるのである[8]。

　第3に，以上2点を総合すると，国と自治体の中央地方関係と団体－行政

関係が相互に関連していることが示唆される。第5節で指摘したサービス提供型団体の活性化と，福祉分野における制度改革との関連は，その典型と考えられる。地方の活動量が大きいという日本の地方自治の特性が，地方の行政活動，特に実施過程へのローカル団体の関与を活発化させる一因になっていると推論できる。この点は，行政の活動量が異なる市町村間，都道府県間での比較，あるいは地方の活動量が異なる国家間比較によって，さらに研究を進めるべき課題である。

もちろん，ローカル団体の行政活動への関与が活発な理由としては，団体側の要因も考えられる。たとえば，有権者の政治参加に関する議論（Dahl and Tafte 1973＝1979）を敷衍すると，ローカルレベルでは政府規模が小さく，参加に伴って団体が持つ政治的な有効感（自己影響力評価など）が大きいため，行政活動に関与しやすくなると考えられる。しかし，4.1.では，自己影響力評価が行政活動への関与と必ずしも関連していないことが示された。今後は，政府に対する信頼感などとの関連も分析していく必要がある。

また，本章では市町村・都道府県・国を独立した活動空間として捉えたため，ローカル団体による国への働きかけや，複数の都道府県で活動する団体（JIGS調査では広域圏レベルと呼んでいる）を分析の対象外とした。各政府レベルを超えて活動する団体の分析も，今後の課題である。

（8） 政策実施を担う団体は，政策形成過程において影響力を発揮しやすい。たとえば久保（2009b）では，神奈川県が2007年から導入した水源環境保全税の検討過程において，実施過程に携わることが期待された水道事業者（横浜，川崎，横須賀の3市水道局）の反対が，導入を阻害する方向に作用したことを指摘している。

第13章
グローバル化の進展と日本の世界志向団体

足立研幾

1 国際社会,世界志向団体,日本

　日本において,利益団体に関する議論がなされるとき,全国レベルで活動する団体がイメージされることが多い(辻中・森 2009:15)。しかし,実際のところ,日本において活動する団体の中には,日本を飛び出し世界を地理的な活動範囲とする団体が少なからず存在する(以下,世界志向団体)。JIGS2 データによれば,全国レベルで活動する団体は,全団体の1割強にとどまる。他方,世界志向団体も,全体の5％弱,東京に拠点を置く団体の中では実に1割以上存在する。

　世界志向団体には,いわゆる利益団体とは一線を画する性格をもつものが多い。JIGS1 のデータで,国内を地理的活動対象とする団体(以下,国内志向団体)と世界志向団体の活動目的について比較した結果,団体の会員のための活動,利益追求のための活動を行うものは,世界志向団体の方が大幅に少なかった。一方,会員以外のための活動を行う世界志向団体の割合は,国内志向団体のそれよりもずっと高かった(足立 2002:97-199)。同様の傾向は,JIGS2 のデータでも確認されており,世界志向団体は,国内志向団体よりも,公共性の高い活動を行うものが多いといえる。

　近年,国内レベルにおいても,ガバナンス論が盛んになり,その中で公共性を担う市民社会組織の活動への注目が高まっている。しかし,中央政府のない国際社会においてこそ,そのような団体の活動が必要とされる。実際,国際社会においては,「政府なき統治(governance without government)」をいかに達成するのかが,常に重要な課題となってきた(Rosenau and Czempiel

1992)。とはいえ,世界を地理的対象として活動する世界志向団体は,長らくごくわずかにとどまっていた。世界は1つの政治領域として捉えるにはあまりに大きすぎた。また,個々の団体が世界レベルで活動することも容易ではなかった。

しかし,輸送手段や通信技術の目覚しい発展により,世界はますます小さく感じられるようになった。また,こうした技術の発達は,組織基盤の小さな市民社会組織であっても国際的活動に従事することを可能とし,各国における世界志向団体の数は飛躍的に増加した。世界志向団体の中には,予算規模や構成員数など組織基盤のしっかりとしたものや,高い専門知識を有するものも出現してきた。グローバル化深化のスピードがさらに増し,国家の自律性や問題解決能力の低下が指摘される中(Ohmae 1995; Strange 1996)[1],国際社会の重要な統治主体の1つとしてこれら世界志向団体を捉える見方が現われてきた(Ramphal and Carlsson, 1995)。

中央政府が存在しない国際社会には,市民社会組織が活動する広大なスペースが存在している。また,グローバル化の進展に伴い国境を超えた相互作用が爆発的に増加し,地球環境問題,感染症問題,難民問題等の問題が頻発するようになった。国家を単位としては十分に対応することが困難なこれらのグローバル・イシューが頻発する中で,国家という枠組にとらわれず活動する世界志向団体に対する期待が高まっている。今や世界は1つの政治領域とみなしうるまでになり,グローバルな市民社会が出現しつつあると論ずるものすら現れてきた(Mathews 1997; Kaldor 2003)[2]。実際,世界志向団体が国際的な制度形成や政策実施に対して,大きな役割を果たす事例は増加している(足立 2004;足立 2009b)。

一方,こうした世界志向団体は,政府の単なる経費削減手段にすぎないと論ずるものもいる(田中 2006:77)。世界志向団体の中には,その専門性を

---

(1) 一方,グローバル化の進展によって,国家の役割はむしろ拡大していると主張する者もいる点には留意が必要である。例えば,Hirst(1997)など。
(2) グローバルな市民社会の定義,重要性等については,マーチン・ショー(1997:18-33)。また,2001年以降 *Global Civil Society*(グローバル市民社会)と題した年鑑が毎年発行されるようになったことからも(当初は Oxford University Press より発行され,現在は Sage Press に変更),「グローバル市民社会」という概念が一定の市民権を得つつあることがうかがわれよう。

活かして国家をはじめとするアクターと協働しているというよりも，国際機関や各国政府のプロジェクトの「下請け」をしているといったほうが適切なものも少なからず存在する。こうした世界志向団体は，「価値観に従ってというよりも市場の論理に従って行動する」という点で企業に近いかもしれない（コーテン 1995：128-139）。また，もともとは社会的な使命感や何らかの価値観に従って活動していた世界志向団体であっても，国際機関や各国政府からの委託金や補助金に活動資金の多くを依存していると，徐々に「下請け化」していくことになりかねない。あるいは，近年の世界志向団体の増加の理由を，団体側の能力向上ではなく，世界志向団体に提供される補助金額の増加や，政治的アクセスの改善，親 NGO 規範の広まりといった各国政府側の要因に求めるものもある（Reimann 2006）。

いずれにせよ，世界志向団体の増加は，全世界一様の現象なわけではなく，各国，各問題領域によって大きくその様相が異なりうる。日本における世界志向団体についての議論を行う際にも，こうした全世界的な傾向を踏まえつつも，慎重に分析を行う必要があろう。1990年代後半になると，地雷禁止国際キャンペーンや気候行動ネットワーク，債務帳消し運動といった世界的な NGO キャンペーンに参加する日本の団体が現れ始めた。その結果，日本においても，世界志向団体に対する注目が集まるようになった（西川・佐藤 2002；功刀・毛利 2006；馬橋・高柳 2007；金・福武・多田・山田 2007など）。しかし，その際注目されたのは，どちらかといえば国際 NGO 全般や，国際的な NGO ネットワークの活動であった。日本の団体の具体的な活動に注目するものがないわけではないが（今田・原田編 2004），日本における世界志向団体の活動の全体像について把握しようとする研究はいまだごくわずかである。そこで，本章では，日本における世界志向団体の特徴について，主として JIGS データを用いて，定量的に把握することを試みたい[3]。

2　日本における世界志向団体のプレゼンス

JIGS1 において，筆者は国内志向団体と比較することで，世界志向団体の存立・活動様式の特徴を分析した（足立 2002）。そこでは，日本において国

---

(3) 本章で JIGS1 データと JIGS2 データの比較を行う際，JIGS1 データの性格上，JIGS2 データについても東京所在の団体に絞って行った。

際的に活動する世界志向団体のプレゼンスが増加していることが確認された。同様の傾向はJIGS2でも確認できるのであろうか。1945年以降の団体設立年5年毎の世界志向団体割合の変化をみていくと，興味深い結果が出ている（図13-1）。

1980年前後から1990年代の半ばまでは世界志向団体の割合は増加傾向を示してきた。しかしながら，1990年代後半からは一転，世界志向団体の割合は減少に転じている。これはJIGS1同様，東京の団体に限ってみても同様である。また，国際協力NGOセンターによるNGOダイレクトリー[4]に掲載されている団体のデータでみても，やはり同様の傾向が読みとれる（図13-2）。世界的には1990年代以降，国際的に活動する社会団体の数は加速度的に増加していることが指摘されているが[5]，こと日本については1990年代後半以降世界志向団体の増

図13-1 設立団体に占める世界志向団体比率（5年毎）

出所）JIGS2データより筆者が作成，N=14,576

（4） NGOダイレクトリーとは，国際協力NGOセンターによって1998年以来隔年で発行されてきた国際協力に携わる日本の市民組織要覧のことである。このNGOダイレクトリーは2004年版を最後に書籍版の出版を取りやめ，国際協力NGOセンターのホームページ上で最新のデータを公開するようになっている。JIGS1の分析の際に1996年版『NGOダイレクトリー』を併用したため，本章でもウェブ版ではあるがNGOダイレクトリーのデータも使用することとした。なお，本章では2008年7月15日時点のホームページ（http://www.janic.org/directory/）掲載のデータを利用した。

（5） こうした傾向は，注2であげた*Global Civil Society*年鑑で毎号指摘されている。

図13-2　NGOダイレクトリー掲載団体の設立年毎の団体数と総数

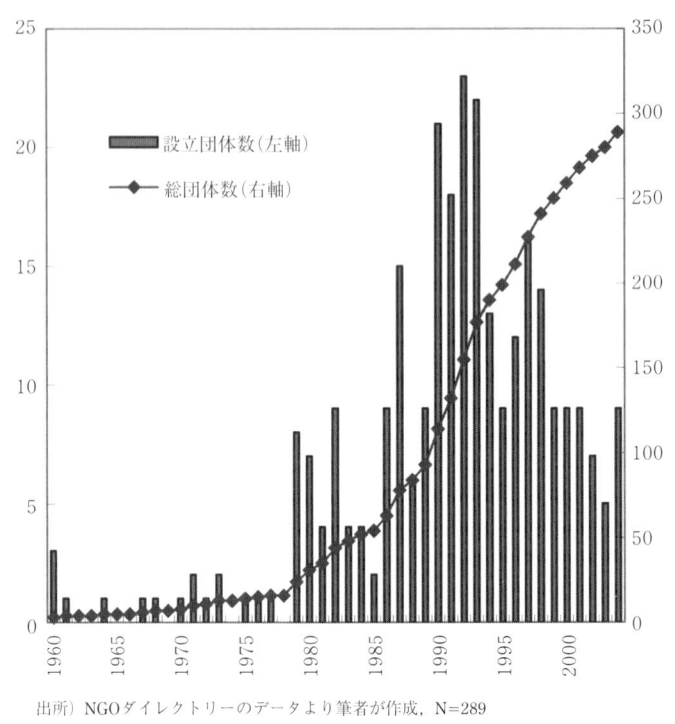

出所) NGOダイレクトリーのデータより筆者が作成，N=289

加率は鈍化しているといえそうである。

NGOの活動能力を飛躍的に高めたインターネット等の通信技術の進歩は日本においても著しい。それにもかかわらず，世界志向団体のプレゼンスが低下したのは一体なぜであろうか。この原因として考えられる仮説は，主として以下の4つである。1つ目の仮説は，世界志向団体の世界的な増加現象は，実は途上国における増加が主で，日本をはじめ先進国では増加が鈍化しているというものである。2つ目の仮説は，日本においては世界志向団体がすでに飽和状態に達したという見方である。3つ目の仮説は，日本においては，国際問題への関心が低下した，というものである。そして4つ目の仮説は，日本において世界志向団体の活動を支える資金が減少しているというものである。

まず，第1の仮説について検討しよう。1960年の時点では，アフリカ，アジアなど途上国に拠点を置く国際NGO数は全体の2割程度にとどまっていた。しかし，1990年にはアフリカ，アジアに拠点を置く国際NGOの割合が3割を超えるようになった（Ramphal and Carlsson 1995: 33）。途上国に拠点を置く国際NGOのプレゼンス上昇傾向に1990年代以降拍車がかかっているの

だとすれば，世界的な国際NGO数の増加は，主としてアジア，アフリカ諸国によるものである可能性が高い。しかし，1990年以降，2008年に至るまでアジア，アフリカに拠点を置く国際NGOが占める割合は3割強とほぼ一定であり，この可能性は低い。国際NGOの総数は大幅な増加を続けているものの，依然として，その過半は欧米をはじめとする先進国に拠点を置くものが占めている[6]。

第2の仮説についてであるが，100万人当たりの国際NGO数を見ていくと1990年時点では，日本は19である。これは世界平均の30よりも少ない。他の先進国と比べてみると，アメリカが100万人当たり15と日本とほぼ同水準であるものの，ヨーロッパ諸国やオーストラリア，ニュージーランドは100万人当たり軒並み100を超えている。こうした傾向は2000年時点でもほとんど変わっておらず，日本において，世界志向団体数が飽和状態に達したとは考えにくい（Anheir, Glasius and Kaldor 2001: 287-290）。

第3の仮説については，適当なデータがないためにここでは確実なことはいえない。しかし，グローバル化の深化とともに，ありとあらゆる問題がますます国際的な影響を受けるようになってきたことを考えると，国際問題への関心が劇的に低くなったということは考えにくい。実際，世界志向団体数について考える場合は，人々の国際問題への関心の有無よりも，活動資金のほうが重要かもしれない。国際問題に対する関心があるとしても，活動を支える資源がもし減少しているのだとすれば，世界志向団体を新規に設立することは困難となるからである。

これは，上記第4の仮説である。この点については，世界志向団体の活動を支えてきた主要な資金源である国際ボランティア貯金制度をとりあげてみよう。国際ボランティア貯金とは，郵便貯金の利子の一部（税引き後利子の20％から100％）を海外で活動する民間援助団体に寄付をする制度である。これは申請条件が緩やかだったこともあり[7]，新しい世界志向団体を生み出す

---

(6) 1990年以降は，アジア，アフリカを拠点とするNGOの割合がほとんど変わっていない点については，*Global Civil Society* の各年号を参照した。また，国連NGOについてではあるが，依然として欧米をはじめとする先進国NGOの割合が高いままで安定している点については，三上貴教（2000）も指摘している。

(7) 申請条件は，①日本国内に事務所を置き，かつ，代表者が定められ，意

上で大きな役割を果たしてきた。

　この国際ボランティア貯金の寄付額は，平成1994年度には30億円強あったものの，翌年度には半減するなどその後大幅に減少した。2002年度から2005年度には5000万円程度と，ピーク時の60分の1程度まで落ち込んだ。1990年代半ば以降，長引く経済不況及び超低金利政策のあおりを受けて，国際ボランティア貯金の寄付額は大きく減少していた[8]。この寄付額の動向は，まさに日本国内における世界志向団体割合減少の動きと符合している。利率が上昇に転じた2006年以降若干の持ち直しがみられるものの，2007年の郵政民営化に伴い，「郵便貯金の利子の民間海外援助事業に対する寄附の委託に関する法律」が廃止され，国際ボランティア貯金は寄付残高がなくなり次第終了することとなった[9]。

　もちろん，すべての世界志向団体が国際ボランティア貯金に依存していたわけではない。しかし，国内志向団体に比べれば，会員に対して直接的・具体的な利益をもたらすことが少ない世界志向団体は，一般的にいって会員による会費よりも，寄付や補助金に依存することが多い。それだけに，国際ボランティア貯金の寄付額減少に象徴されるように，長引く経済不況と超低金利政策に伴い，日本において世界志向団体に対する寄付が大幅に減少したことが，世界志向団体の新規設立数が減少した理由の1つであると考えられる。

　　思決定及び活動の責任の所在が明確な団体であること。②海外援助に関する事業を実施する営利を目的としない民間の団体であること。③適正な会計処理が行われていること。④他の援助団体に対して，助成を行っていないこと。⑤過去の援助事業実施に当たって，重大な問題がないこと，の5点全てを満たす団体であることである。この条件を満たせば，例えば新設の団体でも，あるいは法人格を有さない任意団体でも申請することができる。申請条件については，独立行政法人郵便貯金・簡易生命保険管理機構『平成20年度国際ボランティア貯金寄附金の配分申請のご案内』，2008年6月を参照した。

(8)　国際ボランティア貯金寄付額の変遷については，総務省「国際ボランティア貯金に係る配分団体等の申請概要及び審査結果について」を参照した。

(9)　ただし，同様の制度の復活が現在検討されているようである。衆議院総務委員会議録第25号，平成20年6月10日における公明党谷口和史に対する日本郵政社長西川善文の答弁。

3　世界志向団体の存立様式と組織基盤：地方化，小規模化，補助金依存

　グローバル化の深化やそれを可能とした通信技術の著しい進歩は，世界志向団体の存立様式にいかなる影響を与えているのであろうか。2002年の時点で入手可能なデータから，筆者は通信技術の進歩を背景として，特別大きな存立基盤がなくとも，また東京に本部を置かなくとも，市民が世界を射程として活動することが容易になったのではないかと指摘した（足立 2002：193－197）。こうした傾向は継続しているのであろうか。

　東京以外に存立する世界志向団体の中でも，自らが本部の団体，または単一の団体の割合の変遷をみていこう（図13－3）。1980年以降，地方における世界志向団体の中で，単一の団体または自らが本部となる団体が顕著に増加していることがみてとれる。とりわけ2000年以降は，地方に設立される世界志向団体のうち6割以上が，本部または単一の団体である。世界志向団体の地方化の流れは依然として続いているといえそうである。

　世界志向団体の小規模化についてはどうであろうか。紙幅の都合もあり，詳細な結果はここでは紹介できないが[10]，JIGS2ではJIGS1の際に比べて，常勤職員数が少ない世界志向団体が大幅に増加している。また，予算規模についても，

図13－3　地方の世界志向団体の本部団体，単一団体の割合

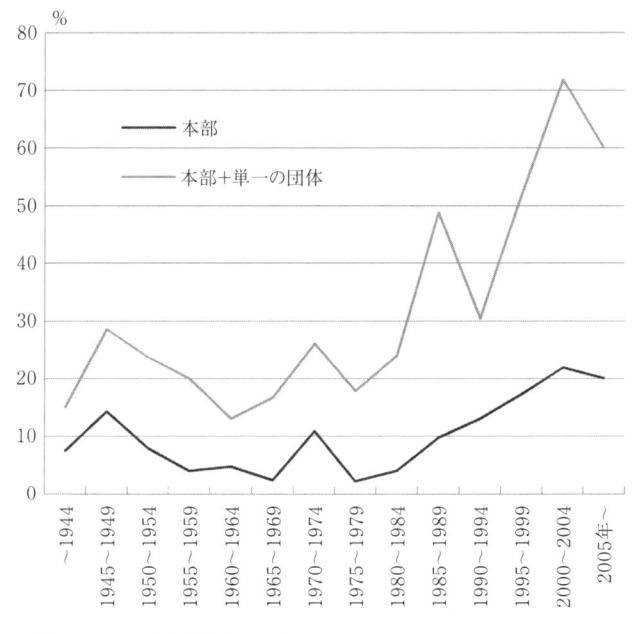

出所）JIGS2データより筆者が作成，N＝475

年間予算額が小さい団体が増加する傾向にあることが確認されている。JIGS1調査と比べて，JIGS2調査においては，世界志向団体の一層の小規模化が進んだといえそうである。

世界志向団体の小規模化が進む一方で，世界志向団体の受ける補助金額については興味深いデータが出ている（図13－4）。JIGS1のデータに比べて，JIGS2のデータでは補助金を受けている団体の割合が大幅に増加し，また受け取る補助金額も増加している。1億円以上の補助金を受け取る団体の割合にいたっては倍増している。団体の予算規模が全体として小さくなっていることと併せて考えると，団体の補助金への依存度が大幅に高まったといえそうである。

長引く経済不況によって，国際ボランティア貯金をはじめ，世界志向団体への寄付が集まりにくくなる中，世界志向団体は補助金への依存を強めていったのであろうか。国の財政状況も非常に厳しい中，世界志向団体向けの予算とて大幅な増額は期待できない。しかしながら，ことODAのNGO向け資金だけは大幅な増加を続けてきた。1991年以来，世界第1位のODA拠出額を誇った日本であるが，その後経済状況が芳しくない中でODA拠出額は伸び悩み，2001年に世界第2位に，2007年には5位にまで転落した。しかし，ODA予算自体が伸び悩む中にあってもNGO向け資金だけは激増を続けた(図13－5)。ODAの非効率性や不透明さが批判される中，NGOを積極的にODA実施のパートナーとして活用しようとしたことがその1つの理由である。世界志向団体向け資金が大幅に減少する中，

図13－4　補助金受給額

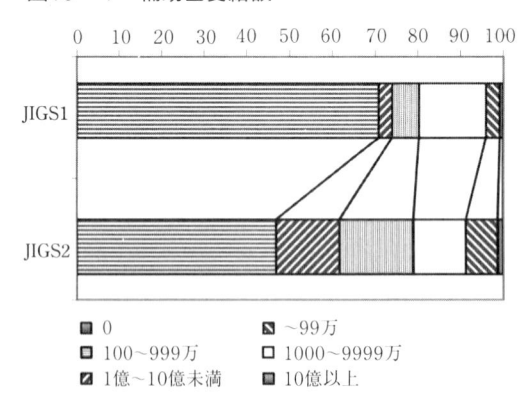

	0	~99万
	100~999万	1000~9999万
	1億~10億未満	10億以上

出所）JIGS1, JIGS2データより作成。
　　　JIGS1:N＝127, JIGS2:N＝81

(10)　以下，本章で詳細に紹介できないデータについては，足立（2009a）を参照されたい。

このODAのNGO向け資金が世界志向団体にとって大きな支えとなったと思われる。

とはいえ，ODAのNGO向け資金に応募するためには，法人格を有することが必要で，過去2年間の活動実績も問われる[11]。そのため，新たに世界志向団体を設立しようとするものがこの資金を獲得することは不可能である。ODAのNGO向け資金が激増していたにもかかわらず，新設の世界志向団体数が減少していたのはこのためであろう。また，ODAのNGO向け資金も2005年以降減少に転じている。今後，ODAのNGO向け資金すらも減少する中で，限られた補助金を巡って一層熾烈な獲得競争が繰り広げられていくと予想される。

図13－5　NGO連携資金協力金額の変遷

（単位：1千万円）

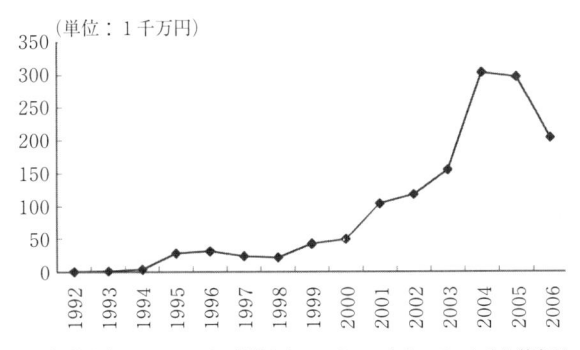

出所）外務省ホームページに掲載されているODA白書のデータより筆者が作成。
・2001年以降についてはジャパンプラットフォームに対する政府拠出からの支出を含む。

(11) 申請要件として，①法人格を有する日本のNGO（登記上，法人本部の住所が日本国内にある特定非営利活動法人（NPO法人）または公益法人［財団法人，社団法人］）であり，かつ日本国内にある上記事務所が実質的な本部機能を有していること。②任意団体の期間も含め，団体として2年以上の活動実績があること。③国際協力活動の実施が団体の主要な設立目的の1つとなっていること。④非合法的行為・反社会的行為等を目的とする団体でないこと。⑤政治的，宗教的活動を主たる目的とする団体でないこと。⑥営利活動を目的としていないこと。⑦自ら供与対象事業の主要部分を実施すること。⑧累積赤字を有している等の財務上の不安定要因を抱えておらず，また，予算書，決算書等の財務諸表が然るべく整備されている等，適切な会計処理及びその透明性の確保が図られていること。⑨過去1年以内に不適正な資金使用により贈与資金の返還を行ったことがないこと，の9点となっている。外務省民間援助連携室「平成20年度日本NGO連携無償資金協力申請の手引き（実施要領）」平成20年4月。

4　対政府関係：政府依存の強まりとロビイング方法の変化

　1990年代の日本における世界志向団体は，国家の行政機関との関係が，国内志向団体と比較して希薄であった（足立 2002：199-202）。ODA の NGO 向け資金をはじめ，政府の補助金への依存を強める中で，世界志向団体の活動と政府の関係には変化が見られるのであろうか。最初に必要情報源についてみていこう。JIGS1 では，必要情報源として国をあげる団体の割合は1割強にとどまっていた。「官とは異なる視点」を有する社会団体ゆえの良さを発揮する上で，国家とは違う視点からの情報を重視していると考えられたのである。ところが，JIGS2 では，中央省庁をあげるものが最も多く，3割弱へと大幅に増加している。世界志向団体が活動する上での情報源としても，政府への依存度は高まっているようである。

　次に，団体と政府の関係を聞いた結果についてみよう（表13-1）。政府との関係があると回答する世界志向団体の割合は，すべての項目で大幅に増加している。許認可や行政指導を受ける関係にある団体はともに6割弱に上り，これは国内志向団体よりも10ポイント以上高い。法的規制を受ける団体の割合も5割を超え，国内志向団体よりもやはり高い割合となっている。JIGS1 の際には，世界志向団体は国内志向団体よりも政府との関係が希薄であった。JIGS2 では逆にすべての項目で世界志向団体のほうが国内志向団体よりも高い数値を示している。新設団体数が減り，補助金への依存が高まる中で，世界志向団体は国内志向団体以上に政府に包摂されていったということであろうか。

　ただし，意見交換をしている団体，審議会等に委員を派遣している団体，いずれも国内志向団体よりも10ポイント以上高くなっている点は注目に値する。世界志向団体の声を聞こうとする政府の姿勢も国内志向団体に比べて高いといえそうである。実際，1996年には「NGO 外務省定期協議会」，1998年には「NGO・JICA 協議会」が設置されるなどこうした意見交換の制度化が進んだ。また，1997

表13-1　行政との関係（単位：%）

	国内団体 JIGS1	国内団体 JIGS2	世界団体 JIGS1	世界団体 JIGS2
許認可	38.5	46.7	39.0	58.1
法的規制	36.0	45.1	20.9	51.5
行政指導	49.0	48.1	31.6	58.1
協力・支持	15.3	14.3	10.2	24.0
意見交換	37.3	35.8	33.2	46.7
委員派遣	14.1	14.6	10.4	26.2
ポスト提供	9.1	11.6	7.5	14.0
N	1,178	1,560	187	229

年には大蔵省（現財務省）と NGO の間で，政府の国際金融機関等への拠出金についての懇談会が始まり，2001年には円借款を扱う国際協力銀行との協議会である「NGO・JBIC 定期協議会」が始まるなど，NGO と政府の援助機関との対話も制度化されていった（伊藤 2004：29）。

JIGS2 では，JIGS1 では質問票になかった「行政の政策執行に対してモニタリングをしている」か否かを聞いている。この結果をみていくと，国内志向団体に比べると倍近い1割強の世界志向団体が，モニタリングをしていると回答していることは示唆的である。世界志向団体と政府の関係が緊密化したことは間違いない。しかし，一方的に政府からの世界志向団体の取り込みが進んだというわけでもないようである。

このような世界志向団体と政府の関係変容を受けて，ロビイングの手段にも変化がみられる。ロビイング手段について聞いた結果をみよう（表13−2）。JIGS1 では，ロビイング手段として「政府省庁接触」をあげる団体の割合が最も高く3割を超え，次いで「マスメディアへの情報提供」，「政党・行政に技術的・専門的なデータ・情報提供」が2割前後となっていた。JIGS2 でも「政府省庁接触」をあげる団体の割合は最も高く4割強であるが，次いで「技術的・専門的情報や知識の提供」もほぼ4割となっている。また，「政党や行政の法案作成の支援」，「政党や行政に発言力を持つ人との接触」を挙げる団体の割合も大きく増加しており，世界志向団体の政策過程への定着が進んだことがうかがえる。

JIGS1 の際には，政策過程に入り込めない新興団体にとってマスメディアが有力なロビイング手段となっていることを指摘した。「マスメディアへの情報提供」を行う団体の割合は，JIGS1 では2番目に高かったのに対して，JIGS2 では，「政府

表13−2　ロビイング手段（JIGS1 と JIGS2 の比較）
（単位：%）

	JIGS1 国内団体	JIGS1 世界団体	JIGS2 国内団体	JIGS2 世界団体
与党接触	16.9	15.1	16.8	12.7
野党接触	8.2	8.3	8.9	9.2
政府省庁接触	29.7	31.8	31.9	43.7
発言力を持つ人	14.4	10.9	16.0	17.0
法案作成	2.9	5.7	8.0	13.1
データ提供	17.9	19.3	26.2	39.3
会員働きかけ	8.3	6.3	12.1	9.6
直接行動	2.6	1.6	6.1	3.4
大衆集会	6.5	5.7	16.9	9.6
マスメディア	13.8	21.9	19.8	27.1
有料意見広告	3.8	3.1	5.3	7.9
記者会見	7.7	12.0	6.7	13.5
連合形成	22.3	18.8	22.6	21.4
N	1,196	192	1,560	229

省庁への働きかけ」「技術的・専門的情報の提供」に大きく水をあけられた 3 位となっている。「記者会見による立場表明」,「意見広告の掲載」を挙げる団体の割合はわずかながら増加はしている。しかし,「発言力を持つ人との接触」「法案作成の支援」などの割合が大きく上昇する中で, その重要性は相対的に低下している。

　また, マスメディアに一度も掲載されたことがない団体の割合は JIGS2 では大幅に増えるなど, 全体としてマスメディア掲載回数が少ない団体が増えている。協調対立関係について聞いた結果をみても, マスメディアと協調的であると回答した団体の割合は, JIGS1 の時よりも JIGS2 では減少している。世界志向団体が政策過程に入り込めるようになり, マスメディアとの協調関係をテコとして政策過程に働きかける必要性が少なくなったのかもしれない。

　世界志向団体は, JIGS1 の際にはマスメディアとの協調度がロビイング手段の中で最も高かった。しかし, JIGS2 調査では, 国際機関, 外国の団体と協調的と答える団体の割合がいずれも 3 割を超え, こちらのほうがマスメディアと協調的と回答する団体よりも多くなっている。特に, 外国の団体と協調的と回答する団体は, JIGS1 では約 1 割にとどまっていたが, JIGS2 ではほぼ 3 倍増となっている。一方で質問項目が少し異なるため単純な比較はできないものの, 市民団体と協調的と回答する団体の数にはそれほど大きな変化はない。外国の団体とより積極的な協調関係を築く団体が増加したといえそうである。1990 年代後半に入ってから, 日本における世界志向団体の中に, 世界的な NGO キャンペーンに参加するものが増加したことは既述のとおりである。JIGS2 データからは, 日本国内の団体間のネットワーク構築よりも, むしろ日本国内にとどまらず, 外国の団体と協力関係を構築する団体がかなりの割合に上ることが確認できる。

5　日本における世界志向団体：発展・変容・展望

　国際社会には中央政府が存在せず, もともと市民社会組織が活動するスペースが広がっていた。グローバル化が深化する中で, 国家間の協力によってのみでは十分に対応できない事象が増加し, 国境を越えた取り組みが可能な世界志向団体の活動に対する需要がさらに高まった。また, グローバル化を急速に深化させた技術進歩は, 団体が国際的に活動することを容易にした。その結果, 国際的に活動する団体の数は飛躍的に増加し続け, 国際社会の重

要な統治主体の1つとしてこれら団体を捉える見方が現れてきた。

　しかし，国際的に活動する団体に対する注目が高まり始めたまさにその時，日本においては，経済不況と超低金利政策のあおりを受けて世界志向団体の新規設立数が大幅に減少した。著しい情報通信技術の進歩に支えられ，世界志向団体の地方化，小規模化の流れは依然継続している。しかしながら，社会における世界志向団体向けの活動資源が減少したことを受けて，補助金への依存度は増していった。

　そうした中，JIGS1調査時には国内志向団体と比べて政府から距離を置いて活動していた世界志向団体が，JIGS2調査時では国内志向団体以上に政府と密接な関係を有するようになっていた。設立から時間が経過し，世界志向団体に対する政府の包摂が徐々に進んだこともその一因である。また，世界的に親NGO規範が広まる中で，政府関係者が世界志向団体へと接近したという側面もある。世界志向団体との意見交換を制度化する動きなどは盛んにみられたが，そうした制度の中には，とりあえず意見交換をするのみで，アリバイ作り的な利用がなされるものも存在する。

　一方で，国際問題に関しては，現地で活動している世界志向団体のほうが，政府関係者よりも豊富な情報を有している場合がある。それだけに，世界志向団体の有する情報や専門知識を必要として，積極的に政府から世界志向団体に協力を求めることも増えてきている（Haas 1992）。自らの活動によって，特定の政策や方針を国に実施させることに成功した経験のある団体の割合については，国内志向団体よりも世界志向団体のほうが高くなっている。東京に所在地のある世界志向団体に限れば，実に2割以上の団体が政策実施に成功した経験があると回答している。また，行政の政策執行に対してモニタリングを行っている団体の割合については，国内志向団体に比べると世界志向団体は2倍近い。政府と一定の緊張感を保とうとするものも少なからず存在するといえよう。世界志向団体が単純に国内政策過程に取り込まれたというわけではなさそうである。

　世界志向団体の政策過程への定着を受けて，ロビイング手段にも変化がみられた。JIGS2調査の結果からは，世界志向団体にとってマスメディアは依然として有力なロビイング手段ではあるものの，その相対的重要性が低下したことが読みとれた。また，世界志向団体は，以前にも増して外国の団体や国際機関と積極的に協力関係を構築するようになっている。日本の世界志向

団体は，国から活動資源を得つつも外国の団体とのネットワークを強化することで，より積極的に国際的な活動を行うようになったのかもしれない。

　グローバル化がますます進む中で，中央政府なき世界において公共財提供の一翼を担う世界志向団体の存在感は増していくであろう。そうした中，日本における世界志向団体は，国際的なネットワークを形成し，国境を越えてグローバル・イシューの解決のために活動するようになってきている。さらには，グローバル・イシューに取り組む国際機関や外国の団体と日本政府をつなぐ存在として，日本における世界志向団体はその地歩を築きつつあるようである。

　しかし，日本におけるこれらの世界志向団体が今後も発展を続けられるか否かは不透明である。寄付行為が決して盛んとはいえない日本において，世界志向団体が量的にも質的にも一層発展できるか否かは，今後の日本の経済状況に左右されざるをえないのかもしれない。

第14章
市民社会組織のもう1つの顔

－ソーシャル・キャピタル論からの分析－

坂本治也

1 市民社会組織の2つの顔：利益団体と自発的結社

　市民社会には市民が織り成す無数の集団・組織・団体が存在する。例えば，政治団体，経済団体，労働組合，協同組合，農協，宗教団体，PTA，スポーツ・文化団体，自治会・町内会，NPO，社会運動組織などである。1人1人の人間の身体や性格がすべて異なるのと同じように，市民社会組織も実に多様な「顔」と「生き様」をもっている。このつかみどころのない雲のような存在の市民社会組織を，より善き統治のあり方を模索する学問である政治学は，一体いかなる観点から分析し評価すればよいのであろうか。

　政治学では従来2つの異なる概念レンズを用いることによって，市民社会組織の世界を解剖・診断してきた。

　第1の概念レンズは，「利益団体」である。このレンズを通して見れば，市民社会組織が政治過程において果たす3つの機能が浮かび上がってくる。

　①利益表出機能：市民社会組織は社会に存在するさまざまな要求や利害を政治過程に表出する。市民社会組織によって表出される利益は，特定職業や狭い地域に限定された私的利益の場合もあれば，環境や人権の保護のように広範な人々を利する公共利益（public interest）の場合もある（Key 1958; Berry 1977；村松・伊藤・辻中 1986）。

　②準統治機能：市民社会組織は政府が行う政策形成や政策執行活動に協力する。また，補助金や助成金などの形で政府の支援を受けつつ，自主的に秩序形成や公共サービス提供に取り組む（Gidron et al. 1992；中邨 2003）。

　③対抗・監視機能：市民社会組織は納得のいかない政府の決定に対して抵

抗運動を行う。また，政治エリートの不正や怠業を監視・批判する（西尾 1975；Rothenberg 1992；坂本 2009a）。

　いずれの機能も民主主義を正常に作動させ，効率的なガバナンスを行っていく上では必要不可欠なものである。世の中に存在する多種多様な市民社会組織は，「利益団体」としてこの3つの機能をどの程度果たしているのか，いい換えれば「団体外的効果」をどの程度有しているのか，という観点から評価することができる。

　第2の概念レンズは，「自発的結社（voluntary associations）」である。このレンズを通して見れば，市民社会組織が社会過程において果たす機能が浮かび上がってくる。それは，個々の市民を「善き市民（good citizen）」に育成する機能，すなわち市民陶冶機能である。もちろん，市民の社会化は第一義的には家庭，学校，職場などによって行われる。しかし，市民社会組織に加入し，そこで一定の社会的交流をもつことによって，市民はより高い次元の政治意識，政治参加意欲，人間関係力，組織運営術などを身につけることができる（Almond and Verba 1963；三宅 1990）。さらに，複数の異なる団体に重複加入することによって，いわゆる交差圧力（cross pressures）が働き，異質な他者と対話・妥協・利害調整が可能な，政治的により穏健な考え方にもなる（Truman 1951）。要するに，市民社会組織は民主主義の健全な発展を支える「善き市民」を作り出す「民主主義の学校」として機能するのである。世の中の市民社会組織は，「自発的結社」として市民陶冶機能をどの程度果たしているのか，換言すれば「団体内的効果」をどの程度有するのか，という観点からも評価することができる。

　学説史を振り返れば，市民社会組織の「利益団体」としての意義と「自発的結社」としての意義はもともと同一の地平で議論され，一定の理論化が行われていた（トクヴィル 1972［1835, 1840］；Truman 1951; Kornhauser 1959; Lipset 1960）。しかしながら，政治学の発展に伴う専門分化によって，近年はそれぞれの意義が別々の文脈で議論され，実証される傾向にある。政治過程における「利益団体」としての側面は，利益団体・圧力団体研究，市民運動論，ガバナンス論，協働論などにおいて，社会過程における「自発的結社」としての側面は，政治参加論，政治文化論，市民社会論などにおいて，それぞれ別個に独立して論じられている。

　その結果，「レンズの固定化」とでもいうべき不具合な事態が生じている。

つまり，経済団体や労働組合などはもっぱら「利益団体」という概念レンズを通して理解され，その観点からのみ評価が与えられがちになる。一方，PTA やスポーツ・文化団体などは「自発的結社」という概念レンズを通してのみ理解・評価されがちになる。

しかしながら，経済団体や労働組合といえども本来的には「自発的結社」の側面を有している。レンズさえ交換して観察すれば，「利益団体」とは違った一面もまた浮かび上がってくるはずである。無論，PTA やスポーツ・文化団体にも「利益団体」としての一面があろう。「利益団体」として好評価が与えられる団体も，「自発的結社」として見ればそれほど評価できない存在かもしれない。逆に，「利益団体」として酷評される団体も，「自発的結社」として見れば一定の評価を与えることができるかもしれない。

本章のねらいはまさにこの点にある。つまり，JIGS2 社会団体調査という本質的には市民社会組織の「利益団体」的側面を捉えるために実施された包括的団体サーベイのデータを，「自発的結社」という異なる視角から捉え直そう，という試みである。日本社会に存在する無数の市民社会組織は，「自発的結社」として一体どの程度「善き市民」を育成しているのであろうか。また，どういった種類の市民社会組織が「自発的結社」として評価できるのであろうか。本章ではこれらの問いに答えていきたい。

2　ソーシャル・キャピタル論の視角

本章は日本の市民社会組織の「自発的結社」としての側面を明らかにするものであるが，その際，理論的な導きの糸としてソーシャル・キャピタル (social capital) 論に依拠したい。ソーシャル・キャピタル論は「自発的結社」の市民陶冶機能を従来とは異なる角度から捉えた新しい理論といえる[1]。

Putnam（1993）は，自発的結社への参加を「集合行為のジレンマのソフトな解決」という観点から積極的に意義づけた。ゲーム理論の知見が示すように，自己利益のために合理的選択をする個人であっても，①ゲームの無限繰り返し，②参加するプレーヤーの数が少ない，③各プレーヤーに関する正確

（1）　本章で詳しく取り上げる余裕はないが，ソーシャル・キャピタル論の全体像やパットナムの研究をめぐる諸論争については，坂本（2003, 2004, 2008）を参照。

な情報(協調指向,協調経験)の流通,④相互の信頼関係,が存在するときには裏切りではなく協調行動を選択しやすくなり,結果として集合行為のジレンマは効率的に解消される。この視点に立てば,自発的結社への参加は,ゲームの繰り返しを意味し,他者の信頼性(trustworthiness)に関する情報の流れを良くするネットワークとして,また互酬性の規範(norms of reciprocity)を強化するネットワークとして,積極的に評価される。

パットナムはソーシャル・キャピタルを「個人間のつながり,すなわち,社会的ネットワーク,およびそこから生じる互酬性の規範と信頼性」(Putnam 2000: 19)と定義する。この定義を踏まえれば,自発的結社の存在はソーシャル・キャピタルの一部を構成し,同時に信頼や互酬性の規範というソーシャル・キャピタルの他の要素を生み出す基盤ともなることがわかる。いい換えれば,自発的結社は社会関係において協調行動をとりやすい「善き市民」を育成する場となるのである。

ソーシャル・キャピタル論の研究蓄積によると,地域のソーシャル・キャピタルが豊かであれば集合行為のジレンマはソフトに解決されるようになるため,その地域のさまざまな政治・経済・社会パフォーマンスは向上するという(Putnam 1993, 2000; Kawachi et al. 2008;稲葉 2007)。自発的結社は,この有益なソーシャル・キャピタルの源泉となるために,よく機能する民主主義の実現にとって必要不可欠な存在として位置づけられることになる。

ここで注意しなければならない点が2つある。第1に,ソーシャル・キャピタルを創出する自発的結社は,同等の地位・権力をもつ行為主体間を結びつける水平的(horizontal)ネットワークでなければならない。これは,非対称な行為主体間を階統的に結びつける垂直的(vertical)ネットワークにおいては,情報の出し惜しみが起こるため信頼性に関する情報がうまく流れず,また権力上位者の機会主義的行動に対する制裁が効かないため,信頼や互酬性の規範が十分に醸成されないことに由来する(Putnam 1993: 173-176)。第2に,ソーシャル・キャピタルを創出する自発的結社は,対面的人間関係(face-to-face)を伴う実質的な社会的交流のネットワークでなければならない。これは,オンライン上のヴァーチャルな人間関係や「小切手による参加(cheque-book participation,寄付だけを行う名目的団体参加)」では,信頼や互酬性の規範がうまく育たないと考えられるからである(Putnam 1995: 71; Putnam 2000: 174-180)[2]。

では，ソーシャル・キャピタルを創出する水平的かつ対面的なネットワークは，日本社会に一体どの程度存在するのであろうか。また，そのような「ソーシャル・キャピタル創出型団体」（以下，SC 創出型団体と略記）は，どのようなタイプの団体でより多く見られるのであろうか。以下では，JIGS2 社会団体調査のデータを用いながら，これらの点を確認していきたい。

3　社会団体調査を用いたソーシャル・キャピタル創出型団体の析出

JIGS2 社会団体調査には，団体内部における一般会員の活動参加状況や会員同士の交流状況を尋ねた設問が存在する。具体的には，「Q36 あなたの団体では，一般会員はどのくらい実際の活動に参加していますか。A．団体の運営や意思決定に関与する」，「Q37 あなたの団体では，会員同士の交流はどのくらいありますか。B．一般の会員同士が顔をあわせて話をする」という質問をそれぞれ 5 点尺度で団体に答えてもらっている。本章では，この 2 つの設問に対する回答結果を用いて，団体ごとのネットワークの水平性や対面的人間関係の強さを把握し，それによって SC 創出型団体の析出を行いたい。具体的な処理は表 14 − 1 のとおりである。

① 三次結社型団体（22.8％）：Putnam（1995）は新興の環境団体や人権団体のように会員相互間での実質的な社会的交流が欠如した団体を，伝統的な

表14－1　ソーシャル・キャピタル創出型団体の操作化

		ネットワークの水平性＝一般会員が団体運営や意思決定に関与する	
		1．まったくない 2．あまりない	3．ある程度 4．かなり頻繁 5．非常に頻繁
対面的人間関係の強さ＝一般会員同士が顔をあわせて話をする	1．まったくない 2．あまりない	三次結社型団体 （N＝1,585，11.3％）	三次結社型団体 （N＝1,601，11.5％）
	3．ある程度 4．かなり頻繁 5．非常に頻繁	垂直的ネットワーク型団体 （N＝2,037，14.6％）	SC 創出型団体 （N＝8,754，62.6％）

表中の％は有効回答数全体に占める割合。

（2）　ただし，この考え方には異論もある。Wollebaek and Selle（2002）は，対面的関係が生じない消極的参加であっても，信頼・規範の醸成に役立つ可能性があることを実証データから示している。

二次結社（secondary associations）との対比の上で，「三次結社（tertiary associations）」と呼んだ。三次結社は対面的人間関係が欠如しているため，ソーシャル・キャピタル創出にはつながらないとされる。本章では，対面的人間関係の強さが「2. あまりない」以下の団体を，三次結社型団体とみなす。

②垂直的ネットワーク型団体（14.6％）：すでに確認したように，いくら対面的人間関係が存在したとしても，イタリアのマフィアや親族のような垂直的ネットワークではソーシャル・キャピタルは創出されない。本章では，対面的人間関係の強さが「3. ある程度」以上，かつネットワークの水平性が「2. あまりない」以下の団体を，垂直的ネットワーク型団体とみなす。

③SC創出型団体（62.6％）：本章では，ネットワークの水平性と対面的人間関係の強さがともに「3. ある程度」以上の団体をSC創出型団体とみなす。このSC創出型団体に該当する団体は，日本のソーシャル・キャピタルの形成・維持の基盤となる重要な「自発的結社」だと考えられる。

以上のような類型化によって日本の市民社会組織全体を俯瞰すれば，およそ6割の団体がソーシャル・キャピタルを創出する水平的かつ対面的なネットワークだといえる。このデータ結果は，Inoguchi（2002）やPekkanen（2006）などの先行研究における指摘と整合的である。すなわち，日本の市民社会には豊かなソーシャル・キャピタルを生み出す組織的土壌が強固に存在しているのである。

4 「利益団体」とソーシャル・キャピタル創出型団体の関係

SC創出型団体はどのようなタイプの団体でより多く見られるのであろうか。紙幅の関係からここでは詳しく紹介できないが，一般的にいって，①個人会員数が1～100人程度の小規模団体，②予算が少ない団体，③活動範囲が広い（とくに世界レベル）団体，④会員に大卒者が多い団体，などでSC創出型団体の割合は多くなる傾向がある[3]。

以下では，SC創出型団体の一般的性質を論じることよりも，「利益団体」として利益表出機能，準統治機能，対抗・監視機能を果たしている団体をSC創出型団体の観点から捉え直すことに力点を置いて，データを観察していき

（3） 本章とはやや操作化の方法が異なるが，詳しくはJIGS2社会団体調査報告書の坂本（2009b，2009c）の議論を参照されたい。

たい。

4.1. 利益表出機能とソーシャル・キャピタル創出型団体の関係

　日本の政治過程における市民社会組織の利益表出構造には，一定の歪みがあると従来指摘されてきた。それは端的にいえば，①選挙活動や予算活動の面における農業，経済，労働などの生産者セクター団体および政治団体の優位，②占領期から高度成長期にかけて形成された団体の比重の大きさ，の2点である。われわれJIGS調査チームは，これを発展志向型国家たる日本の団体世界における「旧構造」と呼んできた（辻中2002c；森2003）。これら「旧構造」を構成する諸団体は，ソーシャル・キャピタル創出の観点からは，一体どのように捉えられるのであろうか。

　表14-2は団体分類（Q7）別に見たSC創出型団体の割合である。SC創出型団体の割合が多いのは，労働団体，専門家団体，市民団体，経済・業界団体などである。逆に，行政関係団体，農林水産業団体，福祉団体では，SC創出型団体の割合が少なく，三次結社型団体の割合が多くなっている。

　政治過程で優位に立つと指摘される団体は，農林水産業団体を除けば，意外とSC創出型団体の割合が多いことが印象的である。ソーシャル・キャピタル論では趣味・スポーツ団体ばかりに注目が集まる傾向があるが，このデータを見れば，趣味・スポーツ団体と同程度ないしはそれ以上に，生産者セクター団体や政治団体もソーシャル・キャピタルの基盤として一定の意義を有していることがわかる。

　表14-3は設立年（Q2）別に見たSC創出型団体の割合である。SC創出型団体は1946～1960年設立の団体で多く，1976年以降に設立された団体で少なくなっている。「旧構造」

表14-2　団体分類とソーシャル・キャピタル創出型団体　　　　　　　　　　　　（単位：％）

	三次結社型	垂直的ネットワーク型	SC創出型	N
農林水産業団体	26.2	17.5	56.3	2,426
経済・業界団体	20.8	13.2	65.9	3,737
労働団体	14.3	11.0	74.7	1,107
教育団体	21.9	13.2	64.9	479
行政関係団体	41.5	12.6	45.9	675
福祉団体	28.7	14.9	56.4	1,016
専門家団体	14.7	16.9	68.4	797
政治団体	21.2	14.1	64.6	311
市民団体	20.5	12.9	66.6	650
学術・文化団体	23.0	13.5	63.5	482
趣味・スポーツ団体	15.3	20.2	64.5	406
宗教団体	9.1	25.6	65.3	121
その他	24.7	14.3	61.0	1,680

表14-3 設立年とソーシャル・キャピタル創出型団体 (単位:%)

	三次結社型	垂直的ネットワーク型	SC創出型	N
1945年以前	21.1	14.3	64.6	729
1946〜1960年	20.8	14.0	65.2	4,209
1961〜1975年	21.7	14.6	63.7	3,622
1976〜1990年	25.3	15.2	59.5	2,446
1991〜2007年	25.8	14.9	59.2	2,710

論では古い団体が政治過程で大きな影響力を保持し続け、新しい団体にとって一種の参入障壁になっていることが問題視されている。しかし、ソーシャル・キャピタルの観点から評価し直せば、古い団体が一掃されてしまうことはあまり望ましい事態ではないといえる。

表14-4は、設立年とSC創出型団体割合の関係を団体分類別に見たものである。団体分類ごとに見れば、①1945年以前設立の政治団体・宗教団体・専門家団体・福祉団体、1961〜1975年設立の労働団体・市民団体（60〜70年代の草の根市民運動の高まりと関係があろう）、1991〜2007年設立の労働団体、などでSC創出型団体が多い、②1946〜1960年設立の趣味・スポーツ団体、1976〜1990年設立の農林水産業団体、教育団体、行政関係団体でSC創出型団体が少ない、という全体の傾向とは異なるパターンが検出されて大変興味深い。

ところで、「旧構造」を構成する諸団体は、選挙時の集票活動や予算編成時の働きかけを活発に行うことによって、政治過程に自らの利益を表出させ、実際の政策や予算を自らにとって望ましい方向に仕向けてきた。これらの集票活動、予算への働きかけ、政策出力への影響力行使を積極的に行う団体は、政治過程の多元性・開放性という観点から見れば問題が多いといわざるを得ない。しかし、ソーシャル・キャピタル

表14-4 団体分類別に見たソーシャル・キャピタル創出型団体割合の設立年ごとの推移

団体分類	1945年以前	1946〜1960年	1961〜1975年	1976〜1990年	1991〜2007年
農林水産業	55.6	58.3	58.1	45.4	57.7
経済・業界	56.7	66.8	66.3	67.1	61.8
労働	64.1	78.3	74.1	69.5	73.6
教育	71.8	73.9	64.3	47.8	57.0
行政関係	47.6	50.0	50.3	37.2	44.0
福祉	71.1	58.9	52.5	54.3	56.9
専門家	72.5	72.5	69.2	63.3	61.5
政治	92.3	71.4	68.8	62.5	59.3
市民	71.4	69.2	74.8	64.2	62.8
学術・文化	67.2	72.6	60.8	59.6	57.7
趣味・スポーツ	68.6	59.3	70.3	68.7	63.4
宗教	74.4	65.5	63.2	59.1	50.0
その他	71.6	61.6	62.4	61.1	54.8

数値はSC創出型団体の%。

創出の観点から見れば、一体どのように評価できるのであろうか。

表14－5を見ればわかるように、集票活動 (Q32)、予算への働きかけ (Q33)、政策出力への影響力行使 (Q35) を積

表14－5　集票活動，予算への働きかけ，政策実施，修正・阻止経験とソーシャル・キャピタル創出型団体（単位：％）

		三次結社型	垂直的ネットワーク型	SC創出型	N
集票活動	無し	27.5	15.3	57.2	7,923
	有り	15.4	13.5	71.1	4,437
予算への働きかけ	無し	23.8	15.9	60.3	7,948
	有り	22.0	12.8	65.3	4,421
政策実施，修正・阻止経験	無し	25.6	16.3	58.1	8,148
	有り	17.7	10.9	71.4	2,648

集票活動＝Q32国政選挙か地方選挙のいずれかにおいて、「A．会員への投票の呼びかけ」「B．一般の人への投票の呼びかけ」のいずれかを「3．ある程度」以上行った場合は「有り」、それ以外は「無し」。
予算への働きかけ＝Q33国か自治体いずれかの予算編成で、現在、政党や行政に何らかの働きかけをしている場合は「有り」、それ以外は「無し」。
政策実施，修正・阻止経験＝Q35国か自治体いずれかにおいて、特定の政策や方針を実施または修正・阻止させることに成功した経験がある場合は「有り」、それ以外は「無し」。

極的に行う団体ほど、それを行わない団体に比べて、SC創出型団体の割合は多い。近年のアメリカやイギリスにおいては政治過程で力をもつ団体の三次結社化が大きな問題になっているが（Skocpol 2003; Jordan and Maloney 1997; 坂本 2009b）、日本では事態はむしろ逆のようである。つまり、政治過程で活発に利益表出活動を行う団体ほど、ソーシャル・キャピタルの基盤を構成する団体なのである。

4．2．準統治機能とソーシャル・キャピタル創出型団体の関係

諸外国と比べて日本の行政は伝統的に活動範囲が広く、活動量も多いといわれる。にもかかわらず、先進国で最小といえるほど財政規模は小さく、公務員数も少ない。この行政の活動範囲・活動量の大きさと保有する資源の少なさのギャップを埋めるものが、村松岐夫が指摘した日本特有の「最大動員システム」の存在である。自治会・町内会や業界団体の活動が典型例であるが、日本社会に存在するさまざまな市民社会組織は多かれ少なかれこの「最大動員システム」の一員として政府の政策形成や政策執行に積極的に協力し、また自主的に秩序形成や公共サービス提供に取り組んできた（村松 1994; 森田 1988; 真渕 2009）。以上の準統治機能を果たしている諸団体は、ソーシャル・キャピタル創出の観点からは、一体どのように捉えられるのであろうか。

表14－6は行政機関との協働関係（Q17）の有無から見たSC創出型団体の

表14-6　国・自治体との協働とソーシャル・キャピタル創出型団体
(単位：％)

		三次結社型	垂直的ネットワーク型	SC創出型	N
国との協働関係	無し	23.9	15.1	61.0	10,590
	有り	19.3	13.1	67.6	3,387
自治体との協働関係	無し	25.3	15.4	59.3	5,715
	有り	21.1	14.0	64.9	8,262
国か自治体いずれかとの協働関係	無し	26.1	16.2	57.7	4,513
	有り	21.2	13.8	65.0	9,464

協働関係＝Q17行政機関との関係において，「D．政策決定や予算活動に対して協力や支持をしている」「E．団体や業界などの事情についての意見交換をしている」「F．政策執行に対して協力や援助をしている」「G．審議会や諮問機関に委員を派遣している」「H．行政の政策執行に対してモニタリングしている」のいずれかを行っている場合は「有り」，それ以外は「無し」。

割合である。これを見ればわかるように，国や自治体の政策決定・政策執行に協力や支援を行っている団体ほど，SC創出型団体の割合が多いことがわかる。

表14－7は団体の主な目的・活動（Q9）に自主的な秩序形成・公共サービス提供に相当する事業を挙げた団体とそうでない団体の間で，SC創出型団体の割合はどのように異なるかを示したものである。会員外への情報提供，専門知識に基づく提案，啓蒙活動，一般向け無償サービスの提供などを主な目的・活動に掲げる団体は，そうでない団体に比べて，SC創出型団体の割合

表14－7　自主的秩序形成・公共サービス提供とソーシャル・キャピタル創出型団体
(単位：％)

		三次結社型	垂直的ネットワーク型	SC創出型	N
情報を収集し，会員以外の組織・団体・個人に提供する	無し	23.6	15.1	61.4	11,281
	有り	19.6	12.5	67.8	2,696
専門知識に基づく政策案を行政や会員以外の組織・団体・個人に提供する	無し	23.7	15.0	61.3	11,944
	有り	17.7	11.9	70.5	2,033
公共利益を実現するために啓蒙活動を行う	無し	23.1	15.6	61.3	10,070
	有り	22.1	11.8	66.1	3,907
他の団体や個人に資金を助成する	無し	22.7	14.6	62.7	13,310
	有り	25.2	13.5	61.3	667
一般向けに有償でサービスを提供する	無し	22.2	14.5	63.4	12,328
	有り	27.5	15.4	57.1	1,649
一般向けに無償でサービスを提供する	無し	23.3	14.9	61.8	11,785
	有り	20.2	12.9	66.9	2,192

Q9「あなたの団体の主な目的，活動は次のどれにあたりますか。あてはまるものすべての番号に○をつけてください」に対する回答選択肢。

が多い。一方，他団体や個人への資金助成，一般向け有償サービスの提供などを主な目的・活動に掲げる団体では，そうでない団体に比べて，SC 創出型団体の割合はむしろ少ない。このような金銭授受の関係が強く見られる事業を除けば，概して自主的な秩序形成・公共サービス提供を行う団体ほど SC 創出型団体の割合が多い，とみなすことができよう。

　以上のデータの示す因果関係は，ソーシャル・キャピタルが自発的な協調行動を促すものであることを念頭に置けば，むしろ逆に解釈した方がより正確かもしれない。つまり，ソーシャル・キャピタルが豊富な団体ほど，行政に協力的になりやすく，自主的な秩序形成・公共サービス提供を行いやすいのかもしれない。いずれにせよ，準統治機能を果たすと目される団体は，ソーシャル・キャピタル創出の観点から見ても一定の評価が与えられる存在であるといえよう。

4.3. 対抗・監視機能とソーシャル・キャピタル創出型団体の関係

　周知のように「抑制と均衡（check and balance）」は民主主義の基本原理の1つである。無数の市民社会組織の中には，上記の準統治機能とはまったく正反対に，政府に対抗的な行動をとることによって政府の暴走や不正・怠業を防ぐ働きを担う団体が存在する。無論，団体による過度の対抗・監視活動は単なる「住民エゴイズム」や行政職員の萎縮につながる恐れもある。しかし，適度の対抗・監視活動はむしろ民主主義の健全化にとって本来必要不可欠なものである（Edwards and Foley 2001；阿部 2003；坂本 2008）。

　この対抗・監視機能という観点から見れば，日本の市民社会組織には従来2つの特徴があったといえる。

　第1に，対抗・監視機能を果たすと目される団体と革新勢力との間の親和性である。自民党長期政権下においていわゆる「万年野党」の地位に甘んじていた革新政党は，次第に反権力志向を高め「牽制政党」としての自己認識をもつようになった（森 2001）。反体制的な志向と自己認識をもつ革新政党は，体制側に対抗的な市民運動体を積極的に支援し，またそれら団体との連携を推し進めた。とくに1960〜70年代の市民運動の高まりと革新自治体の関係は濃密であった（樋口ほか 1999）。

　第2に，対抗・監視機能を果たす団体の専門職化（professionalization）の度合いの低さである。Pekkanen（2006）は，日本の市民社会の弱点として，

専門職化された大規模アドボカシー (advocacy) 団体の不在を指摘している。有給専従職員が少なく専門知識に乏しい団体では、政府を適切な形で監視・批判し、新しい政策アイディアを対抗的に提起することができない。市民アドボカシーの不在は、多元主義の観点からは大いに問題がある。この日本の市民社会組織の質的向上という課題は、NPO 研究者の間でも長年にわたり議論されてきた点である (山内 1999；高田 2003)。

以上の対抗・監視機能を果たしている諸団体は、ソーシャル・キャピタル創出の観点からは、一体どのように捉えられるのであろうか。

表14－8 は体制権力アクターとの協調―対立関係 (Q27) の違いから見た SC 創出型団体の割合である。首相官邸、与党、官僚に対して対立的な関係にあると回答した団体ほど、三次結社型団体の割合が少なく、SC 創出型団体の割合が多いことがわかる。一方、この傾向は裁判所や警察に対する協調―対立関係の違いでは見られない。

表14－9 は、団体リーダーの保革イデオロギー (Q44) の違いから見た SC 創出型団体の割合である。強い革新イデオロギーを有するリーダーがいる団体で、三次結社型団体の割合が少なく、SC 創出型団体の割合が多いことがわかる[4]。

表14－10 は、常勤スタッフ数 (Q5) の違いから見た SC 創出型団体の割合である。団体の専門職化を示す常勤スタッフ数が多くなればなるほど、SC 創出型団体の割合が少なくなる傾向にあること

表14－8 体制権力アクターに対する協調―対立関係とソーシャル・キャピタル創出型団体 (単位：%)

		三次結社型	垂直的ネットワーク型	SC創出型	N
首相官邸	対立的	19.0	12.8	68.2	1,658
	中立・協調的	23.6	14.9	61.5	8,104
与党	対立的	17.7	12.8	69.5	1,536
	中立・協調的	23.4	14.9	61.7	8,702
官僚	対立的	13.7	13.5	72.8	452
	中立・協調的	21.6	13.7	64.7	2,754
裁判所	対立的	21.8	16.2	62.0	996
	中立・協調的	22.9	14.4	62.7	8,558
警察	対立的	20.5	16.0	63.4	998
	中立・協調的	23.1	14.3	62.6	9,164

Q27「あなたの団体は、次にあげるグループとどのような関係にありますか」で、1～3に回答した団体は「対立的」、4～7に回答した団体は「中立・協調的」。なお、官僚については、JIGS2.1 補完調査の結果を利用した。

---

(4) 最も保守的なイデオロギーを有するリーダーがいる団体においても、SC 創出型団体の割合が多いのは興味深い結果である。保革を問わずイデオロギー色が強い団体では、一般的に SC 創出型団体が多い、と解釈できよう。

がわかる。

以上のデータ結果から総合的に解釈を行えば，首相官邸，与党，官僚などの体制権力アクターに対決姿勢をとる革新系の団体において，ソーシャル・キャピタルは創出される可能性がより高いといえる。対抗権力的な革新系団体に対しては効率的なガバナンス運営の観点から否定的評価が下されることも少なくないが，ソーシャル・キャピタル創出の観点からはこれらの団体に一定の好評価を与えることができそうである。また，日本では対抗・監視機能を果たす団体の専門職化を求める声が強く存在するが，団体が専門職化すれば

表14－9　団体リーダーの保革イデオロギーとソーシャル・キャピタル創出型団体
(単位：%)

		三次結社型	垂直的ネットワーク型	SC創出型	N
革新	1	13.7	10.3	76.0	662
	2	18.8	13.6	67.6	852
	3	24.5	14.3	61.2	1,937
中立	4	24.1	15.2	60.7	5,464
	5	23.3	15.1	61.6	2,703
	6	21.2	15.9	62.9	1,238
保守	7	22.3	11.9	65.8	623

表14－10　常勤スタッフ数とソーシャル・キャピタル創出型団体(単位：%)

	三次結社型	垂直的ネットワーク型	SC創出型	N
0人	20.1	14.0	65.9	701
1～4人	21.7	14.3	64.0	7,811
5～19人	26.2	14.9	59.0	3,057
20～49人	30.1	15.8	54.1	684
50人以上	26.5	17.8	55.7	449

するほど団体内部の水平的かつ対面的な人間関係は失われる可能性があり，それはソーシャル・キャピタル創出の観点からは決して望ましいことではないといえる。

5　ソーシャル・キャピタル創出型団体の再生産に向けて

生身の人間には寿命があり時代とともに世代交代が少しずつ進んでいくように，団体世界にもやがて世代交代の時期が訪れる。二大政党による政権交代という新しい政治体制が定着しつつある日本政治の現況を踏まえれば，団体世界の「旧構造」が崩壊する日もそう遠くないことなのかもしれない。

すでに見たように，ソーシャル・キャピタル創出の観点からすれば，占領期から高度成長期にかけて形成された古い団体は，一定の意義を有する存在であった。団体世界の世代交代が進む時，古い団体が担っていたソーシャル・キャピタル創出の役割を，新しく誕生した団体は何らかの形で継承していかなければならない。この「SC創出型団体の再生産」という残された課題を解決するためには，今後一体どのような意識や制度環境が必要になるのであ

表14-11　1991年以降設立団体における一般人向けの諸活動と
　　　　　ソーシャル・キャピタル創出型団体　　　（単位：％）

		三次結社型	垂直的ネットワーク型	SC創出型	N
懇談会・勉強会・ミニフォーラム	無し	32.0	16.6	51.4	1,210
	有り	20.5	13.6	65.9	1,339
シンポジウム・イベント	無し	31.5	17.0	51.4	1,116
	有り	21.7	13.7	64.6	1,435
広報誌・ミニコミ誌の発行	無し	26.5	16.1	57.4	1,253
	有り	25.2	14.4	60.5	1,308
ホームページなどインターネットを使った情報発信	無し	28.2	16.2	55.6	1,116
	有り	24.7	14.3	60.9	1,444

Q29　5点尺度で「1. まったくない」「2. あまりない」を「無し」,「3. ある程度」以上を「有り」とリコード。設立年が1991〜2007年の団体のみの分析。

ろうか。

　この点を考えるための1つの素材となるのが，表14-11である。1991年以降に設立された新しい団体においても，団体外部の一般人向けに懇談会・勉強会・ミニフォーラム，シンポジウム・イベント，広報誌・ミニコミ誌の発行，ホームページなどインターネットを使った情報発信（Q29）などを積極的に行っている団体では，SC創出型団体の割合が意外に多い。

　このデータ結果は，新しく誕生した団体がSC創出型団体になっていくためには，団体の体質を内部閉鎖的ではなく外部開放的なものに変えていく必要性があることを示唆している。また，そのような団体外部とのリンケージを強化するために必要な，イベント等の開催場所となる施設やコミュニケーション・ツールをより一層充実させていくことの重要性を訴えているともいえよう。

6　市民社会組織の複眼的分析の重要性

　本章の分析で明らかになった事柄を要約しておこう。
(1)　市民社会組織の論じ方には，「利益団体」と「自発的結社」という異なる2つのパターンがあり，日本の市民社会組織もまた「自発的結社」や「ソーシャル・キャピタル」の観点から捉え直すことが可能であること。
(2)　日本の市民社会組織全体の中で，ソーシャル・キャピタルの創出につながる水平的かつ対面的なネットワークであるSC創出型団体は，およそ6割程度存在していること。

(3) 「旧構造」を構成する生産者セクター団体や政治団体，占領期から高度成長期にかけて設立された古い団体，集票活動・予算への働きかけ・政策出力への影響力行使などを積極的に行う団体などは，ソーシャル・キャピタル創出の観点からはむしろ肯定的に評価できること。
(4) 行政機関との協働あるいは自主的な秩序形成・公共サービス提供を行うことによって準統治機能を果たしている団体は，ソーシャル・キャピタル創出の観点から見ても望ましいタイプの団体であること。
(5) 体制権力アクターに対決姿勢をとる革新系の団体は，ソーシャル・キャピタル創出の観点からは一定の好評価を与えることができること。また，団体の専門職化はソーシャル・キャピタル創出の観点から見れば望ましくないこと。
(6) 古い団体が担っていたソーシャル・キャピタル創出の役割を新しい団体が引き継いでいくためには，団体の外部開放性を高める必要があること。また，そのためにイベント等の開催場所となる施設やコミュニケーション・ツールをより一層充実させていく必要があること。

　本章では，政治学の世界で伝統的に用いられてきた「利益団体」と「自発的結社」という2つの概念レンズを併用しながら，日本の市民社会組織の姿を複眼的に捉えてきた。その結果，通常は「利益団体」として一定の理解や評価がなされる団体も，「自発的結社」として捉えてみれば，異なる形で理解・評価できることが明らかとなった。
　この知見は以下の含意を有するであろう。すなわち，分析に用いる概念レンズ次第で，市民社会組織はまったく違った姿形を現す。換言すれば，倍率の異なるレンズを通して見ることによって，1つのレンズを通して見えた市民社会組織の姿形は相対化されるのである。
　だとすれば，市民社会組織を分析するにあたって，われわれはできる限り複数の，倍率の異なる概念レンズを用意しておくべきであろう。そして，それぞれの概念レンズは，市民社会組織のどの側面を捉えるのに適した分析ツールなのかを十分自覚しておく必要がある。
　市民社会組織を分析するための概念レンズは，本書で扱った「利益団体」，「自発的結社」，「ソーシャル・キャピタル」の他にも多数存在している。例えば，共同体，コミュニティ，住民組織，NPO，NGOなどである。あるいは，

現在はあまり意識されていない市民社会組織の何らかの側面・機能を捉えるために，新しい概念レンズが今後登場してくるかもしれない。これらの概念レンズがいかなる有効性と限界をもつのかを見定める作業は，今後の重要な検討課題となろう。

　複雑で多様な市民社会組織の世界を十全に把握するためには，視点を1つに固定せず，さまざまな概念レンズを併用・駆使して複眼的に分析を行っていくことが重要である。そのような複眼的分析を地道に続けていくことによって，現代民主主義における市民社会組織の全貌とその存在意義は次第に明らかとなっていくであろう。

第15章

総括と展望

―政権交代前夜の日本の市民社会と利益団体―

辻中豊・森裕城

　本書は，社会過程から政治過程まで，ミクロからマクロまで，市町村でのローカルな団体から世界志向の団体，ソーシャル・キャピタルまで，多様な団体分類（や大類型）を用いて，詳細に，現代日本の市民社会と利益団体の全体像を記述し，分析してきた。まさに，2009年秋の政権交代前夜（2006-07年）での状況を，10年前時点でのJIGS1（1997年）と対照し，また部分的ではあるが，10カ国の国際的な比較を交えて，さまざまな角度から描いてみたものである。

1　発見の要約

　本書の分析部分だけでも14章と多岐にわたるため，もう一度，第1章から各章の記述と発見を確認しておきたい。
　第1章「本書の課題と構成」（辻中豊・森裕城）では，本書のテーマである市民社会を調査するための作法として，調査可能な形で市民社会，利益団体を定義づけ，本書が，市民社会や利益団体を全体的にとらえ，政治過程の大きなキャンバスの中に他のアクターとの関係性に留意しながら位置づける，という目的をもつことを示した。我々が日本に関してJIGS1（1997年）とJIGS2（2006-07年）という2時点のデータセットをもち，JIGS調査は13カ国に及ぶ広がりをもつこと，JIGS2は日本全体を覆う大規模なものであることにも留意した。本書を貫く記述の枠組として，団体分類，活動（地理的）空間，ミクロ，メゾ，マクロのレベル，社会過程と政治過程，という4つの大きな枠組を置いた。本書は，方法的には，控えめの統計的手法と先行研究

の蓄積という学術上の文脈を点検しつつ，枠組に沿った分析記述によって，世界学界への公共財としての日本の市民社会・利益団体の**全体的**な記述描写に努めたという特徴をもつ。

続いて，市民社会組織の形成，分布，組織間関係など，社会過程レベルと関連する分析の3つの章がおかれる。

第2章「日本における市民社会組織の形成と存立」（辻中豊・山本英弘・久保慶明）では，日本の**市民社会**の形成が，とりわけ「戦後的」なものであることを示している。現在でも圧倒的に敗戦後10年間やその後の高度成長期に設立された団体が数多く残存し，JIGS 国際調査が跡付けた1990年前後に見られるいわゆる**世界的なアソシエーション革命**といった団体の増大の波は東京では見られない。兵庫など一部の地域，福祉や市民系の団体にはその兆しが見られるに留まる。逆に日本の1990年代後半以降，団体数，財政，参加率での停滞が統計的には観察できる。日本の団体は十分な形式性を備え，財政的に自立し民主的な運営がなされ，大規模組織における寡頭制の鉄則といった傾向は見出されない。NPO 法など2000年をまたいで行われた法人制度や一連の改革も存在し，近年言説として市民社会は注目されているが，**期待と現実のギャップが大きく，矛盾した過渡期**にあるといえる。

第3章「日本における団体分布とリソース」（辻中豊・崔宰栄・久保慶明）は，団体の組織リソースに着目し，日本の団体の特徴を摘出した。10カ国国際比較において，日本では**営利セクターの団体類型に属する団体が多い**ことが明瞭である。リソース面では，営利セクター，非営利セクター，市民セクターのいずれの団体大類型においても，アメリカと同程度（あるいはやや少）の団体会員数を抱えつつ，個人会員数は多くない。国際的にみて（団体全体の総従業者数ではなく）個々の団体の常勤スタッフ数が少ないのが印象的な発見である。日本国内において，団体が所在する市区町村の規模別にみると，経済・業界団体や労働団体があらゆる地域に遍在しているのに対して，農林水産業団体は農村部に多い。リソース面では，全体として地域間の差異は小さい。農村部では，行政からの補助金や委託業務手数料の金額が多い。農村部では団体が協調的な関係にあると認識するアクター・組織の数が多くなる。前章でみたような，戦後に形成された営利セクター団体の特徴が全体の性格を規定し，新興の NPO などの特質がそれを変えるに至っていないのである。

第4章「団体リーダーのイデオロギーと利益の組織化」（竹中佳彦）は，ま

ず，団体リーダーの保守革新イデオロギーの分布がやや中央より左であった1980年代から1997年には中央より右に振れ，また2006－7年にはやや左傾化し中央に接近していると概括する。次いで，社会のどのような利益が組織化され，どのような利益が組織化されていないのかを明らかにするため，団体リーダーのイデオロギーを，有権者レベルのイデオロギーと比較分析している。その結果，（JIGS調査以前の）1980年代には，団体リーダーと一般の組織加入者は，労働組合を除き，同じようなイデオロギーを持つ傾向があり，団体は，社会の同種の利益全体を組織化していた。他方で2000年代になって，団体リーダーと一般の組織加入者のイデオロギーは一致しなくなっていることや，特定の政策に対して関心を持つ団体のリーダーと同種の政策に関心を持つ有権者（潜在集団）のイデオロギーも，一部の政策を除いて，乖離していることなどが明らかになった。ここから保守的な団体が，保守的な加入者の利益をあまり組織化していない一方，革新的な団体が，革新的な加入者の利益のみを組織化していること，団体が，潜在集団の利益全般を組織化しているわけではないことを指摘し，これまで，相対的に革新的な人々のほうが，政権への関与が少ないために団体を通じた働きかけを有効だと捉えてきたのではないかと推論している。逆にいえば，新しい政権下では，革新的な団体の変容が生じる可能性が予想される。

第5章「団体世界における組織間関係の構図」（平井由貴子）は，メゾレベルにおける組織と組織の関係に焦点を当てている。団体は，基本的に同じ分類の団体と協調的な関係を持つ傾向がある。調査時点は政権交代前であるため，与党（当時は自民党）・官僚との協調関係を持つ団体（農林水産業，経済・業界等）と野党との関係を持つ団体（労働）は協調・対立パターンが全く異なる。興味深いことに団体分類ごとに組織化の形態は異なる。**市民団体や学術・文化団体は上部団体がなく単一型・単体で活動**することが多く，労働組合はピラミッド型で系列の繋がりが強い。その他は混合型である。全体として労働団体の特異性が特徴的である。調査が行われた2007年の時点では政策過程から排除されている。社会過程に存在する団体の基本的なアクセス点は，日本では基本的には**行政府**が有効と考えられている。この傾向は比較政治的な視点からみると一般的なことではなく，日本の政治過程の特徴を反映したものであると言える。この時点では明確であった，労働の排除や行政志向といった特徴は新体制では変容が予想される。

第5章をうけて，政治過程レベルでの団体の分析を本格的に展開する。

第6章「団体-行政関係の諸相：国との関係を中心として」（森裕城）は，政治過程における団体を本格的に扱う最初の章として，前章で少し触れた標的のポイント，まず団体がどのようなルートを通じて政治に接近しているかを詳細に分析している。ここで明らかになったのは，団体は「政党か行政か」という二者択一で政治へのルートを選択するのではなく，**団体は基本的には（情報を媒介に）行政にアプローチし，補足的に政党にアプローチするという**事実である。このような動きは，特に国の行政（省庁）に対する団体の接近行動で顕著に見られ，省庁に直接接触することがかなわない団体が，**政党や自治体関係者に接触し，それを経由して省庁にアプローチするという間接接触**が見られた。おそらく，こうした動きが，かつて日本型多元主義の政治過程と特徴づけられた側面なのだろう。団体と行政の関係は，基本的に，現状維持である。行政は，営利セクターだけでなく市民団体（接触増大）まで含め多くの団体を包摂するような形で機能している。小さな政府である日本政府の底は正に抜けているのであった。この時点までは，高級官僚の中で広がっているという「委縮する官僚」という姿はデータからはあまり観察されなかった。

第7章「行政ネットワークにおける団体：諮問機関と天下りの分析から」（濱本真輔・辻中豊）では，戦後日本の政治を理解する上で，多くの論者が注目してきた政治と社会のネットワークに焦点を当てている。この政治と社会のネットワーク関係の特徴は，諮問機関や天下りを通じた，組織的な人員の交換にある。しかし，バブル経済崩壊以降の長期停滞の中で，官僚に対する不信感や批判が高まり，ネットワークの逆機能が問題視されるようになった。政治と社会の間にある人的交換を中心とするネットワークは，行政改革が進められる中で変容したのか。審議会総覧などの各種統計と JIGS2 データに基づく分析からは，様々な改革下でも人的ネットワークを中心とする団体-行政関係は維持され，従来からの連続性が確認される。一方で審議会レベルでの公共団体，産業団体の参加が低下し，各省庁単位での委員構成も平準化した。しかし，全体としてみれば，**団体と行政の相互依存的なネットワークは審議会改革や天下り規制の進む中でも維持されていた**。むしろ，改革が進められる中で，諮問機関の縮減，透明性確保が目標とされたが，**私的諮問機関は増加した**。また，天下り批判が盛んに行われた90年代においても，行政支

援を受けた天下り団体の割合は増加した。さらに，諮問機関への参加団体には，行政からの相談が増加しているとの認識が高まっており，行政からの働きかけが強まったことが発見された。このネットワークは新体制での変化が予想される領域である。

　第8章「政権交代前夜における団体－政党関係の諸相：弱体化しながらも持続していた自民党一党優位の構造」（森裕城）は，団体－政党関係を扱う。JIGS1で発見された団体世界における自民党一党優位の構造は変化したのかという点では，その構造は維持されつつも弱体化していることを確認している。政治（両方），労働（旧野党），そして農業，経済（旧与党）の各団体を中心とする与野党と団体の配置自体は，ほとんど変化はない。政党政治で進展する二大政党化現象は，団体の行動に何らかの変化を与えているのだろうかという点では，「自民も民主も」という接触行動が一定程度確認されたが，大きな動きとはいえない。今後，政権交代の影響が表れてくると予測されるが，「自民から民主へ」という動きになるのか，「自民も民主も」という動きになるのか，注目されるところである。

　第9章「団体－政党関係における地域偏差とその意味：47都道府県別のデータ分析から」（濱本真輔）は，団体－政党関係を全国調査の利点を活かし都道府県別に分析している。その焦点は，①民主党が自民党と接触する団体とも接触できているか，②政党システムの競争性の高まりが団体行動にどのような影響を及ぼすのかであり，二大政党制の団体的基礎が形成されつつあるのかである。分析からは，団体の政党との接触，推薦行動にはかなりの地域差が存在すること，また，自民党の一党優位状態が継続する中で，民主党が**過去の野党第1党よりも団体世界で浸透し始め，自民・民主型の接触パター**ンがみられるようになってきていることがわかる。自民党の団体世界での優位の背景には，①各地域における一党優位状態，②補助金や委託費などの政権党の強み，③保守的なイデオロギーが背景にある。2009年の政権交代によって，①と②の要因が民主党と団体の関係に変化をもたらすとしても，それは民主党の一党優位状態の出現というよりは**自民・民主双方への接触や推薦**（および政党ルートからの**団体の撤退**）という形になる可能性を提示している。小選挙区制の導入に伴う競争性の高まりは，農業団体や経済団体等の自民党を支持してきた側の団体が民主党との関係を形成し始めることで，団体－政党間の疑似階級的配置に変化を及ぼし，二大政党制の団体的基礎を形成しつ

つある。

　第10章「利益団体のロビイング」(山本英弘)では，利益団体のロビイング戦術の分布を確認し，政治的機会構造との関連を検討した。分析から，ロビイングには，農林水産業団体や経済・業界団体による与党や中央省庁といった政策過程のメイン・アクターに対して働きかける**直接的なルート**と，労働団体や市民団体による野党，世論，マスメディアに働きかける**間接的なルート**がみられる。さらに，市民団体はマスメディアを介して働きかけることが特徴的である。このように，ロビイングには大きく3つのルートがあることが明らかとなった。また，団体は，アクセス可能性，信頼，協調関係という点からみて当該の団体にとって政治的機会構造が開放的な政治的アクターに対するロビイングを行っている。一方で，一部の団体では政策過程のメイン・アクターへの政治的機会構造が閉鎖的であるために，アウトサイド戦術により間接的な働きかけを行っている。団体は自らをとりまく政治環境をもとに，主張や要求の成功可能性を勘案して，ロビイング戦術の選択を行っていると推察できる。

　第11章「利益団体の影響力」(山本英弘)では，利益団体の影響力について3つの観点からの捕捉を試みた。まず，様々な政治・社会的アクターに対する団体の影響力評価(評判法)をみると，官僚，与党，経済・業界団体が突出して大きい。これは日本政治全般についても，団体の関心政策領域別にみても同様である。他方で，関心政策領域別の影響力においては，それぞれが属する団体分類の団体の影響力評価が高い。団体自身の活動分野における主観的影響力認知については，団体分類による差はあまりみられない。また，政策を実施／阻止した経験もアウトサイド・ロビイングの活発な団体分類で多いものの，全体にそれほど差がみられない。以上の結果から，団体のイメージでは日本の政治権力構造は旧体制的な集権性がみられるものの，個々の政策領域ではそれぞれの団体が利益を表出し，政策に反映させている。ここから，争点ごとには多元的な構造の要素がみてとれる。なお，主観的影響力認知と政策の実施／阻止経験は，組織的リソースと政治的リソースのいずれも個々の団体の影響力を高める効果をもっている。

　次いで，よりローカルにまたグローバルに活動空間を展開する団体に着目し，再度市民社会組織としてのソーシャル・キャピタルの問題へと回帰する。

　第12章「ローカル団体の存立・行動様式」(久保慶明)では，ローカルレベ

ルで活動する団体（ローカル団体）の存立・行動様式を，全国レベルで活動する団体との比較により明らかにする。存立様式の特徴として，ローカルレベルでは全国よりも，経済，農業団体などでは経済利益や補助金などの利益追求型が，福祉団体，市民団体などではサービス提供型団体の比率がより高くなり性格が明瞭である。後者の団体では行政や自治会と協調関係が深く，地域での公共サービス提供時における連携が，団体間の協調関係を生んでいると考えられる。行動様式という点から自治体との関係を検討すると，一般によりローカルレベルほど（全国より県，県より市町村）行政と関わりを持つ団体が多い（**広範性**，但しポスト提供と規制以外）。団体分類別にみると，農林水産業，経済・業界，福祉，行政関係団体が特に自治体と密接な関係を築く一方，労働，政治，市民などの価値推進団体も自治体の活動に関与している（**多様性**）。また，全国レベルに比べると，政策形成と実施の両面で行政活動に関わる団体が多い（**双方向性**）。さらに近年，サービス提供型団体の活動が盛んになっており，自治体との接触や設立団体数が増加している。このようなローカル団体の活動は，国際的にみて**活動量の多い日本の地方自治**の一側面を担っている。

第13章「グローバル化の進展と日本の世界志向団体」（足立研幾）では，世界を地理的な活動範囲とする団体が少なからず存在するが，これらの団体には公共性の高い活動を行うものが多いなど，国内利益団体とは一線を画する性格をもつことを指摘する。世界志向団体に対する注目が国際的に高まった1990年代以降，日本においては，世界的潮流とは逆に経済不況と超低金利政策のあおりを受けて世界志向団体の**新規設立数**が大幅に**減少**していた。JIGS1データとJIGS2データを比較すると，この間，世界志向団体の**地方化**，**小規模化**の傾向が見られる。また，**補助金への依存度**が増し，政府と密接な関係を有するようになりつつある現状が確認された。一方で，世界志向団体は，外国の団体や国際機関と積極的に協力関係を構築し，国際的なネットワークを形成し，グローバル・イシューに取り組む国際機関や外国の団体と日本政府をつなぐ存在としての地歩を築きつつある。ただし，寄付行為が決して盛んとはいえない日本において，世界志向団体が量的にも質的にも一層発展できるか否かは，今後の日本の経済状況（および新政権の政策スタンス）に左右されざるをえないと推論している。

第14章「市民社会組織のもう1つの顔：ソーシャル・キャピタル論からの

分析」(坂本治也) は日本の市民社会組織の姿を,「利益団体」と「自発的結社」という2つの概念レンズを併用しながら,複眼的に捉える試みである。本章では,対面的関係の強さとネットワークの水平性の設問から,ソーシャル・キャピタル創出型団体を操作化した上で析出 (63%) し,垂直的ネットワーク型 (15%),三次結社型団体 (12%) と区別している。世の中に存在する無数の市民社会組織は,政治過程との接触面において**利益表出機能,準統治機能,対抗・監視機能**という「利益団体」としての3つの機能を担っている。同時に市民社会組織は社会過程において,「自発的結社」として市民を陶冶しソーシャル・キャピタルを創出する機能も担っている。通常は「利益団体」として一定の理解や評価がなされる団体も,「自発的結社」として捉え直してみれば,異なる形で理解・評価が可能となる。例えば,日本の政治過程の多元性や開放性を阻害する団体として否定的に捉えられがちな,生産者セクター (営利セクター) 団体や政治団体,あるいは占領期から高度成長期にかけて設立された古い団体なども,ソーシャル・キャピタル創出の観点からはむしろ肯定的に評価できることが本章のデータ分析から明らかとなる。本章は分析に用いる概念レンズ次第で,市民社会組織はまったく異なる姿形を現すことを明瞭に示している。

2　新しい政治過程への展望

　上記の発見の要約を受けて,結章である本章では,さらにまえがきと第1章で述べた問題設定に対して,一定の解を与えつつ,今後の課題と新しい政治過程への展望を述べてみたい。

　最初に考えてみたいのは,自民党一党優位型の「旧構造の継続と変容」についてである。JIGS1 と JIGS2 の10年間隔をおいた2つの調査は,大部分が一見類似した結果を示している。簡単にいえば自民党一党優位の市民社会・利益団体構造は継続しているように見える。こうした日本の政治社会における団体の姿は,おそらく,一般の人が思い描くそれとギャップがあったかもしれない。2009年の政権交代前夜である2006-07年での日本の団体世界は,JIGS2 データだけに即してみれば,依然として「営利 (生産者セクター) セクターの優位」,「官僚 (行政) 主導」,「自民党一党優位」といった言葉で特徴づけられる部分が多い。前述のように,1997年 JIGS1 調査をする際,1993年の連立政権期への移行を受けて我々は,「ポスト官僚主導」「ポスト自民党

一党優位」「市民社会の活性化」というような変動期特有の団体世界の姿が明確に捉えられるのではないかと予測しつつ，調査計画を練った。だが，率直に言ってその予測は外れた。いったん構築された組織間の関係性や行動パターンは，政治経済環境が変化しても，にわかには変わらないものなのである。あるいは，当時の政治変容は市民社会や利益団体の構造を変えるには十分でなかったといえるかもしれない。そして，そのような旧構造は，2006-07年の時点でも基本的に存続していることが，JIGS2調査の結果からも確認されたわけである[1]。

ただ，このような団体世界に関する図式的な記述は，伝統的な利益団体論に依拠しすぎているかもしれない。活動レベル別に団体の主観的影響力を表15-1に示したが，その回答分布を見ると，ばらつきはあるものの，意外なほどに，それぞれの団体が自己の影響力を高く見積もっている。特に政治団体，市民団体の高さは印象的である。この結果は，「政策過程に深く入り込み影響力を行使する経済団体・農業団体・政策受益団体」と「政策過程から排除され不満を抱える労働団体・市民団体」というこれまでの旧構造的な配置が変容しつつあることを示唆している。

これまで政策過程に深く入り込んで「いない」と思われる団体たちが，

表15-1　団体分類別・活動レベル別の団体の主観的影響力
(単位：%)

団体分類	市町村	都道府県	広域圏	日本全国	世界	全体
農林水産業	61.2	52.7	44.4	53.5	66.7	57.8
経済・業界	60.1	46.9	35.0	52.6	55.8	53.4
労働	49.7	54.3	47.7	56.6	65.0	52.4
教育	35.5	47.4	41.2	48.3	25.7	43.0
行政関係	43.1	44.6	34.1	64.3	41.7	45.3
福祉	52.6	54.4	29.0	48.6	32.7	51.1
専門家	55.1	46.4	38.6	51.0	33.3	49.2
政治	72.5	72.0	100.0	75.0	55.6	72.6
市民	46.9	58.4	48.6	60.0	47.1	51.0
学術・文化	40.0	41.4	43.5	30.5	40.7	37.2
趣味・スポーツ	43.1	39.2	23.5	35.2	46.2	38.9
宗教	13.5	8.3	22.2	17.4	30.3	18.5
その他	34.5	42.3	32.7	49.3	34.2	38.1

「ある程度強い」「かなり強い」「非常に強い」の合計
設問：「Q11でお答えになった地域で，あなたの活動分野において何か政策の問題が生じたとき，あなたの団体はどの程度影響力を持っていますか。」
「まったくない」「あまりない」「ある程度強い」「かなり強い」「非常に強い」

（1）　ただし，JIGS1は橋本龍太郎内閣，JIGS2は安倍晋三内閣でいずれも参議院選挙で敗北する以前の比較的支持率の高い安定した自民党政権下での調査であることに注意する必要がある。

一定の影響力を実感できるのはなぜだろうか。ここで，すでに第11章で詳細には検討したが，もう一度確認しておきたいのが，マスメディアの存在である。かつて蒲島郁夫は，日本の政治体制を考える上で，マスメディアの役割を無視できないという視点から，各セクターのリーダーに対する意識調査（「エリートの平等観調査」1980年）のデータに基づき次のように主張した（蒲島，1990, 20頁）。

> 「長期にわたる自民党一党優位体制の下では，実際の政策決定は自民党，官僚，体制派利益集団間の綿密な交渉によって行われている。この意味では『権力』は依然集中している。しかし，世論中心の民主主義社会では，これらの権力も国民の反応を常に考慮しなければならなくなっている。マスメディアは社会のさまざまな問題やニーズをすくい上げ，それを国民と政策決定者に気づかせ，それに反応させることを通して日本の影響力システムに入り込んでくる。」

マスメディアの利益団体に対する包括性は基本的に高いが，特に，新興集団で且つ社会全体に利益を与えるような公共財のために活動している団体に好意的であるというのが，蒲島の主張であった。

蒲島の提唱したメディア多元主義モデルは魅力的な議論であるが，その実証研究はあまり進んでいない。このモデルの骨子は，権力の核外に位置するマスメディアが，「新興集団で，かつ社会全体に利益を与えるような公共財のために活動している集団」の利害を積極的に政治過程に注入することにより，一元化に向かいがちな社会を多元主義の方向に引き戻す，という点にあるが，こうした抽象的な議論をいかに操作化し，どのようなデータでそれを実証していくかが，一番の課題といえよう[2]。

この点に関連して，利益団体の動向を包括的に捉えたJIGS調査のデータは，メディア多元主義モデルの洗練化に向けて，1つの素材を提供できるかもし

---

(2) 蒲島の近著（蒲島・竹下・芹川, 2007）では，メディア多元主義モデルの紹介に多くの紙幅が割かれているが，当該モデルの根幹である多元主義の復元過程に関する言及はほとんどなく，メディアに影響力があるかどうか，メディアが中立的かどうかという，当該モデルにとって重要ではあるが部分的側面に議論の焦点が固定化してしまっている（森, 2008a）。利益団体側の動向を把握するための調査とデータの不在が，実証の幅を狭くしているように感じられる。

れない。JIGS2では，利益団体とマスメディアの関係性を尋ねる設問を，調査票にいくつか組み込んでいる。表15－2の左側は，「あなたの団体は，政治や行政に要求や主張をする際に，次にあげる手段や行動をどのくらい行いますか」という問（Q34）における「マスメディアへの情報提供」という回答を整理したものであり，右側は，「過去3年間に，あなたの団体はテレビや新聞・雑誌に何回ぐらいとりあげられましたか」という設問の回答を整理したものである。この表からは，市民団体が積極的にメディアへ情報提供を行っ

表15－2　団体分類別のメディア利用

団体分類	メディアへの情報提供[1]	メディアに登場した回数[2] 30回以上
農林水産業	13.2	2.4
経済・業界	19.6	5.2
労働	30.4	3.7
教育	20.8	4.4
行政関係	11.2	4.3
福祉	20.4	4.5
専門家	17.9	3.3
政治	48.1	5.0
市民	40.2	12.1
学術・文化	25.9	8.1
趣味・スポーツ	22.3	11.1
宗教	7.1	2.2
全体	20.5	4.8

1）質問文は，「あなたの団体は，政治や行政に要求や主張する際に，次にあげる手段や行動をどのくらい行いますか」。回答は5段階。数値は，(「ある程度」＋「かなり」＋「非常に頻繁」)／当該団体全体×100。
2）質問文は，「過去3年間に，あなたの団体はテレビや新聞・雑誌に何回ぐらいとりあげられましたか」。

ていることと，他の団体分類よりも数多くテレビ・新聞・雑誌に登場していることを確認できる。もう1つの政治過程が存在することを示唆するには，十分なデータであろう[3]。

　こうしたマスメディアを活用するロビー戦術の他にも，特に着目すべき団体の行動がある。本論では，都道府県別での分析（第9章）やローカルな団体（第12章）にも注目してきたが，それは地方自治体との関係がその1つとしてとりわけ重要であると考えているからである。また世界的な視野で活動する団体（第13章）に注目したように，諸外国や国際機関や国際NGOとのトランズナショナルな関係（Katzenstein, Tsujinaka 1995）も重要である。残存する旧構造に対して，ここで触れた「もう1つの政治過程」がどのような

---

(3)　メディアへの影響力評価（評判法）はやや落ちたもの依然として高位にある。JIGS1では7点法で5.32（東京）をつけ全体で5位であったが，JIGS2では4.69でやはり5位である。第1，2章で述べたように全体としてほとんどすべての組織の停滞，財政難が続いている。そのため組織的な政治の活力が低下し，それと反比例的にメディアのインパクトが増大しポピュリズム的（大嶽2007）な政治過程が登場した可能性がある。

インパクトを有しているかについては，今後の市民社会と利益団体の政治研究において，1つの大きな論点になろう。

他方でいうまでもないが，旧構造の揺らぎと変化への兆しが，2006－07年段階でもあることが明らかになった。

社会過程では，団体分類別・地域別に見れば，部分的に団体の噴出現象が確認された。イデオロギー潮流の左傾・中道化も確認された。政治過程のうち，団体－行政関係では，地方レベルにおいて市民団体の一定程度の政策過程参与の状況が確認され，団体－政党関係では，二大政党化現象に連動する動きも見いだせた。また，地方政治やマスメディアが，利益団体政治でも重要な役割を果たしていることが示唆された。

団体世界において，これまで存在してきたさまざまな市民社会組織が一瞬にして消え去るということは考えにくい。今後は，歴史的に形成された制度的枠組や行動パターンが，新政権の政・官関係方針や公と私関係の再編成の政策[4]によって，相当劇的に，もしくは段階的に溶解していく中で，その隙間を埋めるように新しい現象が登場し，幅を利かせていく状況になっていくだろう。

私たちのJIGS2調査では，利益団体構造をより立体的に捉えるために，いわば旧構造と関連する旧来型組織の典型と見られてきた自治会・町内会等と，逆に新興の団体の典型と目されるNPO法人に対しても（また対応する地方政府である市区町村に対しても）全国調査を遂行している[5]。詳細はそれぞれの研究書に委ねるが，自治会など旧来型組織の活発な政治性と多くの市民社会組織との連携，新しいNPOのもつ都市自治体政策へのインパクトが析出されている。すでに圧力団体に関して触れたように，「政治が独立変数である」（辻中 2006）ことがより妥当するなら，現在生じている政党システムの変化によって，利益団体の世界は，社会団体から自治会，町内会，そしてNPOまで大きく変容していくことも十分考えられる。繰り返しになるが，こ

---

(4) 鳩山内閣「基本方針」平成21年9月16日，および「政・官の在り方」平成21年9月16日閣僚懇談会申し合わせ。いずれも内閣官邸webに所収。
(5) 自治会については，辻中・ペッカネン・山本（2009），辻中（2009c）。市区町村については辻中編（2009b），辻中・伊藤編（2010），辻中・伊藤編（2009）。NPO法人については，辻中編（2009d），辻中・坂本・山本編（2010），また研究書を準備中である。

うした点については，調査を定期的に実施する中で帰納的に答えを探っていきたい。

　まえがきに記した大きな問いへの解の糸口を探してみたい。
　そこではこう述べている。「2009年8月の選挙によって，大規模な権力移動はなぜ生じたのだろうか。この新しい政権は，いかなる性格をもち，いかなる『革命的』な変動を日本政治にもたらしうるのだろうか。この政権はいかなる質の民主主義を担い，市民生活にいかなる影響を与えるのだろうか。」
　1990年代の中葉に始点をおき，2005年に本格開始したプロジェクトによる大規模調査（2006-07年）に基づく本書に，こうした問いそのものに解を与えるための十分な材料があるわけではない。
　しかし，私たちは様々なデータを解析し，第2章においては，この間，NPO法など2000年をまたいで行われた法人制度や一連の改革も存在し，近年言説として市民社会は注目されているが，期待と現実のギャップが大きく，矛盾した過渡期ではないかと主張した。第4章では，団体リーダーの保守革新イデオロギーがやや中央寄り左であった1980年代から97年には中央寄り右に振れ，また2006-7年にはやや左傾化し中央に接近していると概括した。
　確かに市民社会や利益団体は，政府の変容に対して，政策的には受け身の側面が強く，構造変化はこれから生じるのであろうが，すでに兆しは表れていたのである。そのことをJIGS2データでの団体の意見と団体の国・自治体の政策への満足度で再確認しておこう。
　JIGS2では，Q13で「次にあげる意見に対する団体としての立場を」聞いている。またQ23では「あなたの団体は国や自治体の政策にどのくらい満足していますか。政治全般とあなたの団体の活動分野のそれぞれについてお答えください」と聞いている。
　表15-3は，全体として意見への賛成が多い設問から順に並べてある。最も賛成が多いのは，「企業の社会貢献」，次いで「国民（市民）の参加」，「地方分権化」でいずれも7割を超え，団体分類間での散らばりも小さい。他方で，賛成が少ないという意味で合意があるのは，現実の政治への「国民の意見の反映」，「経済社会への小さい国家関与」，「政府の非効率セクター保護過剰」であり，これも3割以下の賛成であり散らばりも小さい。
　つまり，いわゆる福祉社会志向で参加民主主義的な，いわばリベラル（社

表15—3　団体分類別にみた団体の意見（単位：％）

団体分類	企業は利益追求だけでなく社会貢献も行うべきだ	国や自治体の決定に対して，もっと国民が参加できるようにしたほうがよい	政府の権限のうち可能なものは自治体に委譲したほうがよい	政府の主要な課題は地域間格差の是正である	政府の主要な課題は国民間の所得格差の是正である
農林水産業	87.2	73.7	74.0	72.4	64.8
経済・業界	89.0	74.5	78.3	69.3	60.8
労働	92.4	86.6	66.7	78.4	87.4
教育	86.0	72.9	67.3	60.2	54.1
行政関係	86.6	70.6	70.5	61.7	53.6
福祉	91.3	81.7	69.4	67.9	60.0
専門家	86.6	73.8	68.0	59.6	51.8
政治	93.4	81.2	88.3	78.8	71.7
市民	92.1	85.4	72.7	61.9	61.9
学術・文化	88.9	70.9	68.1	52.5	46.5
趣味・スポーツ	83.4	69.4	67.7	48.7	45.3
宗教	84.0	63.2	61.7	44.7	45.6
その他	84.0	71.2	64.9	61.0	56.3
	88.2	75.5	72.1	66.8	61.2
N	14,379	14,255	14,244	14,168	14,131

5件尺度（3点が「どちらともいえない」）のうち，4点以上（「賛成」+「どちらかといえば賛成」）の合計。

会民主主義的）な政策への合意が，2006－07年の市民社会組織には存在し，2001年から2005年まで一世を風靡した小泉構造改革[6]的な流れとは明らかに異なる潮流の意見合意がすでにでき上がっていたのである。利益団体としては，自民党に近いものからまったくの非自民・反自民的な団体まで含まれるこの団体世界で，合意が存在することは注目すべきである。他方で，「地域格差是正」，「所得格差是正」への賛成も全体として6割を超えるが，団体分類間での態度の違いは大きい。「政策評価基準としての効率」や「行政の能率よりも調整」を巡っても意見が割れている。

そうした意見の結果として，国の政策への満足度は，肯定的な回答は半数を割っており，他方で地方自治体への満足度は半数を超えている。政策全般では，労働，市民，政治，専門家，学術，農水の各団体分類で満足の割合は

(6) 厳密に議論すれば，当然重なる部分があるが，全体の意見への賛否分布からは，リベラルな意味での意見文脈と小泉改革の主要な旋律である新自由主義的な文脈は異なり，ここではリベラルな福祉社会志向と解釈しうる。

第15章　総括と展望　317

政府を評価する基準としては政策の効率性が最も重要である	安全を守るためには，国民の自由が多少制限されてもしかたがない	どちらかといえば経済成長よりも環境保護を重視した政治を行ったほうがよい	行政においては能率よりも調整の方が大切である	政府は経済の非効率な部分を保護しすぎている	経済社会に対する国家の関与は少なければ少ないほどよい	国民の意見は国や自治体の政治に反映されている
56.9	49.4	49.0	38.1	24.0	19.0	11.1
62.3	53.5	32.4	32.5	33.7	26.1	11.1
39.2	22.7	53.0	34.0	30.2	13.7	6.9
47.6	46.6	48.2	32.7	27.5	18.9	11.6
50.6	51.8	41.7	33.9	27.6	19.7	11.3
49.7	39.2	48.2	36.6	30.9	20.7	10.7
51.6	47.4	44.4	30.7	33.0	26.5	11.9
60.6	42.9	52.4	26.0	28.8	29.7	19.9
44.0	35.4	63.5	33.5	30.9	23.2	9.4
44.9	37.7	55.9	26.7	29.8	25.1	10.3
46.1	45.6	43.5	30.4	25.6	19.0	8.6
35.1	40.0	63.8	28.7	27.8	18.3	7.9
50.3	41.9	39.8	27.2	31.7	20.5	9.1
53.3	45.2	44.0	32.9	30.0	21.9	10.6
14,120	14,247	14,270	14,117	14,067	14,159	14,195

半数を割っており，また個別の関心ある政策では，それに経済・業界団体も半数を割り，2009年選挙での自民党の敗北を予兆させる結果となっている。

団体世界の力の平準化が静かに進展し，地方政治の意義の重大化が静かに進行し，団体の世界全般で静かに確実な「意見の合意」が形成されていたのである。そうした変化は市民団体や福祉団体だけではない。ローカルな行政関係団体でも

表15-4　国や自治体の政策に対する団体の満足度　（単位：％）

	政策全般		関心のある政策	
	国	自治体	国	自治体
農林水産団体	48.3	58.6	45.5	57.1
経済・業界団体	50.6	59.1	47.3	56.2
労働団体	15.1	30.3	17.5	31.1
教育団体	52.5	60.2	51.6	59.2
行政関係団体	63.6	70.7	62.1	68.0
福祉団体	41.2	57.7	37.8	54.8
専門家団体	45.5	58.9	40.9	55.3
政治団体	42.0	58.0	39.1	50.8
市民団体	35.2	46.4	36.2	46.8
学術・文化団体	47.9	57.2	41.0	49.9
趣味・スポーツ団体	57.4	60.6	51.3	54.8
宗教団体	69.4	72.7	63.2	69.8
その他	48.2	56.7	46.2	54.2
全体	46.0	56.3	43.5	53.9
N	13,243	13,084	13,367	13,263

5件尺度のうち，3点以上（「非常に満足」＋「満足」＋「ある程度」）の合計。

経済・業界団体でも農林水産業団体でもそうした変化は確実に生じていたのである。

　私たちは，別に自治会など近隣住民団体について，また市区町村レベルでのローカル・ガバナンスについて検討を進めたが，団体世界の平準化や地方行政との協働に関しては，別の角度からも確証を得ている。このような知見は，全国を対象とし，大量の地方における団体を把握したことによって実証的に解明できた。地方分権改革が進む中，地方の団体世界はこの先ますます重要な論点となりうるだろう。

　最後に方法的な総括と課題を述べておきたい。
　私たちは，全体的な記述描写というある意味で社会科学の原初的出発点に立ち返って，この研究書を纏めようとした（デュヴェルジェ 1968）。そこには市民社会と利益団体に対するサーベイ調査とその研究のあり方について，私たちの方法的なメッセージがある。
　サーベイ調査が最も進んでいる領域は，有権者に対する調査であろう。有権者調査の場合は，調査対象者の社会的属性に関する質問群，心理・態度に関する質問群，行動に関する質問群から有権者の実像を体系的に記述する手法が確立されている（三宅，1989；伊藤・田中・真渕，2000，第5章）。新しい発見があれば，それを投げ返すことのできる壮大なキャンバス（総論）があるので，各論の研究も深化させやすい。ところが，研究蓄積が限られている市民社会・利益団体調査の場合は，団体の実像を記述する枠組が自明ではない。実像が見えないから調査を実施するのであるが，実像が見えないがゆえに，「何を尋ねたらよいのか」「収集したデータをどのように扱ったらよいのか」がわからないという問題に直面する（森，2007）。何か発見らしきことがあっても，それを全体像の中でどのように位置付けたらよいかがつかめない。それゆえ，各論の研究も育ちにくい状況にある。特定の視座やモデルに依拠した各論の寄せ集めが全体像の提示につながるのであればよいが，おそらく，そうはならないだろう。我々が，鳥瞰図，全体像の記述的な提示それ自体にこだわる理由はここにある。そうした意味では，日本の市民社会・利益団体研究の段階はV. O. キィー，Jr. やE. E. シャットシュナイダー，デイビッド・トルーマンらが全体像を提示しようとした半世紀前のアメリカの状況に対比できるのかもしれない[7]。

繰り返しの調査の中で浮かび上がった有権者の実像を定期的な調査で「確認する」段階にある有権者調査に比べれば，私たちの調査と研究報告は，今後検証されるべき「たたき台」を提出したに過ぎないところがある。日本における投票行動の研究が体系化されるのに30年を費やしたのであれば，私たちの市民社会・利益団体の調査もそのくらいの長期戦を覚悟しなければならないだろう。いずれにしても，10年に一度の大規模調査は持続していきたいと考えている。

他方で，次の調査を展望するまでに，すでに私たちには大きな宿題が残されている。それは，いうまでもなく様々なレベルと方法を動員した「比較」研究である。

国際比較からみた日本については，本書では日本の特徴をハイライトするという限定された目的で分析し，記述分析しえたにすぎない。今後は，各国との対比分析や各国別モノグラフを仕上げつつ，本格的な比較研究へと発展させていきたい[8]。

もう1つ，極めて多産な比較課題として，日本における県別，都市別の比較がある。しかもそれはJIGS2研究においては，立体的な4調査（第1章の表1-1参照）交差比較が可能であることが重要である。少なくとも20から50の都市における社会団体，自治会，NPO，市の4部署の調査がすでにJIGS2プロジェクトで完了しており，都道府県別の4調査交差研究とともに，まさに次の重要な課題である（辻中・伊藤編 2010序章参照）。

従来の圧力団体論や利益団体論が一国の国政を念頭に置いていたのに対して，私たちの研究はその射程を，地方政治を含む政治システム全体に広げ，また社会過程を含む市民社会に，つまり社会システム全体にまで広げたのである。それだけでなく，一国研究ではなく西洋世界に留まらない10カ国以上の世界的な比較まで，その視野を広げたのである。その成果としてこうした多面的な発見が次々と明らかになりつつある。

---

(7) 辻中（1988）2章，辻中編（2002）10章を参照。いうまでもないが，この半世紀に進展した分析手法と理論的諸概念は有しているが，全体像を提示するという意味で1960年前後の時期に対応するのである。

(8) 『レヴァイアサン』45号の特集「世界の市民社会・利益団体」。『現代世界の市民社会・利益団体研究叢書』（木鐸社）は，現時点ではわずか本篇2冊，別巻1冊の刊行にとどまるが，本書に続いて全体の完成を目指していく。

本書によって，私たちは，三宅一郎や村松岐夫によって開始された組織に対する実証的サーベイ研究の伝統の基盤の上に，市民社会と利益団体の研究を貫く「社会集団」的発想の多産性（田口 1969）や日本の戦後政治学において忘れられがちな集団研究の伝統[9]を復活させつつ，アメリカ政治学のグループセオリー（Baumgartner and Leech 1998）に連なるマクロ・メゾ政治学の流れを現代化させたいと考えている。結果として，比較政治学において，日本発の新しい理論構築を可能とすることが次の課題となる。

　（9）　詳しくは辻中編（2002：2章）。辻清明，岡義武，石田雄，田口富久治，升味準之輔，松下圭一，篠原一ら多くの政治学者も1950年代から70年頃まではこの潮流において仕事を残している。

引用文献

秋元律郎．1971．『現代都市の地域権力構造』青木書店．
鯵坂学．1989．「『学区自治会連合会』の新たな民主主義的展開—京都市唐橋の事例」岩崎信彦・上田惟一・広原盛明・鯵坂学・高木正朗・吉原直樹編『町内会の研究』御茶の水書房：287–305．
足立研幾．2002．「地球化と世界志向利益団体」辻中豊編『現代日本の市民社会・利益団体』木鐸社：191–209．
足立研幾．2004．『オタワプロセス—対人地雷禁止レジームの形成』有信堂．
足立研幾．2008．「国際制度形成過程における政府‐NGO関係—共鳴・協働・競合」『立命館国際研究』21（1）：1–17．
足立研幾．2009a．「世界志向利益団体の存立・活動様式—1990年代との連続性と変化」辻中豊・森裕城編『第二次　団体の基礎構造に関する調査（日本全国・社会団体調査）報告書』筑波大学：439–455．
足立研幾．2009b．『レジーム間相互作用とグローバル・ガヴァナンス—通常兵器ガヴァナンスの発展と変容』有信堂高文社．
阿部斉．1978．「審議会制度の推移」『地域開発』160：8–14．
阿部斉・新藤宗幸・川人貞史．1990．『概説　現代日本の政治』東京大学出版会．
阿部昌樹．2003．『争訟化する地方自治』勁草書房．
石生義人．2002．「ロビイング」辻中豊編『現代日本の市民社会・利益団体』木鐸社：163–189．
石田雄．1960．「わが国における圧力団体発生の歴史的条件とその特質」日本政治学会編『日本の圧力団体』岩波書店：30–45．
石田雄．1961．『現代組織論』岩波書店．
伊藤大一．1980．『現代日本官僚制の分析』東京大学出版会．
伊藤道雄．2004．「日本の国際協力NGOの歴史とネットワーク化の流れ」今田克司・原田勝広編『連続講義　国際協力NGO—市民社会に支えられるNGOへの構想』日本評論社．
伊藤光利．1988．「大企業労使連合の形成」『レヴァイアサン』2：53–70．
伊藤光利．1995．「大企業労使連合vs地方政府・政策受益団体連合（1）—第2次圧力団体関係構造の分析」『政策科学』3（2）：15–30．
伊藤光利．1996．「大企業労使連合vs地方政府・政策受益団体連合（2）—第2次圧力団体関係構造の分析」『政策科学』3（3）：21–38．

伊藤光利．1998．「大企業労使連合再訪―その持続と変容」『レヴァイアサン』1998冬臨時増刊：73-94．
伊藤光利・田中愛治・真渕勝．2000．『政治過程論』有斐閣．
稲葉陽二．2007．『ソーシャル・キャピタル―「信頼の絆」で解く現代経済・社会の諸課題』生産性出版．
猪木武徳．1993．「人的資源から見た戦後日本の官僚組織と特殊法人」近代日本研究会編『年報・近代日本研究15　戦後日本の社会・経済政策』山川出版社．
猪木武徳．1996．『学校と工場―日本の人的資源』読売新聞社．
今井亮佑・蒲島郁夫．2007．「2007年参院選データ分析―なぜ自民党は1人区で惨敗したのか」『中央公論』122（10）：190-199．
今田克司・原田勝広編．2004．『連続講義　国際協力NGO―市民社会に支えられるNGOへの構想』日本評論社．
居安正．1969．「寡頭制と民主制―R．ミヘルスの『寡頭制の鉄則』について」『社会学評論』12（2）：73-85．
居安正．1986．「寡頭制の鉄則」作田啓一・井上俊編『命題コレクション　社会学』筑摩書房：143-148．
岩崎正洋．2007．「一党優位政党制の条件」『政経研究』44（2）：781-801．
内田満．1980．『アメリカ圧力団体の研究』三一書房．
内田満．1991．「地方政治における利益団体」『都市問題』82（2）：2-13．
内田満．1995．「アメリカ圧力団体活動の政策実施過程指向性の発展」『早稲田政治経済学雑誌』322：1-23．
馬橋憲男・高柳彰夫編．2007．『グローバル問題とNGO・市民社会』明石書店．
大嶽秀夫．1979．『現代日本の政治権力経済権力』三一書房．
大山耕輔．1996．『行政指導の政治経済学―産業政策の形成と実施』有斐閣．
岡義武編．1958．『現代日本の政治過程』岩波書店．
鹿毛利枝子．2007．「日本における団体参加の歴史的推移―第二次世界大戦のインパクト」『レヴァイアサン』41：45-73．
梶本悦子．2009．「農業団体の現在」辻中豊・森裕城編『第二次団体の基礎構造に関する調査（日本全国・社会団体調査）報告書』筑波大学：457-484．
加藤富子．1985．『都市型自治への転換』ぎょうせい．
蒲島郁夫．1986．「有権者のイデオロギー」綿貫譲治・三宅一郎・猪口孝・蒲島郁夫『日本人の選挙行動』東京大学出版会：55-73．
蒲島郁夫．1988．「有権者の保革イデオロギーと中曽根政治」『レヴァイアサン』2：23-52．
蒲島郁夫．1990．「マスメディアと政治」『レヴァイアサン』7：7-29．
蒲島郁夫．1998．『政権交代と有権者の態度変容』木鐸社．
蒲島郁夫・ジル・スティール．2008．「小泉政権とマスメディア」サミュエル・ポ

プキン・蒲島郁夫・谷口将紀編『メディアが変える政治』東京大学出版会：175－206.
蒲島郁夫・竹下俊郎・芹川洋一．2007．『メディアと政治』有斐閣．
蒲島郁夫・竹中佳彦．1996．『現代日本人のイデオロギー』東京大学出版会．
蒲島郁夫・竹中佳彦．2010．『イデオロギー』（近刊予定）．
上西朗夫．1985．『ブレーン政治』講談社．
カルダー，ケント．1989．「平等化とエリートの役割り―政府と企業の関係における調整・仲介者としての官僚出身者」『レヴァイアサン』5：127－149.
川村祐三．1994．「『天下り』の研究」『世界』597：67－78.
北沢栄．2002．『官僚社会主義』朝日新聞社．
京俊介．2009．「政策形成に対する利益集団の影響力―著作権法全面改正における事例間比較」『阪大法学』58（5）：263－292.
金雄熙．1998．『同意調達の浸透性―ネットワークとしての政府諮問機関に関する研究』筑波大学博士学位論文．
金敬黙・福武慎太郎・多田透・山田裕史編．2007．『国際協力NGOのフロンティア』明石書店．
功刀達郎・毛利勝彦編．2006．『国際NGOが世界を変える―地球市民社会の黎明』東信堂．
久保慶明．2009a．「ローカルレベル団体の存立・行動様式」辻中豊編著『第二次団体の基礎構造に関する調査（日本全国・社会団体調査）報告書』筑波大学：289－315.
久保慶明．2009b．「地方政治の対立軸と知事－議会間関係―神奈川県水源環境保全税を事例として」『選挙研究』25（1）：47－60.
久保慶明．2010．「市区町村職員をとりまくネットワーク」辻中豊・伊藤修一郎編『ローカル・ガバナンス―地方政府と市民社会』木鐸社．
久米郁男．1998．『日本型労使関係の成功―戦後和解の政治経済学』有斐閣．
久米郁男．2005．『労働政治―戦後政治のなかの労働組合』中央公論社．
久米郁男．2006．「利益団体政治の変容」村松岐夫・久米郁男編『日本政治変動の30年―政治家・官僚・団体調査に見る構造変容』東洋経済新報社：259－276.
倉沢進・秋元律郎編．1990．『町内会と地域集団』ミネルヴァ書房．
経済産業研究所．2002, 2003, 2004, 2005．『NPO法人アンケート調査結果報告』．
コーテン，デービッド（渡辺龍也訳）．1990＝1995．『NGOとボランティアの21世紀』学陽書房．
河野勝．2009．「制度，合理性，期待－新しい政治経済学のための原理的考察」田中愛治・河野勝編『期待，制度，グローバル社会』勁草書房：3－35.
神門善之．2006．『日本の食と農』NTT出版．
小林良彰．1997．『現代日本の政治過程―日本型民主主義の計量分析』東京大学出版

会.

小林良彰・新川達郎・佐々木信夫・桑原英明．1987.『アンケートに見る地方政府の現実－政策決定の主役たち』学陽書房.

小山勉．2006.『トクヴィル─民主主義の三つの学校』筑摩書房.

コンドウ・エジソン・ケンジ・辻中豊編．2007.『団体の基礎構造に関する調査（ブラジル）BR-JIGS　コードブック』筑波大学.

坂本治也．2003.「パットナム社会資本論の意義と課題─共同性回復のための新たなる試み」『阪大法学』52（5）：191-219.

坂本治也．2004.「社会関係資本の二つの『原型』とその含意」『阪大法学』53（6）：181-210.

坂本治也．2008.「ソーシャル・キャピタル論の日本的展開─ソーシャル・キャピタルからシビック・パワーへ」大阪大学大学院法学研究科博士論文.

坂本治也．2009a.「シビック・パワーとしての市民オンブズマン─仙台市民オンブズマンと宮城県政の事例分析」『関西大学法学論集』58（5）：53-120.

坂本治也．2009b.「日本における市民社会の3次結社化の実態」辻中豊・森裕城編『第二次　団体の基礎構造に関する調査（日本全国・社会団体調査）報告書』筑波大学：149-180.

坂本治也．2009c.「団体調査からみた日本のソーシャル・キャピタルと行政」辻中豊・森裕城編『第二次　団体の基礎構造に関する調査（日本全国・社会団体調査）報告書』筑波大学：181-202.

佐藤誠三郎・松崎哲久．1986.『自民党政権』中央公論社.

重富真一．2002.「NGOのスペースと現象形態─第3セクター分析におけるアジアからの視角」『レヴァイアサン』31：38-62.

篠田徹．2005.「市民社会の社会運動へ─労働運動の古くて新しいパースペクティブ」山口二郎・宮本太郎・坪郷實編『ポスト福祉国家とソーシャル・ガヴァナンス』ミネルヴァ書房：243-272.

ショー，マーチン（高屋定国・松尾真訳）．1994＝1997.『グローバル社会と国際政治』ミネルヴァ書房.

城山英明・鈴木寛・細野助博編著．1999.『中央省庁の政策形成過程─日本官僚制の解剖』中央大学出版部.

城山英明・細野助博編著．2002.『続・中央省庁の政策形成過程─その持続と変容』中央大学出版部.

盛山和夫．1995.『制度論の構図』創文社.

盛山和夫．2000.『権力』東京大学出版会.

曺圭哲．1995.『日本の政府・企業関係と政府資源動員のオズモティック・ネットワーカーとしての天下り』筑波大学博士学位論文.

曽我謙悟．2005.「高度経済成長期の官僚制とその後」多胡圭一編『日本政治　過

去と現在の対話』大阪大学出版会：170-196.
曽我謙悟．2006.「政権党・官僚制・審議会」『レヴァイアサン』39：145-169.
高田昭彦．2003.「市民運動の新しい展開—市民運動からNPO・市民活動へ」『都市問題』94（8）：69-84.
高橋洋．2008.「総理主導の政治における諮問機関の役割－IT戦略会議を事例に－」『公共政策研究』8：99-111.
高畠通敏．1980.『現代日本の政党と選挙』三一書房．
田口富久治．1969.『社会集団の政治機能』未来社．
竹中佳彦．2008.「現代日本人のイデオロギー再考—対立・拘束力・規定力」『論叢 現代文化・公共政策』7：25-63.
竹中佳彦．2009a.「団体の世界における首都・東京の位置－地域間比較を通じて」辻中豊・森裕城編『第二次 団体の基礎構造に関する調査（日本全国・社会団体調査）報告書』筑波大学：367-437.
竹中佳彦．2010.「国会議員の政策争点態度とイデオロギー」『公共政策研究』9：35-47.
竹中佳彦．2009c.「団体のイデオロギー」辻中豊・森裕城編『第二次 団体の基礎構造に関する調査（日本全国・社会団体調査）報告書』筑波大学：65-147.
田中成明．1974a.「裁判における法と政治（一）：司法的政策形成をめぐって」『民商法雑誌』70（4）：3-40.
田中成明．1974b.「裁判における法と政治（二）：司法的政策形成をめぐって」『民商法雑誌』70（5）：3-38.
田中成明．1979.『裁判をめぐる法と政治』有斐閣．
田中弥生．2006.『NPOが自立する日—「行政の下請け化」に未来はない』日本評論社．
谷聖美．1997.「ポスト五五年体制期における地方レベルでの政治的再編—兵庫県と岡山県を例として」大嶽秀夫編『政界再編の研究—新選挙制度による総選挙』有斐閣：211-252.
谷口将紀．2004.『現代日本の選挙政治—選挙制度改革を検証する』東京大学出版会．
千葉眞．2002.「市民社会・市民・公共性」佐々木毅・金泰昌編『国家と人間と公共性 公共哲学5』東京大学出版会：115-146.
辻中豊．1981.「利益集団の分析枠組—新段階の諸アプローチを中心に」『阪大法学』116・117：389-431.
辻中豊．1985a.「私的諮問機関の役割と靖国懇」『ジュリスト』848：67-76.
辻中豊．1985b.「社会変容と政策過程の対応—私的諮問機関政治の展開」『北九州大学法政論集』13（1）：21-69.
辻中豊．1986.「利益団体の視角からみた戦前・戦後・現在－日本の政治過程配置の連続・断絶・変容」『北九州大学法政論集』14（1）：41-132.

辻中豊．1988．『利益集団』東京大学出版会．

辻中豊．1994．「国内政治構造と外国ロビー──日本における対相手国ロビーの比較分析」『レヴァイアサン』14：7－27．

辻中豊．1996．「日本における利益集団システムの変化と今後の展望・課題──利益集団と政党の関係を考えるために」『筑波法政』20：89－131．

辻中豊．1999a．「現代日本の利益団体と政策ネットワーク」『選挙』52（1－12）．

辻中豊．1999b．「審議会等の透明化・公開の政治学的意義」『都市問題研究』51(11)：57－69．

辻中豊編．1999a．『団体の基礎構造に関する調査（日本）J-JIGS　コードブック』エル・デー・ビー．

辻中豊編．1999b．『団体の基礎構造に関する調査（韓国）K-JIGS　コードブック』エル・デー・ビー．

辻中豊．2000．「官僚制ネットワークの構造と変容──階統制ネットワークから情報ネットワークの深化へ」水口憲人・北原鉄也・真渕勝編『変化をどう説明するか──行政篇』木鐸社：85－103．

辻中豊編．2001a．『団体の基礎構造に関する調査（アメリカ）US-JIGS　コードブック』エル・デー・ビー．

辻中豊編．2001b．『団体の基礎構造に関する調査（ドイツ）G-JIGS　コードブック』エル・デー・ビー．

辻中豊．2002a．「序論──本書のモデル・構成・見方」辻中豊編『現代日本の市民社会・利益団体』木鐸社：15－35．

辻中豊．2002b．「世界政治学の文脈における市民社会・NGO研究」『レヴァイアサン』31：8－25．

辻中豊．2002c．「結論」辻中豊編『現代日本の市民社会・利益団体』木鐸社：331－340．

辻中豊編．2002．『現代日本の市民社会・利益団体』木鐸社．

辻中豊．2003．「政党と利益団体・圧力団体」北村公彦編『現代日本政党史録3──55年体制前期の政党政治』第一法規：463－519．

辻中豊．2006．「2大政党制の圧力団体的基礎」村松岐夫・久米郁男編『日本政治変動の30年──政治家・官僚・団体調査に見る構造変容』東洋経済新報社：299－323．

辻中豊編．2007a．『団体の基礎構造に関する調査（トルコ）TR-JIGS　コードブック』筑波大学．

辻中豊編．2007b．『団体の基礎構造に関する調査（フィリピン）PH-JIGS　コードブック』筑波大学．

辻中豊編．2008a．『団体の基礎構造に関する調査（中国）C-JIGS　コードブック』筑波大学．

辻中豊編. 2008b.『団体の基礎構造に関する調査（ロシア）R-JIGS　コードブック』筑波大学.

辻中豊. 2009.「日本の市民社会とマクロトレンド」辻中豊・伊藤修一郎編『市民社会構造とガバナンス総合研究　全国自治体（市区町村）調査報告書』筑波大学：3－22.

辻中豊編. 2009a.『第二次団体の基礎構造に関する調査（日本全国・社会団体調査）コードブック』筑波大学.

辻中豊編. 2009b.『市民社会構造とガバナンス総合研究　全国自治体（市区町村）調査コードブック』筑波大学.

辻中豊編. 2009c.『町内会・自治会など近隣住民組織に関する全国調査（全国集計）コードブック』筑波大学.

辻中豊編. 2009d.『特定非営利活動法人（NPO法人）に関する全国調査コードブック』筑波大学.

辻中豊・坂本治也・山本英弘編. 2010.『特定非営利活動法人（NPO法人）に関する全国調査報告書』筑波大学.

辻中豊・伊藤修一郎編. 2009.『市民社会構造とガバナンス総合研究　全国自治体（市区町村）調査報告書』筑波大学.

辻中豊・伊藤修一郎編. 2010.『ローカル・ガバナンス—地方政府と市民社会』木鐸社.

辻中豊・崔宰栄. 2002a.「歴史的形成」辻中豊編『現代日本の市民社会・利益団体』木鐸社：253－286.

辻中豊・崔宰栄. 2002b.「組織リソース」辻中豊編『現代日本の市民社会・利益団体』木鐸社：287－299.

辻中豊・崔宰栄. 2002c.「現代日本市民社会の団体配置構造—要因相互間の関連」辻中豊編『現代日本の市民社会・利益団体』木鐸社：303－330.

辻中豊・崔宰栄. 2004.「団体形成と政治体制の変化—国家コーポラティズムから労働政治を経て『普通』の多元主義へ」辻中豊・廉載鎬編『現代韓国の市民社会・利益団体』木鐸社：102－139.

辻中豊・崔宰栄. 2009.「JIGS2社会団体調査の設計と実施」辻中豊編『第二次団体の基礎構造に関する調査（日本全国・社会団体調査）報告書』筑波大学.

辻中豊・崔宰栄・山本英弘・三輪博樹・大友貴史. 2007.「日本の市民社会構造と政治参加—自治会，社会団体，NPOの全体像とその政治関与」『レヴァイアサン』41：7－44.

辻中豊・濱本真輔. 2009.「行政ネットワークにおける団体—諮問機関と天下り」辻中豊・森裕城編『第二次　団体の基礎構造に関する調査（日本全国・社会団体調査）報告書』筑波大学：261－288.

辻中豊・ロバート・ペッカネン・山本英弘. 2009.『現代日本の自治会・町内会—

第1回全国調査にみる自治力，ネットワーク，ガバナンス』木鐸社.
辻中豊・森裕城. 1998.「現代日本の利益団体『活動空間別にみた利益団体の存立・行動様式』」『選挙』51（4）：4－15.
辻中豊・森裕城. 2002.「日本における利益団体研究と JIGS 調査の意義」辻中豊編『現代日本の市民社会・利益団体』木鐸社：37－62.
辻中豊・森裕城. 2009.「21世紀日本における利益団体の存立・行動様式─全国社会団体調査（JIGS2 調査）の分析」『レヴァイアサン』45：11－43.
辻中豊・森裕城編. 2009.『第二次　団体の基礎構造に関する調査（日本全国・社会団体調査）報告書』筑波大学.
辻中豊・廉載鎬編. 2004.『現代韓国の市民社会・利益団体』木鐸社.
辻中豊・李政熙・廉載鎬. 1998.「日韓利益団体の比較分析─1987年民主化以後の韓国団体状況と政治体制」『レヴァイアサン』23：18－49.
辻山幸宣. 1992.「福祉行政をめぐる分権と統制─機関委任事務体制の変容と継承」社会保障研究所編『福祉国家の政府間関係』東京大学出版会：181－202.
辻山幸宣. 1993.「80年代の政府間関係─『統制のとれた分権』体制の構築」日本行政学会編『年報行政研究28　新保守主義下の行政』ぎょうせい：21－52.
デュヴェルジェ・モーリス（深瀬忠一，樋口陽一訳）. 1968.『社会科学の諸方法』勁草書房.
トクヴィル，アレクシス・ド（岩永健吉郎・松本礼二訳）. 1835，1840＝1972.『アメリカにおけるデモクラシー』研究社.
特定非営利活動法人関西国際交流団体協議会編. 2009.『NPO ジャーナル』24号.
富永健一. 2001.『社会変動の中の福祉国家』中央公論社.
中北浩爾. 2009.「日本の労働政治─民主主義体制の変容と連合」新川敏光・篠田徹編『労働と福祉国家の可能性─労働運動再生の国際比較』ミネルヴァ書房：14－30.
中島誠. 2007.『立法学─新版』法律文化社.
中野雅至. 2008.「戦後改革における天下り規制の創設に関する一考察」『季刊行政管理研究』121：3－24.
中野雅至. 2009.『天下りの研究─その実態とメカニズムの解明』明石書店.
中邨章. 2003.『自治体主権のシナリオ─ガバナンス・NPM・市民社会』芦書房.
名取良太. 2002.「選挙制度改革と利益誘導政治」『選挙研究』17：128－141.
西尾勝. 1975.「行政過程における対抗運動─住民運動についての一考察」日本政治学会編『年報政治学　政治参加の理論と現実』岩波書店：69－95.
西川明子. 2007.「審議会等・私的諮問機関の現状と論点」『レファレンス』57（5）：59－73.
西川潤・佐藤幸男編. 2002.『NPO/NGO と国際協力』ミネルヴァ書房.
似田貝香門・蓮見音彦編. 1993.『都市政策と市民生活─福山市を対象に』東京大

学出版会.
日本政治学会編．1960．『年報政治学　日本の圧力団体』岩波書店．
丹羽功．2006．「利益団体間の協力と対立」村松岐夫・久米郁男編『日本政治変動の30年—政治家・官僚・団体調査に見る構造変容』東洋経済新報社：277－297．
萩田保．1969．「審議会の実態」日本行政学会編『年報行政研究』7：21－71．
萩原靖．2000．「2001年中央省庁等改革における審議会等の整理合理化について」『季刊行政管理研究』92：67－75．
朴喆熙．2000．『代議士のつくられ方—小選挙区の選挙戦略』文藝春秋社．
蓮見音彦編．1983．『地方自治体と市民生活』東京大学出版会．
蓮見音彦・似田貝香門・矢澤澄子編．1990．『都市政策と地域形成—神戸市を対象に』東京大学出版会．
蓮見音彦・町村敬志・似田貝香門．1983．「地域政策と都市の社会的編成」蓮見音彦編『地方自治体と市民生活』東京大学出版会：415－459．
長谷川公一・浜日出夫・藤村正之・町村敬志．2007．『社会学』有斐閣．
初谷勇．2001．『NPO政策の理論と展開』大阪大学出版会．
濱本真輔．2007a．「選挙制度改革と自民党議員の政策選好—政策決定過程変容の背景」『レヴァイアサン』41：74－96．
濱本真輔．2007b．「個人投票の低下」『選挙学会紀要』9：47－66．
林知己夫・入山映．1997．『公益法人の実像—統計から見た財団・社団』ダイヤモンド社．
樋口直人・中澤秀雄・水澤弘光．1999．「住民運動の組織戦略—政治的機会構造と誘因構造に注目して」『社会学評論』49（4）：498－512．
平井由貴子．2007．「トルコの政治過程における団体の行動様式－団体調査(2004)の分析を中心として」2007年度比較政治学会研究大会報告．
平井由貴子．2009．「団体世界における組織間関係の構図」辻中豊編『第二次団体の基礎構造に関する調査（日本全国・社会団体調査）報告書』筑波大学：219－239．
広瀬道貞．1981．『補助金と政権党』朝日新聞社．
フット，ダニエル　H．2006．『裁判と社会－司法の「常識」再考』NTT出版．
フリードマン，トーマス　L．2006＝2006．『フラット化する世界－経済の大転換と人間の未来』日本経済新聞出版社）．
細野助博．2003．「審議会型政策形成と情報公開の意義」『公共政策研究』3：55－67．
前田和敬．1988．「価値対立の継続と変容」社会経済国民会議現代政治意識研究会編『戦後世代の価値観変化と行動様式の変容—わが国における脱工業の価値の政治的含意』社会経済国民会議．
牧原出．2009．『行政改革と調整のシステム』東京大学出版会．

升味準之輔．1967．「自由民主党の組織と機能」日本政治学会編『現代日本の政党と官僚』岩波書店：34－77．

町村敬志．1994．『「世界都市」東京の構造転換－都市リストラクチュアリングの社会学』東京大学出版会．

町村敬志．2006．「グローバリゼーションと都市空間の再編－複数化していく経路への視点」似田貝香門・矢澤澄子・吉原直樹編著『越境する都市とガバナンス』法政大学出版局：35－58．

町村敬志．2009．「市民活動団体の形成基盤―重層する『出来事』の創発性」町村敬志編『市民エージェントの構想する新しい都市のかたち―グローバル化と新自由主義を越えて』科学研究費補助金基盤研究（B）研究成果報告書：53－82．

町村敬志編．2009．『市民エージェントの構想する新しい都市のかたち―グローバル化と新自由主義を超えて』科学研究費補助金基盤研究（B）研究成果報告書．

松田宏一郎．1996．「福澤諭吉と『公』・『私』・『分』の再発見」『立教法学』43：76－140．

松田宏一郎．2008．『江戸の知識から明治の政治へ』ぺりかん社．

的場敏博．1986．「一党優位政党制論の展望」『法学論叢』118（4・5・6）：286－326．

的場敏博．2006．「衆議院議員の党派移動に見る『政界再編』―データの整理と若干の知見」『法学論叢』158（5・6）：99－147．

真渕勝．1981．「再分配の政治過程」高坂正堯編『高度産業国家の利益政治過程と政策―日本』トヨタ財団助成研究報告書：84－132．

真渕勝．2004．「官僚制の変容―委縮する官僚」『レヴァイアサン』34：20－38．

真渕勝．2006．「官僚制の変容―委縮する官僚」村松岐夫・久米郁男編『日本政治変動の30年―政治家・官僚・団体調査に見る構造変容』東洋経済新報社：137－158．

真渕勝．2009．『行政学』有斐閣．

真渕勝・北山俊哉編．2009．『政界再編時の政策過程』慈学社．

丸山真男．1956．『現代政治の思想と行動　上巻』未来社．

三浦まり．2007．「小泉政権と労働政治の変容―『多数派支配型』の政策過程の出現」『年報行政研究』42：100－122．

三上貴教．2000．「不均衡の国連NGO―本部所在地の分析を中心に」『修道法学』22（1・2）：255－275．

水崎節文・森裕城．2007．『総選挙の得票分析　1958－2005』木鐸社．

ミヘルス，ロベルト．（森博・樋口晟子訳）．1910＝1973-74．『現代民主主義における政党の社会学Ⅰ・Ⅱ』木鐸社．

三宅一郎．1985．『政党支持の分析』創文社．

三宅一郎．1989．『投票行動』東京大学出版会．

三宅一郎．1990．『政治参加と投票行動―大都市住民の政治生活』ミネルヴァ書房．
三宅一郎・綿貫譲治・嶋澄・蒲島郁夫．1986．『平等をめぐるエリートと対抗エリート』創文社．
村松岐夫．1981．『戦後日本の官僚制』東洋経済新報社．
村松岐夫．1988．『地方自治』東京大学出版会．
村松岐夫．1994．『日本の行政―活動型官僚制の変貌』中央公論社．
村松岐夫．2003．「『政治主導』の下の公務員集団の今後―3回の高級官僚インタビュー調査分析から」『年報行政研究』38：3－21．
村松岐夫．2006．「官僚制の活動の後退と中立化」『法学会雑誌』41（2）：47－92．
村松岐夫．2007．「転換期における官僚集団のパースペクティブ」『年報行政研究』42：2－31．
村松岐夫．2008a．「『戦後60年』の民主主義と政官スクラム崩壊仮説（上）」『季刊行政管理研究』122：4－16．
村松岐夫．2008b．「『戦後60年』の民主主義と政官スクラム崩壊仮説（下）」『季刊行政管理研究』123：3－17．
村松岐夫・伊藤光利・辻中豊．1986．『戦後日本の圧力団体』東洋経済新報社．
村松岐夫・久米郁男編．2006．『日本政治変動の30年―政治家・官僚・団体調査に見る構造変容』東洋経済新報社．
村松岐夫・三宅一郎編．1981．『京都市政治の動態』有斐閣．
森裕城．2001．『日本社会党の研究―路線転換の政治過程』木鐸社．
森裕城．2002．「団体－政党関係―選挙過程を中心に」辻中豊編『現代日本の市民社会・利益団体』木鐸社：140－161．
森裕城．2003．「利益団体」平野浩・河野勝編『アクセス日本政治』日本経済評論社：96－115．
森裕城．2007．「選挙過程の実態把握を目的とする研究について」『レヴァイアサン』40：160－165．
森裕城．2008a．「書評　谷藤悦史著『現代メディアと政治　劇場型ジャーナリズムと政治』一藝社，2005年，星浩・逢坂巌『テレビ政治　国会報道からTVタックルまで』朝日新聞社，2006年，蒲島郁夫・竹下俊郎・芹川洋一『メディアと政治』有斐閣，2007年」『選挙研究』23号，木鐸社．167－170．
森裕城．2008b．「選挙過程における利益団体の動向―2005年衆院選・2007年参院選の分析とJIGS2調査の報告」『同志社法学』60（5）：45－77．
森裕城．2009a．「団体－政党関係の諸相―弱体化しながらも持続する自民党一党優位の構造」辻中豊・森裕城編『第二次　団体の基礎構造に関する調査（日本全国・社会団体調査）報告書』筑波大学：317－335．
森裕城．2009b．「団体－行政関係の諸相―国との関係を中心として」辻中豊・森裕城編『第二次　団体の基礎構造に関する調査（日本全国・社会団体調査）報告書』

筑波大学：243-259.
森裕城・足立研幾. 2002.「行政－団体関係—政府と社会の接触面」辻中豊編『現代日本の市民社会・利益団体』木鐸社：119-138.
森裕城・辻中豊. 2002.「活動地域別にみた団体の存立・行動様式」辻中豊編『現代日本の市民社会・利益団体』木鐸社：103-117.
森田朗. 1988.『許認可行政と官僚制』岩波書店.
森田朗. 2006.『会議の政治学』慈学社.
矢澤澄子. 1987.「『工都』川崎の政治過程と住民自治」島崎稔・安原茂編『重化学工業都市の構造分析』東京大学出版会：877-937.
山内直人. 2005.「シビルソサエティを測定する—数量的把握の現状と課題」『公共政策研究』5：53-67.
山内直人編. 1999.『NPOデータブック』有斐閣.
山口定. 2004.『市民社会論－歴史的遺産と展望』有斐閣.
山本英弘. 2009a.「社会団体の資源動員—集合行為問題の観点から」辻中豊・森裕城編『第二次 団体の基礎構造に関する調査（日本全国・社会団体調査）報告書』筑波大学：43-59.
山本英弘. 2009b.「社会団体の組織構造—組織論の観点から」辻中豊・森裕城編『第二次 団体の基礎構造に関する調査（日本全国・社会団体調査）報告書』筑波大学：199-213.
山本英弘. 2009c.「社会団体のロビー活動—戦術の多様性と政治的機会構造」辻中豊・森裕城編『第二次 団体の基礎構造に関する調査（日本全国・社会団体調査）報告書』筑波大学：337-363.
山本英弘. 2009d.「利益団体のロビイングと影響力—2時点のJIGS調査データの比較」『レヴァイアサン』45：44-67.
山本英弘・西城戸誠. 2004.「社会運動のイベント分析—政治的機会構造論を中心に」曾良中清司・長谷川公一・町村敬志・樋口直人編『社会運動という公共空間』成文堂：83-114.
山本啓. 2004.「公共サービスとコミュニティ・ガバナンス」武智秀之編『都市政府とガバナンス』中央大学出版部：101-125.
山本啓. 2008.「ローカル・ガバナンスと公民パートナーシップ—ガバメントとガバナンスの相補性」山本啓編『ローカル・ガバメントとローカル・ガバナンス』法政大学出版局：1-34.
ヤング，パーク（田代健訳）. 1972.「審議会論（下）」『自治研究』48（6）：81-96.
笠京子. 1995.「省庁の外郭団体・業界団体・諮問機関」西尾勝・村松岐夫編『講座行政学 第4巻 政策と管理』有斐閣：78-113.
笠京子. 2000.「中央行政組織改革の研究—英日比較 『制度』の逆説」水口憲人・北原鉄也・真渕勝編『変化をどう説明するか—行政篇』木鐸社：211-236.

Aberbach, Joel D., Robert D. Putnam and Bert A. Rockman. 1981. *Bureaucrats and Politicians in Western Democracies*. Harvard University Press.

Ahmed, Shamima and David M. Potter. 2006. *NGOs in International Politics*. Kumarian Press.

Almond, Gabriel A. and Sidney Verba. 1963. *The Civic Culture: Political Attitudes and Democracy in Five Nations*. Princeton, NJ: Princeton University Press. (石川一雄他訳. 1974. 『現代市民の政治文化―5カ国における政治的態度と民主主義』勁草書房.)

Almond, Gabriel, A., 1970, *Political Development: Essays in Heuristic Theory*, Boston: Little Brown. (内山秀夫ほか訳. 1982. 『現代政治学と歴史意識』勁草書房.)

Anheier, Helmut, Marlies Glasius and Mary Kaldor (eds.). 2001. *Global Civil Society 2001*. Oxford: Oxford University Press.

Bachrach, Peter and Morton S. Baratz. 1962. "Two Faces of Power," *American Political Science Review*, 56: 947-952.

Baumgartner, Frank R. and Beth L. Leech, 1998, *Basic interests: the importance of groups in politics and in political science*. Princeton, N.J.: Princeton University Press.

Baumgartner, Frank R. and Beth L. Leech, 2001, "Interest Niches and Policy Bandwagons: Patterns of Interest Group Involvement in National Politics," *The Journal of Politics*, 63(4): 1191-1213.

Baumgartner, Frank R., Jeffrey M. Berry, Marie Hojnacki, David C. Kimball and Beth L. Leech. 2009. *Lobbying and Policy Change: Who Wins, Who Loses, and Why*. Chicago: University of Chicago Press.

Bentley, Arthur F. 1908. *The Process of Government*. The Belknap Press of Harvard University Press. (喜多靖郎・上林良一訳. 1994. 『統治過程論―社会圧力の研究』法律文化社.)

Berger, Suzanne. 1981. "Introduction," in Suzanne Berger (ed.), *Organizing Interests in Western Europe: Pluralism, Corporatism, and the Transformation of Politics*. Cambridge: Cambridge University Press.

Berry, Jeffrey M. 1977. *Lobbying for the People: The Political Behavior of Public Interest Groups*. Princeton, NJ: Princeton University Press.

Binderkrantz, Anne. 2005. "Interest Group Strategies: Navigating Between Privileged Access and Strategies of Pressure," *Political Studies*, 53(4): 694-715.

Browne, William P. 1990. "Organized Interests and Their Issue Niches: A Search for Pluralism," *Journal of Politics*, 52(2): 477-509.

Calder, Kent E. 1988. *Crisis and Compensation: Public Policy and Political Stability in Japan, 1949-1986*. Princeton University Press. (淑子・カルダー訳. 1989. 『自民党長期政権の研究:危機と補助金』文芸春秋.)

Campbell, Angus, Philip E. Converse, Warren E. Miller and Donald E. Stokes. 1960. *The American Voter*. New York: Wiley.

Colignon, Richard A. and Chikako Usui. 2003. *Amakudari: The Hidden Fabric of Japan's Economy*. Ithaca: Cornell University Press.

Converse, Philip E. 1964. "The Nature of Belief Systems in Mass Publics," in David E. Apter (ed.), *Ideology and Discontent*. Free Press: 206-261.

Crenson, Matthew A. 1971. *The Un-politics of Air Pollution: A Study of Non-Decision Making in the Cities*. Baltimore: The Johns Hopkins Press.

Dahl, Robert A. 1961. *Who Governs?: Democracy and Power in an American City*. New Haven: Yale University Press.（河村望他訳．1988．『統治するのはだれか──アメリカの一都市における民主主義と権力』行人社.）

Dahl, Robert A. and Edward R. Tufte. 1973. *Size and Democracy: The Politics of the Smaller European Democracies*. Stanford: Stanford University Press.（内山秀夫訳．1979．『規模とデモクラシー』慶應通信.）

Downs, Anthony. 1957. *An Economic Theory of Democracy*. Harper & Row.（古田精司監訳．1980．『民主主義の経済理論』成文堂.）

Dür, Andreas and Dirk de Bièvre, 2007, "The Question of Interest Influence," *Journal of Public Policy*, 27(1): 1-12.

Edwards, Bob and Michael W. Foley. 2001. "Civil Society and Social Capital: A Primer," in Bob Edwards, Michael W. Foley and Mario Diani (eds.), *Beyond Tocqueville: Civil Society and the Social Capital Debate in Comparative Perspective*. Hanover, NH: University Press of New England: 1-14.

Feld, Scott L. and Bernard Grofman. 1988. "Ideological Consistency as a Collective Phenomenon," *American Political Science Review*, 82 (3): 773-788.

Fireman, Bruce and William A. Gamson. 1979. "Utilitarian Logic in the Resource Mobilization Perspective," in Mayer N. Zald and John D. McCarthy (eds.), *The Dynamics of Social Movements: Resource Mobilization, Social Control, and Tactics*. Massachusetts: Winthrop Publishers: 8-44.（牟田和恵訳．1989．「功利主義理論の再検討」塩原勉編『資源動員と組織戦略』新曜社：93－143.）

Franz, Michael M. 2008. *Choices and Changes: Interest Groups in the Electoral Process*. Philadelphia: Temple University Press.

Gais, Thomas L. and Jack L. Walker. 1991. "Pathways to Influence in American Politics," in Jack L. Walker, *Mobilizing Interest Groups in America: Patrons, Professions, and Social Movements*. Michigan: University of Michigan Press: 103-121.

Gamson, William A. and David S. Meyer. 1996. "Framing Political Opportunity," in Doug McAdam, John. D. McCarthy and Mayer. N. Zald (eds.), *Comparative Perspectives on Social Movements: Political Opportunities, Mobilizing Structures, and Cultural*

Framings. Cambridge: Cambridge University Press: 275-290.

Gidron, Benjamin, Ralph M. Kramer and Lester M. Salamon (eds.). 1992. *Government and the Third Sector: Emerging Relationships in Welfare States*. San Francisco: Jossey-Bass.

Gray, Virginia and David Lowery. 2000. *The Population Ecology of Interest Representation: Lobbying Communities in the American States*. Michigan: University of Michigan Press.

Haas, Peter M. 1992. "Introduction: epistemic communities and international policy coordination," *International Organization*, 46(1): 1-35.

Hall, Peter. 1999. "Social Capital in Britain," *British Journal of Political Science*, 29: 417-461.

Hirst, Paul. 1997. "The Global Economy: Myths and Realities," *International Affairs*, 73(3): 409-425.

Hrebenar, Ronald J. and Clive S. Thomas (eds.). 1993. *Interest Group Politics in the Midwestern States*. Ames, IA Iowa State Press.

Hunter, Floyd. 1953. *Community Power Structure: A Study of Decision Makers*. Chapel Hill: The University of North Carolina Press.(鈴木広監訳. 1998.『コミュニティの権力構造——政策決定者の研究』恒星社厚生閣.)

Hunter, Kennith G., Laura Ann Wilson and Gregory G. Brunk. 1991. "Societal Complexity and Interest-Group Lobbying in the American States," *Journal of Politics*, 53(2): 488-503.

Inglehart, Ronald and Hans D. Klingemann. 1976. "Party Identification, Ideological Preference and the Left-Right Dimension among Western Mass Publics," in Ian Budge, Ivor Crewe and Dennis Farlie (eds.). *Party Identification and Beyond: Representations of Voting and Party Competition*. New York: John Wiley & Sons: 243-273.

Inoguchi, Takashi. 2002. "Broadening the Basis of Social Capital in Japan," in Robert D. Putnam (ed.). *Democracies in Flux: The Evolution of Social Capital in Contemporary Society*. New York: Oxford University Press: 359-392.(猪口孝. 2003「日本におけるソーシャル・キャピタルの基盤拡充」『日本政治の特異と普遍』NTT出版:42-100.)

Johnson, Chalmers. 1974. "The Reemployment of Retired Government Bureaucrats in Japanese Big Business," *Asian Survey*, 14(11): 953-965.

Johnson, Chalmers A. 1982. *MITI and the Japanese Miracle: the Growth of Industrial Policy, 1925-1975*. Stanford, CA: Stanford University Press. (矢野俊比古監訳. 1982.『通産省と日本の奇跡』TBSブリタニカ.)

Johnson, Chalmers A. and Laura D'Andrea Tyson. 1989. *Politics and Productivity: The Real Story of Why Japan Works*. New York: Harper Business, U.S.

Jordan, Grant and William Maloney. 1997. *The Protest Business?: Mobilizing Campaign Groups*. Manchester: Manchester University Press.

Hirschl, Ran. 2000. "The Political Origins of Judicial Empowerment through Constitutionalization: Lessons from Four Constitutional Revolutions," *Law and Social Inquiry*, 25(1): 91-149.

Hirschl, Ran. 2004. *Towards Juristocracy: The Origins and Consequences of the new Constitutionalism*, Cambridge: Harvard University Press.

Kabashima, Ikuo and Jeffrey Broadbent. 1986. "Referent Pluralism: Mass Media and Politics in Japan," *Journal of Japanese Studies*, 12: 329-61.

Kaldor, Mary. 2003. *Global Civil Society: An Answer to War*. Cambridge Polity.

Kate, C. Neal and Torbjörn Vallinder. 1995. "The Global Expansion of Judicial Power: The Judicialization of Politics," C. Neal Tate and Torbjörn Vallinder, (eds.). *The Global Expansion of Judicial Power*, New York: New York University Press.

Katzenstein, Peter and Yutaka Tsujinaka. 1995. "'Bullying,' 'buying,' and 'binding,'" in Thomas Risse-Kappen (ed.), *Bringing Transnational Relations Back In: Non-State Actors, Domestic Structures and International Institutions*. Cambridge: Cambridge University Press: 79-111.

Kawachi, Ichiro, S. V. Subramanian and Daniel Kim (eds.). 2008. *Social Capital and Health*. New York: Springer.（藤澤由和他監訳．2008．『ソーシャル・キャピタルと健康』日本評論社．）

Key, V. O. 1958. *Politics, Parties, and Pressure Groups, 4th ed*. New York: Thomas Y. Crowell.

Key, V. O. 1964. *Politics, Parties, and Pressure Groups, 5th ed*. New York: Thomas Y. Crowell.

King, David C. and Jack L. Walker. 1991. 'The Origins and Maintenance of Groups,' in Jack L. Walker, *Mobilizing Interest Groups in America: Patrons, Professions, and Social Movements*. Michigan: University of Michigan Press: 75-102.

Kitschelt, Herbert B. 1986. "Political Opportunity Structures and Political Protest: Anti Nuclear Movements in Four Democracies," *British Journal of Political Science*, 16(1): 57-85.

Knoke, David. 1988. "Incentives in Collective Action Organizations," *American Sociological Review*, 53(3): 311-329.

Knoke, David, Franz Urban Pappi, Jeffrey Broadbent and Yutaka Tsujinaka. 1996. *Comparing Policy Networks: Labor Politics in the U.S., Germany, and Japan*. Cambridge: Cambridge University Press.

Kollman, Ken. 1998. *Outside Lobbying: Public Opinion and Interest Group Strategies*. Princeton: Princeton University Press.

Kornhauser, William. 1959. *The Politics of Mass Society*. Glencoe, IL: The Free Press.（辻村明訳．1961.『大衆社会の政治』東京創元社．）

Kriesi, Hanspeter, Ruud Koopmans, Jan Willem Duyvendak and Marco G. Giugni. 1995. *New Social Movements in Western Europe: A Comparative Analysis*. Minneapolis: University of Minnesota Press.

Levy, Jonah. 1999. *Tocqueville's Revenge: State, Society and Economy in Contemporary France*. Cambridge: Harvard University Press.

Lipset, Seymour Martin. 1960. *Political Man: The Social Bases of Politics*. Garden City, NY: Doubleday.（内山秀夫訳．1963.『政治のなかの人間―ポリティカル・マン』東京創元新社．）

Lipshutz, Ronnie D. 1992. "Reconstructing World Politics: The Emergence of Global Civil Society," *Millennium: Journal of International studies*, 21(3): 389-420.

Lowery, David and Virginia Gray. 1998. "The Dominance of Institutions in Interest Representation: A Test of Seven Explanations," *American Journal of Political Science*, 42(1): 231-255.

Mahoney, Christine, 2007, "Lobbying Success in the United States and the European Union," *Journal of Public Policy*, 27(1): 35-56.

Mathews, Jessica T. 1997. "Power Shift," *Foreign Affairs*, 76(1): 50-66.

McAdam, Doug. 1996. "Conceptual Origins, Current Problems, Future Directions," in Doug McAdam, John D. McCarthy and Mayer N. Zald (eds.). *Comparative Perspectives on Social Movements: Political Opportunities, Mobilizing Structures, and Cultural Framings*. Cambridge: Cambridge University Press: 23-40.

McKay, Amy. 2008. "A Simple Way of Estimating Interest Group Ideology," *Public Choice*, 136 (1・2): 69-86.

Meyer, David S. and Debra C. Minkoff. 2004. "Conceptualizing Political Opportunity," *Social Forces*, 82(4): 1457-1492.

Mills, C. Wright. 1956. *The Power Elite*. New York: Oxford University Press.（鵜飼信成・綿貫譲治訳．1958.『パワー・エリート　上・下』東京大学出版会．）

Muramatsu, Michio and Ellis Krauss. 1987. "The Conservative Policy Line and the Development of Patterned Pluralism," in Kozo Yamamura and Yasukichi Yasuba (eds.). *The Political Economy of Japan Vol. 1*. Stanford, CA: Stanford University Press: 516-554.

Nakano, Koichi. 1998. "Becoming a 'Policy' Ministry: The Organization and *Amakudari* of the Ministry of Posts and Telecommunications," *Journal of Japanese Studies*, 24(1): 95-117.

Naoi, Megumi and Ellis Krauss. 2009. "Who Lobbies Whom?: Special Interest Politics under Alternative Electoral Systems," *American Journal of Political Science*, 53(4):

874-892.

Nie, Norman H. and Kristi Andersen. 1974. "Mass Belief Systems Revisited: Political Change and Attitude Structure," *Journal of Politics*, 36 (3): 540-587.

Nie, Norman H., Sidney Verba and John R. Petrocik. 1976. *The Changing American Voter*. Cambridge, MA: Harvard University Press.

Nownes, Anthony J. and Daniel Lipinski. 2005. "The Population Ecology of Interest Group Death: Gay and Lesbian Rights Interest Groups in the United States, 1945-98," *British Journal of Political Science*, 35: 303-319.

Ohmae, Kenichi. 1997. *The End of the Nation State: The Rise of Regional Economies*. Florence, MA: Free Press.

Okimoto, Daniel I. 1989. *Between MITI and the Market*. Stanford: Stanford University Press.（渡辺敏訳．1991．『通産省とハイテク産業』サイマル出版会．）

Olson, Mancur. 1965. *The Logic of Collective Action*. Cambridge, MA: Harvard University Press.（依田博・森脇俊雅訳．1996．『集合行為論―公共財と集団理論　新装版』ミネルヴァ書房．）

Pekkanen, Robert J. 2003. 'Molding Japanese Civil Society: State Structured Incentives and the Patterning of Civil Society,' in Frank J. Schwartz and Susan J. Pharr (eds.). *The State of Civil Society in Japan*. Cambridge: Cambridge University Press: 116-134.

Pekkanen, Robert J. 2004. "Japan: Social Capital without Advocacy," in Muthiah Alagappa (ed.). *Civil Society and Political Change in Asia*. Stanford, CA: Stanford University Press: 223-255.

Pekkanen, Robert J. 2006. *Japan's Dual Civil Society: Members without Advocates*. Stanford, CA: Stanford University Press.（佐々田博教訳．2008．『日本における市民社会の二重構造―政策提言なきメンバー達』木鐸社．）

Pempel, T. J. 1974. "The Bureaucratization of Policymaking in Postwar Japan," *American Journal of Political Science*, 18(4): 647-664.

Pempel, T. J. ed. *Uncommon Democracies: One-Party Dominant Regimes*. Ithaca: Cornell University Press.

Pestoff, Victor A. 1998. *Beyond the Market and State: Social Enterprises and Civil Democracy in Welfare Society*. Aldershot: Ashgate Publishing.（藤田暁男・川口清史・石塚秀雄・北島健一・的場信樹訳．2000．『福祉社会と市民民主主義　共同組合と社会的企業の役割』日本経済評論社．）

Pharr, Susan. 2003. "Preface," in Frank Schwartz and Susan Pharr (eds.). *The State of Civil Society in Japan*. New York: Cambridge University Press: xiii-xviii.

Putnam, Robert D. 1993. *Making Democracy Work: Civic Traditions in Modern Italy*. Princeton, NJ: Princeton University Press.（河田潤一訳．2001．『哲学する民主主義―伝統と改革の市民的構造』NTT出版．）

Putnam, Robert D. 1995. "Bowling Alone: America's Declining Social Capital," *Journal of Democracy*, 6(1): 65-78.（坂本治也・山内富美訳．2004．「ひとりでボウリングをする―アメリカにおけるソーシャル・キャピタルの減退」宮川公男・大守隆編『ソーシャル・キャピタル―現代経済社会のガバナンスの基礎』東洋経済新報社：55－76.）

Putnam, Robert D. 2000. *Bowling Alone: The Collapse and Revival of American Community*. New York: Simon & Schuster.（柴内康文訳．2006．『孤独なボウリング―米国コミュニティの崩壊と再生』柏書房.）

Rampahl, Shiridath S. and Ingvar Carlsson. 1995. *Our Global Neighborhood: The Report of the Commission on Global Governance*. New York: Oxford University Press.

Reimann, Kim D. 2006. "A View from the Top: International Politics, Norms and the Worldwide Growth," *International Studies Quarterly*, 50(1): 45-68.

Rose, Arnold M. 1967. *The Power Structure: Political Process in American Society*. London: Oxford University Press.

Rosenau, James N. and Ernst-Otto Czempiel (eds.). 1992. *Governance without Government: Order and Change on World Politics*. Cambridge: Cambridge University Press.

Rothenberg, Lawrence S. 1992. *Linking Citizens to Government: Interest Group Politics at Common Cause*. New York: Cambridge University Press.

Salamon, Lester M. 1994. "The Rise of the Foreign Sector," *Foreign Affairs*, 73(4): 109-122.

Salamon, Lester M. and Helmut K. Anheir. 1994. *Emerging Sector*. Maryland: The John Hopkins University Press.（今田忠監訳．1996．『台頭する非営利セクター――12カ国の規模・構成・制度・資金源の現状と展望』ダイヤモンド社.）

Salamon, Lester M. and Helmut Anheir. 1997. *Defining the Nonprofit Sector: A Cross-National Analysis [The Johns Hopkins Comparative Nonprofit Sector Series 3]*. Manchester: Manchester University Press.

Salisbury, Robert H. 1969. "An Exchange Theory of Interest Groups," *Midwest Journal of Political Science*, 13(1): 1-32.

Salisbury, Robert H. 1975. "Interest Groups," in Fred I. Greenstein and Nelson W. Polsby (eds.). *Nongovernmental Politics (The Handbook of Political Science Vol. 4)*. Addison-Wesley.

Sartori, Giovanni. 1976. *Parties and Party Systems: A Framework for Analysis*. Cambridge: Cambridge University Press.（岡沢憲芙・川野秀之訳．1992．『現代政党学』早稲田大学出版部.）

Schaede, Ulrike. 1995. "The 'Old Boy' Network and Government-Business Relationship in Japan," *Journal of Japanese Studies*, 21(2): 293-317.

Schwartz, Frank J. 2003. "What is Civil Society?," in Frank Schwartz and Susan Pharr (eds.). *The State of Civil Society in Japan*. New York: Cambridge University Press: 1-19.

Schattschneider, Elmer E. 1960. *The Semi-Sovereign People*. New York: Holt, Rinehart and Winston.（内山秀夫訳．1972.『半主権人民』而立書房.）

Skocpol, Theda. 2003. *Diminished Democracy: From Membership to Management in American Civic Life*. Norman: University of Oklahoma Press.（河田潤一訳．2007.『失われた民主主義―メンバーシップからマネージメントへ』慶應義塾大学出版会.）

Stokes, Donald E. 1963. "Spatial Models of Party Competition," *American Political Science Review*, 57 (2): 368-77.

Strange, Susan. 1996. *The Retreat of the State: The Diffusion of Power in the World Economy*. New York: Cambridge University Press.

Shuto, Motoko, Maria Rosario Piquero-Ballescas, and Benjamin San Jose. 2008. *The Civil Society Project: A Philippine Report*, Tsukuba: University of Tsukuba.

Tarrow, Sidney. 1998. *Power in Movements: Collective Action and Politics, 2nd ed*. New York: Cambridge University Press.（大畑裕嗣監訳．2006.『社会運動の力―集合行為の比較社会学』彩流社).

Tasnim, Farhat. 2008. *Civil Society in Bangladesh: Vibrant but not Vigilant*. Submitted to Doctoral Program in Modern Culture and Public Policy in Partial Fulfillment of the Requirements for the Degree of Doctor of Philosophy in Political Science, University of Tsukuba

Truman, David B. 1951. *The Governmental Process: Political Interests and Public Opinion*. New York: Knopf.

Tsujinaka, Yutaka. 2003. "From Developmentalism to Maturity: Japan's Civil Society Organizations in a Comparative Perspective," in Frank J. Schwartz and Susan J. Pharr (eds.). *The State of Civil Society in Japan*. New York: Cambridge University Press: 83-115.

Tsujinaka, Yutaka. 2009. "Civil Society & Social Capital in Japan," in Helmut K. Anheier and Stefan Toepler (eds.). *International Encyclopedia of Civil Society*. Springer.

Tsujinaka, Yutaka, Jae-Young Choe and Takafumi Ohtomo. 2007. "Exploring the Realities of Japanese Civil Society through Comparison," *ASIEN*, 105 : 16-32.

Tsujinaka, Yutaka and Robert Pekkanen. 2008. "Civil Society and Interest Groups in Contemporary Japan," *Pacific Affairs*, 80(3):

Verba, Sidney, Steven Kelman, Gary Orren, Ichiro Miyake, Joji Watanuki, Ikuo Kabashima and G. Donald Ferree. 1987. *Elites and the Idea of Equality: A Comparison of Japan, Sweden, and the United States*. Cambridge, MA: Harvard University Press.

Walker, Jack L. 1983. "The Origins and Maintenance of Interest Group in America," *The American Political Science Review*, 77(2): 390-406.

Wilson, James Q. 1995. *Political Organizations. 2nd edition*. Princeton: Princeton University Press.

Wollebaek, Dag and Per Selle. 2002. "Does Participation in Voluntary Associations Contribute to Social Capital?: The Impact of Intensity, Scope, and Type," *Nonprofit and Voluntary Sector Quarterly*, 31(1): 32-61.

Yamamoto, Tadashi (ed.). 1998. *The Nonprofit Sector in Japan [Johns Hopkins Non-Profit Sector Series 7]*. Manchester: Manchester University Press.

付録1　JIGS2調査の設計と実施

辻中豊・崔宰栄・山本英弘

1．調査票の構成

　ここでは，JIGS2調査の設計と実施プロセスについて触れておく。さらに，調査サンプルにどのようなバイアスがあるかについても簡単に検討しておきたい。

　まずは調査票の設計についてである。第1章で本書全体の記述枠組についてふれたように，JIGS2調査は社会過程および政治過程全般における団体の存立様式と活動実態を捉えられるように配慮して作成している。調査票は44の質問項目からなり，枝質問を含めると約400項目から構成される。質問内容をおおまかに示すと，団体の概要，団体の内部構成，活動内容，行政・政党との関係，他団体との関係などである。調査票は付録2に掲載しており，設問の内容は表補−1に記しているので参照されたい。

　また，JIGS2調査は先行するJIGS1調査，NPO調査および諸外国の市民社会組織調査と比較分析が可能なように設計されている。表補−1には，JIGS2調査の各質問項目の内容を示すとともに，他の調査との質問項目の共通性（比較可能性）を示している。

2．調査の方法

2.1. 調査の日程

　JIGS調査では日本社会に存在する様々な団体を可能な限り把握しようと試みている。しかし，通常のサンプリング調査の標本抽出台帳のように，団体を網羅的に捉えたリストのようなものが存在するわけではない[1]。そのため，調査対象となる団体をどのように選択するのかが大きな課題であり，従

表補−1　JIGS調査の質問項目の10カ国比較

	日本(JIGS2)	日本(JIGS1)	日本(NPO)	韓国	米国	ドイツ	中国	ロシア	トルコ	フィリピン	ブラジル	バングラデシュ(ダッカ)
Q1	団体所在地	−	Q1	−	−	−	−	−	−	−	−	−
Q2	団体設立年	Q30	Q2	Q33	Q20	Q1	A3	Q30	Q29	Q29	Q30	Q1.5
Q3	団体の位置付け（本部,支部等）	−	−	−	−	−	−	−	−	−	−	−
Q4	会員数	Q32	Q5	Q35	Q21	Q30	A4	Q31	Q31	Q31	Q32	Q1.6
Q5	有給職員数	Q33	Q6	Q36	Q21	Q31	A11, A12	Q32	Q32	Q32	Q33	Q1.8
Q6	会員の条件	−	−	−	−	−	−	−	−	−	−	−
Q7	団体分類	Q1	−	Q1	Q8	Q2	A1	Q1	Q1	Q1	Q1	Q1.1
Q8	関心のある政策や活動	Q2	Q12	Q2	Q10	Q3	C1	Q2	Q2	Q2	Q2	Q1.2
Q9	団体の目的・活動	Q3	Q13	Q3	Q9	Q4	A7	Q3	Q3	Q3	Q3	Q1.3
Q10	法人格	Q4	−	Q4	Q4-Q7	−	−	Q4	Q4	Q4	Q4	Q1.4.A
Q11	活動の地理的範囲	Q6	Q9	Q6	Q1-Q3	Q5	−	Q6	Q6	Q6	Q6	Q1.10.A
Q12	政策課題への自己影響力	Q7	Q10	Q7	−	Q6	C17	Q7	Q7	Q7	Q7	Q1.10.B
Q13	各種意見に対する立場	−	Q14	−	−	−	−	−	−	−	−	−
Q14	設立のための援助	Q31	Q15	Q34	−	Q29	−	−	Q30	Q30	Q31	Q1.7.A
Q15	活動のための情報源	Q22	Q16	Q25	Q19	Q20	C12	Q22	Q22	Q21	Q22	Q3.1
Q16	個人的な接触	Q23	Q17	Q26	−	Q21	C6	Q23	Q23	Q22	Q23	Q2.5
Q17	行政機関との関係（国）	Q8	Q18	Q8	Q12, Q27	Q7	C3	Q8	Q8	Q8	Q8	Q2.1
	行政機関との関係（自治体）	Q9	Q18	Q9	Q12	Q8	−	Q9	Q9	Q9	Q9	−
Q18	行政への直接接触	Q10	Q21	Q10	−	Q9	C5	Q10	Q10	Q10	Q10	−
Q19	行政への間接接触	Q11	−	Q11	−	Q10	C4	Q11	Q11	Q11	Q11	−
Q20	政党との接触	Q14	Q23	Q14	Q13, Q14	Q13	−	Q14	Q14	Q14	Q14	Q2.2
Q21	政策についての相談	Q12	Q20	Q12	−	Q11	C8	Q12	Q12	Q12	Q12	−
Q22	行政・政党・議員への信頼度	Q18	Q24	Q21	−	Q17	−	−	Q18	Q18	Q18	−
Q23	国・自治体の政策への満足度	−	Q25	−	−	−	−	−	−	−	−	−
Q24	団体の利益を全国的に代表する団体	−	−	−	−	−	−	−	−	−	−	−
Q25	Q24「有」の場合,その団体の影響力	−	−	−	−	−	−	−	−	−	−	−
Q26	各アクターの影響力評価	Q26	Q27	Q29	Q18	Q25	E1	Q26	Q25	Q25	Q26	Q3.3
Q27	各アクターとの関係	Q27	Q28	Q30	−	Q26	E2	Q27	Q26	Q26	Q27	−
Q28	メディアへの登場	Q24	−	Q27	−	Q22	C13	Q24	Q23	Q24	Q24	Q3.2
Q29	一般向けの活動	−	Q32	−	−	−	−	−	−	−	−	−
Q30	政党への支持	Q13	−	Q13	−	Q12	−	Q13	Q13	Q13	Q13	−
Q31	政党や政治家からの働きかけ	Q38	−	Q17	−	Q36	−	Q37	−	−	Q38	−
Q32	国政選挙での活動	Q15	−	Q16	Q16	Q14	C15	Q15	Q15	Q15	Q15	Q2.3
Q33	国の予算への働きかけ	Q16	−	Q19	−	Q15	−	Q16	Q16	Q16	Q16	−
	自治体の予算への働きかけ	Q17	−	Q20	−	Q16	−	Q17	Q17	Q17	Q17	−
Q34	働きかけの手段	Q21	Q33	Q24	Q17	Q23	C7	Q21	Q21	Q20	Q21	Q2.4
Q35	政策の実施に成功	Q28	Q34	Q31	−	Q27	C9	Q28	Q27	Q27	Q28	Q2.6A
	政策の修正・阻止に成功	Q29	Q34	Q32	−	Q28	C10	Q29	Q28	Q28	Q29	Q2.6B
Q36	一般会員の活動参加頻度	−	Q39	−	−	−	−	−	−	−	−	−
Q37	会員同士の交流の程度	−	Q41	−	−	−	−	−	−	−	−	−
Q38	団体の運営形態	−	Q42	−	−	−	−	−	−	−	−	−
Q39	会員の大卒割合	−	Q44	−	−	−	−	−	−	−	−	−
Q40	会員の職業構成比率	−	Q43	−	−	−	−	−	−	−	−	−
Q41	予算	Q34	Q45	Q37	Q22	Q32	D6	Q33	Q33	Q33	Q34	Q1.9
Q41	補助金・奨励金の金額	Q35	Q45	Q38	−	Q33	D3	Q34	Q34	Q34	Q35	−
Q42	回答者の最終学歴	−	Q46	−	−	−	−	−	−	−	−	−
Q43	回答者の交際対象	−	Q47	−	−	−	−	−	−	−	−	−
Q44	保守的・革新的	Q5	Q48	Q5	−	−	−	Q5	Q5	Q5	Q5	−

図補−1　社会団体調査の日程

調査の準備			調査の実施	補完調査
2005.12.1〜2006.3.31	4.1〜5.31	6.1〜10.30	11.1〜2007.3.31	2008.2.29〜7.31
母集団情報収集	母集団の確定	調査票作成・調査実施計画作成	調査票配布・回収	調査票配布・回収

来，団体を対象とした大規模な調査研究が行われてこなかった理由の1つだと考えられる[2]。そのため，どのようにして調査対象を確定し，調査を実施したのかを記録しておくことは，調査方法論という点からも重要な意義があると思われる。

　JIGS2調査は，準備から補完調査まで含め2005年12月〜2008年7月にかけて実施した。調査の準備（母集団の情報収集・確定，調査票の作成等），調査の実施，補完調査の実施の3つのプロセスに分けられる（図補−1参照）。以下では，調査のプロセスごとに実施方法を述べていく。なお，調査の概要については表補−1に要約している。

（1）　日本では事業所統計などの公式統計の対象母集団を想定することができる。しかし，統計の使用主体が，「国の行政機関又は地方公共団体」という制限があるため，「事業所」という組織と「従業者」という人員を持つ組織を網羅的に把握する，ほぼ唯一の母集団情報であるにもかかわらず，研究に利用するのは困難である。

（2）　もっとも，L．サラモンらの開始したJohns Hopkins Comparative Nonprofit Sector Projectはすでに30以上の国家を対象とした優れた非営利セクターの比較を遂行しており，そこでは国連統計局と共同で国際的な非営利サテライト勘定が国民経済計算（SNA）のフレームで構築され，さらにグローバル・シビル・ソサエティ・インデックスが作成されている（山内2005）。これらはいうまでもなく貴重な統計データであるが，あくまで非営利セクターの経済統計を基礎にした統計であり，市民社会の団体はその一部を占めるに過ぎず，またその根拠となる情報はSNAなど限定的なものである。

表補－2　社会団体（JIGS2）調査概要

	社会団体調査（JIGS2）
母集団	・データ・ソース：NTT i タウンページ（2005年12月時点）[1] ・母集団情報収集団体（a）：199,856　　・全国組織数[2]（b）：91,101
調査概要	・調査期間：2006年11月～2007年3月　　・調査対象地域：日本全国 ・サンプル抽出：全数　　・調査方法：郵便による配布・回収 ・配布数（c）：91,101　　・有効回収数（d）：15,791 ・回収率（d/c）・抽出率（d/b）：17.3%
調査内容	・団体の概要，団体の内部構成，活動内容，行政・政党との関係，他団体との関係など
補完調査	・調査期間：2008年2月～7月 調査対象（e）：団体ID認知6,989団体（JIGS2で団体ID自己申告回答） 有効回収数（f）：3,604，回収率（f/e）：51.6% JIGS2の補完調査内容：政党，行政，裁判所のうち，どこに働きかけるのが有効か 　　　　　　　　　　Q26（影響力），Q27（協調関係）のアクター追加：中央省庁の官僚

（1）　NTT番号情報株式会社：i タウンページ, http://itp.ne.jp/servlet/jp.ne.itp.sear.SCMSVTop, Access date: December, 2005.
（2）　全国組織数（b）は，母集団情報収集団体（a）より，重複や解散された団体，団体と認められない施設などを除外した後の確定値である。

2．2．調査の準備

母集団情報の収集と確定

　　　前述のように，団体について調査する際の最大の問題点は母集団となる団体リストが存在しないことである。そこで，1997年のJIGS1の比較研究で重視したのが，固定電話というメディアの保有と，その番号の公表を基準にする職業別電話帳での団体関連分類である（辻中編 2002）。例えば電話帳での「組合・団体」は，日本における団体組織のすべてを代表するものではないが，既存情報の中で最も網羅性をもった団体の捕捉方法だと考えられる。

　JIGS2調査においても，JIGS1調査との一貫性を保持するため，NTTの職業別電話帳（タウンページ）を用いた。しかし，JIGS1調査では，調査対象地域である東京都と茨城県の冊子の電話帳であったが，今回のJIGS2調査では，日本全国47都道府県を調査対象地域とする膨大なものとなるため，インターネット上で公開されている i タウンページ[3]を用いた。調査対象は，「組合・団体」カテゴリーに含まれる団体すべてである。図補－2は，i タウンページの画面を示している。

（3）　URL: http://itp.ne.jp/servlet/jp.ne.itp.sear.SCMSVTop, Access date: November, 2008.

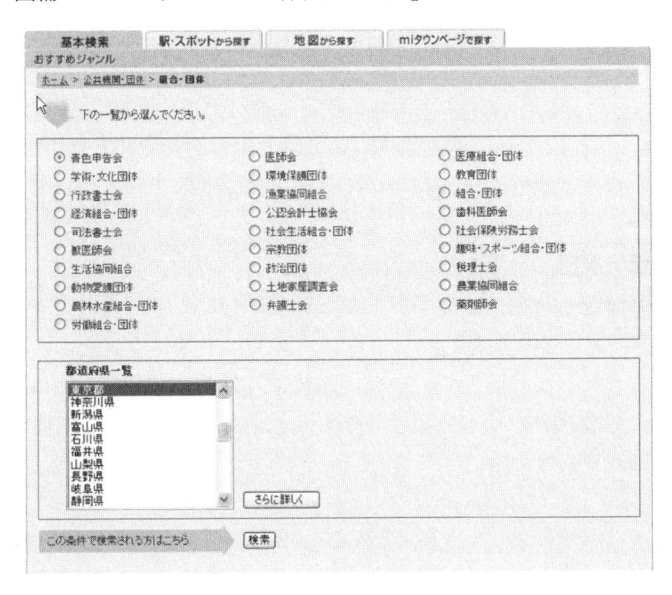

図補－2　*i*タウンページ（「組合・団体」カテゴリー）

調査対象となる団体は，JIGS1 での作業定義としての「市民社会組織」「利益団体」と同様，「政治制度集団（中央政府・地方政府・政党），営利企業，私的親密集団（家族）を除く」というものである（辻中編 2002）。JIGS2 では，社会全体に存在する団体という意味でこれらを「社会団体」と呼称する。なお，この定義には，公共法人，医療法人，学校法人，会社法人など，政府との関係が強いかもしくは営利性の高い組織，あるいは組織としての形式をもたない集団は含まない。ただし，実際には *i* タウンページの「組合・団体」カテゴリーにそれらが少数であるが含まれている可能性がある（株式会社，学校法人，医療法人など）。

調査対象を確定するために，まずは *i* タウンページから調査対象となる 199,856 件の母集団情報（平成17年12月現在：都道府県，業種分類，団体名，郵便番号，住所）を収集した。しかし，この中には，重複記載や，解散した団体（調査票の還付による推定），団体と認められない店舗，工場，診療所などの施設類などが相当数存在していたため，それらの項目を除き，最終的な母集団を，91,101団体と確定した[4]。なお，2000年に同様の方法で収集した情

報では，団体数は約198,000[5]であり，5年ほどの間で団体数に大きな変化はみられない[6]。

調査票の作成　母集団情報の収集と確定と並行して，調査票の質問項目を作成した。調査票については巻末付録を参照されたい。また，各質問からなる本調査の意図については，1節を参照されたい。

2.3. 調査の実施

母集団を確定した後，2006年11月から3度に分けて，郵送によって全数の91,101団体に調査票を配布した。さらに，2007年1月には調査に回答した団体に対するお礼とまだ回答していない団体に対する督促を兼ねたはがきをすべての調査対象団体に送付した[7]。そして，最終的には15,791団体から回答を得た（回収率17.3%[8]）。

---

(4) これらを除外して母集団を確定する詳細なプロセスについては，辻中編（2009）を参照。

(5) 辻中編（2002）では，この数値を日本の社会団体数を示すものとして提示した。つまりJIGS1調査においては重複，解散団体，団体本体と認められない登録情報などの存在を精査せず母集団として用いた。この意味でJIGS2調査での母集団情報がより正確である。NTTでの登録情報は日々「改正」され検索項目なども修正されるため注意が必要である。

(6) 電話帳所収の「組合・団体」数がどのような推移を辿っているか，それ自体が重要な研究テーマである。過去の電話帳原本は通信博物館などに所蔵されるだけで極めて入手が困難である。東京におけるその推移（1951-2005, ほぼ5年おき）は確認されており，1951年に1,413であった総数が，1996年の20,419をピークに減少し，2005年には15,880となっている（辻中研究室調べ，写真版データ所蔵）。

(7) 調査票では結果の送付を希望する団体が任意でID番号を記入するようにしてあるが，回答者全体を把握できるような整理番号などを付していない。そのため，未回答者だけを対象に督促状を送ることができなかった。

(8) 通常の個人に対する郵送調査と比較してみるとJIGS2調査の回収率は低い。ちなみに，JIGS1調査の回収率は38.5%であり，回収率は下落している。この理由として，一般に言われるように社会調査に協力が得られにくい社会環境になりつつあることや，JIGS2調査はJIGS1調査よりも質問項目が多く回答者が負担するコストが大きくなったことが考えられる。このことは一部

なお，上記のように調査票はタウンページに掲載されている全団体に配布した。サンプリング理論に基づくならば，大規模サンプルをとることで非標本誤差を大きくするよりも，サンプル数を適正な数に決めてランダムサンプリングし，回収率を上げるように努めたほうが望ましいとも考えられる。しかし，実際の分析において団体分類や活動範囲などでデータを分割していくとサンプル数が小さくなってしまい，詳細な分析に耐えなくなってしまう恐れがある。そこでJIGS2調査では，日本全国47都道府県に所在する団体の全貌を幅広く記述したい，また相互の比較を行いたいと考え，サンプル数をより多くとることとした。

2．4．補完調査の実施

　JIGS1調査から今回のJIGS2調査にかけて，既に経験のある社会団体だけでなく，全く新規の自治会全国調査やNPO調査を手がけ，またそれらの予備調査なども行っていく過程で，日本のJIGS1調査や各国のJIGS調査との比較分析，理論的分析に欠かせない，いくつかの重要な項目が外れてしまった。通常，対象者を匿名としている調査では，回答後に質問の追加や補完を行うことは困難であるが，今回は後述のように6,989団体のIDがわかっており，極めて大規模な今回の調査をより完全なものにするため，あえて補完調査を行うこととした。なお，同様の補完調査はNPO調査においても実施している。

　補完調査は3つの質問項目からなる。第1に，有効な働きかけ対象についてである。JIGS1調査では，「団体の主張をとおしたり，権利，意見，利益を守るために，働きかける有効な対象（政党ないし議会，行政，裁判所）はどれか」という質問を設けていた。これは，立法，行政，司法の三権のうち，団体がどれを最も有効な要求ルート（標的）とみているのかを捉えるためのものである。JIGS2調査票作成時には他の質問項目ほど優先順位が高くなか

　　　に回答率の低い設問（70％程度）があることにも表れている。今後，調査を行う際には，もう少し焦点を絞って的確な質問を設ける必要がある。しかしながら，団体に対する質問紙調査は蓄積が少ないため，どのくらいの回収率が相場なのか，また，一般市民に対する調査と同様の方法論で考えてよいものかは未知である。このような団体調査の方法論の検討と開発も今後の課題として残される。

ったために調査票に取り入れなかったが，後に分析を進めていく中で，国際比較の観点から団体の要求ルートを明らかにする上で各国の特徴を明確に表す重要な質問であると再考するに至り[9]，補完調査で質問することとした。

　第2に，中央省庁の官僚の影響力についてである。政治過程において，様々な団体・集団および政治的エリートのうち，どのようなアクターが影響力を発揮しているのかについての団体の認識を捉えるために，JIGS2調査では，各アクターの政治に対する影響力を評価する質問を設けた。Q26では，26アクターについて評価を求めている。しかし，この広範な26アクターの中に，行政機関のトップとして「首相官邸」が設けられているものの，「中央省庁の官僚」という項目が欠落してしまった。これは全くの編集エラーによって，この重要なアクターが消失してしまったものである。いうまでもなく実質的な行政府の影響力を見るためには，具体的な行政活動に携わるアクターを考慮する必要がある。

　第3に，団体と中央省庁の官僚との協調－対立関係についてである。前述の影響力評価と同様の理由から，「団体と各アクターとの協調－対立関係（Q27）」においても中央省庁の官僚を追加した。

　JIGS2調査では，調査結果報告のハンドアウトを希望する団体に任意でID番号の記入を求めている。補完調査の対象は，ID番号を記入した6,989団体（回答サンプルの44.2％）である。2008年2～5月に調査票を郵送で配布し，FAXでの返答を依頼した。最終的に3,604団体から回答を得た（回収率51.6％）。

　補完調査に回答した団体は，本調査に回答した団体のうち，自らID番号を記入し，さらに補完調査の追加的質問にまで回答をしたという点から，調査に対して非常に好意的な団体であると考えられる。そのため，補完調査のサンプルには何らかのバイアスがある恐れがある。これについては次節において若干検討する。なお，辻中・崔（2009）では，団体の様々な特性について本調査回答サンプルと詳細に比較しているが，あまり大きな相違は確認されなかった。

（9）　国際比較分析からは，日本や韓国，中国は行政を1位に挙げる割合が高いのに対して，アメリカは立法，トルコは司法を1位に挙げる割合が高い。

3．調査サンプルの代表性

　さて，JIGS2調査に回答したサンプルは母集団であるiタウンページに掲載されている団体と比べて，どのような特徴があるのだろうか。サンプル特有の何らかのバイアスがあるとすれば，それに配慮した分析および考察をしなければならない[10]。ここでは，地域（都道府県）と団体分類について，検討しておこう。

　まず，JIGS2調査の対象の地域分布にばらつきについて，都道府県別団体分布から観察しよう。表補－3は，都道府県ごとの団体数である。それぞれ，母集団であるタウンページにおける団体数，回収サンプル（ID記載団体），回収サンプル（全体），補完調査サンプルの順に記載する。表から，母集団，本調査に回答した団体，補完調査に回答した団体で，都道府県ごとの分布に大きな相違はみられない。大きくとも1ポイント程度の差にすぎない。

　また表補－4は，タウンページにおける「組合・団体」カテゴリの28の下位項目ごとに団体数をみたものである。調査票の質問には対応するものがないので[11]，母集団情報と本調査のID記載団体および補完調査サンプルのみの比較となる。ここからも，母集団と各調査サンプルで下位項目カテゴリの分布の差異は大きくても1ポイント程度であり，ほとんどみられない。

　以上のように，調査サンプルの分布は，本調査と補完調査ともに母集団での分布と比べて大きな偏りは確認できないことから，おおむね母集団の団体分布特性を均一的に反映しているものと思われる。

---

(10) サンプル・バイアスについての詳細な検討は，辻中・崔（2009）を参照されたい。

(11) JIGS2調査においても団体分類の設問があるが，タウンページの分類とは必ずしも一致しない。

表補－3　社会団体の分布（都道府県別）

	母集団		回収サンプル(IDあり)		回収サンプル(全体)		補完サンプル	
	度数	%	度数	%	度数	%	度数	%
北海道	5,194	5.7	391	5.6	963	6.2	223	6.2
青森県	1,396	1.5	98	1.4	265	1.7	52	1.4
岩手県	1,620	1.8	151	2.2	351	2.2	77	2.1
宮城県	1,595	1.8	120	1.7	310	2.0	60	1.7
秋田県	1,052	1.2	86	1.2	227	1.5	49	1.4
山形県	1,102	1.2	113	1.6	239	1.5	69	1.9
福島県	1,665	1.8	151	2.2	259	1.7	79	2.2
茨城県	1,520	1.7	114	1.6	286	1.8	72	2.0
栃木県	1,252	1.4	119	1.7	267	1.7	68	1.9
群馬県	1,428	1.6	125	1.8	264	1.7	70	1.9
埼玉県	2,153	2.4	151	2.2	334	2.1	61	1.7
千葉県	2,396	2.6	167	2.4	358	2.3	84	2.3
東京都	11,065	12.1	963	13.8	1803	11.6	509	14.1
神奈川県	3,305	3.6	235	3.4	445	2.9	104	2.9
新潟県	2,184	2.4	213	3.0	487	3.1	118	3.3
富山県	1,204	1.3	83	1.2	192	1.2	37	1.0
石川県	1,288	1.4	109	1.6	258	1.7	55	1.5
福井県	968	1.1	70	1.0	183	1.2	35	1.0
山梨県	752	0.8	67	1.0	133	0.9	40	1.1
長野県	2,289	2.5	237	3.4	499	3.2	136	3.8
岐阜県	1,511	1.7	158	2.3	345	2.2	82	2.3
静岡県	2,426	2.7	195	2.8	452	2.9	111	3.1
愛知県	3,201	3.5	266	3.8	549	3.5	127	3.5
三重県	1,473	1.6	120	1.7	259	1.7	62	1.7
滋賀県	872	1.0	62	0.9	142	0.9	27	0.7
京都府	1,923	2.1	137	2.0	286	1.8	75	2.1
大阪府	4,808	5.3	315	4.5	717	4.6	161	4.5
兵庫県	3,089	3.4	207	3.0	458	2.9	93	2.6
奈良県	733	0.8	43	0.6	102	0.7	27	0.7
和歌山県	920	1.0	69	1.0	145	0.9	35	1.0
鳥取県	716	0.8	52	0.7	125	0.8	23	0.6
島根県	1,001	1.1	60	0.9	157	1.0	29	0.8
岡山県	1,624	1.8	112	1.6	277	1.8	57	1.6
広島県	2,337	2.6	156	2.2	383	2.5	71	2.0
山口県	1,537	1.7	107	1.5	268	1.7	51	1.4
徳島県	926	1.0	80	1.1	174	1.1	37	1.0
香川県	1,110	1.2	96	1.4	197	1.3	53	1.5
愛媛県	1,431	1.6	98	1.4	258	1.7	54	1.5
高知県	1,235	1.4	87	1.2	197	1.3	36	1.0
福岡県	3,522	3.9	231	3.3	491	3.1	114	3.2
佐賀県	891	1.0	59	0.8	142	0.9	30	0.8
長崎県	1,523	1.7	84	1.2	214	1.4	35	1.0
熊本県	1,596	1.8	92	1.3	255	1.6	42	1.2
大分県	1,176	1.3	84	1.2	199	1.3	43	1.2
宮崎県	1,193	1.3	77	1.1	220	1.4	39	1.1
鹿児島県	1,580	1.7	85	1.2	264	1.7	55	1.5
沖縄県	1,319	1.4	94	1.3	210	1.3	37	1.0
合計	91,101	100.0	6,989	100.0	15,609	100.0	3,604	100.0
欠損値			8,802		182			
合計			15,791		15,791			

表補−4　母集団と回収サンプルの団体分類

区分	母集団 度数	%	回収サンプル（IDあり）度数	%	補完サンプル 度数	%
漁業協同組合	2,457	2.7	121	1.7	77	2.1
農業協同組合	3,368	3.7	170	2.4	71	2.0
農林水産組合・団体	5,446	6.0	512	7.4	294	8.2
経済組合・団体	13,972	15.3	1,066	15.3	592	16.4
労働組合・団体	10,526	11.6	598	8.6	333	9.2
教育団体	1,654	1.8	189	2.7	97	2.7
医師会	884	1.0	53	0.8	23	0.6
医療組合・団体	922	1.0	70	1.0	35	1.0
公認会計士協会	16	0.0	2	0.0	2	0.1
行政書士会	70	0.1	11	0.2	4	0.1
司法書士会	108	0.1	10	0.1	4	0.1
歯科医師会	338	0.4	29	0.4	12	0.3
社会保険労務士会	57	0.1	10	0.1	7	0.2
獣医師会	58	0.1	9	0.1	5	0.1
青色申告会	345	0.4	29	0.4	18	0.5
税理士会	231	0.3	19	0.3	7	0.2
土地家屋調査会	80	0.1	11	0.2	4	0.1
弁護士会	180	0.2	4	0.1	2	0.1
薬剤師会	322	0.4	27	0.4	13	0.4
政治団体	4,248	4.7	191	2.7	107	3.0
環境保護団体	443	0.5	45	0.6	20	0.6
動物愛護団体	13	0.0	0	0.0	0	0.0
学術・文化団体	3,655	4.0	389	5.6	179	5.0
趣味・スポーツ組合・団体	1,477	1.6	150	2.2	68	1.9
宗教団体	2,322	2.5	78	1.1	35	1.0
社会生活組合・団体	9,581	10.5	718	10.3	312	8.7
生活協同組合	1,277	1.4	81	1.2	36	1.0
組合・団体	27,051	29.7	2,354	33.8	1247	34.6
合計	91,101	100.0	6,956	100.0	3,604	100.0
IDなし			8,835			
合計			15,791			

| | | | | ※左欄：記入不要 | 社会団体調査票 |

Ⅰ．あなたの団体の概要についておたずねします。

Q1．あなたの団体の所在地をご記入ください。

　　　　[　　　] 都道府県　　　　[　　　] 市区町村

Q2．あなたの団体が設立されたのは何年頃ですか。
　　西暦でご記入ください。　　　[　　　] 年

Q3．あなたの団体は、次にあげるうち、どれにあてはまりますか。
　　1．他所に支部・支所がある団体の本部
　　2．他所に上位団体（本部）と支部・支所がある中間の団体
　　3．他所に上位団体（本部）がある支部・支所
　　4．他所に上位団体（本部）や支部・支所がない単一の団体
　　5．団体内部の部署・施設
　　6．その他（　　　　　　　　　）

Q4．あなたの団体の会員数を次にあげる項目ごとにご記入ください。なお団体会員の場合は、団体会員数とその団体に属する構成員の総合計数をご記入ください。（正確にわからない場合は概数でけっこうです）

	個人会員の会員数	団体会員の会員数（所属人数の合計）
設立時	人	団体　（　　　　人）
現在	人	団体　（　　　　人）

Q5．あなたの団体の職員・スタッフ数を次にあげる項目ごとにご記入ください。

常勤スタッフ	人
非常勤スタッフ	人
ボランティアスタッフ	人

Q6．あなたの団体の会員になるには、なにか条件がありますか。あてはまるもののすべての番号に〇をつけてください。
　　1．特にない　　　　　　　　　　　5．特定の免許や資格をもっている
　　2．特定の産業分野の仕事をしている　6．特定の民族である
　　3．特定の職業についている　　　　7．特定の宗教を信仰している
　　4．特定の地位や役職についている　　8．その他（　　　　　　　　　）

Q7. あなたの団体は次の分類のどれにあたりますか。<u>1つだけお答えください。</u>

1. 農林水産業団体
2. 経済・業界団体
3. 労働団体
4. 教育団体
5. 行政関係団体
6. 福祉団体
7. 専門家団体
8. 政治団体
9. 市民団体
10. 学術・文化団体
11. 趣味・スポーツ団体
12. 宗教団体
13. その他
 (   )

Q8. 国や自治体の政策のうち、あなたの団体が関心のある政策や活動分野はどれにあたりますか。<u>あてはまるものすべての番号に○をつけてください。また、最も重要なものの番号を1つだけお答えください。</u>

最も重要

1. 財政政策
2. 金融政策
3. 通商政策
4. 業界の産業振興政策
5. 土木・建設・公共事業政策
6. 運輸・交通政策
7. 通信・情報政策
8. 科学技術政策
9. 地域開発政策
10. 外交政策
11. 平和・安全保障政策
12. 治安政策
13. 司法・人権政策
14. 教育政策
15. 女性政策
16. 地方行政政策
17. 労働政策
18. 農業・林業・水産政策
19. 消費者政策
20. 環境政策
21. 厚生・福祉・医療政策
22. 国際交流・協力・援助政策
23. 文教・学術・スポーツ政策
24. 団体支援政策
25. その他
 (   )

Q9. あなたの団体の主な目的、活動は次のどれにあたりますか。<u>あてはまるものすべての番号に○をつけてください。</u>

1. 会員に情報を提供する
2. 会員のために経済的利益を追求する
3. 会員の生活や権利を防衛する
4. 会員に教育・訓練・研修を行う
5. 会員に国や自治体からの補助金や奨励金を斡旋する
6. 会員に許認可や契約などの行政上の便宜をはかる
7. 国や自治体に対して主張や要求を行う
8. 情報を収集し、会員以外の組織・団体・個人に提供する
9. 専門知識に基づく政策案を行政や会員以外の組織・団体・個人に提言する
10. 公共利益を実現するために啓蒙活動を行う
11. 他の団体や個人に資金を助成する
12. 一般向けに有償でサービスを提供する
13. 一般向けに無償でサービスを提供する
14. その他 (   )

Q10. あなたの団体には法人格がありますか。ある場合は、該当する名称をご記入ください。
　　1. 法人格がある（　　　　　　　　　法人）
　　2. 法人格はない

Q11. あなたの団体が活動対象とする地理的な範囲は、次のどのレベルですか。
　　1. 市町村レベル　　　　　　4. 日本全国レベル
　　2. 都道府県レベル　　　　　5. 世界レベル
　　3. 複数県にまたがる広域圏レベル

Q12. Q11でお答えになった地域で、あなたの活動分野において何か政策の問題が生じたとき、あなたの団体はどの程度影響力をもっていますか。
　　1. まったくない　　　　　　4. かなり強い
　　2. あまりない　　　　　　　5. 非常に強い
　　3. ある程度強い

Q13. 次にあげる意見に対する団体としての立場をお答えください。

> 5.賛成　　4.どちらかといえば賛成　　3.どちらともいえない
> 2.どちらかといえば反対　　1.反対

A. 政府を評価する基準としては政策の効率性が最も重要である	5	4	3	2	1
B. 行政においては能率よりも調整の方が大切である	5	4	3	2	1
C. 政府の主要な課題は国民間の所得格差の是正である	5	4	3	2	1
D. 経済社会に対する国家の関与は少なければ少ないほどよい	5	4	3	2	1
E. 政府は経済の非効率な部分を保護しすぎている	5	4	3	2	1
F. 政府の主要な課題は地域間格差の是正である	5	4	3	2	1
G. どちらかといえば経済成長よりも環境保護を重視した政治を行ったほうがよい	5	4	3	2	1
H. 国や自治体の決定に対して、もっと国民が参加できるようにしたほうがよい	5	4	3	2	1
I. 安全を守るためには、国民の自由が多少制限されてもしかたがない	5	4	3	2	1
J. 政府の権限のうち可能なものは自治体に委譲したほうがよい	5	4	3	2	1
K. 国民の意見は国や自治体の政治に反映されている	5	4	3	2	1
L. 企業は利益追求だけでなく社会貢献も行うべきだ	5	4	3	2	1

Ⅱ．あなたの団体と他の団体・組織との関係についておたずねします。

Q14. あなたの団体の設立に際して、何らかの組織から援助を受けましたか。受けた場合は、その組織名をご記入ください。

  1．受けた　（組織名：　　　　　　　　）
  2．受けない

Q15. あなたの団体は、活動する上で必要な情報をどこから得ていますか。次の中から重要な順に3つまでお答えください。

  1．中央省庁　　　7．マスメディア関係者　　　　　1位　2位　3位
  2．政党　　　　　8．専門紙・業界紙関係者
  3．自治体　　　　9．系列団体
  4．地方議員　　 10．協力団体　　　　　13．町内会・自治会
  5．学者・専門家　11．あなたの団体の会員　14．その他
  6．企業　　　　 12．NPO　　　　　　　　（　　　　　　　）

Q16. 次にあげる中にあなたの団体が接触できる人がいますか。**あてはまるすべての番号に〇をつけてください。**

  1．国会議員　　　　　　　5．自治体の課長以上
  2．中央省庁の課長以上　　6．新聞記者
  3．地方議員　　　　　　　7．テレビ放送記者
  4．首長など自治体幹部

Q17. あなたの団体は行政機関とどのような関係にありますか。国と自治体のそれぞれについて、次の事項にあてはまる場合は✓をご記入ください。

	国	自治体
A．許認可を受ける関係にある		
B．何らかの法的規制を受ける関係にある		
C．何らかの行政指導を受ける関係にある		
D．政策決定や予算活動に対して協力や支持をしている		
E．団体や業界などの事情についての意見交換をしている		
F．政策執行に対して協力や援助をしている		
G．審議会や諮問機関に委員を派遣している		
H．行政の政策執行に対してモニタリングしている		
I．行政機関の退職者にポストを提供している		

Q18. あなたの団体が行政に〈直接的〉に働きかけをする場合、次にあげる役職の方と、どのくらい面会や電話をしますか。現在と10年前（1996年）についてお答えください。

> 5.非常に頻繁　4.かなり頻繁　3.ある程度　2.あまりない　1.まったくない

	現在	10年前
A．大臣など中央省庁の幹部	5 4 3 2 1	5 4 3 2 1
B．中央省庁の課長クラス	5 4 3 2 1	5 4 3 2 1
C．首長など自治体の幹部	5 4 3 2 1	5 4 3 2 1
D．自治体の課長クラス	5 4 3 2 1	5 4 3 2 1

Q19. あなたの団体は、次にあげる人を介して行政に〈間接的〉に働きかけることがどのくらいありますか。国と自治体それぞれの現在と10年前についてお答えください。

> 5.非常に頻繁　4.かなり頻繁　3.ある程度　2.あまりない　1.まったくない

【国】

	現在	10年前
A．地元の国会議員	5 4 3 2 1	5 4 3 2 1
B．地元以外の国会議員	5 4 3 2 1	5 4 3 2 1
C．首長など自治体幹部	5 4 3 2 1	5 4 3 2 1
D．地方議員	5 4 3 2 1	5 4 3 2 1

【自治体】

	現在	10年前
A．国会議員	5 4 3 2 1	5 4 3 2 1
B．地方議員	5 4 3 2 1	5 4 3 2 1
C．地域の有力者	5 4 3 2 1	5 4 3 2 1

Q20. あなたの団体が政党に働きかけをする場合、次にあげる政党とどのくらい接触しますか。現在と10年前についてお答えください。

> 5.非常に頻繁　4.かなり頻繁　3.ある程度　2.あまりない　1.まったくない

	現在	10年前
A．自民党	5 4 3 2 1	5 4 3 2 1
B．民主党	5 4 3 2 1	5 4 3 2 1
C．共産党	5 4 3 2 1	5 4 3 2 1
D．社民党	5 4 3 2 1	5 4 3 2 1
E．公明党	5 4 3 2 1	
F．新進党		5 4 3 2 1
G．地域政党	5 4 3 2 1	5 4 3 2 1

Q21. あなたの団体と関連する政策について、次にあげる人や組織からどのくらい相談を受けますか。現在と 10 年前についてお答えください。

```
5.非常に頻繁   4.かなり頻繁   3.ある程度   2.あまりない   1.まったくない
```

	現在	10 年前
A．国会議員	5 4 3 2 1	5 4 3 2 1
B．中央省庁	5 4 3 2 1	5 4 3 2 1
C．地方議員	5 4 3 2 1	5 4 3 2 1
D．自治体	5 4 3 2 1	5 4 3 2 1

Q22. あなたの団体の権利や利益、意見を主張するとき、次にあげる人・組織・集団は、一般的にいって、どのくらい信頼できるとお考えですか。現在と 10 年前についてそれぞれお答えください。

```
5.非常に信頼できる     4.かなり信頼できる       3.ある程度
2.あまり信頼できない    1.まったく信頼できない
```

	現在	10 年前
A．国会議員・政党	5 4 3 2 1	5 4 3 2 1
B．中央省庁	5 4 3 2 1	5 4 3 2 1
C．地方議員・政党	5 4 3 2 1	5 4 3 2 1
D．自治体の首長	5 4 3 2 1	5 4 3 2 1
E．自治体	5 4 3 2 1	5 4 3 2 1
F．裁判所	5 4 3 2 1	5 4 3 2 1
G．マスメディア	5 4 3 2 1	5 4 3 2 1
H．世論	5 4 3 2 1	5 4 3 2 1
I．国際機関	5 4 3 2 1	5 4 3 2 1

Q23. あなたの団体は、国や自治体の政策に、どのくらい満足していますか。政治全般とあなたの団体の活動分野のそれぞれについてお答えください。

```
5.非常に満足   4.満足   3.ある程度   2.不満   1.非常に不満
```

A．政策全般（国）	5	4	3	2	1
B．政策全般（自治体）	5	4	3	2	1
C．あなたの団体が関心のある政策（国）	5	4	3	2	1
D．あなたの団体が関心のある政策（自治体）	5	4	3	2	1

Q24. あなたの団体の利益を全国的に代表する団体はありますか。差し支えなければ、その団体の名称もご記入ください。

　　1. ある（名称：　　　　　　　　　　　　）
　　2. ない

Q25. Q24で「ある」とお答えになった団体におたずねします。その団体は、日本政治全般に対してどのくらい影響があると思いますか。次の尺度のあてはまる番号をご記入ください。

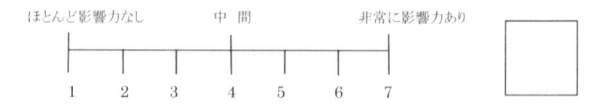

　　ほとんど影響力なし　　中間　　非常に影響力あり
　　　1　　2　　3　　4　　5　　6　　7

Q26. 次にあげるグループは、日本の政治にどの程度の影響力を持っていると思いますか。日本政治全般とあなたの団体が関心のある政策領域について、「ほとんど影響力なし」を1とし「非常に影響力あり」を7とする尺度にあてはめて、点数をご記入ください。

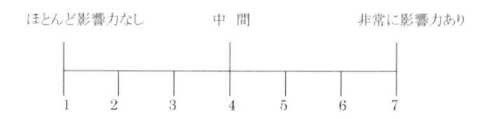

　　ほとんど影響力なし　　中間　　非常に影響力あり
　　　1　　2　　3　　4　　5　　6　　7

※点数をご記入ください。

	政治全般	関心のある政策		政治全般	関心のある政策
A．農林漁業団体			N．首相官邸		
B．経済・業界団体			O．与党		
C．労働団体			P．野党		
D．教育団体			Q．都道府県		
E．行政関係団体			R．市町村		
F．福祉団体			S．裁判所		
G．専門家団体			T．警察		
H．政治団体			U．大企業		
I．市民団体			V．マスメディア		
J．学術・文化団体			W．暴力団		
K．趣味・スポーツ団体			X．外国政府		
L．宗教団体			Y．国際機関		
M．町内会・自治会			Z．外国の団体		

Q27. あなたの団体は、次にあげるグループとどのような関係にありますか。「非常に対立的」を1とし「非常に協調的」を7とする尺度にあてはめて、点数をご記入ください。

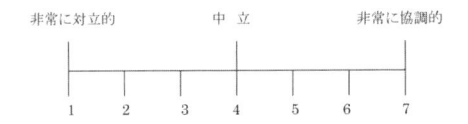

```
非常に対立的      中立      非常に協調的
    |----|----|----|----|----|----|
    1    2    3    4    5    6    7
```

※点数をご記入ください。

A．農林漁業団体		N．首相官邸	
B．経済・業界団体		O．与党	
C．労働団体		P．野党	
D．教育団体		Q．都道府県	
E．行政関係団体		R．市町村	
F．福祉団体		S．裁判所	
G．専門家団体		T．警察	
H．政治団体		U．大企業	
I．市民団体		V．マスメディア	
J．学術・文化団体		W．暴力団	
K．趣味・スポーツ団体		X．外国政府	
L．宗教団体		Y．国際機関	
M．町内会・自治会		Z．外国の団体	

Ⅲ．あなたの団体の活動についておたずねします。

Q28. 過去3年間に、あなたの団体はテレビや新聞・雑誌に何回ぐらいとりあげられましたか。　　　　　　[　　]回

Q29. あなたの団体では一般の人に向けて次にあげる活動をどのくらい行いますか。

5.非常に頻繁　4.かなり頻繁　3.ある程度　2.あまりない　1.まったくない

A．懇談会・勉強会・ミニフォーラム	5	4	3	2	1
B．シンポジウム・イベント	5	4	3	2	1
C．広報誌・ミニコミ誌の発行	5	4	3	2	1
D．ホームページなどインターネットを使った情報発信	5	4	3	2	1

Q30. あなたの団体は、最近の選挙において、次にあげる政党の候補者を支持もしくは推薦しましたか。あてはまる欄に✓をつけてください。

	2004年参議院選挙	2005年衆議院選挙
A．自民党		
B．民主党		
C．公明党		
D．共産党		
E．社民党		
F．その他（　　　　）		

Q31. 次期（2007年）の参議院選挙に向けて、あなたの団体に対して、次にあげる政党から働きかけはありますか。あてはまるものすべての番号に〇をつけてください。

　　1．自民党　　　　4．共産党
　　2．民主党　　　　5．社民党
　　3．公明党　　　　6．その他（　　　　　　　　　）

Q32. あなたの団体は、選挙に際して、次にあげる活動をどのくらい行いますか。国政選挙と地方選挙のそれぞれの現在と10年前について、お答えください。

　5.非常に頻繁　　4.かなり頻繁　　3.ある程度　　2.あまりない　　1.まったくない

【国政選挙】	現在	10年前
A．会員への投票の呼びかけ	5 4 3 2 1	5 4 3 2 1
B．一般の人への投票の呼びかけ	5 4 3 2 1	5 4 3 2 1
C．資金の援助	5 4 3 2 1	5 4 3 2 1
D．選挙運動への人員の援助	5 4 3 2 1	5 4 3 2 1
E．会員を候補者として推薦	5 4 3 2 1	5 4 3 2 1
F．選挙区での候補者選出に関与	5 4 3 2 1	5 4 3 2 1

【地方選挙】	現在	10年前
A．会員への投票の呼びかけ	5 4 3 2 1	5 4 3 2 1
B．一般の人への投票の呼びかけ	5 4 3 2 1	5 4 3 2 1
C．資金の援助	5 4 3 2 1	5 4 3 2 1
D．選挙運動への人員の援助	5 4 3 2 1	5 4 3 2 1
E．会員を候補者として推薦	5 4 3 2 1	5 4 3 2 1
F．選挙区での候補者選出に関与	5 4 3 2 1	5 4 3 2 1

Q33. あなたの団体は国や自治体の予算編成において、政党や行政に何らかの働きかけをしますか。現在と10年前についてお答えください。

　　　　　　　　　　　　　　　　　　　　【国】　　　　【自治体】
　　　　　　　　　　　　　　　　　　現在　10年前　　現在　10年前
　　　１．働きかける
　　　２．働きかけない

Q34. あなたの団体は、政治や行政に要求や主張する際に、次にあげる手段や行動をどのくらい行いますか。Q11でお答えになった団体の活動範囲を念頭において、お答えください。

5.非常に頻繁　　4.かなり頻繁　　3.ある程度　　2.あまりない　　1.まったくない

A．与党との接触（電話、会見など）	5	4	3	2	1
B．野党との接触（電話、会見など）	5	4	3	2	1
C．中央省庁との接触（電話、会見など）	5	4	3	2	1
D．自治体との接触（電話、会見など）	5	4	3	2	1
E．政党や行政に発言力をもつ人との接触	5	4	3	2	1
F．政党や行政の法案作成の支援	5	4	3	2	1
G．技術的、専門的情報や知識の提供	5	4	3	2	1
H．パブリック・コメント	5	4	3	2	1
I．手紙、電話、電子メールなどで働きかけるよう会員に要請	5	4	3	2	1
J．請願のための署名	5	4	3	2	1
K．集会への参加	5	4	3	2	1
L．直接的行動（デモ、ストライキなど）	5	4	3	2	1
M．マスメディアへの情報提供	5	4	3	2	1
N．記者会見による立場表明	5	4	3	2	1
O．意見広告の掲載（テレビ、新聞、雑誌）	5	4	3	2	1
P．他団体との連合の形成	5	4	3	2	1

Q35. あなたの団体の活動によって、特定の政策や方針を、国と自治体に〈実施〉または〈修正・阻止〉させることに成功した経験がありますか。

　　　　　　　　　　　【国の政策・方針】【自治体の政策・方針】
　　　　　　　　　　　実施　修正・阻止　　実施　修正・阻止
　　　１．経験あり
　　　２．経験なし

Ⅳ．あなたの団体の内部についておたずねします。

Q36. あなたの団体では、一般の会員はどのくらい実際の活動に参加していますか。

> 5.非常に頻繁　4.かなり頻繁　3.ある程度　2.あまりない　1.まったくない

A．団体の運営や意思決定に関与する	5	4	3	2	1
B．イベントなど実地活動に参加する	5	4	3	2	1
C．会費や寄付金を支払う	5	4	3	2	1

Q37. あなたの団体では、会員同士の交流はどのくらいありますか。

> 5.非常に頻繁　4.かなり頻繁　3.ある程度　2.あまりない　1.まったくない

A．役員と一般の会員が顔をあわせて話をする	5	4	3	2	1
B．一般の会員同士が顔をあわせて話をする	5	4	3	2	1
C．電子メールのメーリングリストを活用している	5	4	3	2	1
D．ホームページの掲示板を活用している	5	4	3	2	1

Q38. あなたの団体では、次にあげる項目にどのくらいあてはまりますか。

> 5.非常によくあてはまる　　4.あてはまる　　3.ある程度
> 2.あまりあてはまらない　　1.まったくあてはまらない

A．規定をもとにして団体運営している	5	4	3	2	1
B．団体の方針をできるだけ会員全体で決めている	5	4	3	2	1
C．団体の活動を行うには、専門的な知識や技能が必要である	5	4	3	2	1
D．団体の運営方針は創設者の理念と不可分である	5	4	3	2	1
E．団体の運営責任者は率先して問題解決法を提示する	5	4	3	2	1
F．会員同士で意見対立がある場合、時間がかかっても話し合う	5	4	3	2	1
G．団体の目的や運営方針は会員に浸透している	5	4	3	2	1
H．団体についての情報は会員間で共有されている	5	4	3	2	1

Q39. あなたの団体の会員には大学を卒業されている方がどのくらいいらっしゃいますか（在学中も含みます）。おおよその割合（％）をご記入ください。　　　　％

Q40. あなたの団体の会員にはどのようなご職業の方が多いですか。おおよそでかまいませんので、割合（％）をご記入ください。

農林漁業従事者	会社経営者自営業者	被雇用者（常勤）	専門職	退職者年金受給者	主婦	学生	その他（　　）
％	％	％	％	％	％	％	％

Q41. あなたの団体の昨年度の収入の内訳について、おおよその額をご記入ください。

会費入会金	団体の事業収入	行政の委託業務手数料	国や自治体の補助金	募金補助金	その他（　　）	合計
万円	万円	万円	万円	万円	万円	万円

V. 回答者ご自身についておたずねします。

Q42. 回答者ご自身が最後に卒業された学校はどちらですか。

1．中学校　　3．短大・高専　　5．大学院
2．高等学校　4．大学

Q43. 回答者ご自身が、公私ともにおつきあいしている中に、次のような方々はいらっしゃいますか。あてはまるものすべての番号に〇をつけてください。

1．町内会・自治会役員　　6．県や市町村の課長以上
2．協同組合理事　　　　　7．国会議員
3．同業者組合の役員　　　8．地方議員
4．NPOや市民活動団体の役員　9．マスメディア関係者
5．政治団体の役員　　　　10．学者・専門家

Q44. 回答者ご自身は、保守的－革新的と問われれば、どのあたりに位置づけられますか。次の尺度のあてはまる番号をお答えください。

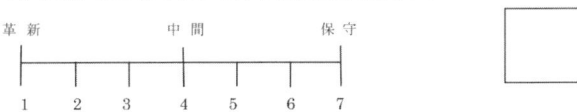

革新　　　　中間　　　　保守
1　2　3　4　5　6　7

以上で設問は終わりです。ご協力ありがとうございました。

◇調査結果報告を希望される団体は、お手数ですが、お送りした封筒のあて先にありますID番号をご記入ください。回答内容とID番号を照合することは決してありません。

ID：

筑特推 reg-cat-id

社会団体調査・NPO調査追加質問票

筑波大学大学院人文社会科学研究科
　文部科学省科学研究費特別推進研究　社会団体・NPO調査グループ
(Fax) 029-853-XXXX, XXXX

下記の質問につきまして、再度のご回答をお願い申し上げます。

1. あなたの団体の主張をとおしたり、権利、意見、利益を守るために、政党（ないし議会）、行政、裁判所のどれに働きかけることがより有効だと思われますか。現在と10年前について、1～3の順位をご記入ください。

	政党（ないし議会）↓	行政↓	裁判所↓
【現　在】	(　)位	(　)位	(　)位
【10年前】	(　)位	(　)位	(　)位

2. 中央省庁の官僚は、日本の政治にどの程度の影響力を持っていると思いますか。日本政治全般とあなたの団体が関心のある政策領域について、下記の尺度の中であてはまる点数に〇をつけてください。

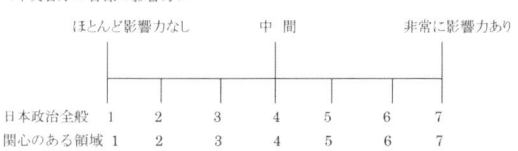

```
＜中央省庁の官僚の影響力＞
ほとんど影響力なし　　　中　間　　　非常に影響力あり
日本政治全般  1   2   3   4   5   6   7
関心のある領域 1   2   3   4   5   6   7
```

3. あなたの団体は、中央省庁の官僚とどのような関係にありますか。下記の尺度の中であてはまる点数に〇をつけてください。

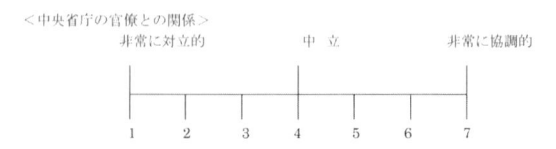

```
＜中央省庁の官僚との関係＞
非常に対立的　　　中　立　　　非常に協調的
         1   2   3   4   5   6   7
```

※ご回答のうえ、受け取り後1週間ぐらいまでにFAXにてご返信いただけると幸いに存じます（送信先：**029-853-XXXX, XXXX**）。

付録3　設問の活用状況　　　◎・・・その章で主として活用した設問　　○・・・その章で活用した設問

	1章	2章	3章	4章	5章	6章	7章	8章	9章	10章	11章	12章	13章	14章	15章
Q1		○	◎	○				○					○		
Q2		◎		○	○							○	◎	○	
Q3					◎		○					○	◎		
Q4		○	◎	○	○						○	○	◎		
Q5			◎	○							○	○	◎	○	
Q6		◎													
Q7	◎	○	○	○	○	○	○	○	○	○	○	◎	○	○	○
Q8				○	○						○		○		
Q9											○	○	○		
Q10		◎		○		○					○	○			
Q11	◎		○	○		○	○			○	○	◎	◎		○
Q12		○									◎		○		○
Q13															◎
Q14		◎	◎			○						○	◎		
Q15						◎	○					○	◎		
Q16			○							○	○		○		
Q17						◎	◎					◎	◎	○	
Q18						◎	○					○			
Q19						◎						○			
Q20						◎		◎	◎						
Q21						◎	○						○		
Q22							◎			○					
Q23															◎
Q24			◎		◎							○			
Q25							○								
Q26							○				◎	○	○		
Q27					◎		○			○		○	○	○	
Q28													◎		○
Q29											○		○		
Q30				○				◎	◎						
Q31															
Q32								◎	○					○	
Q33														○	
Q34				○						◎			◎	○	○
Q35							○				◎	◎	◎	○	
Q36														◎	
Q37												○		◎	
Q38		◎													
Q39		○													
Q40		◎													
Q41		◎	◎	○	○		○		○		○		◎		
Q42		○													
Q43			○												
Q44				◎					○					○	
補Q1					◎										
補Q2												◎			
補Q3					◎					○		○			

付録4　団体分類に含まれる市民社会組織の例示

農林水産業団体	経済・業界団体	労働組合
○○農業協同組合	○○商工会議所	連合○○
○○農事組合	○○商店街振興組合	全○○教職員組合
○○県農業改良協会	○○小売酒販組合	自治労○○総支部
○○営農組合	○○県中小企業家同友会	○○自動車労働組合
○○漁業協同組合	○○工業団地協同組合	働く者の相談センター
(社)○○県水産振興協会	○○県生コンクリート工業組合	○○金属一般労働組合
○○市水産物商業協組	○○二輪車協会	ﾜｰｶｰｽﾞ･ｺﾚｸﾃｨﾌﾞ連絡協議会
○○森林組合	○○県建設業協会	○○労働相談センター
○○土地改良区	○○水道協会	○○合同労組
○○の杉・桧を守る会	○○建築住宅センター	○○働く者相談センター
○○県山林種苗協同組合	○○市ハイヤー協同組合	○○土建一般労働組合
(財)食料農商交流協会	日本旅行協定旅館ﾎﾃﾙ連盟	○○(株)労働組合

教育団体	行政関係団体	福祉団体
公立学校共済組合	○○青色申告会	○○県母子福祉連合会
○○県在日外国人教育研究協議会	住宅供給公社	○○町社会福祉協議会
○○県私学協会	地区食品衛生協会	○○ﾛｰﾀﾘｰｸﾗﾌﾞ
○○県高等学校PTA連合会	○○市国際交流センター	○○ﾗｲｵﾝｽﾞｸﾗﾌﾞ
○○県退職校長会	○○町農業所得調査委員会	○○市身体障害者福祉協会
○○教習所協会	○○トラック協会	地域通貨○○事務所
○○学振興会	○○海事広報協会	○○労共済
(財)大学基準協会	(財)○○市観光開発公社	○○県共同募金会
日本ﾎﾞｰｲｽｶｳﾄ	健康保険組合連合会	○○厚生年金基金
日本宇宙少年団	(社)○○市ｼﾙﾊﾞｰ人材センター	○○市手をつなぐ育成会
識字･日本語ｾﾝﾀｰ	○○交通安全協会	(財)○○労働者福祉財団
○○県青年ｾﾝﾀｰ	○○労働基準協会	たすけあい大地

専門家団体	政治団体	市民団体
○○薬剤師会	○○後援会	○○市明るい町づくり推進協議会
○○県建築士会	○○県軍恩連盟	明るい社会づくり○○県推進協議会
○○県社会保険労務士会	市民ﾈｯﾄﾜｰｸ･○○	○○県平和運動センター
○○歯科医師会	東京生活者ﾈｯﾄﾜｰｸ	日本婦人会議
○○保険クラスター協会	○○事務所	コープ○○組合員活動
○○獣医師会	地域改善事業○○協同組合	日本○○ボランティア協会
○○弁護士会	日本青風同盟	日本中国友好協会
○○計量士会	21世紀の大分を創る会	○○自治会
○○県土地家屋調査士会	神州党総本部	○○NPOｾﾝﾀｰ
○○市医師会	○○中小企業団体政治連盟	○○環境市民会議
(社)○○県栄養士会	日本弁護士政治連盟	○○県母親連絡会
○○県建設コンサルタント協会	○○市議会民主市民連合	福岡城市民の会

学術・文化団体	趣味・スポーツ団体	宗教団体
(社)日本複写権ｾﾝﾀｰ	○○町体育協会	ﾊﾟｰﾌｪｸﾄﾘﾊﾞﾃｨｰ教団
日本○○学会	○○市軟式野球連盟	世界救世教○○教団
(社)全日本郷土芸能協会	(社)○○茶誠会	修養団○○捧誠会
○○文化協会	○○踊り保存会	宗教法人○○山
○○産婦人科学会	○○ボーイング協会	聖○○会
(財)○○奨学会	○○山岳連盟	ｴﾎﾊﾞの証人
○○学術振興財団	新日本ｽﾎﾟｰﾂ連盟	金光教○○教会
○○親子劇場	(社)○○県猟友会	聖ｳﾙｽﾗ会
(社)出版文化国際交流会	現代俳句協会	天理教
野鳥の会○○県支部	○○小型船舶安全協議会	正徳会
文化財の資源化を考える会	日本将棋連盟	霊法会
関西演芸作家協会	少林寺拳法○○ｽﾎﾟｰﾂ少年団	(財)○○県佛教会

○○は地域名など

abstract 369

Yutaka TSUJINAKA and Hiroki MORI eds. *Political Functions of Social Organizations in Contemporary Japan: Faces of Interest Group and those of Civil Society*

Countless organizations and associations exist in the modern society in which we live. These organizations and associations can be broadly divided into the following four categories: Government, the market (profit-making enterprises), the family (people's personal and close relationships), and civil society. At the beginning of the 21st century, the fourth category, civil society, is attracting a great deal of attention.

What is the current state of civil society? In order to explore this question, from 2006 to 2007, our research team conducted the first nationwide survey in Japan of civil society organizations based on empirical science methods. This book is the report of that survey. Based on more than 90,000 organizations listed in the telephone directory under the heading of "Unions and Associations," the survey was administered by post to a sample of 15,791 organizations. Our survey attempted to explore the current status of Japan's civil society organizations and interest groups. In describing the current reality of the organization world, we identified four main focal points encompassing organizational categories, territorial spheres of activity, micro, meso, and macro methodological distinctions, and social and political processes.

The main findings in this book are as follows. With regard to organizational features in the social process, in looking at the results from an internationally comparative perspective, it is clear that the formative years of Japan's civil society took place after World War II through the 1960s, with only marginal evidence of the "associational revolution" of the early 1990s that was observed throughout the world. Moreover, there are many organizations in the profit sector such as labor, agriculture, and business-oriented organizations. Concerning resources, small numbers of organizational employees are a further characteristic feature.

With regard to the political process, remnants of the former structure identified in JIGS1 (First Japan Interest Group Study, 1997) still remain, and, basically, this structure has been confirmed in JIGS2 (Second Japan Interest Group Study, 2006-07) just before the 2009 regime shift. More specifically, there is a great deal of contact between organizations and the executive branch, and the mutually dependent network between them has been maintained. One key feature is the leadership role of the bureaucracy. In terms of contact with political parties, the structure of the one-party dominance of the LDP (Liberal Democratic Party) continues in a somewhat weakened manner. Even with regard to lobbying, the profit sector and the sector of "policy takers" make appeals to the ruling party and the government, yet labor organizations and civil society organizations demonstrate a trend of approaching the opposition parties and those outside the political process such as media.

However, indications of flux and change in the former structure are seen throughout the JIGS2 data. In the organization-government relationship, our findings confirmed that at the local government level, citizens' groups are participating to a certain extent in the political process. Furthermore, in the organization-political party relationship, it appears that there is a trend toward the recent two-party system phenomenon. Lobbying the ruling party and the central government and recognition of their subjective influence are also trends towards equalization of the different categories of groups that have developed. In addition, there are indications that even in interest group politics, local government and the mass media play important roles.

The 2009 regime change in government has been accompanied by changes in the relationship between politicians and the bureaucracy, and has further combined with a shift towards a New Form of Public Sector with its emphasis on the leading role of new types of civil society organizations. From this point onwards, it is also expected that civil society organizations and the world of interest groups will also be transformed. In the future, as our survey continues, it is necessary to substantiate the actual state of the civil society organization world.

Given limitations in the body of research concerning civil society and interest groups, a descriptive framework that depicts the actual state of organizations has not been evident. To address this, JIGS1 and JIGS2, two surveys undertaken at distinct points in time, have offered a birds'-eye view of the organizational world and have yielded new discoveries that allow us to construct a broad canvas (general theory). As such, in this book, we continue to revive the empirical traditions of the productiveness of "social group" viewpoints that have penetrated research into civil society and interest groups as well as the group research of post-war (1950s and 1960s) political science in Japan that is often overlooked, as well as modernize trends in group theory proposed in American political science. As a result, we believe that this study has created a base for comprehensive empirical research with the possibility of constructing new theoretical foundations from Japanese perspective.

索引

ア行

アウトサイド戦術　217
明るい選挙推進協会　37
明るい選挙推進協会（明推協）調査　94, 96, 97, 98, 103, 105, 106, 112
（政治的アクターへの）アクセス可能性　229, 250
麻生太郎　181
アソシエーション革命　39, 41, 42, 63, 304
圧力団体調査　261, 263
アドボカシー団体　44
安倍晋三　24, 181
天下り　169
　——に関する予備的調査　171
委縮する官僚制　140
委託業務手数料　81
イデオロギー　90-113, 209, 305
イデオロギー過程　124
伊藤大一　139
イングルハート　94
インサイド戦術　217
影響力　237
営利性　68
営利セクター　55, 68, 70, 71, 75, 78, 80, 85, 86, 258
エージェント　260
エリート主義　238
「エリートの平等観」調査　95, 99, 100, 112
追いつき型近代化　138, 139
ACU　94
ADA　94
NGO　276, 280-282
NGOキャンペーン　274, 284
NGOダイレクトリー　275
NGOネットワーク　274
NPO　38
NPO調査　17, 20
NPO法　38, 40, 47, 52
NPO法人格　49

ODA　280-282

カ行

会員の職業　56
介護保険　269
外部の支援　44
学術・文化団体　61, 71
学歴　56, 58
価値推進団体　222, 264, 265
活動空間　24, 26, 257, 271
活動範囲　255, 263, 264, 266
寡頭制の鉄則　59, 61, 62
蒲島郁夫　101
ガバナンス　6
ガバナンス論　272
間接接触　148, 149, 152
官僚　135, 140
官僚制　139
企業のフィランソロピー活動　46, 47
疑似階級的配置　195, 307
規制行政　261, 263, 264
客観的影響力　245
旧構造　293, 294, 299, 301, 314
旧構造の継続と変容　310
旧構造の残存問題　23
教育団体　53, 55, 60
共産党　102, 104, 110
行政　136-138, 141-144, 146, 152-154, 259, 266
行政を通じてのルート　29, 135, 136, 147
行政活動に関与する団体の多様性　263, 265
行政からの補助金　81
行政関係団体　46, 47, 54, 61, 71, 259, 264, 266
行政資源（の少なさ）　139, 142, 154
行政指導　140, 142, 143
強制的な参加　45
行政の外延　47, 141, 142, 154
行政の下請け　260
行政府　130, 132, 305
行政への働きかけ　261, 263
協調関係　233

協調・対立関係　121, 122
許認可　142-144
グローバル・イシュー　273, 286
グローバル化　272, 273, 279, 284, 286
グローバル市民社会　273
経済・業界団体　55, 71, 81, 254, 258, 264
経済団体　35
県庁所在地　66, 79
権力構造　237
小泉純一郎　180
公益法人（制度）　48, 49
公共法人　48
コーポラティズム　125
公明党　110
国際NGO　35, 277
国際ボランティア貯金　277, 278, 280
国土型官僚　139
国内志向団体　272, 282, 285
国内地域間比較　65
国民新党　110
個人会員数　72, 75, 77, 80, 85
国家　3
国家間比較　65
子ども会　52
混合セクター　55, 68, 70

サ行

サービス提供型団体　255, 258, 268, 269
財源　261, 263
最大動員システム　139, 141, 295
財団法人　52
裁判所　124, 132, 133, 136
三位一体改革　268
参院選　180, 181, 183, 184
三次結社（型）（tertiary associations）　292, 293, 295, 298, 310
資格要件　54, 56, 68
事業所統計　66
資金源　34, 47
資金リソース　86
自己影響力（評価）　263, 271
下請け　274
自治会　19, 40, 52, 260
自治会調査　17, 19, 260

自治基本条例　38
自治体　260, 261, 264, 268
自治体との双方向性　266
自治体の行政活動　270
指定管理者制度　269
私的諮問機関　157
自発的結社（voluntary associations）　287-290, 292, 300, 301, 310
司法府　130, 132
市民参加　47
市民社会　3, 15-17, 20, 24, 65, 303, 304, 318, 320
市民社会組織　4, 33, 304, 308
市民社会論　44
市民セクター　55, 68, 70, 71, 77, 78, 85, 86, 258
市民団体　42, 48, 53, 61, 258, 260, 265, 268, 313
自民党　102, 104, 110, 114, 180, 181, 183, 184, 186, 188, 190, 192-194
自民党（の）一党優位　183, 188, 193, 194, 307, 310
市民陶冶機能　288, 289
諮問機関　158
社会運動ユニオニズム　221
社会科学　3, 318
社会過程　24, 28, 115, 135, 254
社会集団　3
社会団体調査　17, 18
社会福祉協議会　260, 268
社会福祉法　49, 269
社会福祉法人　46, 52
社団法人　52
社民党　110
衆院選　180, 181, 183, 184, 194
宗教団体　56, 266
宗教法人　52
集団規模の小ささ　45
集票活動　294, 295, 301
主観的影響力認知　41, 244, 308
首相官邸　124
趣味・スポーツ団体　71, 268
シュワルツ, フランク　15, 16
準統治機能　287, 292, 295, 297, 301
小規模自治体　81, 83, 84
常勤スタッフ数　74, 75, 77, 85

商工会　264
商工組合　38
少数者の過剰代表　243
省庁　153
小都市　80
情報　261
情報源　144, 146, 154
情報公開条例　38
ジョンソン，チャーマーズ　26, 138
親NGO規範　274, 285
審議会　140, 143, 144, 157
シンクタンク　146
信頼　231
垂直的ネットワーク型　310
水平的で民主的な運営　61
少ない専門職員数　75
ステイクホルダー　260
政官財の鉄の三角形　244
政権交代　181, 187, 194
政策過程　261, 263
政策過程における双方向性　265
政策形成　265, 266, 269
政策実施　265, 266, 270
政策実施経験　263
政策受益団体　43, 53
生産者セクターの優位　24
生産性の政治　26
生産セクター　43, 53
政治学　3
政治過程　22, 24, 28, 130, 135, 140, 149, 154
政治過程の二環構造　121, 124, 219
政治過程論　21
政治・政策過程　255, 260
政治団体　46, 48, 265, 266, 268
政治的エリート調査　222
政治的機会構造　216, 227, 228, 308
政治的起業家　45
政党　135, 136, 138, 140, 154, 180
政党を通じてのルート　28, 29, 135, 136, 147
政党推薦　203
政党・政治団体　52
政党接触　184, 187, 189, 192, 197
青年団　37
政府なき統治　272

政府の底　139
政令指定都市　66, 79
世界志向団体　272-286, 309
　　――の小規模化　279
　　――の地方化　279
世界都市　66
接触行動　193
設立支援　44
設立時のイニシアチブ　34
設立年　39, 53
選挙活動　29, 183, 184, 188-190, 192, 193
選挙過程　181, 183, 188
全国団体　254, 263
戦後－高度成長期優位型　40, 65
「戦後的」なもの　304
潜在集団　305
選択的誘因　45
専門家団体　46, 54, 55, 61, 71
相互行為　261, 266
相互作用正当化仮説　248
ソーシャル・キャピタル（social capital）　44, 59, 289-295, 297-301, 309
曽我謙悟　146
組織化　35
組織間関係　115, 258
組織規模　255
組織された人々　193
組織された有権者　180, 181
組織されない有権者　180, 181
組織リソース　249
組織リソース仮説　127, 248
存立様式　44
JES調査　94
JESⅡ調査　94
JESⅢ調査　96-98, 112
JIGS　4
JIGS1調査　261, 263
Johns Hopkins Comparative Nonprofit Sector Project　34

タ行

大企業労使連合　121
大規模自治体　81
対抗・監視機能　287, 292, 297-299

対面的な交流　257
ダウンズ　90, 91
多元主義　125, 138, 140, 149, 153, 154, 238, 298
単一主権国家　253
団体会員数　72, 75, 77, 80
団体加入率　37
団体間の系列化　257
　　──と予算規模　257
団体－行政関係　260, 265, 271
団体財政　36
団体事業所数　35
団体－自治体関係　266
　　──の広範性　266
　　──の双方向性　266
　　──の多様性　266
団体世界の記述枠組　24, 29
（市民社会の）団体地図　49, 50
団体の営利性　34
団体の活動目的　58
団体の内部構造　58, 59
団体分類　24, 25, 254, 255, 259
団体への有権者の参加率　37
団体リソースの地域間格差　86
地域福祉計画　269
地方自治　254, 269, 271
地方自治体　117
地方の（大きな）活動量　270, 271
地方分権改革　268
中央省庁　144, 146-149, 153-155
中央地方関係　271
中間法人　49
中小企業事業協同組合　52
中立化する官僚　140
頂上団体統合化仮説　248
調整型官僚　139
町村　79
直接接触　148, 149, 153
辻中豊　15, 186
特定非営利活動法人　49, 52
独立行政法人　49
都市　79
都市化　79
都市部　67, 81, 84, 86
富永健一　28

ナ行

二大政党化　186
「二大政党制の圧力団体的基礎」仮説　186
担い手　264
日本型多元主義　306
日本の市民社会　33, 38, 67, 78, 85
認可地縁団体　52
ネットワーク　306
ネットワーク・リソース　83, 84, 86
農村部　67, 80, 81, 84, 86
農林水産業団体　55, 71, 80, 254, 258, 264
農林水産団体　38

ハ行

パーソナルネットワーク　83
バイアス構造化仮説　240, 248
橋本龍太郎　22
発展指向型　53
発展指向型国家　26, 138, 140, 153
パットナム（Putnam, Robert D.）　289-291
パブリックコメント　38
非営利活動促進法　269
非営利セクター　55, 68, 70, 71, 77, 78, 86
ビジネス・ユニオニズム　221
人の交換　261
評判法　238, 240
ファー, スーザン　15
福祉団体　42, 46, 47, 53, 61, 81, 86, 254, 258, 260, 264, 266, 268
婦人会　37, 52
普通でない民主政治　5
フリーライダー問題　44
法人格　34, 44, 48, 52, 53, 255
法的規制　142-144
補助金　143, 151, 155, 264
補助金斡旋　258
PTA　37

マ行

マスメディア　136, 312
マッケイ　94
松田宏一郎　139
真渕勝　139

ミクロ・メゾ・マクロ 24, 27
民間事業委託 38
民主主義 5
民主主義の学校 58
民主主義の質 3
民主党 102, 104, 110, 114, 181, 183, 184, 186-188, 190, 192-194
民法 44
民法34条 49
村松岐夫 135, 138-140, 146, 149
メディア多元主義 312
森裕城 23, 98

ヤ行

予算規模 74, 255
予算（の）合計額 77, 78
4つのSmall 65

ラ行

リーダーシップ 60
吏員型官僚 139, 140
利益集約 90
利益代表団体 128, 129
利益団体 4, 303, 310, 312, 318, 320
利益団体としての顔 21
利益追求型団体 258, 268
利益表出 90, 125
利益表出機能 287, 292, 293
利害関係者 264
リソース 44, 71, 72, 80, 127, 304
立法府 130, 132, 133
連邦制国家 253
ローカル・ガバナンス 318
ローカル団体 253-255, 257, 259-261, 263, 265, 266, 268, 270, 271, 309
ローカルレベル 253-255, 257-259, 263, 264, 266
ローカルレベルにおける広範性 261
老人クラブ 52
労働組合 38, 52
労働団体 46, 55, 61, 119, 266, 305
ロビー，ロビイング，lobbying 215
ロビー活動 215
ロビイング 29, 308
ロビイング戦術 217

辻中　豊（つじなか　ゆたか）
1954 年　大阪府生まれ
1981 年　大阪大学大学院法学研究科単位取得退学，京都大学博士（法学）
現在　東海大学政治経済学部教授，筑波大学名誉教授
主要著書・論文
『利益集団』東京大学出版会，1988 年，
『現代日本の市民社会・利益団体』木鐸社，2002 年
『政治変動期の圧力団体』有斐閣，2016 年
Neighborhood Associations and Local Governance in Japan, Routledge 2014.
Aftermath: Fukushima and the 3.11 Earthquake (Japanese Society Series), Trans Pacific Press, 2017.

森　裕城（もり　ひろき）
1971 年　広島県生まれ
2000 年　筑波大学大学院国際政治経済学研究科修了，博士（国際政治経済学）
現在　同志社大学法学部教授
主要著書・論文
『日本社会党の研究　路線転換の政治過程』木鐸社，2001 年
『総選挙の得票分析　1958 - 2005』（共著），木鐸社，2007 年
「市民社会組織はグローバル化の影響をどのように認識しているか―第 4 次『団体の基礎構造に関する調査』（JIGS2017）の分析―」（共著），『同志社法学』403 号，2019 年

足立研幾（あだち　けんき）
1974 年　京都府生まれ
2003 年　筑波大学大学院国際政治経済学研究科修了，博士（国際政治経済学）
現在　立命館大学国際関係学部教授
主要著書・論文
"Resisting the Ban on Cluster Munitions" in Alan Bloomfield and Shirley Scott eds., Norm Antipreneurs: The Politics of Resistance to Global Normative Change, Routledge, 2016.
『国際政治と規範―国際社会の発展と兵器使用をめぐる規範の変容―』有信堂高文社，2015 年
『オタワプロセス―対人地雷禁止レジームの形成』有信堂高文社，2004 年

久保慶明（くぼ　よしあき）
1983 年　栃木県生まれ
2011 年　筑波大学大学院人文社会科学研究科博士課程修了，博士（政治学）
現在　琉球大学人文社会学部准教授
主要著書・論文
「沖縄における選挙協力と政策争点：2017 年総選挙・2018 年知事選・2019 年県民投票の分析」日本選挙学会年報『選挙研究』35（1），2019 年
「団体－行政関係の継続と変化：利益代表の後退，議会政治への応答と中立」辻中豊編『政治変動期の圧力団体』（所収）有斐閣，2016 年
"3.11 and the 2012 General Election: Political Competition and Agenda Setting," in Tsujinaka Yutaka and Inatsugu Hiroaki eds. Aftermath: Fukushima and the 3.11 Earthquake, Kyoto University Press and Trans pacific Press, 2018.

坂本治也（さかもと　はるや）
1977 年　兵庫県生まれ
2005 年　大阪大学大学院法学研究科単位取得退学，博士（法学）
現在　関西大学法学部教授
主要著書・論文
『ソーシャル・キャピタルと活動する市民―新時代日本の市民政治』有斐閣，2010 年
『市民社会論―理論と実証の最前線』（編著）法律文化社，2017 年
『現代日本の市民社会―サードセクター調査による実証分析』（共編著）法律文化社，2019 年

竹中佳彦 (たけなか　よしひこ)

1964 年　東京都生まれ
1991 年　筑波大学大学院社会科学研究科修了，法学博士（筑波大学）
現在　筑波大学人文社会系教授
主要著書・論文
『日本政治史の中の知識人—自由主義と社会主義の交錯』木鐸社, 1995 年
『イデオロギー』（共著）東京大学出版会, 2012 年
"Between Conservative and Progressive: Trends in Political Ideology in Japan," in Ofer Feldman ed., *Political Psychology in Japan: Behind the Nails that Sometimes Stick Out (and Get Hammered Down)*, Nova Science Publishers, Inc., 1999

崔　宰栄 (ちぇ　じょん)

1965 年　韓国釜山生まれ
1997 年　筑波大学大学院社会工学研究科博士課程単位取得退学，博士（工学）
現在　筑波大学大学院人文社会科学研究科准教授
主要著書・論文
「団体の『自己影響力』を規定する諸要因」（共著）辻中豊・廉載鎬編『現代韓国の市民社会・利益集団』木鐸社
「日本の市民社会構造と政治参加：自治会，社会団体，NPO の全体像とその政治関与」『レヴァイアサン』41, 2008 年
「中国のコーポラティズム体制と社会団体」『レヴァイアサン』45, 2009 年

濱本真輔 (はまもと　しんすけ)

1982 年　兵庫県生まれ
2009 年　筑波大学大学院人文社会科学研究科博士課程修了，博士（政治学）
現在　大阪大学大学院法学研究科准教授
主要著書・論文
『現代日本の政党政治：選挙制度改革は何をもたらしたのか』有斐閣, 2018 年
「農業政策」竹中治堅編『二つの政権交代』勁草書房, 2017 年
「団体・政党関係の構造変化」辻中豊編『政治変動期の圧力団体』有斐閣, 2016 年

平井由貴子 (ひらい　ゆきこ)

1975 年　東京都生まれ
2008 年　筑波大学大学院人文社会科学研究科修了，博士（政治学）
現在　外務省中東アフリカ局中東第一課課長補佐
主要著書・論文
「トルコの市民社会から見た多元的共生社会」宇田川妙子編『多元的共生社会を求めて』東信堂, 2009 年
「トルコの EU 加盟交渉とクルド人権運動：外圧を利用した国内改革の推進例」『中東研究』中東調査会, 2009 年

山本英弘 (やまもと　ひでひろ)

1976 年　北海道生まれ
2003 年　東北大学大学院文学研究科博士課程修了，博士（文学）
現在　筑波大学人文社会系准教授
主要著書・論文
Neighborhood Associations and Local Governance in Japan, (co-authored), Routledge, 2014.
「ロビイングと影響力の構造－政権交代前後の持続と変容－」辻中豊編『政治変動期の圧力団体』（所収）有斐閣, 2016 年．
「新自由主義時代における利益団体の政策選好」『選挙研究』35(1), 2019 年

現代社会集団の政治機能―利益団体と市民社会―

2010年3月30日第1版第1刷　印刷発行
2020年1月15日第1版第2刷　印刷発行　Ⓒ

編著者との 了解により 検印省略	編著者	辻　中　　　豊 森　　　裕　城
	発行者	坂　口　節　子
	発行所	㈲木鐸社
	印刷	アテネ社　製本　高地製本所

〒112-0002 東京都文京区小石川 5-11-15-302
電話 (03) 3814-4195番 FAX(03)3814-4196番
振替 00100-5-126746 http://www.bokutakusha.com

（乱丁・落丁本はお取替致します）

ISBN978-4-8332-2430-7　C3031

辻中豊（筑波大学）責任編集
現代市民社会叢書

各巻　A5判約250頁　本体3000円＋税前後

本叢書の特徴：
　21世紀も早や10年を経過し，科学と技術進歩により，世界が否応なく一体化しつつあるのを我々は日々の生活の中で，実感している。それに伴って国家と社会・個人およびその関係のあり方も変わりつつあるといえよう。本叢書は主として社会のあり方に焦点を当てるものである。2006年8月〜2007年3月にわたって行われた日本で初めての市民社会組織全国調査（社会団体，自治会，ＮＰＯの3種類，約4万団体回収）は，従来の研究の不備を決定的に改善するものである。本叢書はこの貴重なデータに基づき，多様な側面を多角的に分析し，日本の市民社会を比較の視座において捉える。

（1）辻中豊・ロバート・ペッカネン・山本英弘
現代日本の自治会・町内会：
第一回全国調査にみる自治力・ネットワーク・ガバナンス

2009年10月刊

（2）辻中豊・森裕城編著
現代社会集団の政治機能：
利益団体と市民社会

2010年3月刊

（3）辻中豊・伊藤修一郎編著
ローカル・ガバナンス：
地方政府と市民社会

2010年3月刊

（4）辻中豊・坂本治也・山本英弘編著

2010年9月刊
現代日本の「NPO」政治

〔以下続刊〕
（5）小嶋華津子・辻中豊・伊藤修一郎
比較住民自治組織